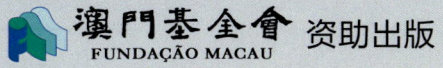 

BLUE BOOK OF CLEAN ENERGY
THE INTERNATIONAL CLEAN ENERGY INDUSTRY DEVELOPMENT REPORT(2018)

IFCE Macao 智库年度报告

前沿性・国际性・原创性

清洁能源蓝皮书

BLUE BOOK OF CLEAN ENERGY

国际清洁能源产业发展报告（2018）

The International Clean Energy Industry Development Report (2018)

国际清洁能源论坛（澳门）

主　编／苏树辉　贺　禹　韩文科

副主编／周　杰　聂　凯　钟宝申

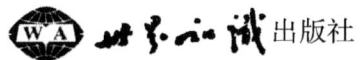

图书在版编目（CIP）数据

国际清洁能源产业发展报告.2018/苏树辉，贺禹，韩文科主编.—北京：世界知识出版社，2018.11
（清洁能源蓝皮书）
ISBN 978-7-5012-5897-0

Ⅰ.①国… Ⅱ.①苏… ②贺… ③韩… Ⅲ.①无污染能源—能源发展—研究报告—世界—2018 Ⅳ.①F416.2

中国版本图书馆 CIP 数据核字（2018）第 259504 号

责任编辑	刘豫徽
责任出版	王勇刚
责任校对	陈可望

书　　名	国际清洁能源产业发展报告（2018） Guoji Qingjie Nengyuan Chanye Fazhan Baogao（2018）
主　　编	苏树辉　贺禹　韩文科
副 主 编	周　杰　聂　凯　钟宝申
出版发行	世界知识出版社
地址邮编	北京市东城区干面胡同 51 号（100010）
网　　址	www.ishizhi.cn
投稿信箱	lyhbbi@163.com
电　　话	010-65265923（发行） 010-85119023（邮购）
经　　销	新华书店
印　　刷	北京虎彩文化传播有限公司
开本印张	710 毫米×1000 毫米　1/16　33 印张
字　　数	521 千字
版次印次	2018 年 12 月第一版　2018 年 12 月第一次印刷
标准书号	ISBN 978-7-5012-5897-0
定　　价	129.00 元

版权所有　侵权必究

《国际清洁能源产业发展报告(2018)》
编委会成员名单

主　编：苏树辉　贺　禹　韩文科
副主编：周　杰　聂　凯　钟宝申

编委会成员：（排名不分先后）

苏树辉	论坛理事长，葡萄牙驻香港名誉领事，澳门博彩控股有限公司行政总裁
贺　禹	论坛执行理事长，中国广核集团有限公司董事长
韩文科	论坛副理事长，中国经济社会理事会理事，国家发展和改革委员会能源研究所原所长、研究员
聂　凯	论坛副理事长，中国葛洲坝集团股份有限公司原董事长
钟宝申	论坛副理事长，全国工商联新能源商会执行会长，隆基绿能科技股份有限公司董事长
袁国林	论坛大会副主席，中国长江三峡集团有限公司原副总经理
毕亚雄	论坛副理事长，中国南方电网有限责任公司副总经理
朱松强	论坛副理事长，浙江省能源集团有限公司副总经理
武　钢	论坛副理事长，新疆金风科技股份有限公司董事长
黎振强	论坛副理事长，澳门基金会行政委员会委员，澳门归侨总会永远会长
王　计	论坛专家委员，中国经济社会理事会理事，中国东方电气

	集团有限公司原董事长
孙志禹	中国长江三峡集团有限公司副总经理
徐玉明	论坛理事/专家委员，中国核能行业协会专家委员会副主任
周　杰	论坛副理事长兼秘书长，中国经济社会理事会理事，武汉新能源研究院研究员
黄　珺	论坛副监事长
施鹏飞	论坛理事，中国风能协会名誉理事长，风能专业委员会名誉主任
周　维	论坛理事，原国务院三峡办巡视员、副司长，研究员
张松林	论坛理事，中国广核能源国际控股有限公司副总裁
宋　梅	论坛理事，中国矿业大学（北京）教授，博士生导师
刘喜梅	论坛理事，华北电力大学副教授，硕士生导师
崔大鹏	论坛理事，中国可持续发展研究会低碳经济研究学组主任
杨宝荣	论坛理事，中国社会科学院西亚非洲研究所研究员，非洲研究室副主任，南非研究中心秘书长
吴宏杰	论坛理事，汉能碳资产管理（北京）股份有限公司总经理
丛　威	论坛理事，全球能源互联网发展合作组织中南美办公室副主任
赵勇强	国家发展和改革委员会能源研究所可再生能源发展中心副主任
尹向勇	中国广核集团有限公司研究中心研究员
王　焱	论坛秘书处项目官员
陈小华	论坛秘书处项目官员
林晓寒	华北电力大学
张露丹	华北电力大学
Oliver Titheridge-Stone	清华大学

主编单位简介

国际清洁能源论坛（澳门）是一个常设于澳门的非营利性国际组织（简称IFCE），IFCE是由部分全国政协委员和多国专家学者联合发起的，在全国政协和澳门特别行政区政府的支持下，于2012年4月在澳门正式成立。其宗旨是以普及清洁能源、提高能源效率、发展节能型经济、建设低碳型社会、实现可持续发展的生态文明社会为目标，促进和深化世界各国在清洁能源和节能环保领域的交流、协调与合作。

全国政协原常委、澳门生产力暨科技转移中心主席杨俊文担任论坛大会主席，全国政协常委、澳门中华总商会会长马有礼担任论坛大会执行主席，全国政协原委员、中国长江三峡集团有限公司原副总经理袁国林担任论坛大会副主席。全国政协原委员、葡萄牙驻香港名誉领事、澳门博彩控股有限公司行政总裁苏树辉担任论坛理事长，全国政协原委员、中国广核集团有限公司党委书记、董事长贺禹担任论坛执行理事长，中国长江三峡集团、中国南方电网、中国葛洲坝集团、浙江省能源集团、新疆金凤科技、隆基绿能科技、国家发改委能源研究所、澳门基金会等单位的领导担任论坛副理事长。论坛现有来自海内外能源、电力、节能、环保、汽车、工程技术、金融投资等行业的工商领袖以及大专院校和科研院所的专家学者等理事百余名。中国经济社会理事会作为论坛指导单位，联合国有关机构、国际能源署、国际可再生能源署、澳门基金会、澳门环境保护局和澳门能源业发展办公室作为论坛支持单位参与论坛各项活动。

论坛是一个"官产学"的清洁能源产业研究平台，也是一个"产学研"的清洁能源技术交流平台，更是一个技术与资本对接的清洁能源项目合作平台。主要任务是：研究清洁能源政策、支持清洁能源研发、普及清洁能源市场、推动清洁能源投资。具体任务如下：

1. 召开年会、研讨会以及其他学术讨论会，讨论世界清洁能源发展和节能环保的重要问题；对于能源与环境发展有关的技术经济政策、贸易政策和法律法规进行跟踪研究，及时向有关国家和地区的政府部门反映清洁能源和节能环保行业和企业的意见和要求。

2. 提出地区性或全球性的倡议，呼吁各国政府对清洁能源和节能环保给予更多关注和支持。促进和加强各国政府与商业实体之间在清洁能源开发和利用方面的合作关系。为有关国家和地区的政府制定清洁能源和节能环保行业发展规划、产业发展与技术政策、法律法规及行业改革与发展方向等提供建议和咨询服务。

3. 编辑出版"清洁能源蓝皮书"，蓝皮书是一本以年度发展报告形式针对全球清洁能源领域包括技术、政策、市场、产业等层面热点问题的研究成果。探索创办清洁能源网站、可持续发展研究院和论坛学术刊物，努力将论坛建成一个国际性的高端智库。

4. 通过论坛建立的工作网络，增进区域内外企业间联系；搜集和发布相关国际清洁能源经济和技术信息，跟踪了解国内外市场动态，为会员单位提供信息服务；组织会员单位、行业企业参观学习、交流及商务考察活动；为企业开拓市场提供咨询服务；开展有助于实现论坛宗旨的会议展览、信息交流、经济技术评估、教育培训、电子商务等各类活动。

5. 致力于清洁能源的技术创新力和产业竞争力的提高。组织国际清洁能源领域专家，对拥有较高市场需求的应用性技术难题进行联合研发，并进行重点孵化和培育，吸引产业基金和风险投资积极参与重点项目投资。促进全球清洁能源领域高新技术的研发和成果转化，以提升清洁能源的技术性、生态性、经济性和应用性等综合竞争力。

目录

序言 …………………………………………………………………… 贺　禹 / 003
前言 ……………………………………………………… 洪涛　尹向勇 / 005

第一篇　综合篇

B.1　中国壮大清洁能源产业政策研究 …………………… 王仲颖　赵勇强 / 001
B.2　典型国家主要清洁能源产业政策创新与市场发展 …… 宋梅　张文 / 027
B.3　中国可再生能源发展现状与展望
　　　……………………… 郑雅楠　郭喆宇　王心楠　胡兆光 / 060
B.4　我国远景年单位GDP能耗和人均用电量趋势研判 ………… 陈　晖 / 081
B.5　中国能源生态环境影响综合评估 ………… 罗宏　周维　谢雪松 / 099

第二篇　产业篇

B.6　中国光伏产业发展现状与展望 …………………………… 李　莉 / 115
B.7　中国薄膜太阳能光伏发电的现状及未来应用前景 ……… 高鹏翼 / 139
B.8　中国风电产业发展现状和展望 …………………………… 施鹏飞 / 169
B.9　中国生物质能产业发展现状与展望 …………… 窦克军　赵勇强 / 207

| B.10 | 中国地热能产业发展现状与展望 魏凯 杨耀廷 / 219
| B.11 | 中国水电发展的现状与展望 孙志禹 胡连兴 / 241
| B.12 | 中国天然气产业发展现状与展望 黄庆 / 252
| B.13 | 中国氢能产业发展现状及展望 张银广 陈颖 周姗 王苏礼 / 265
| B.14 | 中国甲醇替代能源产业发展现状与展望 赵凯 崔大鹏 / 283
| B.15 | 中国核电产业发展现状与未来 徐玉明 / 300

第三篇 国际篇

| B.16 | 全球可再生能源发展现状及展望 李勇 汪灿 / 319
| B.17 | 2018世界核能产业现状报告
　　　　［法］麦克·施耐德（Mycle Schneider） 余文敏译 / 340
| B.18 | 美国可再生能源政策创新与市场发展 陈明灼 张春宇 / 359
| B.19 | 欧盟可再生能源产业发展及对中国的影响 曹慧 / 376
| B.20 | 日本可再生能源政策创新与市场发展 周杰 / 386
| B.21 | "一带一路"清洁能源合作进展 韩文科 / 408
| B.22 | "一带一路"背景下的中非清洁能源合作 杨宝荣 / 417
| B.23 | "一带一路"倡议背景下的中国与东南亚清洁能源合作
　　　　　　　　　　　　　　　　　　　　　　丛威 孙楚钰 / 432
| B.24 | "一带一路"背景下中国与大洋洲国家清洁能源合作 刘喜梅 / 461

第四篇 特别报告

| B.25 | 没有改革开放就没有三峡工程 袁国林 陶景良 / 477
| B.26 | 结语：清洁能源 优先发展 苏树辉 / 488

Contents　/ 491

序 言

当前,人类社会在享受经济发展带来的便利性和舒适性的同时,也消耗了大量的能源资源,对生态环境产生了系列影响,雾霾在多个国家和地区长时间发生,全球变暖趋势日益加剧,人类社会可持续发展面临巨大挑战。为此,联合国提出了可持续发展《二十一世纪议程》倡议,推动建立促进人类可持续发展的全球伙伴关系。目前,全球170余个国际和地区达成了《巴黎协定》,提出到本世纪末控制全球温升不超过2℃、到本世纪下半叶实现温室气体净零排放的目标。

2018年5月18日至19日,全国生态环境保护大会在北京召开,会议确立的"习近平生态文明思想",为新时代中国生态文明建设提供了根本遵循和行动指南。我们应该共同呵护好地球家园,为了我们自己,也为了子孙后代。中国政府正以强烈的大国担当,坚持人与自然和谐共生的基本方略,引领清洁能源发展,共同建设共同繁荣、开放包容、清洁美丽的世界,构建人类命运共同体。

中国政府坚持环境友好,积极参与应对全球气候变化国际行动,认真部署落实《巴黎协定》,在国际社会发挥了积极的引领性作用。中国正在大力落实"四个革命、一个合作"的能源发展战略,加速发展清洁能源,水电、风电、光伏等在运装机规模已跃居全球首位,在建核电装机规模全球第一,一个清洁低碳、安全高效的能源体系正在全面加速构建。2017年中国单位GDP碳排放强度同比2005年已下降近46%,预计到2020年可比2005年下降50%以上,非化石能源在一次能源消费中占比达15%目标也将提前实现。但对照《巴黎协定》提出的目标，实现建设富强民主文明和谐美丽的社会主义现代化强国目标，我国清洁低碳转型的力度还需要进一步加快。从国家层面看，需要不断强化能源和经济低碳转型的目标导向，不断提升先进能源技术和低碳经济的综合竞争力，加速引领全球能源变革和生态文明建设的进程。从行业层面看，需要进一步加大核电及民用核能综合利用投资力度，加快水电、风电、光伏发展，在降低煤炭在能源消费占比的同时加大煤炭清洁化利用，主动推动实施能源战略转型；积极参与清洁能源国际合作，从打造绿色"一带一路"开始，成为全球生态文明建设的重要参与者、贡献者、引领者，为构建人类命运共同体做出自己的贡献。

绿水青山就是金山银山！新时代需要高质量发展的能源体系，让我们共同努力，提供更多的清洁、绿色、经济、高效的能源电力，满足人民日益增长的美好生活需要。

国际清洁能源论坛（澳门）执行理事长
中国广核集团有限公司董事长
贺　禹
2018 年 11 月 16 日

前　言

根据文献检索情况来看，国内外关于清洁能源并无统一定义，既有按照能源使用对环境的影响程度来定义和划分的，也有将能源的清洁利用本身就当作清洁能源的定义。即便是前者，各国对环境的影响程度也有不同认知。

不同国际组织关于清洁能源的描述既存有较大共识，但也各有差异。2005年，G8成员国和5个联系国在苏格兰达成了《格伦伊格尔斯气候变化、清洁能源与可持续发展行动计划》，会议倡议：改变我们的用能方式；为更清洁的未来提供动力；促进研发；支持向更清洁的能源转型；管理气候变化影响；处理非法伐木。2008年，G8成员国在日本达成进一步的协议，提出了近期、中期和长期行动计划，中期计划指的是到2020年清洁能源和能源效率、可再生能源、清洁煤等的发展计划，短期目标包括生物质燃油和核能基础设施等。世界银行根据G8会议达成的意见，制订了清洁能源投资及发展框架。这一框架主要涵盖的是新能源、能效以及装机大于10兆瓦的水电，重点是建立鼓励发展清洁、可持续、经济和高效能源的清洁发展机制，以应对全球气候变化。国际能源署（IEA）实施了一个跟踪清洁能源进展项目（Tracking Clean Energy Progress），对有利于缓解全球气候变化的能源清洁利用技术进行跟踪汇集，跟踪的技术涵盖了从生物质能源到核能、可再生能源、能效、煤炭碳捕捉及储存（CCS）等系列技术，但该项目主要聚焦于可再生能源、电动车、核能和生物质[①]。2015年11月30日，巴黎全球气候大会期间，包括欧盟在内的23个成

---

① "ETP 2017 maps major transformations in energy technologies over next decades," https://www.iea.org/topics/cleanenergytechnologies/.

员联合发起了加速清洁能源革命创新任务项目①，项目涉及可再生能源、核能、氢能、燃料电池、储能、工业和建筑能效、碳排放等多种能源清洁化应用技术。总体来看，将可再生能源、核能等环境影响较小的能源品种以及能效纳入清洁能源范畴，是重要国际组织的基本共识。

欧美能源政策取向不同，其关于清洁能源的描述差异更大一些。美国能源部将开发太阳能、风电、水能、地热、生物质和核能作为其在清洁能源开发的领先地位的组成②；将风电、公用事业规模级光伏、分布式光伏、LED以及电动汽车作为当前五种革命性清洁能源技术发展③；重型卡车、智能建筑、轻型材料、燃料电池、制造业的超级能效计划、电网级储能电池、大型增材制造等作为未来5—10年的关键清洁能源技术。值得关注的是，燃气并未列入美国清洁能源行列。2016年11月，欧盟通过促进清洁能源转型的立法框架，为成为全球可再生能源发展的领导者提出了一系列措施，具体涉及建筑物能效、可再生能源、治理、能效、电力市场设计、监管法规等④，此外，欧盟清洁能源投资还包括电力联网和天然气联网等促进能源清洁利用的领域⑤。

我国政府机构并未在正式文件中给予清洁能源准确的定义，但国家统计局和国家能源局的相关统计报告实质上给出了范围指引。我国国家统计局从2002年起将水电、核电、风能发电等作为清洁能源⑥，进行了统计。我国国民经济和社会发展统计公报从2014年⑦起发布了清洁能源消费量占能源消费总量的比例，水电、风电、核电、天然气等列入其中。虽然统计公报中没有把太阳

---

① "Our Work," http://mission-innovation.net/our-work/.
② "Clean Energy," https://www.energy.gov/science-innovation/clean-energy.
③ 详见："The Future Arrives for Five Clean Energy Technologies-2016 Update," https://www.energy.gov/sites/prod/files/2016/09/f33/Revolutiona%CC%82%E2%82%ACNow%202016%20Report_2.pdf.
④ 考虑到德国弃核，欧盟的清洁能源转型中并未提及核电。
⑤ 2018年1月份，欧美批复的清洁能源基础设施投资保护了电力联网和天然气联网等17个项目。
⑥ 详见《之十二：能源工业得到进一步加强》，来源：国家统计局，2002年10月23日，http://www.stats.gov.cn/ztjc/ztfx/yjsld/200210/t20021023_36055.html。
⑦ 详见《2014年国民经济和社会发展统计公报》，来源：国家统计局，2015年2月26日，http://www.stats.gov.cn/tjsj/zxfb/201502/t20150226_685799.html。

能列在其中，但在公报的解读中将其单独列出。国家能源局制定的《能源发展"十二五"规划》[1] 提出了建立"安全、稳定、经济、清洁的现代能源产业体系"；总结"十一五"时，明确列出了水电、核电、风电和太阳能等清洁能源发展成就；《能源发展"十三五"规划》[2] 提出"清洁低碳，绿色发展"，把发展清洁低碳能源作为调整能源结构的主攻方向，坚持发展非化石能源与清洁高效利用化石能源并举。逐步降低煤炭消费比重，提高天然气和非化石能源消费比重，大幅降低二氧化碳排放强度和污染物排放水平，优化能源生产布局和结构，促进生态文明建设。因此，水电、风电、太阳能等可再生能源发电以及核电、天然气等都是我国清洁能源的重要组成，但化石能源的清洁高效利用不属于清洁能源范畴。

发展清洁能源是满足人类可持续发展能源需求以及保护生态环境的重要战略举措，虽然国内外对于清洁能源的定义有所差异，但都是围绕这一目标而去的。本书收集了国内外专家关于清洁能源行业发展的一些文章，基本涵盖了国内外定义的各种清洁能源，希望能够给大家以启迪和思考。

国务院发展研究中心资源与环境政策研究所　洪涛
中国广核集团有限公司研究中心　尹向勇
2018 年 11 月 16 日

---

[1] 详见《国务院关于印发能源发展"十二五"规划的通知国发〔2013〕2 号》，中央政府门户网站，2013 年 1 月 23 日，www.gov.cn, http://www.gov.cn/zwgk/2013-01/23/content_2318554.htm。
[2] 详见《能源发展"十三五"规划（公开发布稿）》，2016 年 12 月，http://www.nea.gov.cn/135989417_14846217874961n.pdf。

第一篇 综合篇

中国壮大清洁能源产业政策研究*

王仲颖　赵勇强**

摘　要： 中国需要大力发展清洁能源产业、推动能源结构低碳化，能源发展战略核心从聚焦保障供给安全转向清洁低碳发展，可再生能源已

---

* 本研究中国不含香港、澳门特别行政区和台湾省有关数据，后同。
** 王仲颖，国家发展和改革委员会能源研究所（中国宏观经济研究院能源研究所）副所长，国家可再生能源中心主任。赵勇强，国家发展和改革委员会能源研究所（中国宏观经济研究院能源研究所）可再生能源发展中心副主任，国家可再生能源中心副主任。

成为清洁低碳发展的主攻方向。本研究按照美丽中国目标引领全面能源转型战略的要求，通过设定分析"既定政策情景"和"低于2℃情景"，分析2050年经济生态能源情景。研究显示，2050年高比例可再生能源成为能源系统核心，终端和一次能源消费结构根本扭转，推动形成绿色现代经济体系。中国仍需更加坚定地深入实施既定战略，需要更加积极的可再生能源和非化石能源发展目标，创新新能源电力价格机制，完善清洁能源税收和化石能源碳定价政策，建立竞争性电力市场和灵活电力系统，加大绿色金融支持力度。

关键词：

清洁能源　可再生能源　情景　政策

一、中国需要大力发展清洁能源产业、推动能源结构低碳化

（一）能源发展战略核心从聚焦保障供给安全转向清洁低碳发展

20世纪80年代改革开放以来，随着中国经济持续快速增长，能源需求长期保持持续快速增加，保障能源供给安全长期以来是中国能源发展的持续核心目标，2000年前后开始强调调整能源结构、增加清洁能源供给、减少环境污染。"十二五"以来，气候变化开始成为能源发展转型的重要驱动力。在"九五"计划提出能源工业建设要以发展电力为中心，以煤炭为基础，积极发展新能源，改善能源结构[1]。"十五"能源发展重点专项规划指出结构性问题上升为主要矛盾，要求在保障能源安全的前提下，把优化能源结构作为能源工作的重中之重。能源发展"十一五"规划[2]提出能源消费需求不断增长，资源约束日益加剧，强调以能源的可持续发展支持我国经济社会可持续发展。

---

[1] 国家计划委员会交通能源司：《新能源和农村能源"九五"计划及2010年远景目标简介》，中国能源1997年4月。

[2] 国家发展和改革委员会：《能源发展"十一五"规划》，2007年4月。

在 21 世纪初的前 10 年，中国高速发展的经济导致能源需求急剧增长，煤炭作为低成本能源成为新增能源主要来源，能源结构调整进程放缓甚至短期有所逆转。21 世纪前十年，中国能源消费与经济增长关系基本上是"一番保一番"，而煤炭消费占比不降反升，绝大部分时间都在 70% 以上，2000—2013 年期间煤炭消费总量从 13.6 亿吨增加到 42.4 亿吨。能源保障和结构调整的严峻形势对控制碳排放造成巨大挑战，但是也反过来带来巨大压力。

为此，中国政府在能源发展"十二五"发展规划中提出，实施能源消费强度和消费总量双控制，着力提高清洁低碳化石能源和非化石能源比重，加快优化能源生产和消费结构。中国政府在 2009 年制定宣布到 2020 年单位国内生产总值 CO_2 排放比 2005 年下降 40%—45%，非化石能源占一次能源消费的比重达到 15% 左右；这是中国首次提出温室气体减排量化目标，并且与能源结构调整目标同时发布确定，并作为约束性指标纳入国民经济和社会发展中长期规划、能源发展五年规划，要求非化石能源消费比重在 2015 年达到 11.4%。2014 年 11 月，中国再次同时发布碳排放控制和非化石能源比重目标，提出 2030 年前后碳排放达到峰值、非化石能源在一次能源中的比重提升到 20%。能源发展"十三五"规划则表示，应对气候变化进入新阶段，"十三五"时期是我国实现非化石能源消费比重达到 15% 目标的决胜期，也是为 2030 年前后碳排放达到峰值奠定基础的关键期。在 2016 年国家发展和改革委员会和国家能源局发布的《能源和生产消费革命战略（2016—2030）》提出，2030 年前新增能源需求主要依靠清洁能源满足，非化石能源发电比重力争达到 50%；展望到 2050 年，非化石能源占一次能源消费比重超过一半。

（二）可再生能源已成为清洁低碳发展的主攻方向

我国早期的可再生能源开发和利用主要着眼于解决农村能源短缺问题。早在 20 世纪 70 年代，我国政府就出台了一些政策支持农村地区的可再生能源建设，例如小水电开发、农村户用沼气推广应用以及农村省柴灶的推广和普及等。80 年代后期和 90 年代，中国在现代可再生能源技术的研究、开发和利用方面也开始起步，除了水电项目，在水电、太阳能发电、风力发电和生物液体燃料方面的投入明显增加。但这个阶段，水电之外的可再生能源发展普遍被视为农村和偏远地区的补充能源，缺乏市场化的激励机制和清洁能源产业体系①。

进入21世纪以来，特别是2005年通过《可再生能源法》以来，中国大力发展可再生能源，并通过非化石能源比重目标和五年可再生能源发展规划确定可再生能源发展目标，特别是五年规划对于可再生能源建设具有直接和重大的影响。我国首个可再生能源发展规划——可再生能源发展"十一五"规划②提出，把发展可再生能源作为全面建设小康社会、构建和谐社会、实现可持续发展的重大战略举措，加快发展水电、太阳能热利用、沼气等技术成熟、市场竞争力强的可再生能源，尽快提高可再生能源在能源结构中的比重。在2007国家发改委颁布的《可再生能源中长期发展规划》提出力争到2020年使可再生能源消费量达到能源消费总量的15%左右，并提出了具体技术种类发展目标。

2009年全球瞩目的哥本哈根气候峰会使绿色低碳发展和可再生能源成为各国应对气候变化的重要举措，应对气候变化在"十二五"以来也逐步成为我国可再生能源发展的新的重要驱动力。早期可再生能源发展规划没有明确与应对气候变化挂钩，但"十二五"以来，与碳排放目标同时颁布的非化石能源比重目标也成为可再生能源发展规划目标的重要依据。我国能源发展"十二五"规划③首次提出，我国温室气体排放总量居世界前列，应对气候变化的压力日益增大，迫切需要绿色转型发展。可再生能源发展"十二五"规划提出，面对气候变化的严峻形势，我国已将发展可再生能源作为应对气候变化的重大举措，大力发展可再生能源是实现2020年单位国内生产总值比2005年降低40%—45%、非化石能源比重达到15%目标的主要措施，目标是到2015年商品化可再生能源年利用量在能源消费中的比重达到9.5%以上，可再生能源发电量争取达到总发电量的20%以上。据统计，2015年我国商品化可再生能源占一次能源消费比重达到10.1%，可再生能源发电量约占全社会用电量的25%；推动化石能源消费占一次能源消费比重达到12%，超过11.4%的约束性

---

① 李俊峰，时璟丽：《国内外可再生能源政策综述与进一步促进我国可再生能源发展的建议》，《可再生能源》2006年1月总第125期。
② 国家发展和改革委员会：《可再生能源发展"十一五"规划》，2008年3月。
③ 国务院：《能源发展"十二五"规划》，2013年1月。

目标，也显著降低了煤炭消费增长。

2016年12月国家发改委发布的可再生能源发展"十三五"规划提出，到2020年全部可再生能源年利用量7.3亿吨标准煤。其中商品化可再生能源利用量5.8亿吨标准煤；发电量1.9万亿千瓦时，占全部发电量的27%。截至2017年底，全国电力装机17.8亿千瓦，其中可再生能源发电装机达到约6.5亿千瓦。在全国总发电装机中的比重从2015年33.1%增加到2017年的36.6%；2017年可再生能源总发电量为64179亿千瓦时，在全部发电量中的比重也从2015年24.4%增加到26.5%。风电、太阳能发电在内蒙古、甘肃、青海等地发电量中的比重均超过了10%，成为当地重要的新增电源。截至2017年，我国商品化可再生能源的供应总量（各类发电、供气和生物液体燃料）约合5.4亿吨标准煤。

（三）可再生能源政策工具从行政手段转向探索更多市场手段

在2005年，中国通过了《可再生能源法》（2009年进行修订），把可再生能源的开发和利用，提高到"增加能源供应，改善能源结构，保障能源安全，保护环境，实现经济社会的可持续发展"的战略高度，构建了支持可再生能源发展的五项重要制度，即总量目标制度、强制上网制度、分类电价/补贴制度、费用分摊制度和专项资金（基金）制度，对我国促进可再生能源发展的法律制度和政策措施做出了较为完整的规定，逐步建立了针对可再生能源的直接扶持政策体系。

特别是，按照《可再生能源发电价格和费用分摊管理试行办法》和系列关于风电、太阳能发电和生物质发电电价政策的通知，可再生能源发电价格实行政府定价和政府指导价两种形式，政府指导价即通过招标确定的中标价格；可再生能源发电价格高于当地脱硫燃煤机组标杆上网电价的差额部分，在全国省级及以上电网销售电量中分摊。风电、太阳能光伏发电等新能源发电逐步形成了分类分区定价和逐步退坡的固定电价与补贴等经济激励制度，生物质发电长期延续稳定的固定电价，分布式光伏发电享受固定补贴，为现阶段和资源环境价格体系下缺乏经济竞争力的可再生能源提供了资金支持，有力促进中国可再生能源进入规模化开发利用阶段①。

"十二五"以来,中国推动风电和光伏等可再生能源进入大规模发展阶段,但同时补贴需求和资金压力也快速增加,补贴资金缺口开始出现并加大,中国能源、价格和财政等有关主管部门研究实施扩大竞争性招标机制应用范围、建立可再生能源电力配额制和绿色证书交易体系、在竞争性招标和竞争性电力市场基础上转向市场溢价和差价补贴机制,从供需两侧建立可再生能源市场,并解决补贴资金问题。同时,我国日益重视资源环境税费改革和环境市场,积极探索构建反映外部成本性、促进清洁能源与化石能源公平竞争的市场环境。相关研究机构和政府部门开始探讨应对气候变化背景下的可再生能源发展目标、可再生能源价格补贴与碳市场价格/碳税价格的可能影响、绿色证书和碳交易市场的关系和衔接问题。预计在"十三五"以后,碳排放控制目标和碳交易将逐步成为可再生能源发展的重要驱动因素。

二、存在的问题

尽管近十年来我国可再生能源实现了巨大增长,但当前我国能源体系距离清洁、高效、安全、可持续的发展目标仍有很大距离。我国能源系统存在如下几方面亟待解决的问题及挑战。

(一)化石能源消费比重仍然较高,造成严重的空气污染问题

近年来,我国第三产业及其他终端能源消费增长较快,但是工业终端能源消费仍占总终端能源消费的较高比例。2016年中国终端能源消费总量达到32.3亿吨标准煤,其中工业部门占61%,交通部门占比21%,建筑部门占比14%。煤炭是中国终端能源消费的主要能源品种,2016年占总终端能源消费比重的39%。电力部门中,总发电量中的67%来自煤电。2016年,中国一次能源总消费量43.6亿吨标准煤。煤炭占比62%,石油占比18.3%,天然气占比

---

① 王仲颖等:《可再生能源规模化发展战略与支持政策研究》,北京:中国经济出版社2012年版。

6.4%，非化石能源所占比例为13.3%，其中可再生能源的比例为11%。我国部分区域严重依赖煤炭经济，这些煤炭经济包括煤炭的开采及煤电产业，导致煤炭消费出现'锁定'，这对降低我国煤炭消费、地方经济转型造成了阻碍。化石能源的消费比重大，造成我国多地空气污染仍然严重，煤炭发电厂、燃煤工业和以化石能源驱动的汽车是造成中国大部分城市严重空气污染的重要原因。当前，我国政府将解决空气污染问题作为其首要任务之一。此外，水污染和土壤退化等环境问题也同样严重，上述生态环境问题将可能危及中国未来的可持续发展。我国能源消费结构中化石能源比重过大，这也导致了对能源进口的依赖。显著特征是石油进口依存度持续提高，我国2016年石油对外依存度占全部石油消费总量的三分之二。

（二）可再生能源固定电价难以长期持续，经济激励制度亟待改革

当前，固定电价政策是中国可再生能源发展的主要支持机制，但补贴机制存在的问题，使改革迫在眉睫，以确保政策的有效性。在大规模发展阶段涉及三方面的问题。一是公共资金利用效率不高，而电力附加费并不能保证为规模日益增长的可再生能源项目提供资金支持。二是补贴水平调整不平稳，且当补贴下降时产生新增项目的"抢装潮"。三是固定电价机制并不适用于未来电力市场改革及可再生能源市场化。四是扶持政策落实不到位，土地、金融等相关软成本虚高。对可再生能源技术的支持应转向竞争机制和公平竞争，特别是化石能源价格应反映其社会真实成本问题。现在的化石能源价格并没有完全反映出化石能源利用对我国生态环境影响的全部成本，且化石能源的其他支持机制也扭曲了不同能源技术之间的竞争。

（三）可再生能源存在"三弃"问题和巨大损失风险

全社会尚未形成优先消费清洁能源理念和共识，各地区和企业在终端能源消费环节还没有把清洁低碳作为基本导向，各级政府及管理部门之间在发展清洁能源方面的政策和管理不协调。目前，中国电力系统仍主要以发电（特别是煤炭）的计划电量分配，跨省、跨区域联络线作为基础负荷单位进行调度的模式运行。

近年来,我国出现严重的弃水、弃风、弃光限电问题(简称"三弃")表明当前我国可再生能源电力尚未被充分优化整合进入能源系统。2016年,我国全年弃风率为17%。2017年,全国弃风电量和弃风率实现双降,弃风限电的范围和规模得到缓解。由于弃用造成可再生能源资源的浪费,提高了风电等可再生能源电力生产成本。如果考虑由此导致的煤电发电量上升,则进一步增加了大气污染物和CO_2等温室气体排放。相关研究结果显示,2016—2050年间,这两个因素的持续存在意味着系统成本增加近1万亿元人民币。

(四)电力系统缺乏灵活性,运行管理制度面临挑战

我国经济进入新常态以来,煤炭发电厂产能过剩明显,在未来的电力系统中,有出现投资搁浅和化石能源技术锁定的风险。地方保护主义问题突出,电力市场受政府不当干预多。此外,电厂和互联电网的调度运行受到传统电力市场交易制度和地方利益壁垒的影响,无法适应大规模风电和太阳能发电等波动性电源的发展。我国的电力体制改革正在进行,这些问题均应得到解决,为电力系统的运行和发展创造一个全新的框架。然而,由于制度障碍以及缺乏针对不同省份的共同目标,目前电力市场改革推进缓慢,区域电力市场在市场设置和计划安排方面的合作往往存在明显的利益冲突。在电力体制改革不到位的情况下,会影响不同省市现实的本身利益。

三、美丽中国目标引领全面能源转型战略

党的十九大报告提出,在2020年全面建成小康社会的基础上,到2035年基本实现社会主义现代化,生态环境根本好转,美丽中国目标基本实现;到2050年,建成富强民主文明和谐美丽的社会主义现代化强国,生态文明全面提升。可以看出,党的十九大报告全面提升了2050年现代化强国的美丽中国内涵和要求,把我国基本实现现代化的目标提前到了2035年,对生态环境质量改善提升提出了更紧迫要求和严格标准,要求建立健全绿色低碳循环发展的经济体系,在绿色低碳等领域培育新增长点、形成新动能,壮大清洁能源产业,推进能源生产和消费革命,构建清洁低碳、安全高效的能源体系。

党中央、国务院对新时代的清洁能源发展提出了更具体要求。习近平总书记在2018年4月2日中央财经委第一次会议上明确提出要打好污染防治攻坚战、调整能源结构，明确要求减少煤炭消费、增加清洁能源使用。在4月26日长江经济带发展座谈会上指出，如果不能积极化解旧动能，就会挤压和阻滞新动能培育壮大，要毫不动摇把培育新动能作为打造竞争新优势的重要抓手，必须探索协同推进生态优先和绿色发展的新路子。

当前，中国政府已经制定了一揽子战略、政策及措施，全面推进能源系统向可持续和低碳方向转变。坚持协调推进"四个全面"战略布局、牢固树立"五大"发展理念、统筹推进"五位一体"总体布局。"绿水青山就是金山银山"的发展理念已经植入中国政府的治国理政实践；中国政府签署《巴黎协定》，并在全球应对气候变化行动中发挥大国作用的行为，展现出了中国政府积极应对人类生存威胁因素的决心。正在进行中的全国大气污染治理行动计划、电力市场化改革和全国碳排放权交易系统则昭示着中国能源深度转型进程的序幕已经拉开。

目前我国清洁能源已经进入大范围增量替代、部分地区存量替代煤炭等化石能源的新阶段，一些省市已经初步形成可再生能源基地、产业集群；风电和太阳能发电成本大幅下降，在2020年前预计不少地区和项目可实现电网平价、摆脱补贴依赖，形成市场化发展新动能。今后我国必须推动煤电等化石能源产业控制发展规模、加快转型为灵活能源和备用能源，为大力发展风电、太阳能发电等清洁能源预留市场空间。

因此，我国清洁能源既面临新时代对生态环境保护和产业升级的更紧迫要求，也具备了加快发展的技术产业基础，需要着眼"两个一百年"奋斗目标，按照现代化强国建设的两阶段安排，贯彻生态文明建设和绿色发展的要求，努力提高清洁能源发展目标，推动主体能源更替和生产利用方式的根本转变。

四、2050年经济生态能源情景

（一）经济和社会发展情景的设定

按照2050年建成富强民主文明和谐美丽的社会主义现代化强国的战略目

标，中国将继续建设现代化经济体系，推动人口、资源和环境协调发展。预计届时GDP增加达到282万亿元，人口规模届时预计约13.8亿，城市化率从2015年的55%上升到2030年的78%。上述设定在不同情景中都保持一致。

（二）碳排放约束

本研究统筹考虑以中国能源政策和巴黎协定为核心的国内国际两个大局，根据能源政策和碳排放约束设定两个情景：既定政策情景和低于2度情景。既定政策情景的碳排放强度下降路径基于中国政府对《巴黎协定》承诺的国家自主贡献。中国承诺以2005年为基准，2020年将碳强度降低40%—45%，2030年降低60%—65%。本研究分析设定中国碳强度2050年达到目前先进发达国家水平。低于2℃情景设定，根据政府间气候变化专门委员会（IPCC）第五次评估报告数据库中升温幅度低于2℃的概率大于66%的情景确定中国可能的碳排放路径。

表1 两个情景下的碳约束

情景	参数	2020年	2030年	2050年
既定政策情景	碳排放强度变化情况（以2005年为基准）	下降40%—45%	下降60%—65%	—
低于2℃情景	碳约束（亿吨CO_2）	90	80	30

两种情景下，全国排放权交易制度预计形成的CO_2价格按CO_2排放成本处理。对于既定政策情景，这意味着中国碳市场将从2017年开始实施30元/吨的价格抑制电力部门排放CO_2。碳价格2020年增至50元/吨，2030年增至100元/吨。既定政策情景碳价至此停滞增长，低于2℃情景则进一步增至2050年200元/吨。低于2℃情景中，CO_2排放价格仅是最低水平，为了达到碳预算中CO_2排放的年度指标，模型优化测算的结果中这一价格水平上涨到实际需要值。

（三）能源发展转型目标

假设两种情景应当满足以下几项能源发展目标和约束条件：产业结构调整

和节能措施有效抑制两种情景下的终端能源消费过快增长；电气化将成为终端能源消费部门减少化石能源消费的重要措施，预计到2050年中国电动汽车数量不低于4亿辆，占全部汽车保有量的80%。可再生能源在占一次能源和终端能源消费中占比大幅提升，而核电将不启动内陆核电站建设。

表2 主要假设

社会和经济假设	2050年GDP达到282万亿元；2050年人口为13.8亿		
能源需求假设	两种情景下2050年终端能源消费均低于35亿吨标准煤		
电气化率	—	既定政策情景	低于2℃情景
	2020	20%	20%
	2030	25%	30%
	2050	40%	50%以上
电动汽车保有量	2050年4亿辆电动汽车		
非化石能源占一次能源消费比重（最低）	—	既定政策情景	低于2℃情景
	2020	15%	20%
	2030	20%	40%
	2050	50%	75%
环境假设	低于2℃情景2050年CO_2排放低于30亿吨		
两种情景中2020年可再生能源装机量最低发展目标	—	既定政策情景	低于2℃情景
	可再生能源总量（亿千瓦）	8.14	11.19
	水力发电（亿千瓦）	3.41	3.41
	风能（亿千瓦）	2.59	5.49
	太阳能（亿千瓦）	1.88	2
	生物质（亿千瓦）	0.26	0.29
	其他可再生能源（万千瓦）	58	58

（四）电力市场和电网发展

电力市场是电力体系未来发展和可再生能源整合的决定性因素。两种情景均假设电力部门持续、顺利地实施改革。本研究建立了逐步落实电力系统调度市场原则的模型，不考虑当前市场制约，并增加区域电力市场之间的协调融合。取消非市场的发电计划，在市场基础上安排省际输电调度，引进电力供应过剩情况下受益于低廉市场价格的技术，包括地区供热电锅炉、建筑空调、工业生产需求响应和电动汽车智能充电。中国电力市场逐步实现一体化发展，并于2030年发展为完全统一市场。

表3 两个情景下的最低可再生能源发电比重目标

既定政策	2030年	2050年
风能	11%	16%
太阳能	7%	10%
生物质	1%	2%
可再生能源（包括水电）	39%	47%
低于2℃	2030	2050
风能	15%	22%
太阳能	11%	15%
生物质	1%	2%
可再生能源（包括水电）	46%	58%

五、2050年情景和模型结果

情景分析显示，中国的能源体系正在由以煤炭为基础、高环境成本向低碳、环境友好转型。如果坚定不移地执行既定政策情景，2050年煤炭消费总量将降至2016年消费水平的三分之一，并确保CO_2排放于2030年之前达到峰值。2030年后CO_2排放显著降低，直至下降到2050年的50亿吨水平——约2016年排放水平的50%。2050年，非化石能源占全部一次能源供应的60%，高于目前国家设定目标（非化石能源占比超过一半）。同时，通过投资能源系统转型，未来能源系统的电力成本与目前严重依赖化石能源而不可持续的能源系统相比将基本一致，而能源系统的可持续性和稳定性则将得到大幅提升，并且大幅降低当地、区域和全球的环境污染排放。

（一）2050年可再生能源成为能源系统核心

2016年，中国是世界最大的可再生能源投资国，未来几十年在中国宏伟的可再生能源发展和能源系统低碳化的目标推动和政策引领下，可再生能源份额将大幅增长。研究展示了中国能源系统到2050年的两条发展途径，其中低于2℃情景由严格的碳预算推动，既定政策情景则维持当前实施的能源政策。在两种情景中，可再生能源都成为未来能源系统的核心。

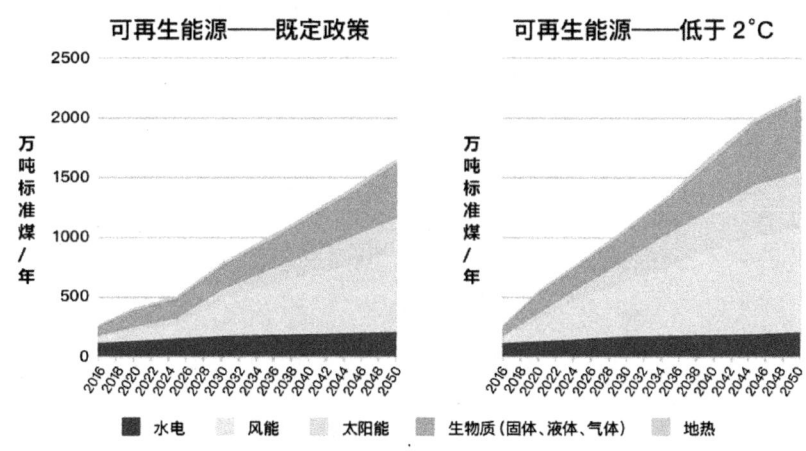

图1 2016—2050年两个情景下可再生能源贡献（百万吨标准煤）

资料来源：国家发展和改革委员会能源研究所。

低于2℃情景下2050年该值增加8倍，达到21.36亿吨标准煤，既定政策情景下则增至15.28亿吨标准煤。低于2℃情景下，近中期至2035年首先发展的是风电，接下来是太阳能。长期来看，至2050年太阳能规模持续扩大，生物质发展迅速。由于水电资源进一步发展的潜力有限，在两个情景下遵循相同的增量发展。低于2℃情景下，2050年可再生能源涵盖大部分能源需求。2030年之前的能源转型初期，风能和太阳能发电快速增加。

（二）电网传输和系统平衡

两种情景均加大了电网基础设施投资，提升电力系统灵活性，促进在区域内外高效传输清洁电力。到2050年，中国电网将在更大的平衡区域实现密切整合，整个中国电网发展为一体化市场。中部和东部省份为主要输入地区，西南和东北省份则是净输出地区。

灵活的电力系统有助于实现较高的可再生能源比重。在高峰负荷期，可再生能源提供全国75%以上的电力，两个情景中风电都将作为2050年最大的电源，太阳能光伏在低于2℃情景中作为第二大电源，高于煤电出力。到2030年，风电将成为主要的电力供应能源。

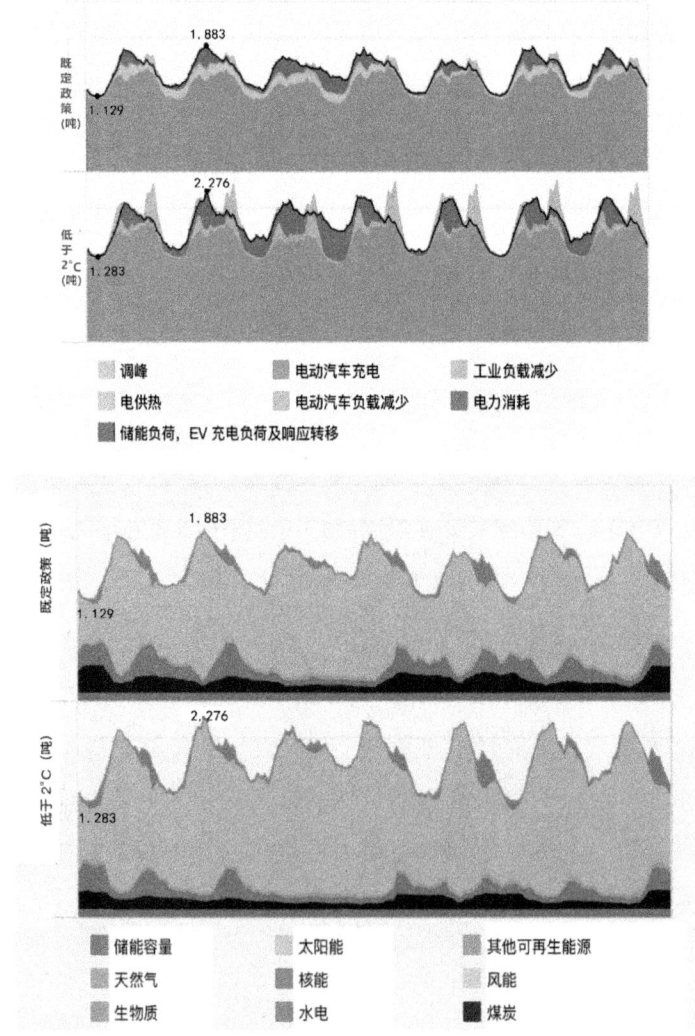

图2　2050年两个情景下的电力系统负荷和需求侧响应以及各类电源发电曲线

资料来源：国家发展和改革委员会能源研究所。

这主要得益于通过落实一整套综合措施提高电力生产、交易、输配和终端部门灵活性。火力发电厂更加灵活，电厂通过技术变革和价格激励，在电力系统中的作用已然改变，从基荷发电转变为灵活发电。除灵活输电外，需求响应和储能技术也能提升系统灵活性。储能在两个情景中都将作为灵活电源，在系统调峰方面发挥重要作用，并重塑用电模式。到 2050 年电动汽车充电特性将对电力消费形式产生重大影响。热电联产将由生物质能驱动，水电主要处理风电、光伏的波动以平衡系统。

（三）终端和一次能源消费结构根本扭转

未来，能源需求侧将产生重大改变。2050 年，低于 2℃ 情景的终端能源需求为 32.02 亿吨标准煤。既定政策情景为 33.97 亿吨标准煤。能源需求的更重要变化主要体现在高度电气化和向非能源密集型产业转移。目前工业领域占终端能源利用的主导地位，但到 2050 年能源需求结构将改变，工业领域的能源消费量大幅下降，交通及建筑能源消费量将出现上涨。终端部门的电气化程度十分显著，而这部分新增电力需求是由可再生能源满足的，低于 2℃ 情景的电气化程度和可再生能源份额更高。2050 年，低于 2℃ 情景下 55% 的终端能源需求为电力，既定政策情景该比例为 40%。届时工业用化石能源很大程度上被电取代。

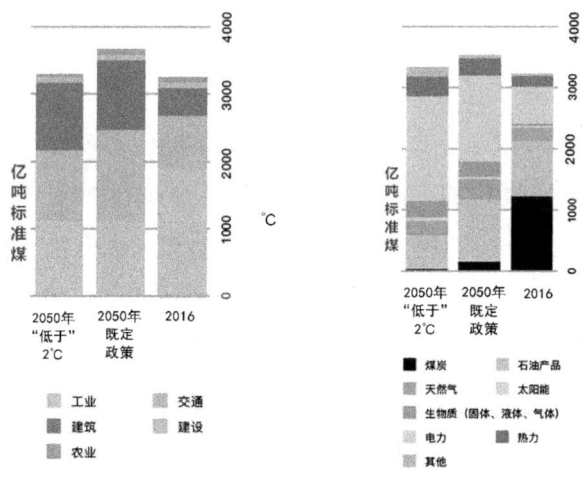

图 3　2050 年两个情景下分能源品种和部门的终端能源消费（百万吨标煤）

资料来源：国家发展和改革委员会能源研究所。

两种情景均预计中国能源需求于 2030 年左右达到顶峰。中国走上绿色、多样化供能之路，减轻对煤炭的高度依赖，代之以非化石能源。低于 2℃ 情景下该发展趋势更为明显，2050 年非化石能源占供能的 63%，相比之下既定政策情景则为 45%（如果使用燃煤替代法，低于 2℃ 情景非化石能源占供能的 77%，既定政策情景为 62%）。低于 2℃ 情景下非化石能源的快速发展是中国实现《巴黎协定》目标的关键。

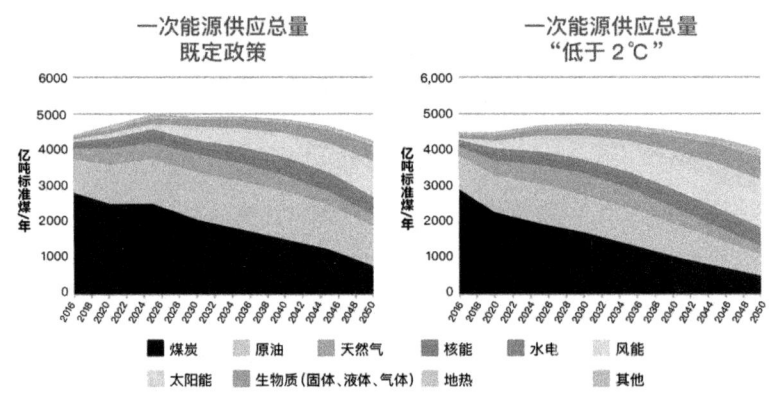

图 4　2016—2050 年两个情景下分能源品种的一次能源消耗曲线

资料来源：国家发展和改革委员会能源研究所。

（四）环境污染和 CO_2 排放大幅降低

减少化石能源消耗可顺利实现能源领域去碳化。两种情景通过快速实施短期行动实现初期 CO_2 减排。低于 2℃ 情景能源领域碳排放已经达到峰值。既定政策情景中，CO_2 排放初期下降后，会略有回升并在 2025 年达到排放峰值。2025 年后，既定政策情景中的 CO_2 排放下降速度将与低于 2℃ 情景基本持平，分别为每年减少 2.06 亿吨和 2.16 亿吨。

低于 2℃ 情景中，初期宏伟的行动计划及后续稳定的减排计划使中国社会获得长效收益。这充分显示了为实现碳减排目标迅速行动的重要性。在既定政策情景中，从长远来看碳市场将以碳定价的形式促进 CO_2 减排及可再生能源成本的下降，但短期内需要制定更雄心勃勃的政策。CO_2 减排效果更好的低于 2℃ 情景中，电力部门发挥了最实质性的作用。通过经济结构优化和广泛的能效提升，两个情景下的 CO_2 强度均实现下降。

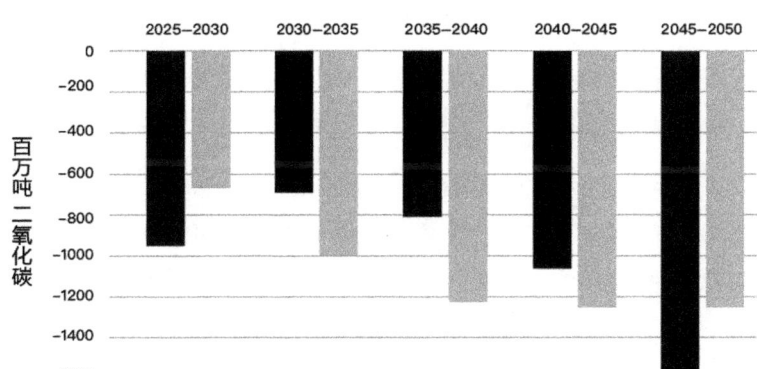

图 5　2025—2050 年两个情景下的 CO_2 减排量（百万吨）

资料来源：国家发展和改革委员会能源研究所。

在两种情景下，中国经济的能源强度大幅降低。工业用能在能源总消费的占比持续下降。"十三五"期间，两个情景下的单位 GDP 能耗下降水平均高于预期。在既定政策情景下，与 2015 年相比，能源强度降低了 25%，在低于 2℃ 情景下，"十三五"期间能源强度降低了 31%。

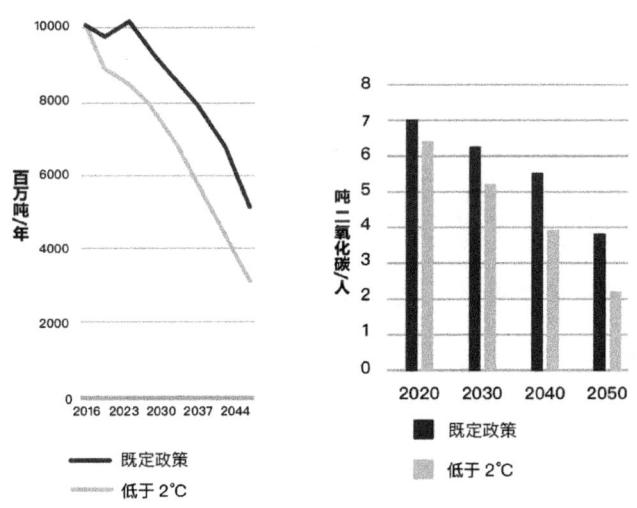

图 6　CO_2 减排量（百万吨）和人均减排量（吨/人）

资料来源：国家发展和改革委员会能源研究所。

（五）推动形成绿色现代经济体系

积极投资带来丰厚收益。能源转型本身、电网基础设施和可再生能源技术部署应用都需要大量投资，这可能会导致短期内电力成本上升，但这些额外的成本也会带来效益。大幅改善空气质量，降低污染水平，难以快速提高电气化率或转向非化石能源的经济部门可享有更低化石能源价格，大量代表未来技术发展方向的新增高质量就业岗位，从而弥补传统煤炭和低端技术制造行业减少的就业岗位，这一切都与中国积极的创新战略相吻合。

分析结果表明发展可再生能源将成为绿色经济增长的新动力。2050年既定政策情景中的发电成本进一步下降到0.29元/千瓦时，低于2℃情景中为0.28元/千瓦时。低于2℃情景风能和太阳能占比高，导致能源成本较低，但传输成本较高。但当把CO_2排放增加、气候变化因素、空气污染及健康影响等外部成本纳入考量时，低于2℃情景的益处凸显。

到2050年，既定政策和低于2℃情景对可再生能源发电行业的总投资分别达到3.8万亿元和5.9万亿元，低于2℃情景下占全社会总投资的1%。低于2℃情景对风电和太阳能发电的投资分别为4.4万亿元和0.9万亿元；可再生能源利用部门直接带动总产值达到12.6万亿元（2010年价值），共实现增加值7.6万亿元。可再生能源部门创造直接及间接就业为1500万人。同时，发展可再生能源有助于推动我国产业升级和经济结构优化调整，对上游相关产业有显著的拉动效应，特别是高技术和高附加值部门的产业增长，如电子设备、精密仪器制造、研究与开发、生产性服务业等部门实现快速发展。而煤炭采掘业等传统能源开采部门应该制定相关政策措施做好就业引导和安置工作。在产业升级的过程中应当关注尽量减少能源系统重塑过程中的障碍。

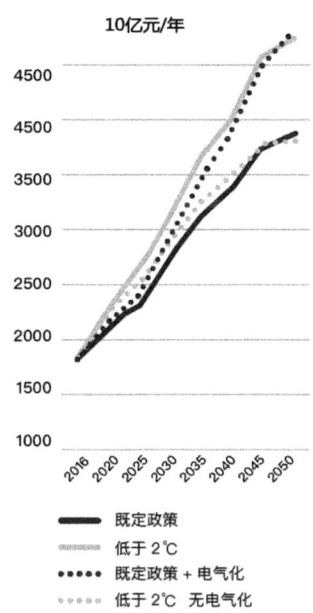

图 7　在不同的终端部门电气化水平假设下的 2016—2050 年两个成本下的电力系统总成本发展曲线（10 亿元 /年）

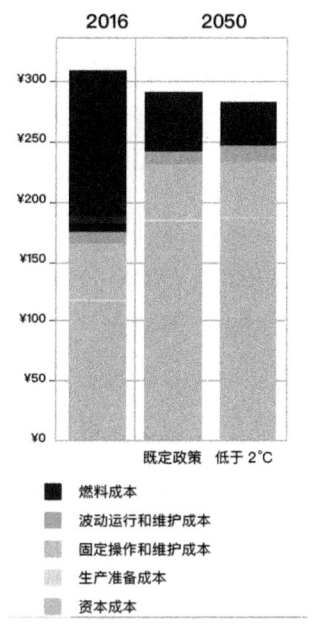

图 8　2050 年两个情景下电力系统成本（元/兆瓦时）与现在成本及其构成的比较

资料来源：国家发展和改革委员会能源研究所。

六、中国仍需更加坚定地深入实施既定战略

（一）政策的有效实施是能源转型的保障

该研究分析显示，中国政府已经制定了正确的战略与政策，但能源转型是否成功取决于政策是否得到强有力的执行——电力市场应该促进电力系统灵活性及可再生能源电力并网，碳价机制应该对减排 CO_2 有直接明显影响，可再生能源支持机制也应实现低成本、高效益。此外，为顺应巴黎协定的要求实现低于 2℃ 情景，发展可再生能源及减少煤炭消费方面都需要尽快制定更宏伟的目标。

政策措施和创新战略的高效实施是确保能源转型平稳实现的关键。反之，如果部分政策措施不能如期施行或方向有误，则将导致我国能源系统将继续被

化石能源技术锁定,可再生能源技术的发展及其与能源系统的整体融合将面临严重障碍。因此,政策的执行力是关键,特别是短期战略的强有力地实施是长期能源深度转型取得成功的关键。

上述政策措施和创新战略的尽早有效实施是确保能源转型平稳实现的关键。反之,如果部分政策措施不能如期施行或方向有误,则将导致中国的能源系统将继续被化石能源技术锁定,可再生能源技术的发展及其与能源系统的整体融合将面临严重障碍。

因此,政策的执行力是关键,特别是短期战略的强有力地实施是长期深度能源转型取得成功的关键。

(二)既定政策难以支撑实现温升幅度"低于2℃"的目标

研究结论显示,中国按照既定政策情景发展,将能够实现承诺的国家自主贡献(NDC)目标。但相对于全球应对气候目标,与大多数国家一样,既定政策情景当中的CO_2减排路径速度较慢且减排量不足。即使既定政策情景顺利实施,仍不能支撑全球实现"巴黎协定"设定的控制未来升温幅度"低于2℃"的目标。

基于中国CO_2减排展望和未来要实现"低于2℃"的温控目标,中国要满足《巴黎协定》要求就必须采取进一步的CO_2减排措施。综合分析国内国际相关研究成果,CREO2017假定了中国未来能源部门的CO_2快速减排的碳排放预算,即从2016年的100亿吨左右CO_2排放水平降到2020年的90亿吨、2030年的80亿吨,直至2050年下降至30亿吨。

(三)《巴黎协定》目标需要加速减排行动

如果中国未来碳排放足迹遵循上述碳排放预算,则中国必须加速削减煤炭消费、更为迅速地发展可再生能源。相比于既定政策情景,研究结论表明,2020年,低于2℃情景需要额外增加3.05亿千瓦的可再生能源装机容量,2050年需增加15.18亿千瓦。额外增加的发电装机初期将主要来自风电,后期则更多的来自太阳能发电技术。在低于2℃情景下,煤炭消费量将更为快速的降低。煤电装机到2020年将再削减1600万千瓦、2050年前削减2.2亿千瓦。

(四) 需要更加积极的可再生能源和非化石能源发展目标

中国可再生能源"十三五"规划中的 2020 年可再生能源发展目标已经与近期实际发展形势出现差异,两情景的可再生能源装机容量规模均高于"十三五"规划目标。非化石能源占比和煤炭占比指标下降幅度也均高于规划目标。到 2020 年,研究展望风能、太阳能和生物质能发电装机总量将显著超出 2020 年规划目标。这表明到 2020 年的非化石能源占总能源消耗占比可望高于 15% 的预期目标,这同时可保证终端用能部门在能源系统不增加 CO_2 排放的情况下实现快速的电气化。

表 4 2020 年目标和情景实现结果比较

	"十三五"规划指标	既定政策	低于 2℃
总计(亿千瓦)	6.76	8.14	11.19
水力发电(亿千瓦)	3.40	3.41	3.41
风能(亿千瓦)	2.10	2.59	5.49
太阳能(亿千瓦)	1.10	1.88	2
生物质能(万千瓦)	1500	2600	2900
其他可再生能源(万千瓦)	55	58	58
占总能耗份额	—	—	—
非化石能源(%)	15	19	26
煤炭(%)	58	55	51

(五) 加强煤电灵活调度和电网互联互通

要保证更多的新增可再生能源发电容量接入电网,需要对煤电运行提出更强的灵活性要求以维持提高电力系统灵活运行,需要更灵活调度输电线路和省间电量交换。另外,还需要地方政府提高接纳和利用区外可再生能源的积极性,支持电网调度合作和联合调度。

低于 2℃ 情景明确指出目前的电力系统已不需要新增煤电装机。对于当前已经获得核准并准备开工建设的新燃煤电厂,应当在进一步加强开工审核的同时尽快颁布禁止新建煤电厂的临时禁令，从而避免大规模资产搁浅。近中期，随着电力市场化的进程，将逐步取消年度发电计划确定的满发利用小时数（计划电量），直至最终取消年度发电计划制度。所有的发电商都需要根据电量市场的需求来决策自己的发电量。煤电厂已经开始意识到此类市场风险。特别是新建煤电厂，其面临的市场风险日渐增长，未来新建煤电厂的固定上网电价和长期购电合约将不复存在，煤电成本预期将会继续上升、竞争对手可再生能源发电成本则处于持续下降通道。

（六）促进高比例可再生能源电力提高电力市场价值

随着电力系统中新能源发电比例的提高，可再生能源发电的波动性可能导致压低批发市场电价、新能源电力系统价值下降和投资风险增加。因此，一方面，需要建立不断提高电力系统灵活性的电力市场体系，在灵活的电力系统中维持、提高波动性新能源发电的较高系统价值；另一方面，高比例新能源发电参与电力市场仍需要低碳政策框架。比如：（1）售电侧强制性可再生能源电力配额和可交易绿色证书；或者，（2）基于竞争性招标电价的"全电量现货+中长期差价合约"市场模式来对冲潜在的价格风险。

七、近中期行动建议

依据研究结论，并基于过去数年可再生能源产业、技术和政策方面的进步，并展望其近中期发展情况，针对中国可再生能源发展，提出下列建议：

（一）提升可再生能源和非化石能源目标

"十三五"规划中2020年可再生能源发展目标是应努力超越的底线目标，通过推动竞争、降低成本、优化布局、破除障碍，可努力实现更快发展：太阳能光伏装机量从1.1亿千瓦增至2.3亿千瓦，风电装机量从2.1亿千瓦增至2.5亿千瓦以上，确保2020年非化石能源占一次能源消费总量的比例达到并努力超越15%。如考虑落实"巴黎协定"提出的"低于2℃"温控目标，则需要进一步提升发展目标要求。

（二）创新新能源电力价格机制

清洁能源的价格机制仍有不适应电力市场化改革方向之处，清洁能源的环境效益没有通过价格机制或价格信号得以体现，市场化竞争平台在环境效益上的公平性欠缺，削弱了清洁能源的经济竞争力。建议近期在清洁能源价格机制上主要就以下方面进行调整和完善。

发电上网侧及时调整价格水平，推进市场竞争机制形成价格。对风电、光伏发电等技术和市场成熟的清洁能源电力，持续实施电价退坡政策，推行以竞争方式降低陆上风电、光伏发电开发成本，分技术、分利用模式、分地区、分阶段实现补贴完全退出。对光热发电、海上风电等处于产业成长和市场培育中的清洁能源技术，以及生物质发电这样成本变化小且与农业环保生态治理相关的清洁能源技术，近期以相对稳定的电价政策支持其稳步发展。

对于输送清洁能源电力和电量达到一定比例的跨省跨区输电通道，建立动态调整输电价格机制，降低跨省跨区输电通道输配电价，减免输配电价中包含的政策性交叉补贴。

创新分布式清洁能源政策机制，促进参与电力市场，落实和做好分布式清洁能源市场化交易试点，推进直接交易、电网代售电模式的实施，并相应建立不同特点的商业模式。尽快通过市场化交易试点，明确不同地区、不同电压等级、不同情况的过网费标准。此外，对电力用户（含微电网）使用分布式清洁能源发电，建议不征收相应的系统备用费，采用免除随电价征收的各类政府性基金和附加、部分减免在供应和消纳范围所涉及电网电压等级之上需负担的交叉补贴的方式，增强分布式清洁能源在市场竞争中的经济竞争力。

（三）完善清洁能源税收和化石能源碳定价政策

对一是延续现有的清洁能源税收优惠政策，延期大中型水电和太阳能发电增值税即征即退政策或制定长效政策；对清洁能源产业制定新的税收减免政策，进一步加大力度。二是进一步增强税收的调节作用和灵活性，加快推进碳排放税立法工作，加大环境税、资源税的征收力度和征收范围，对天然气资源落实差别化税费政策。三是明确对清洁能源开发占用土地均不征收城镇土地使用税，合理征收、减免耕地、草原、林地税费。

加快在电力部门率先实施全国碳排放权交易制度，制定能够确保实现碳减排目标的碳交易底价，在2025年前逐步实现电力部门碳排放配额有偿分配，避免过去制度缺陷和新增政策障碍。

(四) 加快电力部门改革，建立竞争性电力市场和灵活电力系统

加快电力部门改革，制定实施中国电力市场建设的下一步清晰路线图，扩大并加速开展竞争性电力批发市场试点和区域电力市场试点；打破省间壁垒，电力市场试点要纳入跨区电网调度；预防双边直接交易合同锁定高碳型煤电电力生产；探索推进配电网层面分布式发电交易市场体系，在2025年前基本建成竞争开放的现代电力市场。

以现货市场为标志的现代竞争性电力市场是电力市场化改革的最核心制度安排。有效市场模式存在多种形式，但都遵循边际定价、机会成本定价、无套利定价等三个基本原则，有利于发挥风电、太阳能发电的零边际成本优势，实现电力系统成本最低和社会福利最大化。中国需要以基于"现货"的电力市场逐步取代目前"计划电量+电力直接交易"的电力运行模式。中国首批电力现货市场试点计划在2018年后启动。今后在风电、光伏等间歇性电源比例较高的市场区域，应结合电源和电网侧新能源预测，率先开展日前、日内现货市场，积累经验后建立实时市场；同步建立辅助服务市场（而非缺乏明确核算基准的辅助服务补偿机制）。同时，探索可再生能源逐步参与电力中长期交易市场和现货市场。应努力发展辅助服务市场，而非辅助服务补偿机制。加快探索可再生能源参与长期，中期和现货市场机制。应建立电力市场信息披露机制和制定披露的时间表，推动电力交易调度机构在市场的不同时序阶段及时发布包括负荷、供应、网络、阻塞、预警、交易量、价格等全面的市场信息，以消除信息壁垒、维护公平有序竞争。

(五) 完善增量配电网和微电网市场化投资和公平运营机制

未来配电网是分布式能源一体化生产消费系统的核心，正在向着有源化、局域化、协同化、市场化、智能化的方向发展。未来的电网将在分布式和扁平

化的基础上,最终形成多分区自治、互联互动且支持多能互补的网络格局。近期有关增量配电网配电价格的指导意见首次确定了增量配网与地方电网、省级电网具有同等的市场地位,公平参与市场竞争,省级电网应向地方电网和增量配电网无歧视开放电网,增量配网企业与其他电网企业应平等享有共同的权利,包括网网互联权、运行调度权、电源接入权、市场交易权,以促进各电网公平开发竞争、多能互补分布式能源优化运行、发展主动配电网和微电网。应结合增量配电网建立配电网和微电网层面清洁能源就近消纳的分布式发电市场化交易机制。建立配网和微网层面的分布式可再生能源电力、热力和燃气交易平台,真实反映分布式能源的低过网成本和高用户价值;鼓励分布式能源、电动汽车及虚拟电厂参与现货市场和辅助服务市场。

(六) 健全政府引导的投资机制

一是加大清洁能源技术研发投入和力度,以国家支持有效引导企业投入,整合国内现有资源,建立国家清洁能源实验室。二是设立国家清洁能源产业基金,或设立国家绿色发展基金,将清洁能源作为重点投资领域,国家投入资金起引导作用,吸引社会投资参与,重点支持清洁能源产业先进技术研发、试验示范工程、产业转型升级、开发利用等领域。三是国家设立专项资金或加大中央预算内资金对能源基础设施建设支持,

(七) 加大绿色金融支持力度

绿色金融体系是包括绿色债券、绿色信贷、绿色发展基金等金融工具和相关政策的制度安排。壮大清洁能源产业是供应侧全球低碳发展的重要途径,也是绿色能源投资的重要组成部分。我国应建立和不断完善可再生能源的绿色金融体系,针对性地支持清洁能源发展,引导投资方向,吸引和带动清洁能源投资。在具体实施方式上提出以下建议,一是在绿色信贷方面,对清洁能源产业予以专项低成本资金支持,制定中央和地方财政对清洁能源产业融资的贴息政策,支持金融机构加大对清洁能源产业的信贷投放,并在融资期限等安排上予以倾斜。二是绿色债券方面,开辟清洁能源企业上市融资绿色通道,建设成熟的股权、债券融资体系,发展综合金融服务,丰富清洁能源融资工具,加大绿

色债券、资产证券化等产品应用。探索发行国债或企业绿色债券方式减轻可再生能源电价补贴资金的短期压力。三是建立和灵活运用政府和社会资本合作等多种投融资模式，鼓励地方成立绿色发展基金。四是鼓励金融机构建立完善符合清洁能源产业特点的信用评级和风险管控体系，探索清洁能源专业化担保、保险等金融服务。

典型国家主要清洁能源产业政策创新与市场发展

宋梅 张文[*]

摘　要： 随着全球气候变化和化石能源紧缺等问题的日益严峻，清洁能源产业发展越来越受到世界各国的重视。我国清洁能源资源丰富，具备大规模开发和利用的潜力。近年来，我国风电、太阳能光伏发电、核电以及生物质能等清洁能源产业发展迅速，在能源生产和消费结构中的比重不断上升，但距2020年清洁能源在能源结构中占比的目标仍有不小差距，且清洁能源发展中仍存在不少问题。基于此，本文重点分析丹麦、德国、法国及巴西在风电、太阳能光伏发电、核电以及生物质能等清洁能源产业的政策创新和产业发展，并与我国清洁能源政策进行对比分析。分析得出，丹麦通过补贴与税收政策推动本国风电产业的快速发展，德国根据自身光伏产业发展阶段动态调整补贴政策，法国通过制定系统完善的核能和核废料法规体系，确保了核电产业最终成为法国的主导能源产业，巴西根据国情选择燃料乙醇作为重点发展产业，通过立法实现生物质能的大规模开发与

---

[*] 宋梅，国际清洁能源论坛（澳门）理事，中国矿业大学（北京）教授，博士生导师。从事能源经济、碳交易市场等方面的研究。张文，中国矿业大学（北京）管理科学与工程研究生。

使用。以上典型国家清洁能源产业的政策创新和启示将为我国清洁能源产业的健康发展提供重要借鉴。

关键词：

清洁能源　风电　光伏发电　核电　生物质能　政策比较

一、引言

低碳经济是在可持续发展理念指导下的新型经济发展模式，它以低能耗、低排放、低污染为特点，实现化石能源的高效利用和清洁能源的规模开发。发展清洁能源产业因此成为低碳经济发展的重要举措，也是应对全球气候变化和世界经济稳步发展的必然选择。随着全球化石能源日益缺乏，世界各国需要根据自身经济发展水平、资源禀赋、能源消费特点、环境保护等因素，制定符合国情的能源发展战略。

2016年12月，国家发展和改革委员会、国家能源局发布了《能源发展"十三五"规划》和《可再生能源发展"十三五"规划》，对未来五年我国的能源消费做出了总体安排，提出"十三五"时期将非化石能源消费比重提高到15%以上，并据此提出"十三五"期间，天然气与非化石能源的消费增量将达到能源消费增量的68%以上，超过煤炭消费增量的三倍，而煤炭将主要用作为制气或制氢的原料[①]。对世界上清洁能源发展领先国家的相关政策进行分析，将为我国清洁能源产业的可持续发展提供经验和启示。

二、清洁能源概述

清洁能源是一种对能源清洁、高效、系统化应用的技术体系，是指在能源从生产至消费的整个过程中，具备高效的转化效率与经济性，对自然环境产生

---

① 中华人民共和国国家发展和改革委员会、国家能源局：《能源发展"十三五"规划》，2016年。

少量污染或不产生污染的能源①。该定义有三个方面的含义：第一，清洁能源是对能源利用的技术体系的分类，不是对能源种类的简单划分；第二，清洁能源同时强调能源利用的清洁性和经济性；第三，清洁能源的"清洁"体现在符合规定的排放标准。

清洁能源包含可再生能源和部分不可再生能源两大类。（1）可再生能源，也称作新能源，指能源消耗后能够得到充分补充，不产生或仅产生少量的污染物质的能源，主要包括风能、水能、太阳能、生物质能、地热能等；（2）不可再生能源，指在能源生产和消费过程中尽可能减少产生污染物质或经过特定技术洁净化处理过的不可再生能源，主要包括核能、天然气、洁净煤、洁净油等。

我国水电因受资源限制而发展缓慢，风电、光伏、核电、生物质能与欧美国家清洁能源发电在总发电量中所占比重还存在很大差距，其他清洁能源由于开发难度较大而尚未实现大规模开发。因此，我国要实现在2020年达到非化石能源占一次能源消费总量比重达到15%，2030年达到20%的战略目标，风电、光伏、核电都是重点发展的领域。考虑到我国是农业大国，生物质能发展具有较大的潜力。因此本文从以上四种清洁能源产业入手，分析典型国家在发展清洁能源政策上的创新，为我国能源结构转型目标的实现提供借鉴。

三、丹麦风电发展政策分析及对我国的启示

（一）丹麦风电产业发展现状和历史沿革

丹麦是世界上风能资源最丰富的国家之一，拥有发展风电的自然优势。虽然整个国家人口数量不足600万，但却是风力发电和发电风轮生产大国，世界十大风轮生产厂商中，丹麦占据了其中五席。2017年丹麦风力发电量占全国总发电量的43.6%，再次打破了2016年创下的最高纪录，全年风力发电量为

---

① 张玉卓：《中国清洁能源的战略研究及发展对策》，《中国科学院院刊》2014年第29卷，第4期，第429—436页。

14700吉瓦时,是目前世界上风能占全国发电量比例最高的国家。截至2017年底,丹麦风电装机容量达5.3吉瓦,与2001年相比增长了一倍[①]。丹麦依靠风电,打破了经济增长和减排对立的关系,成为当之无愧的"风电王国"。

丹麦是世界上最早开发风电的国家之一,其发展风电的历史可以追溯到一百多年前。由于丹麦化石能源较为匮乏,自1891年起,丹麦就开始对风力发电进行研究。第一次世界大战期间,石油资源短缺刺激了丹麦风电的快速发展,到1918年,四分之一乡村发电来源于风电,此时风机单机功率为20—35千瓦。一战后,石油恢复供应,风电产业发展变缓,1920年仅留下75台风机。第二次世界大战的爆发,化石资源的大量消耗使风电再次进入快速发展时期,丹麦的Lykkegard和Smidth是当时两家闻名遐迩的风电公司。二战结束后,欧洲国家开始思考未来石油资源供应不足的问题,丹麦则持续加强风电技术研发和产业化利用。1973年、1979年两次能源危机、石油禁运,以及绿色环保意识的推广,进一步推动了风电产业的进步。另外,丹麦的人均CO_2排放量高,也使政府加强了对环境保护问题的重视。经历了百余年的发展,风电已经成为丹麦能源供应的重要来源[②]。

(二) 丹麦风电产业政策创新

1. 通过立法明确风电项目利益相关方责任及保障

丹麦通过立法对风电项目利益相关方提出了明确的要求,也对各方的权益做出了保障,减少了由于供需方不协调产生的矛盾。1984年丹麦政府规定,电力公司以85%的零售价格购买风电;1999年丹麦政府制定了《电力供应法》,法律明确了风电等可再生能源上网的优先级别,电网公司需要优先收购可再生能源入网并付款,同时,若风电场建成后所发电力不能及时入网,电网公司需要对风电业主偿付一定经济赔偿。2008年丹麦政府颁布《可再生能源

[①] 《2017年丹麦风电装机5.3吉瓦》,中国新能源网,2018年1月10日,http://www.china-nengyuan.com/news/119328.html。

[②] 沈又幸、郭玲丽、曾鸣:《丹麦风电发展经验及对我国的借鉴》,《华东电力》2008年第36卷,第11期,第154—157页。

法案》，提出了风电项目的财产损失赔偿机制①，另外，法案提出设立担保基金的担保机制，促使风电项目更易获得商业贷款。丹麦法律对风电项目利益相关方的一系列保障政策促进风电产业稳定、快速地发展。

2. 实行补贴政策鼓励民众积极参与风电项目

丹麦从1979年开始对风电实行补贴政策，补贴采取多种形式。根据相关法律，经过国家实验室认证的私人风电投资，在风机购买时可获得购买价格30%的补贴。补贴政策激起了丹麦民众投资和参与风电项目的热情，到1990年，风机业主数量在10万—15万人②。补贴比例将随着风电产业发展逐渐下调，直至十年后取消。丹麦风电实行固定上网电价政策，通过补贴稳定风电上网电价，使风电更具吸引力和竞争力，促使风机制造商不断改进技术，降低制造成本，也使风机销量大幅增加。丹麦政府还通过设立电力节约基金，对改进能源效率的技术和设备进行资助，促进企业创新。对推广风电和普及风电知识的项目和活动也可获得一定补贴，地方政府部门可向国家电网公司提出申请，以帮助公民提高环境保护和使用清洁能源的意识，促进新的风电项目在当地更顺利地推行。

3. 征收能源税和碳税促进清洁能源消费

丹麦是最早征收能源税和碳税的国家之一。1977年，丹麦开始对石油征收能源税，之后将征税的范围扩大到煤炭、天然气等化石能源，并逐步提高能源税的税额。1992年开始征收碳税，征税对象从居民住户延伸到企业。丹麦碳税征收的范围主要面向化石燃料的CO_2排放。计税基础是燃料中的碳含量或燃料燃烧时的CO_2排放量。税率是100丹麦克朗/吨CO_2。丹麦给予能源密集产业一定税收优惠，除了免缴能源税和电力税以外，碳税亦仅需缴纳一般税额的30%—50%③。丹麦在对工业企业征收碳税的同时，将税收收入的一部分用

---

① 具体要求：若高度在25米以上的风电场机组建设造成高于1%的不动产损失，需要向受损方赔偿所有经济损失。
② 张庆阳、郭家康：《世界风能强国发展风电的经验与对策》，《中外能源》2015年第20卷，第6期，第25—34页。
③ 《世界各国是如何征收碳税的》，国家煤化工网，2014年3月26日，http://www.coalchem.org.cn/publication/html/80020804/506.html。

于为这些企业提供补贴，一方面资助企业节能项目的实施，另一方面，通过税收返还和减免的方式减轻工业企业的税负。丹麦较高的能源税负为其发展清洁能源产业和新技术的研发提供了资金来源。在消费侧，丹麦也通过能源税和碳税的方式鼓励消费者积极使用清洁能源。

4. 对风电机组实行严格的认证审批制度和开通民众反馈渠道

丹麦的风电机组强制认证制度从1991年开始实施。该制度要求风电机组经过严格的质量和安全检验后才能正常安装使用，且必须通过特定机构认证后才能在丹麦销售。丹麦技术大学的国家可再生能源实验室负责相关事宜，确保风电机组的安全运行与并网，并将相关规定在网站上公开。政府就风电项目投资人提交的环境评估报告广泛收集项目权益各方的意见，并经过为期八周以上的公示，在没有反对意见后政府才批准立项，并颁发环境影响评估许可证。严格的审批认证制度使丹麦居民对风电项目的认可程度大幅提升，为风电产业在丹麦的快速发展提供了保障。

5. 实行可再生能源配额制和绿色电力证书交易机制

1999年丹麦建立了一个通过交易绿色电力证书的国家可再生能源配额制的新市场。对风电等可再生能源实行绿色电力认证，鼓励消费者购买一定数量的绿色能源以扩大风能等可再生能源的使用。配额制是在电力市场化改革进程中为了促进可再生能源使用而推出的一项政策，要求发电企业或供应方在电力的生产或供应中要有一定比例电量来自可再生能源，该项要求通过核发绿色电力证书及建立其交易机制来实现。风电等可再生能源发电商可以在绿色电力证书交易市场上获取绿色电力证书，并据此得到额外的电价补贴，对可再生能源发电创造的社会价值进行补偿，同时，通过配额的方式保证绿色电力证书的市场需求。丹麦通过该政策推动发电企业不断降低发电成本，促进风电等可再生能源的使用。

6. 民众入股促进风电项目公众支持度

丹麦发展风电的政策创新还在于它实行集体股权机制，即风电项目产权结构的集体化。最早在2000年丹麦建成了第一座集体股权机制的风电场——米德尔格伦登风电场。普通居民通过购买风电项目股份的方式成为风电场的股东，参与到风电项目中，民众从中获得了可观的投资收益，并对环境保护做出了贡献。政府规定当风力发电机组高度在25米以上时，需要出售20%以上的股份给当地居民。这种政策使当地居民对风电项目的接受程度显著增加。2009年丹麦风电工业协会对丹麦民众的调查显示，风电在所有发电技术中的认可度最高[1]。风电投资项目的民众参与方式促进了公众对风电产业项目的了解和支持，为风电产业发展减小了阻力。

（三）我国风电产业政策及比较

我国幅员辽阔，海岸线长，陆地面积约为960万平方公里，海岸线（包括岛屿）达32000公里，拥有丰富的风能资源，具备风电开发的巨大潜力。截至2017年，我国风电装机容量达1.64亿千瓦，风电年发电量3057亿千瓦时，占全部发电量的4.8%[2]。《能源发展"十三五"规划》中提出"2020年风电装机规模达到2.1亿千瓦以上，并网风电年产能量达到4200亿千瓦时"的目标，我国风电还需进一步扩大开发和利用的规模[3]。

与丹麦风电产业的政策特点相比，我国风电产业政策在立法、补贴政策、税收政策、风电机组审批制度、绿色电力认证制度配额制和股权机制上存在不同。

立法。我国风电产业的政策来源于2009年修改后的《可再生能源法》。我国对可再生能源的立法注重原则性和制度框架的建构，缺乏具体实施和执行的细则，可再生能源法律体系还需逐步完善。因这部法律最近一次修订距今已有9年，与当前能源体制改革的衔接不够紧密，某些条款需要对可再生能源产业各有关方的责任及权益进行明确描述和修订，法律中的扶持政策也应随着可再生能源产业的发展进行调整。

补贴政策。我国对风电产业的补贴政策主要是对风电项目的财政贴息，对风电上网的输变电和运行维护也有相应补贴。对风电项目的贷款主要来源于政

---

① 《丹麦风电：从童话世界走进现实生活》，国际电力网，2015年6月11日，http://power.in-en.com/html/power-2238755.shtml。
② 《2017年风电装机增速创5年新低》，搜狐财经，2018年2月13日，http://www.sohu.com/a/222524600_99928087。
③ 国家发展和改革委员会、国家能源局：《能源发展"十三五"规划》，2016年。

策性银行，补贴形式和资金来源都较为单一，缺乏持续性，且补贴对象是风电项目，而不是发电量，无法控制项目后续发展情况。

税收政策。我国对风电项目的税收扶持主要通过税收减免，未对发电企业征收发电污染税。所得税方面，我国对风电项目经营所得前三年免征收所得税，第四至第六年实行所得税率减半。增值税方面，对风电项目也按增值税率减半征收，2009年增值税改革扩大了风电企业增值税进项抵扣范围。2011年我国七省市碳交易试点相继启动并取得了一定成效，但碳税政策目前还未实行。

风电机组审批制度。我国对风电机组的低电压穿越检测标准的制定和实施均由国家电网公司执行。我国对风电机组认证机构在认证技术、程序标准化、国际对接方面都存在诸多问题，风电项目审批权限属于各地方政府，不同地区审批程序和标准存在不统一、不规范的问题。

绿色电力证书制度和配额制。2017年2月我国在全国范围试行绿色电力证书核发与认购制度，并计划于2018年启动配额制考核和绿色电力证书强制约束交易机制。制度推行一年出现待交易证书数量多、企业认购数量少等诸多问题。我国绿色电力的概念还处在推广阶段，制度尚不成熟，推行绿色电力的重要性尚未得到发电企业与消费者的认识，宣传力度和配套政策还需要加强和完善。

民众入股制度。我国未实行个人投资风电项目的政策。

丹麦与我国风电产业政策对比如表1所示。

表1 丹麦、中国风电产业政策比较

政策	丹麦	中国
立法	《可再生能源法案》（1981，2008修订）、《电力供应法案》（1999）、《能源供应法案》（2003，2010修订）。相关法律较完善	《可再生能源法》（2005颁布，2009修订）。缺乏具体的实施措施和细则，责任和权益未明确界定
补贴政策	多种补贴形式：投资补贴，上网电价补贴，电力节约基金，推广风电项目及活动支持。补贴来源为税收政策	主要为财政贴息。补贴来源为政策性银行

续表

政策	丹麦	中国
税收政策	征收能源税，碳税，发电污染税。对清洁能源及节能项目有税收优惠	通过税收减免扶持风电。未征收能源税、碳税、污染税
风电机组审批制度	国家可再生能源实验室负责风机认证和审批，通过风机认证才可安装和销售；需进行环境影响评估，当地居民对风电项目无反对意见才可通过认证	由国家电网公司进行检测认证，缺乏第三方公共审批机构
绿色电力认证制度与配额制	1999年试行配额制保障市场需求，绿色电力证书交易市场相对完善	2017年试行绿色电力证书核发及自愿认购制度，配额制尚未实行
民众入股制	有	无

（四）启示

1. 完善风电项目的审批制度

我国由国家电网公司负责对风电机组技术标准进行制定和认证，缺乏公正性和权威性。同时，风电项目的审批权经过多次下放和回收，目前属于地方政府，审批方式和审核标准存在不同地区间的差异性，具有不规范的问题，且审批程序烦琐，一个风电项目经过审批的时间至少在半年以上。应尽快完善风电产业的管理部门建设，建立第三方非营利公共检测机构，负责风电机组技术标准的认证和实施。同时进一步规范风电项目的审批程序及技术认证环节，统一认证标准，简化项目审批流程，缩短审批时间，使我国风电机组的质量与安全得到保障，也促进更多风电项目的申报与实施。目前，在我国风机产能过剩的形势下，统一的行业技术标准也有利于风电产业海外市场的开拓。

2. 建立民众参与风电项目的民众入股制度

通过建立发电企业联合个人共同开发风电项目的方式，使普通居民通过购买风电场股份参与到风电项目中。民众可以通过参股的方式在风电场运营过程中得到分红，获得长期稳定的投资回报。同时，民众入股制度使风电项目与民众个人利益紧密结合起来，促使更多人了解风电等清洁能源产业，增强民众对建设风电机组的接受程度。我国推行民众入股制度，需要保证发电企业与个人共同拥有风电机组，且每股价格数额适中，确保民众有能力购买风电机组股份。

3. 建立风电项目财产损失赔偿机制保障居民权益

丹麦通过立法确立了风电机组财产损失赔偿机制，当风电机组的安装对当地居民的财产受到损害时，业主可向相关部门提出申诉，经过评估机构评估认证后可获得风电开发商的相应赔偿。

我国应加强对风电项目建设的监管，通过建立财产损失赔偿机制，保障风电开发地区当地居民的权益，也使风电项目在民众更加广泛、严格的监督下进行，提高发电企业在风机建设中对居民权益和安全性的重视。同时，建立赔偿机制能够提高民众对开发风电项目的接受认可程度，为我国风电产业更大规模发展减小阻力。

四、德国光伏发电发展政策分析及对我国的启示

（一）德国光伏产业发展现状和历史沿革

德国是世界上开发、利用太阳能的标杆国家，整个国家太阳能光伏技术普及率非常高，在世界上处于领先地位。德国地处欧洲西部北纬47°—55°之间，阳光辐射条件并不优越，仅相当于我国哈尔滨到漠河一带，光伏发电的年满负荷运行小时数只有800h左右，但德国却十分重视光伏产业[①]。在没有自然禀赋优势的前提下，德国的光伏产业实现了高速发展。从历史来看，德国在2006—2014年近十年间都是全球第一光伏大国，光伏累计装机容量始终处于世界前列。截至2017年底，德国累积安装太阳能光伏容量达到42.9吉瓦，全年可再生能源发电量占总发电量比重达到33%，其中太阳能占6.1%[②]。现在

---

① 朱彤、王蕾：《国家能源转型：德、美实践与中国选择》，杭州：浙江大学出版社2015年版。
② 《2017年德国新增太阳能光伏装机容量1753兆瓦》，太阳能光伏网，2018年2月2日，http://solar.ofweek.com/2018-02/ART-8420-2600-30197035.html。

德国的光伏市场已经趋于饱和，光伏产业发展进入平稳调整期，近年德国光伏装机增速明显放缓。

德国光伏产业经历了市场启动、快速发展、急剧扩张和平稳调整四个阶段。1990—2004年是德国光伏发电市场的启动阶段，德国的太阳能光伏发展始于"1000光伏屋顶计划"，德国通过开展"1000光伏屋顶计划"和"10万光伏屋顶计划"推广太阳能光伏在德国大规模安装和使用。2004—2009年进入快速发展阶段，政府出台的高额补贴激励政策促使德国光伏市场呈现井喷式增长，引领德国成为光伏产业大国。2009—2012年是急剧扩张阶段，2010年9月德国政府在《能源方案》中发布了德国能源中长期发展战略，确立了到2050年完成能源转型的目标，德国光伏市场进一步扩张，期间德国光伏累计装机容量持续保持世界首位。2012年之后德国光伏发电市场进入平稳调整期，德国对可再生能源扶持政策进行了大幅度调整，修正该时期的能源政策导向，由"过度支持"转变为"适度发展"，2013年太阳能光伏装机容量由前一年的7.6吉瓦降低到3.5吉瓦，2014年颁布的《可再生能源法2014》将德国光伏年装机增量限定在240万—260万千瓦[①]。德国经历短短十多年的时间，成为全球光伏产业发展的典范，其光伏产业的政策创新和发展经验很值得我国研究和借鉴。

（二）德国光伏产业政策创新

1. 开展"光伏屋顶计划"在居民中推广安装光伏

德国为了促进太阳能光伏的开发和利用，在1991年开展"1000光伏屋顶计划"，对所有安装太阳能光伏屋顶的居民提供一定补贴。该计划是政府大力发展光伏产业的开端，使德国积累了光伏发电技术充分的实践经验，为德国光伏市场的开拓与产业政策的制定奠定了基础。1998年进一步加大推广力度，开展"10万光伏屋顶计划"，计划安装容量300—500兆瓦的光伏系统，在六年的时间里帮助近十万家庭安装了太阳能发电设备。一方面通过贷款贴息，

---

① 《他山之石：德国光伏发展的启示》，电缆网，2015年3月31日，http://rese.cableabc.com/jiaodian_20150331038905.html。

鼓励居民贷款安装光伏设备,另一方面要求电网公司高价收购居民光伏屋顶所发电力[①]。通过实行两个光伏屋顶计划,使德国光伏产业急速发展,装机规模大幅增加,同时也使民众投资光伏和使用光伏电力的热情高涨。

2. 以固定上网电价政策为核心的扶持政策

德国光伏产业的快速扩张和发电成本的快速下降,与德国长期以来实施的以固定上网电价政策(FIT政策)为核心的可再生能源支持政策密不可分。所谓"固定上网电价政策"是指电网运营商必须以法律规定的固定费率优先收购可再生能源电力,"固定费率"会随着技术进步而逐渐下调,但其下调的幅度在一定期间内是"固定"的且事先公布的。德国在《可再生能源法》中明确了光伏等可再生能源发电优先上网的政策规定,输电商有义务优先购买可再生能源发电企业生产的全部电量接入电网,并按规定的价格向可再生能源发电商支付固定电费,并明确规定了电价降低速率。该政策将对光伏发电的补贴时间限定在20年,稳定了发电企业的市场预期,降低了投资风险性,刺激德国光伏市场爆炸式增长。

政府还给光伏发电投资者提供税收减免、银行贷款融资方面的便利。光伏设备生产制造企业一定比例投资额可以享受税收抵免,商用光伏设备在增值税上也会有一定减免。针对小型光伏发电设备的新建和扩建,现有住房的太阳能光伏发电系统改造,以及节能项目,银行分别提供一定的信贷优惠。实际上,德国光伏产业的发展浪潮,就是由个体在政府扶持政策引导下自发发展起来的。

3. 根据光伏产业发展情况适时调整立法

德国最早在1990年就在法律中对光伏产业制定了相关政策,《电力输送法》中对太阳能光伏发电的补贴和企业投资光伏的优惠利率做出了明确规定。2000年颁布的《可再生能源优先法》(EEG,2000)中规定了光伏等可再生能源的优先上网制度。2004年《可再生能源优先法修正案》(EEG,2004)对光伏上网电价的补贴政策进一步细化,实行更大力度的"固定上网电价"政策。

---

① 《国外光伏财税政策如何助力光伏产业》,北极星太阳能光伏网,2015年12月3日,http://guangfu.bjx.com.cn/news/20151203/687851.shtml。

2009年德国政府再次修订《可再生能源优先法》法案（EEG，2009），将上网电价降低约15%，并提高了上网电价递减率。2012年《可再生能源优先法修正法案》（EEG，2012）提出了灵活的上网电价下调率机制和鼓励光伏发电自发自用的"双价制"。2014年《可再生能源优先法修正法案》（EEG，2014）进一步限定光伏新增装机规模，再次下调光伏上网电价，并引入招标机制确定补贴额度。

逐年递减的上网电价能够有效激励新项目的尽快投产，促使光伏建设的技术水平不断提高，发电成本不断降低。过去20年德国太阳能光伏关键技术成本大幅减少，太阳能光伏同时期系统成本下降达80%—90%，且呈继续下降趋势[1]。到2017年底，德国太阳能光伏发电厂发电成本降至0.0371—0.1154欧元/千瓦时，特别在德国南部日照充足地区，太阳能光伏发电价格一直低于燃煤发电价格。这与德国根据光伏产业发展进度适时进行政策调整来影响产业发展是密不可分的。

4. 民众以能源附加费形式分摊电价差额

2004年公布的《可再生能源优先法修正案》（EEG，2004）提出了固定上网电价政策，同时提出全网平摊法解决固定上网电价政策实施中的资金问题，政府无须额外拨款。德国民众通过支付"可再生能源附加费"来分摊可再生能源电力上网电价超过市场电价的差额，这造成了德国民用电价不断升高。世界各国征收新能源附加费的方式主要包括三种，由所有电力消费者均摊、工业和商业消费者负担和居民生活用电消费者负担，德国属于第三种。受该政策的影响，德国的电价成为欧洲仅次于丹麦电价第二高的国家，2000—2018年，德国居民平均电价从13.64欧分/千瓦时上升到29.42欧分/千瓦时，高出欧盟平均水平近50%。

5. 结合资源分布特点发展分布式光伏与实行双价制

在能源发电领域，主要有独立系统、分布式和集中式系统，德国结合自身资源分布特点大力发展分布式光伏，截至2016年底，德国分布式光伏在累计光伏装机总量达中占到了约75%。这些分布式光伏装机大量布局在南部负荷中

---

[1] 德国AGORA能源转型参见《德国能源转型的十二个见解》，2012年5月（中文版）。

心,既便宜又实现了就近发电、并网和使用。德国面向分布式光伏,实行了鼓励光伏发电自发自用的双价制。光伏发电自发自用采用多表计量,卖电和买电用不同价格分开核算,自发自用电量按照常规电价支付电费,自发自用部分电量可享受一定电价补贴,但只针对装机容量不超过500千瓦的光伏设施。并且,如果自发自用电量不足所发电量的30%,电价补贴将在相应上网电价的基础上减少16.38欧分/千瓦时。如果自发自用电量超过所发电量的30%,则电价补贴将在相应上网电价的基础上减少12欧分/千瓦时。德国通过鼓励分布式光伏发电的自发自用,减小了大量分散光伏接入对配电网的影响。

6. 通过欧洲互联电网应对光照波动性

太阳光光照具有波动性的特点,光照强度的变化会影响光伏发电的效率。随着光伏上网规模的快速增加,光伏发电波动性特点要求电力系统做出更加灵活的反应,德国依靠欧洲互联电网的"间接储能系统"作用,提高了其光伏发电输电网的灵活度。在阳光十分充足时,采取将富余电力销往欧洲邻国,而不是将其储存起来,此时卖电比储电更划算;当德国太阳能光伏发电量低时,在峰值需求时段从国外买电,比由德国发电厂提供的电力成本更低。

(三) 我国光伏产业政策及比较

我国光伏产业最初在外部欧洲市场和政策的激励下产生,并随着欧洲光伏应用市场的发展而发展。在2003年之后我国光伏市场进入快速发展时期,2005年开始,我国的光伏产业以每年44%的增幅持续高速发展。国家能源局统计数据显示,2017年我国光伏新增装机量达到53.06吉瓦,截至2017年底,我国光伏累计装机量达到了130.25吉瓦[1]。其中新增装机量连续5年位居全球首位,累计装机量也连续3年位居全球第一。我国光伏装机量虽然在近几年中迅速增加,但是2017年前三季度光伏发电占总发电量比例不到2%[2]。相对于光伏产业发展更早、能源转型更加成熟的德国来说,我国光伏产业还具有很大

---

[1] 《2017年全球主要国家光伏新增装机情况汇总》,北极星太阳能光伏网,2018年2月11日,http://guangfu.bjx.com.cn/news/20180211/880406.shtml。

[2] 《2017年全国光伏发电量首超千亿千瓦时》,中国经济网,2018年1月3日,http://www.ce.cn/xwzx/gnsz/gdxw/201801/03/t20180103_27532637.shtml。

的发展空间。

现对我国与德国光伏产业政策在光伏推广计划、补贴与其他扶持政策、立法、能源附加费征收方式、分布式光伏发展与应对光照波动性上的相关政策进行比较。

推广安装光伏的政策计划。我国 2009 年推行了"金太阳示范工程",在 3 年时间内对符合要求的光伏发电系统及配套输配电工程给予总投资 50% 的补助。相较于德国的"1000 光伏屋顶计划"和"10 万光伏屋顶计划",我国光伏市场发展时间较晚,规模较小。

财政补贴与扶持政策。我国对光伏产业的补贴政策以投资补贴为主,价格补贴为辅,技术创新补贴少,税收政策上税收优惠较少,同时,我国尚未对光伏发电上网电价制定定量化的依据,目前仅将发电区域划分为三大类,对不同区域进行单独标杆定价,尚未区分出差异化的上网电价,缺乏上网电价动态调整机制。

立法。我国光伏产业起步较晚,2009 年以来密集出台了一系列政策措施,但多没有具体的执行规定,导致难以执行。我国光伏产业发展的政策体系没有建立,缺乏政策间的相互配合与有效衔接,产业立法与金融政策尚未健全。

能源附加费。我国由工业和商业电力消费者负担新能源附加费,居民生活用电消费及农业、重要公共事业、公益性服务用电不承担新能源附加费,且享受低电价,由此产生我国民用电价低,工业电价高的与德国完全相反的特点。

能源系统形式。我国光伏发电主要以大型集中式电站为主,分布式光伏在我国发展时间较晚,2013 年才得到大规模推广。大型集中式光伏电站主要建设在西北地区,发电效益好,但由于地区经济落后,电力无法就近消纳,带来电网输送负担和资源浪费;分布式光伏在经济发达地区建设规模较大,但总量仍相对较小,产生电量远不足以当地消耗。我国发展分布式光伏采取"自发自用,余电上网"的原则,目前居民光伏电站每发 1 度电,国家政策给予 0.42 元补贴,上网部分电量由供电公司按照 0.378 元/度的价格收购。中国到 2014 年分布式光伏电站仅占总累计光伏电站的 17.62%。

德国与我国光伏产业政策的比较见表2。

表2 德国、中国光伏产业政策比较

政策	德国	中国
推广性活动	"1000光伏屋顶计划"（1991）和"10万光伏屋顶计划"（1998），为每位安装太阳能屋顶的住户提供补贴	"金太阳示范工程"（2009）
财政补贴	价格补贴、投资补贴、税收优惠普遍享有。固定电价上网方式优先上网，并获得补贴，上网电价补贴采取了"阶梯降价"的策略，差异化、逐年递减的上网电价激励新项目尽快投产	投资补贴为主，价格补贴为辅，技术创新补贴少，税收优惠少。未明确光伏上网电价的定量化依据，尚未区分出差异化的上网电价，缺乏上网电价动态调整机制
立法	颁布实施了可再生能源法，根据国内外能源发展情况，不断进行优化调整	2009年开始颁布了一系列政策措施，重点面向光电项目投资与建设，缺少更具体的执行规定。注重财政政策，忽视金融、法律政策，光伏产业政策体系尚未健全
能源附加费	民众电费中承担可再生能源附加费。民用电价高，工业电价低	工业和商业用户负担新能源发电附加费，民用电价低，工业电价高
分布式光伏	大力发展分布式光伏，实行分布式光伏"双价制"，鼓励分布式光伏的自发自用	以大型光伏电站为主，分布式发展较晚，补贴较少。家庭分布式光伏发电项目并网困难
应对光照波动性	发展欧洲能源互联网，在阳光充足时，向邻国卖电；当太阳能光伏发电量低时，从国外买电	主要通过传统化石能源发电和储能装置进行调整

（四）启示

1. 完善补贴退出方式和实行差异化上网电价

随着光伏发电装机量不断增加，光伏产业逐渐进入平稳调整期，政府逐步退出补贴支持是必然趋势。德国上网电价政策每年明确下调率有着逐步消减的自我调整特点，可预见性较强，促进光伏发电项目尽快投产，并且形成了良好的竞争态势促进光伏发电成本的不断降低。

2018年5月31日我国出台《关于2018年光伏发电有关事项的通知》（"5·31"光伏新政），政策大幅下调光伏补贴，并提出暂不安排2018年普通光伏电站装机规模，即是我国光伏产业走向成熟、降低增速、开始退出补贴的标志。我国在对光伏等清洁能源产业补贴政策的退出方式上，建议借鉴德国的上网电价政策，留给行业一定反应期，明确电价下调的时间限制，做好长远规划，并与产业成本结合，循序渐进。同时，在清洁能源上网电价政策上实现差异化，根据不同的区域、装机规模、建设难易程度等，进行不同程度的精确定价，例如对于无电的偏远山区，可以实行减免大部分费用甚至免费安装光伏发电系统，从而为光伏产业创造长期稳定的发展环境。

2. 建立依托互联电网的"间接储能系统"

德国借助欧洲互联电网应对太阳光照波动性的特点，在太阳光照充足时向邻国"卖电"，在太阳能光照不足发电量低时从邻国"买电"，以实现"间接储能"的作用。

我国应进一步完善省域间的电网互联，加强省域间输电线路建设，以解决我国不同地区发电量与用电消耗之间不匹配、光伏发电等新能源发电波动性强的问题。坚持"一带一路"，推进与周边国家互联电网建设，积极推动和参与跨国联网项目，通过多边合作完善我国与周边国家的电力资源优化配置，实现电力资源充足地区与紧缺地区的协调。互联电网的建设需要我国在输配电技术、电网安全稳定性建设、技术标准化等方面上不断完善和提高。

五、法国核电发展政策分析及对我国的启示

(一) 法国核电产业发展现状和历史沿革

法国是全球民用核大国,拥有着世界上仅少数几个国家拥有的完整的核工业体系,核能发电已经成为法国最主要的电力来源。截至 2017 年,法国拥有在役核电机组 58 台,装机容量达 63.2 吉瓦,2017 年核电占全年发电总量比重达到 72.3%,位居世界第一[①]。核电在法国占据重要地位的原因在于法国的资源条件,由于法国化石资源十分匮乏,仅依靠水电无法满足法国经济发展需求,但在法国本土贮藏有约占全世界 3% 的铀资源,因此,法国大力发展新兴的核电产业来解决资源匮乏与经济发展之间的矛盾。法国制定了长期良性的核电发展战略,在核电技术上形成了自身先进且独立的技术优势,现在,法国已经成为世界上发展核电最先进的国家之一[②]。

法国核电产业的发展历经了起步、快速发展、完善三个阶段。第一阶段是核电产业的起步时期,20 世纪初法国就开展了对原子能技术的研究,1945 年法国原子能委员会(CEA)成立,负责核反应堆的研究和开发、核电站的设计与核安全防护等,1956 年法国在马库尔建成首台 G1 核电机组,1956—1974 年,法国核反应堆由气冷堆逐步向压水堆过渡。第二阶段是核电产业的快速发展时期,1974 年爆发世界石油危机,法国通过制定新的能源政策明确大力发展核电,以摆脱对石油资源的依赖,减少进口化石能源的外汇支付,核电产业自此进入大发展时期,压水堆核电站技术逐步实现标准化、系列化,1978—1988 年十年间法国核电站建成数量从 10 台迅速增长至 50 台,为法国提供了近 70% 的电力需求。第三阶段是核电产业的完善时期,20 世纪 80 年代世界上发生的核事故使核电厂的安全性越来越得到世界各国的重视,法国通过增加更多

[①] 《核电深度报告:核电订单将迎新一轮大爆发》,搜狐财经,2018 年 5 月 22 日,http://www.sohu.com/a/232470847_131990。

[②] 陈俊畅、夏良树:《国外核电发展对我国核电发展的启示》,《价值工程》2017 年第 36 卷,第 26 期,第 237—241 页。

安全设施、实行更严格的审批制度等措施，确保核电站的安全可靠。法国在核电技术和核电立法方面不断成熟完善化，到现在，核电已经在法国的能源结构中占据了不可或缺的地位①。

（二）法国核电产业政策创新

1. "能源独立"战略坚持发展核电

法国化石能源贫乏，20世纪70年代石油危机爆发，法国80%以上能源需要依赖进口，为了提高能源供应的安全性，并降低国际能源价格波动的影响，法国确定了大力发展核电的"能源独立"战略，通过大规模发展核电来取代化石能源的使用，减小对能源进口的依赖。法国根据自身的能源战略，积极学习、引进美国的核电技术，并不断改进和发展，逐渐形成自身的技术优势。同时，法国对于核电长期稳定的政策支持也为核电产业的快速发展提供了保障，从20世纪70年代到现在，法国经历的多届政府都对核电产业呈积极的态度。2011年3月日本福岛核事故发生后，在德国、意大利、瑞士等国宣布关闭部分反应堆并逐步放弃核电时，法国政府明确表示继续发展核电，同时提出了2025年核电在全国总发电量中占比50%的目标。

2. 健全的核能法规体系

法国核电产业的立法是在核工业发展过程中逐步建立和完善的，主要从放射性保护、核设施管理、放射性物质与核废料管制、环境保护及核损害责任四个方面制定了核电产业的主要法律法规②。覆盖面广、行之有效的核电法律制度为核电产业的发展提供了保障，从前期项目审批、核电站运营与监管、后期防护与废料处理全过程对核电发展进行了全面的管制，减小核电这一特殊清洁能源由于安全性而给民众带来的担忧，将潜在的危险性降至最低。到现在，法国已经形成了一套比较完备的核安全法律法规体系，为法国核电产业的稳定、快速发展提供了有力保障，如图1所示。

---

① 王岩岩：《法国核电发展模式对我国的启示》，《价值工程》2010年第29卷，第16期，第133—134页。
② 陈维春：《法国核电法律制度对中国的启示》，《中国能源》2007年第29卷，第8期，第17—21页。

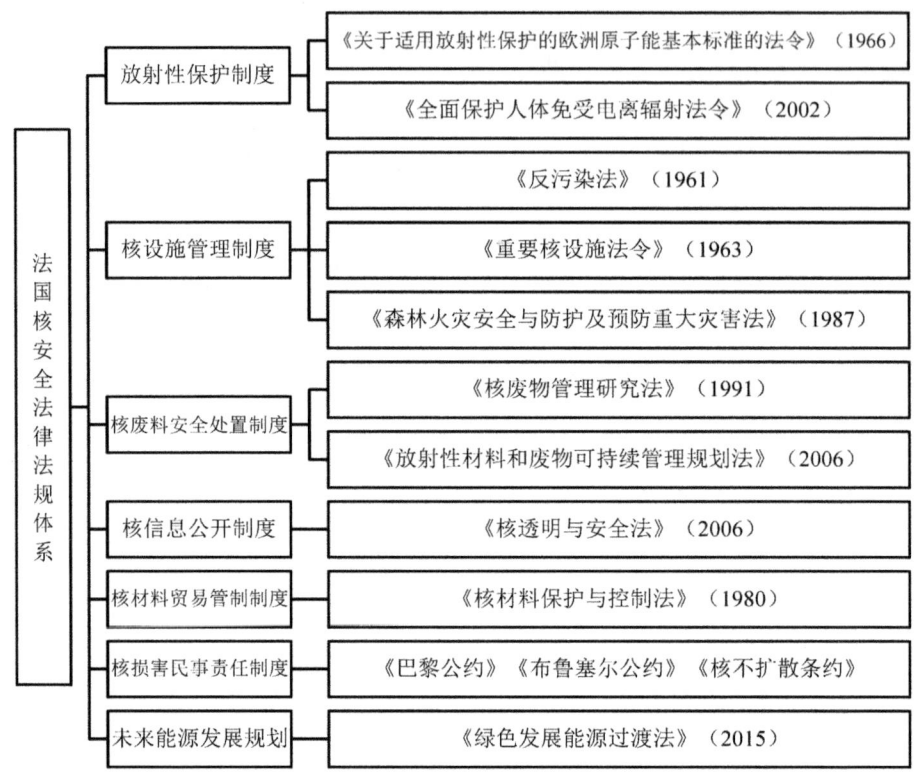

图 1 法国核安全法律法规体系

3. 实行核电技术的标准化

核电站与其他能源发电站不同点在于不同类型的核反应堆具有不同的结构特点，所使用的核燃料、技术和设备都不相同。每种核反应堆型的设备制造、原料供应、材料生产、燃料加工及后处理都有一套独特的工业体系。法国在发展核电初期，就对法国的核电机组实现了标准化和国产化，高度标准化的核电技术使得法国核电投资及运营成本非常低，使法国核电站建设周期显著缩短、安全性得到提高，整体而言法国核电站的建造成本不算高①。法国在较短时间内完成了大规模的核电站建设，且确立了法国核电自身的竞争优势与良好的经济性，其中核电技术标准化政策的实行发挥了重要的作用。

---

① 张栋：《世界核电发展及对我国的启示》，《能源技术经济》2010 年第 22 卷，第 12 期，第 5—10 页。

4. 分工明确与相互制衡的监管体系

法国对核电监管有着分工明确、相互制衡的监管机制。法国核外交政策理事会负责核设备、技术及材料出口相关的政策制定；核安全部际委员会负责对核安全一般政策的制定和执行，与部际部门共同开展研究计划；能源和原料总理事负责能源供给与使用、能源供给安全性的监管；核管制理事与核安全和放射性保护总理事负责对核安全事项的研究与执行；1945 年成立的原子能委员会负责原子能开发在民事与军事上的应用。2006 年《核透明与安全法》确立了法国核电的监管架构，到目前形成了以国会、政府与核安全局构成的核电产业监管体系[①]。法国通过对核电监管的明确分工，为法国核电产业的快速发展提供了有力保障，确保核电市场进入的平等性，也提高了公众对发展核电的接受程度。

5. 对核电站实行全程化的监管模式

发展核电最关键的问题在于安全性，确保安全性是每个国家发展核电产业的前提。法国为了保障发展核电的安全性，对核电站建立起一套严密的管理措施，从核设施选址、设计、建造、调试、运行直至退役，实行全过程的严格监管。法国还实行核安全许可证制度，对核设施、核材料与辐射安全进行管理，制度确定核安全局每十年对核电机组进行全面的安全检查。法国在核设施建设集中地区建设监督站，派遣监督员对核设施现场进行监督，对核设施运行情况及安全性进行及时了解和掌握，确保核电站的安全运行。日本福岛核事故发生后，法国立即对国内所有核设施进行全面安全检查。

6. 通过核安全信息公开和宣传工作加强与公众沟通

法国从核电产业发展初期就很重视核安全信息的透明公开，将管理信息透明化使公众对核电产业发展提供监督，同时加强宣传工作，建立与公众沟通的顺畅渠道。核安全信息的公开发布工作由核安全局负责，包括核设施监督信息与紧急情况信息的发布，同时还通过核安全局的杂志和网站进行信息公开，每年都发布长达 400 页以上的核电产业年报，对核电产业各方面信息进行披露，如核设施检查中发现的安全隐患等。核安全局还定期举办新闻发布会，通过媒

---

① 罗艺：《法国核安全管理体制简评》，《世界环境》2014 年第 3 期，第 33—34 页。

体向社会宣传，减轻公众对发展核电产业的疑虑。发生特殊事件时，核安全局会指导负责公民安全机构与医药健康领域采取应对措施。除了核安全信息公开外，有效的公众宣传和核安全管理决策的公众参与机制也为法国核电产业提供了良好的发展环境。面向公众的核电与核安全宣传工作主要由核电运营商法国电力公司负责。

（三）我国核电产业政策及比较

我国是核电占比低而发展潜力大的国家，核电作为一种技术成熟的清洁能源，将是我国电力工业可持续发展的必然选择。2017年我国核电发电量占总发电量比重为3.94%，低于世界平均水平，与法国等核电大国核能发电在全国发电总量中的占比相差甚远[1]。截至2018年4月，我国大陆地区有38台在役核电机组，在运核电装机容量约3700万千瓦[2]。《能源发展"十三五"规划》中明确了2020年核电在役装机容量5800万千瓦、在建装机容量3000万千瓦的发展目标，未来我国核电产业具有广阔的发展前景[3]。

现从政府态度、立法、核电技术标准化、管理机构、核安全管理、公众沟通等方面将我国与法国核电产业政策进行比较。

政府态度。日本福岛核泄漏事故发生后，2014年初我国在全国能源工作会议上对核电产业表明"适时启动核电重点项目审批，稳步推进沿海地区核电建设，做好内陆地区核电厂址保护"的态度。同年6月，中央财经领导小组明确了我国在最高安全标准下发展核电。

立法。我国核电与核安全的相关法律法规分为国家法律、国务院条例和部门规章三个层级。截至2014年4月，我国拥有1部核能产业法律——《中华人民共和国放射性污染防治法》，7部行政法规——《中华人民共和国民用核设施安全监督管理条例》《中华人民共和国核材料管制条例》《核电厂核事故

---

[1] 《核电深度报告：核电订单将迎新一轮大爆发》，搜狐财经，2018年5月22日，http://www.sohu.com/a/232470847_131990。
[2] 《核电在建装机容量世界第一，中国核电发展进入战略机遇期》，新浪财经，2018年5月4日，http://finance.sina.com.cn/roll/2018-05-04/doc-ifzyqqir0048770.shtml。
[3] 国家发展和改革委员会、国家能源局：《能源发展"十三五"规划》，2016年。

应急管理条例》《放射性同位素与射线装置安全和防护条例》《放射性废物安全管理条例》《民用核安全设备监督管理条例》《放射性物品运输安全管理条例》,另有部门规章 27 项,导则 89 项,共计 124 项法规[①]。但是,在国家法律层面,我国尚未颁布核安全和辐射安全方面的法律,在核能领域的基本法《原子能法》也仍处于立法进程中,尚未出台。2016 年 9 月《核电管理条例(送审稿)》公开征求意见。

核电技术标准化。我国正在运行的核电机组包括法国、俄罗斯、加拿大引进与我国自产的多种机型,在建机组也包括国产和从美国与法国引进的多种基于不同技术的机组类型。我国核电标准化工作虽取得了一定进展,但尚不完善,仍存在重要核安全标准缺失、未形成规范化反馈机制、标准化研究与验证基础薄弱等问题。

管理机构。我国核电与核安全的管理机构级别较低,核安全局作为管理核电产业的主要机构设立在环境保护总局下,军事涉核问题由国防科工委负责,新设立的国务院能源领导小组尚不能像法国核外交政策理事会负责外交与国际合作事务。

监管方式。我国在核电监管上采用国际最严格的安全标准,实行全面多层重叠的安全管理,注重提高紧急事件响应能力,在核设施规划、建设、运行、退役全过程及相关产业中确保安全性,将安全作为发展核电产业的首要前提。

公众沟通。我国在核电产业信息公开程度与面向公众的宣传沟通上还需不断加强,增进民众对发展核电产业的信任。核安全局对国内核电站发生的事故进行通报。中广核集团通过组织国产核燃料组件安装模拟培训、设施参观、设立公众开放日等方式,加强公众对核电产业的了解。我国出于公众对发展核电接受程度存在过程性的考虑,做出暂缓内陆地区核电站建设的政策。

法国与我国核电产业政策比较见表 3。

---

① 国家核安全局:《我国目前有哪些关于核安全的法律法规》,2017 年 2 月 24 日,http://nnsa.mep.gov.cn/zhxx_8953/kpyd/kpcl/201702/t20170228_397883.html。

表3 法国、中国核电产业政策比较

政策	法国	中国
政府态度	明确表示坚持继续发展核电,但会降低核电在全国总发电量中的比重	明确在最高安全标准下发展核电的立场,并将重启东部沿海核电站建设
立法	较为完整的核能法规体系,包括放射性防护、核设施监督、放射性材料管理、放射性医疗等方面,形成较完善的法律法规体系	1部法律,7部行政法规,27项部门规章,89项导则,但原子能基本法与核安全和辐射安全方面法律尚未出台,法律法规体系仍需健全
核电技术标准化	较早实现了核电机组的标准化和国产化	运行与在建机组包括国产与从法、加、俄、美等国家引进多种机型,核电技术标准化仍需继续推行
管理机构	原子能委员会、核外交政策理事会、核安全部际委员会等机构分工明确,目前形成了以国会、政府与核安全局构成的核电产业监管体系	国家核安全局负责全国的核安全、辐射安全、辐射环境管理的监管工作。国防科工委负责军事涉核问题,国务院能源领导小组负责国家能源战略规划
监管方式	对核电从设施选址到运行退役全过程进行严格监管,实行核安全许可证制度,每十年对机组进行一次全面检查	在核电监管上采用国际最严格的安全标准,实行全面多层重叠的安全管理
公众沟通	核安全局负责向公众发布核安全信息,电力公司面向公众进行有效的核安全公众宣传	核安全局会通报国内核电站出现事故,核电企业开放"公众开放体验日"。暂缓内陆核电站建设

(四)启示

1. 完善核电产业法律法规体系

我国应借鉴法国核电产业的立法经验,结合我国国情,确立符合国际要求、适应我国核电产业情况的核安全技术标准,颁布我国核电产业与核安全的相关法律,如《原子能法》《核信息透明和核电安全法》,健全相关法规与核电企业管理制度,完善层次明晰、权责分明、实施性强、行之有效的核电法律法规体系。做好在不同发展阶段我国核电产业的发展规划,重视核安全与核废物管理的制度保障,杜绝核安全时间的发生,同时也要未雨绸缪做好核事故发生时的应急预案和补偿措施。

2. 实行统一的核电技术标准和规范化的核电企业管理制度

我国核电产业需要建立规范、统一的核电技术标准体系。目前我国在役与在建核电机组存在多种不同类型和不同技术标准,给管理带来很大困难。未来我国核电应建立起相对统一的技术标准体系,进而提升我国核电产业的国际竞争力。法国也存在多种不同类型的核电站机型,但却实现了运行要求与安全标准的统一,形成法国完整的核电体系,不仅提高了其核电站运行的安全性,也使管理效率得到提升。对于核电企业内部应建立起规范、统一的管理制度,加强监管力度,减少核事故发生的可能性,也将潜在危害性降到最低。

3. 加强核安全信息公开与核电宣传工作解决群众问题

民众的"恐核"现象是核电产业发展的一大难题,民众反对发展核电多出于对核电安全性的担忧和对政府的不信任。解决群众问题一方面要切实保障发展核电的安全性,另一方面要建立起民众对政府核安全管理的信任感。政府应加强对核电产业管理信息的透明公开,对核设施运行情况应及时向社会发布公开信息,使核电产业发展受到民众的监督。核电企业应加强对核电与国家核电相关政策的宣传工作,通过媒体途径与开展形式多样的宣传活动,使群众了解到新一代核电技术的安全可靠性。通过加深民众对核电与核电政策的了解,消除民众的"恐核"心理,增强对我国发展核电的接受程度。特别在核电站规划建设区域,核电宣传与信息公开工作更应加强。

六、巴西生物质能发展政策分析及对我国的启示

(一)巴西生物质能产业发展现状和历史沿革

巴西是世界上规模化开发生物质能的典型国家之一。巴西国土面积大,人口众多,煤炭、石油等化石能源匮乏,但其依靠优越的自然条件大力发展农

业。1973年石油危机爆发，致使石油价格暴涨，给当时80%石油消费依赖于进口的巴西带来巨大压力。由此，巴西将解决能源问题的方案放在以甘蔗为原料生产燃料乙醇上，投资数十亿美元实施燃料乙醇开发计划。1975年巴西制定政策将以甘蔗为原料生产的乙醇配置在汽车汽油燃料中，用乙醇汽油为汽车提供动力。经过四十多年的发展，巴西燃料乙醇生产与应用技术逐步发展到世界领先位置。到现在，巴西所有汽车使用的汽油、柴油中均混置了乙醇，是世界上唯一不供应纯石油燃料的国家。

除了生产燃料乙醇外，巴西其他生物质能开发方式与技术也发展迅速。乙醇生产企业将生产燃料乙醇剩下的甘蔗渣用作发电和发热的原料，不再使用其他化石燃料，实现了能源的自给自足。2004年末，巴西开始推广生物柴油的生产和使用。依靠巴西东北部大量薪炭林，2012年在巴伊亚州建成25兆瓦的薪炭林生物质发电站[1]。生物质能在巴西的能源体系中占据重要地位，2014年巴西生物质能在能源消费结构中的比重超过40%，同期全球的平均比重仅为13.6%，发达国家的平均比重仅为6%，巴西远超过世界平均水平[2]。

（二）巴西生物质能产业政策创新

1. 通过政策计划大力发展生物质能产业

1975年巴西政府开展了生物能源计划和燃料乙醇开发计划，凭借丰富的甘蔗资源进行燃料乙醇的大规模生产，将燃料乙醇加入到汽油中配置成乙醇汽油，在全国范围推广使用。政府投资数十亿美元推动两项计划的开展，两项计划不仅使燃料乙醇产业快速发展，还带动了甘蔗种植、蔗糖加工、汽车制造等相关产业。二十年时间，巴西乙醇产量从48万吨增加到近1000万吨，产量达到世界第一。2004年底，巴西启动生物柴油计划，2008年发布《巴西生产与使用生物柴油计划发展方案》，大力推广生物柴油的生产和使用。

---

[1] 王韬钦：《美国、巴西农业生物质能产业发展实践与经验借鉴》，《世界农业》2010年第11期，第138—141页。

[2] 《巴西能源现状剖析》，国际能源网，2015年5月20日，http：//www.in-en.com/article/html/energy-2233275.shtml。

2. 立法强制推广乙醇汽油和生物柴油

巴西通过法律的强制性措施推广乙醇汽油和生物柴油的生产与使用，用法律保障生物质能产业各方利益。在法律文件中，对汽油中加入燃料乙醇的比例做了明确规定，不按规定执行的燃料生产商会受到相应处罚。要求联邦级单位购买更换汽车时，优先选择使用燃料乙醇等生物质燃料的汽车。在生物柴油的推广上，巴西政府颁布法令要求2008年起，所有柴油中添加2%比例的生物柴油，到2013年添加比例提高到5%，还通过制定补贴政策、实行配额制、统购乙醇与行政干预等措施推广使用生物柴油。巴西利用法律的强制性促进了燃料乙醇和生物柴油等生物质能源的开发和使用。

3. 提供财政支持保障能源作物原料种植

巴西制定了多种财政扶持政策鼓励农民种植甘蔗。甘蔗种植户可向商业银行申请低利率的低息贷款，还可根据自身需要，向银行申请其他类型稍高利率的贷款。同时，巴西政府很重视外资的利用，吸引国内外大型金融机构在当地设立分支机构，使农民可向国际金融机构申请贷款，仅巴西里贝朗普雷图市金融机构数量就在30家以上。这些金融机构为当地生物质能产业发展提供及时必要的金融服务。

4. 实行税收优惠鼓励发展生物质能

巴西政府通过税收减免政策促进生物质能产业发展。从1982年开始，巴西对生物质燃料汽车减征5%工业产品税，对使用生物质燃料的公用出租车和残疾人使用的特殊汽车实行免征收工业产品税。部分州政府对生物质燃料汽车减征1%增值税，在生物质燃料汽车销售淡季时实行免征收增值税。巴西通过税收减免政策，促进了生物质燃料汽车的推广和燃料乙醇的使用，带动生物质能产业形成产业链，实现协调、快速发展。

5. 设立发展生物质能专门管理机构与法律

巴西专门成立了农业生物质能源发展管理机构，负责生物质能产业政策的制定和实施，并协调其他相关部门工作的开展。2003年由农业、能源、商业三个部门组建了生物质能源委员会，负责生物质能研发技术管理和产业发展规划的制定，并在各个州建立分中心，负责各州具体工作。同时，巴西颁布了面向生物质能产业的法律——《生物质能源开发法》。该法律中将发展生物质能产业作为巴西可持续发展的重要国家战略，并将发展生物质能产业与解决贫困问题、加强农村建设相结合。对多种生物质作物种植的补贴与扶持政策在法律中均有明确陈述。

6. 积极推动生物质能产业技术研发工作

从 2012 年起，巴西政府每年投入大量资金用于生物质能技术研发，如甘蔗机械化生产、生物质作物基因改良、乙醇转化生产线改造等。2013 年巴西建立生物乙醇科技研发中心。巴西不断加强对生物质能源技术研发工作的支持，对农民与生产企业工人进行技术培训。巴西还在亚马孙地区建立专门的科研机构，积极研发纤维素转化乙醇等新技术，通过技术改进提高生物质转化率。2013 年巴西甘蔗平均产量达到 76 吨/公顷，相比 20 世纪 70 年代生物质能产业起步阶段，产量提高了 50%。巴西还将不断推进生物质能产业技术的研发与改进工作，目标在 2020 年甘蔗平均产量达到 88 吨/公顷，乙醇产率达到 90 升/吨，每公顷甘蔗生产乙醇达到 7200 升左右[1]。

（三）我国生物质能产业政策及比较

我国拥有和巴西同样充裕的土地资源与农业基础，理论生物质能资源在 50 亿吨左右，但我国生物质能开发与利用技术仍较为落后，开发规模也较小。近年来，我国生物质发电的年发电量约为 800 亿度，占我国年总发电量的 1.4%[2]。2017 年我国生物质能累计装机达到 1488 万千瓦[3]。虽然生物质能发电占比有限，但从环保、民生角度来看，生物质能源产业不可或缺。《能源发展"十三五"规划》中明确了 2020 年生物质能发电装机规模达到 1500 万千瓦左右的发展目标[4]。

通过比较我国与巴西发展生物质能产业的政策措施，借鉴巴西生物质能产

---

[1] 王韬钦：《美国、巴西农业生物质能产业发展实践与经验借鉴》，《世界农业》2010 年第 11 期，第 138—141 页。

[2] 《跨越风光——生物质发电逆袭成为第一个平价上网的可再生能源品种》，中国新能源网，2018 年 7 月 2 日，http://www.china-nengyuan.com/news/126022.html。

[3] 《我国生物质发电稳步增长，累计装机达 1488 万千瓦》，搜狐财经，2018 年 2 月 24 日，http://www.sohu.com/a/223841324_700483。

[4] 国家发展和改革委员会、国家能源局：《能源发展"十三五"规划》，2016 年。

业的成功经验，结合我国国情找到我国生物质能产业发展方向。现从生物质能产业选择、政策计划、立法、补贴政策、税收政策、管理机构、技术研发几个方面，将我国与巴西生物质能产业政策进行比较。

生物质能产业选择。我国将生物质供热作为生物质能发展重要方向，目前我国可开发的主要生物质资源包括农作物秸秆、禽畜粪便、城市与工业有机垃圾、能源作物、木材废弃物等。

政策计划。2007年发布《农业生物质能产业发展规划（2007—2015年）》，提出大力开发农作物秸秆和畜禽粪便等农业废弃物，适度发展能源作物的生物质能产业发展方向；2007年《可再生能源中长期发展规划》确立2020年乙醇年利用量达到1000万吨的目标；2012年《生物质能发展"十二五"规划》提出扩大交通领域替代石油燃料的使用规模；2016年《能源发展"十三五"规划》提出了2020年生物质能发电装机规模目标。

立法。我国生物质能产业相关政策来源于《中华人民共和国可再生能源法》，其中大多法规针对所有可再生能源的共性问题，单独面向生物质能产业的法律法规较少。

补贴政策。2008年对秸秆直燃发电提供0.1元/千瓦时补贴；2010年设定农林生物质发电标杆上网电价为0.75元/千瓦时；2013年燃料乙醇补贴为300元/吨，并逐年降低补贴力度，直至2016年停止补贴。我国生物质能产业补贴政策主要面向非粮作物。

税收政策。2001年实行对部分资源综合利用品增值税"即征即退"政策；2006年对动植物油为原料生产的生物柴油免征消费税；2007年对生物质发电企业所得税实行减免。我国对高新技术、资源综合利用企业在一定期限内实行所得税减免，对部分生物质能产品也给予增值税优惠。

管理机构。我国没有设立生物质能产业专门的管理机构，生物质能产业的管理由能源局、各级发展和改革委员会和环保部门负责。

技术研发。我国对生物质能的认识和研发起步较晚，从研发生产到实际应用的过程相对较短，导致技术不成熟，缺乏对生物质能产业技术研发的政策支持。

我国与巴西生物质能产业的政策对比如表4所示。

表4 巴西、中国生物质能产业政策比较

政策	巴西	中国
生物质能产业选择	大规模种植甘蔗，生产燃料乙醇	重点发展生物质供热与热电联产，开发资源主要为生物质废弃物
政策计划	开展生物能源计划和在发展燃料乙醇生产的计划，促进大规模甘蔗生产和乙醇加工，较早将生物质能源投入商业化领域	《农业生物质能产业发展规划（2007—2015年）》，《可再生能源中长期发展规划》，《生物质能发展"十二五"规划》等对生物质能产业确立发展目标和发展方向
立法	《巴西生物质能源开发法》	《中华人民共和国可再生能源法》对可再生能源共性立法
补贴政策	提供低息贷款和其他金融服务鼓励甘蔗种植	发电补贴，制定生物质发电上网标杆电价，逐渐减少燃料乙醇补贴，至2016年停止补贴
税收政策	生物质燃料汽车减征工业产品税和增值税	资源综合利用的生物质能产品增值税即征即退；生物柴油免征消费税，生物质发电企业所得税实行减免
管理机构	生物质能源委员会及各州分中心负责生物质能源技术研发管理与发展规划制定	由能源局、各级发展和改革委员会和各级环保部门负责，没有对于生物质能产业专门的管理机构
技术研发	投入资金用于能源作物基因改良、甘蔗机械化生产、乙醇转化生产线改进等研发工作，建立生物乙醇科技研发中心	对生物质能的认识和研发起步较晚，从研发生产到实际应用的过程相对较短，导致技术尚不成熟，缺乏生物质能研发的扶持政策

（四）启示

1. 制定符合我国国情的生物质能产业发展规划

巴西利用适宜甘蔗种植的优越自然条件，因地制宜发展燃料乙醇产业。我国应借鉴巴西发展生物质能产业经验，结合我国自然条件和经济发展状况，发展适合于我国国情的生物质能源,并进行产业化开发。首先要做好基础资源普查工作,因地制宜制定区域发展战略,培育出快速生长高产量的能源作物。我国在发展生物质能产业时,由于我国人均耕地面积小,应避免出现"与民争粮,与粮争地"现象,不能因发展生物质能产业使我国粮食供应和价格受到影响,应充分开发荒地、盐碱地等尚未利用的土地资源,合理规划能源作物种植,使用非粮食作物和储备粮中放置时间久的陈化粮来生产生物液体燃料,在林木资源丰富地区使用植物秸秆和废木材生产乙醇或用于发电,使用地沟油生产生物柴油,利用蔗渣、稻壳、垃圾等农林废弃物进行发电。根据不同地域自然条件,实现多种类生物质能产业共同发展。

2. 开发生物质能产业链条实现协调发展

在实行燃料乙醇开发计划初期,巴西政府就对燃料乙醇产业制定了多方面的扶持政策,从原材料甘蔗的种植、运输、加工与销售,再到燃料乙醇的生产与销售,政府都制定了不同程度的扶持机制。并且,巴西在发展燃料乙醇产业的同时,利用政策措施扶持生物质燃料汽车产业,如对酒精汽车实行税收减免,形成了生物质能产业链条,产生了良好的经济效益。

我国在生物质能发展与政策制定上,应着力培育产业发展体系,注重开拓生物质能产业与其上下游产业的协调发展,如与农业、交通运输业、住宅建设等行业相结合,借助政策工具为生物质能产业建立良性循环的发展环境,提升市场竞争优势,带动上下游产业协调发展,实现更好的经济效益。

七、结论和建议

本文全面分析了世界上清洁能源产业发展大国的能源政策,分别选取了风电、太阳能光伏、核电、生物质能产业在全球发展最具规模和代表性的国家——丹麦、德国、法国、巴西——分析这些国家清洁能源产业上的政策创新,并与我国的清洁能源产业政策进行对比,为我国清洁能源产业发展提供借鉴。分析表明,丹麦通过多种形式的补贴政策鼓励风电项目的开展,通过实行征收能源税、配额制、民众参股制等方式促进民众优先使用风电等清洁能源;德国对光伏发电实行长期稳定的固定上网电价制度,并根据产业发展阶段适时调整能源政策和立法，逐步降低补贴水平，促使德国光伏发电成本快速降低，实现光伏产业的高速发展；法国坚持使用核电，通过完善的核能法规体系、分工明确的监管机构和透明的信息公开制度保障核电的安全使用，并实行核电标准化政策形成法国核电产业的独特优势；巴西根据其自然条件优势选择发展甘蔗为原料的燃料乙醇产业，通过政策计划和制定法律推动燃料乙醇的大规模生产，通过财政扶持、税收减免、研发资助等措施促进了巴西生物质能产业的快速发展。

通过对清洁能源产业典型国家能源政策的分析，提出我国清洁能源产业发展的建议。

（1）完善清洁能源产业法律体系。 我国关于清洁能源产业的法律法规尚不健全，大多数政策仅以法规条例形式存在，没有上升到法律层面，缺乏不同清洁能源产业的具体实施条款，缺乏对负责机构的权责明确。我国应完善系统化、层次分明、行之有效的清洁能源产业法律法规体系建设，根据不同清洁能源产业发展特点制定不同清洁能源产业的法规细则，注重法律法规的有效性与相关机构的权责明确。在政策制定过程中，应积极吸收各利益相关方参与，各项标准规章在起草过程中应建立平等、有效的信息反馈渠道，充分征求各方意见，避免垄断现象的发生，并根据产业的发展，结合产业不同阶段的发展特点，对法律法规进行及时修订，保障清洁能源产业高质量、持续性发展。

（2）推行可再生能源配额制和绿色电力证书交易机制。 我国的绿色电力证书制度处于试行阶段，在试行过程中暴露出诸多问题，可再生能源的发电配额制尚未实行。我国应借鉴丹麦等欧洲国家绿色电力证书交易制度的实行经验，实行可再生能源发电配额制，建立有效的绿色电力证书交易制度。对各省区发电供应中提出可再生能源发电的占比要求，根据不同地区经济发展水平，制定合理的可再生能源发电配额分配方式，资源量少的经济发达地区可向资源丰富的偏远地区购买绿色电力，通过交易绿色电力证书完成配额要求。发电企业所生产的绿色电力成为区别于普通电力的特殊产品，同时对于认购绿色电力的用户，通过实行企业环保评级等方式予以鼓励。

（3）加强清洁能源产业创新能力和自主品牌建设。 我国应推动清洁能源产业企业形成开放、资源互补的合作网络，重视清洁能源开发技术与能源互联网技术的研发，不断提高自主创新能力，注重我国清洁能源产业的自主品牌建设。打造清洁能源产业自主品牌不仅为了拥有清洁能源产业自主设计与建造的实力，同时也是一个国家的政治、经济、科技、工业等综合实力的体现，代表着我国清洁能源产业的整体水平。

3 中国可再生能源发展现状与展望

郑雅楠　郭喆宇　王心楠　胡兆光*

摘　要： 面对国际应对气候变化的责任和国内经济转型发展的要求，中国正在建设清洁低碳、安全高效的现代能源体系，其中发展可再生能源已成为其中的关键。"十二五"以来，中国的可再生能源一直保持高速增长，技术路线和产业模式创新不断加快，风、光装机规模和发电量屡创新高，持续推动能源结构的调整和优化，但也面临着一定弃电、限电的挑战，同时中国的风、光等可再生能源还具有较大的发展潜力，但也必须面对来自需求、技术、政策等众多的复杂不确定性，如何看待中国当前可再生能源的发展形势和分析其未来发展趋势，尚需进行系统的研究。本文将首先总结当前中国可再生能源的发展现状，然后聚焦可再生能源发电领域，重点研究影响其发展的主要不确定性因素，最后利用构建的考虑未来复杂不确定性的综合资源战略规划模型，从大数据视角定量研究2018—2030年中国风电、太阳能发电和生物质发电的各种可能发展趋势，分析风、光补贴加速退坡带来的影响。

---

* 郑雅楠，博士，国际清洁能源论坛（澳门）理事，国家发展和改革委员会能源研究所副研究员，华北电力大学硕导。郭喆宇，硕士，华北电力大学。王心楠，硕士，德国国际合作机构技术顾问。胡兆光，博士，国网能源研究院教授级高工。

关键词：

可再生能源　综合资源战略规划　复杂不确定性分析　补贴退坡

1. 引言

能源是支撑人类社会文明发展的重要物质基础，从最初的薪火，到利用畜力、风力、水力等自然动力，再到大规模使用煤炭、石油等化石能源，人类利用能源的历史也是认识和征服自然的历史。然而当前以传统化石能源为主的能源消费模式导致全球生态环境不断恶化，伴随 2005 年《京都议定书》的生效、2007 年"巴厘岛路线图"的制定以及 2009 年哥本哈根世界气候大会的召开，应对气候变化已经成为当今世界主要经济体的重要行动，其中推动能源转型、发展可再生能源已成为各国发展的主要方向。2015 年中国在巴黎气候大会向国际社会庄严承诺：2020 年单位国内生产总值二氧化碳排放比 2005 年下降 40%—45%，非化石能源占一次能源消费比重达到 15% 左右，2030 年单位国内生产总值二氧化碳排放比 2005 年下降 60%—65%，非化石能源占一次能源消费比重达到 20% 左右，将在 2030 年左右实现碳排放达到峰值并将争取尽早达峰[1]。作为负责任的大国，中国制定了以推动能源生产和消费革命为核心的国家战略，将能源结构调整作为中长期能源发展的战略重点[2]。伴随可再生能源利用技术的逐步成熟和电力在终端用能的比重不断提升，中国风电、太阳能发电等可再生能源实现了跨越式发展，深刻影响着中国能源结构调整的步伐。中国可再生能源的发展也并不是一帆风顺，特别是近几年部分可再生能源基地存在较为严峻的弃电、限电问题。不仅如此，随着中国经济进入新常态，能源、电力需求存在一定的不确定性，同时可再生能源技术仍具有较大发展潜力，各类可再生能源成本下降也存在较大变数，并且可再生能源补贴、交易模

---

[1]《强化应对气候变化行动——中国国家自主贡献》，中央政府门户网站，2015 年 6 月 30 日，来源：新华网，2017 年 2 月 15 日，http://www.gov.cn/xinwen/2015-06/30/content_2887330.htm。
[2]《十二届全国人民代表大会第二次会议工作报告》，北京：人民出版社 2014 年版。

式等政策机制也具有很强的不确定性，需求、技术、政策这些复杂的不确定性因素均将影响着中国可再生能源的发展，因此，如何看待中国当前可再生能源的发展形势，如何更科学合理地分析未来各类可再生能源的发展趋势，如何更好地制定可再生能源发展政策，尚需要进行系统的研究。

20世纪70年代石油危机以来，能源系统模型、中长期电力规划方法等能源研究模型获得了广泛应用。国际能源署开发的TIMES模型[1]和MARKAL模型[2]实现了对未来能源全行业的优化规划；斯德哥尔摩环境中心开发的LEAP模型[3]、国际能源署开发的WEM模型[4]以及格勒诺布尔大学开发的POLES模型[5]通过复杂的技术数据核算完成了对发电技术份额以及排放数据的测算；美国国家可再生能源实验室开发的REEDS模型[6]、加州伯克利大学开发的SWITCH模型[7]以及经济合作与发展组织开发的E2M2模型[8]实现了对发电、储能、输电的详细描述；丹麦EA公司开发的Balmorel模型[9]在研究波罗的海国家和我国高比例可再生能源发展、模拟电力市场[10]方面取得了一定的研究成

---

[1] Pina A., Silva C., Ferrão P., "The impact of demand side management strategies in the penetration of renewable electricity," *Energy*, Vol. 41, No. 1, p. 128, p. 137.

[2] Sarica K., Tyner W. E., "Analysis of US renewable fuels policies using a modified MARKAL model," *Renewable Energy*, Vol. 50, No. 3, p. 701, p. 709.

[3] Mcpherson M., Karney B., "Long-term scenario alternatives and their implications: LEAP model application of Panama's electricity sector," *Energy Policy*, Vol. 68, 2014, pp. 146-157.

[4] Jakobsson K., Söderbergh B., Snowden S., et al., "Bottom-up modeling of oil production: A review of approaches," *Energy Policy*, Vol. 64, No. 6, 113/123; Chateau J., Magn E. B., Cozzi L., "Economic Implications of the IEA Efficient World Scenario," *OECD Environment Working Papers*, Vol. 64, 2014, p. 1.

[5] Kitous A., Criqui P., Bellevrat E., et al., "Transformation patterns of the worldwide energy system-Scenarios for the century with the POLES model," *The Energy Journal*, 2010, pp. 49-82.

[6] Short W., Sullivan P., Mai T., et al., "Regional Energy Deployment System (ReEDS)," *Office of Scientific & Technical Information Technical Reports*, 2011.

[7] Doucette R. T., Mcculloch M. D., "Modeling the CO_2 emissions from battery electric vehicles given the power generation mixes of different countries," *Energy Policy*, Vol. 39, No. 2, p. 803, p. 811.

[8] Spiecker S., Weber C., "The future of the European electricity system and the impact of fluctuating renewable energy—A scenario analysis," *Energy Policy*, Vol. 65, No. 2, p. 185, p. 197.

[9] Ravn H. F., Hindsberger M., Petersen M., et al., "Balmorel: A model for analyses of the electricity and CHP markets in the Baltic Sea region. Appendices," *Review of Religious Research*, Vol. 39, No. 3, p. 264, p. 272.

[10] 国家发展和改革委员会能源研究所：《中国2050高比例可再生能源发展情景暨路径研究》，2015年。

果;胡兆光、温权等提出的综合资源战略规划模型[①]实现了电力体制改革下优化各类发电资源的实施路径。但由于中长期电力规划时间跨度大、涉及因素众多,包含的不确定性异常复杂且多元化,而对于这些有价值的不确定性如何与规划进行结合,目前国内外尚缺乏有效的手段。本文将首先总结当前我国风能、太阳能、生物质能、地热能、海洋能的发展现状和可再生能源各产业的发展情况;然后聚焦可再生能源发电领域,研究影响其未来发展的主要不确定性因素;最后构建考虑未来复杂不确定性的综合资源战略规划模型,从大数据规划角度研究未来中国风电、太阳能发电和生物质发电的各种可能发展趋势,分析各类可再生能源发电之间可能面临的竞争与替代,以及补贴加速退坡可能产生的影响,并根据分析结果提出相关政策建议。

2. 中国可再生能源发展现状[②]

2.1 水电

2.1.1 资源概况

中国是世界上水能资源最丰富的国家之一。《中国水电发展"十三五"规划》显示,截至 2016 年,中国水能资源可开发装机容量约为 6.6 亿千瓦,年可开发电量约 3 万亿千瓦时。按发电量计算,瑞士、法国、意大利等发达国家水电开发程度达 85%以上,中国水电开发程度约为 37%,仍具有发展前景。中国从西到东构成地势上的高中低三级阶梯,水电资源主要集中在西南和中南地区,分布十分不均。西藏、四川、云南、江西等省份资源最为丰富,青藏高原、云贵高原的金沙江、雅砻江、大渡河、长江和黄河上游等地水电资源占全国技术可开发量的 50%以上。

---

① Hu Z., Tan X., Fan Y., et al., "Integrated resource strategic planning: Case study of energy efficiency in the Chinese power sector," *Energy Policy*, Vol. 38, No. 11, p. 6391, p. 6397.
② 国家可再生能源中心主编:《中国可再生能源产业发展报告 2017》,北京:中国经济出版社 2017 年版。

2.1.2 发展情况

截至 2017 年水电仍是中国装机与发电量占比最大的可再生能源，装机规模约 3.4 亿千瓦，约占全国总装机的 19.4%，占可再生能源装机的 52.8%；水电发电量达 11950 亿千瓦时，约占全国总发电量的 18.6%，占可再生能源发电量的 70.6%。2013 年以来，中国水电新增装机增速逐渐放缓，水电占可再生能源发电量的比例也逐年下降，弃水现象较为严重。从地理分布看，华中、华南及西南等八个省份的常规水电装机超过 1000 万千瓦，总占比达到 80.2%，其中四川和云南合计达到 44.5%。除四川、云南及西藏以外的其他省份水电开发程度已达到 82.1%，四川为 64.3%、云南 60.7%，而西藏仅有 1.4%。

2.2 风能

2.2.1 资源情况

中国陆地风能资源丰富，主要分布在东北三省、内蒙古大部、华北北部、甘肃西部（酒泉）、新疆北部和东部地区，云贵高原、东南沿海为风能资源较丰富地区。《全国风能资源评估成果（2014）》显示，全国陆地 70 米高度风功率密度达到 150 瓦/平方米以上的风能资源技术可开发量为 72 亿千瓦，风功率密度达到 200 瓦/平方米以上的风能资源技术可开发量为 50 亿千瓦；80 米高度风功率密度达到 150 瓦/平方米以上的风能资源技术可开发量为 102 亿千瓦，达到 200 瓦/平方米以上的风能资源技术可开发量为 75 亿千瓦。

中国海上风能资源主要分布在东南沿海，其中台湾海峡的风能资源最为丰富。在近海 100 米高度内，水深在 5—25 米范围内的风电技术可开发量可以达到约 1.9 亿千瓦，水深 25—50 米范围内的风电技术可开发量约 3.2 亿千瓦。山东半岛沿海地区的年平均风速 7 米/秒以上，江苏沿海区域海上年平均风速在 7—8 米/秒，离海岸线较远的区域风速更大，福建、浙江沿海区域其平均风速达到 9 米/秒以上，资源丰富。

2.2.2 发电发展情况

截至 2017 年底，中国风电累计并网装机容量达到 1.6 亿千瓦，同比增长 10.1%，其中海上风电累计并网装机容量 202 万千瓦，同比增长 37%；全国风电发电量为 3057 亿千瓦时，同比增长 28%，占全国总发电量的 4.8%；全国风电平均利用小时数为1942，同比增加186小时；全国总弃风电量422亿千瓦时，同比减少78亿千瓦时，弃风率12%，同比下降5.2个百分点，实现弃风电量和弃风率"双降"。

2.2.3 产业现状

2017年，中国风电制造业竞争更加激烈，市场整体下滑明显，市场集中度进一步提高。据中国风能协会统计，2017年中国风电有新增装机的整机制造商共22家，新增吊装装机容量1966万千瓦，其中，金风科技新增吊装装机容量达到523万千瓦，位居第一；远景能源、明阳智能、联合动力和重庆海装分列第2至第5名。截至2017年底，全国累计装机容量达到1.88亿千瓦，有7家整机制造企业的累计装机容量超过1000万千瓦，7家市场份额合计达到67%，其中，金风科技累计装机容量超过4000万千瓦，占国内市场的22.7%；联合动力累计装机占比9.4%，位居第二；华锐风电占比8.7%，位居第三。中国的风电服务业尚处于起步阶段，大致可以分为3类：风电场开发商设立的运维公司（如华能、大唐、龙源电力等）、整机制造商成立的运维公司（如金风科技、明阳风电、联合动力等）以及第三方公司。中国的风电服务水平不高，技术能力、人员素质、信息化水平、管理经验等方面与国外企业相比都存在较大差距。

2.3 太阳能

2.3.1 资源情况

中国太阳能资源丰富，总体呈现"高原大于平原、西部干燥区大于东部湿润区"的特点。其中，青藏高原及内蒙古西部最为丰富，年总辐射量超过1800千瓦时/平方米，部分地区甚至超过2000千瓦时/平方米，其面积占全国陆地面积的19.7%；内蒙古高原至川西南一线以西、以北的广大地区年辐射总量普遍为1400—1750千瓦时/平方米，占全国陆地面积的46.2%；东部的大部分地区，资源量一般在1050—1400千瓦时/平方米，占全国陆地面积的30.4%；四川盆地海拔较低，多云雾，资源相对较差，一般不足1050千瓦时/平方米，其面积占全国陆地面积的3.7%。

2.3.2 发电发展情况

2017年中国光伏发电累计装机容量1.3亿千瓦,累计装机同比增长69%,占全国总发电设备容量的7.3%,同比提高2个百分点,其中,集中式光伏累计装机容量1亿千瓦,分布式光伏2966万千瓦。2017年光伏发电量突破千亿千瓦时,达到1182亿千瓦时,同比增长79%,在全部发电量中的比重进一步提高,由2016年的1.1%提高到1.8%,其中,集中式光伏电站发电量1026亿千瓦时,同比增长65%,分布式光伏发电量156亿千瓦时,同比增长1.8倍。2017年中国光热发电装机规模与去年持平,已建成试验示范性光热电站7座,总装机容量2.38万千瓦;备案在建的光热电站20多座,总装机容量超过120万千瓦;开展前期工作的光热电站10多座,总装机容量超过60万千瓦。2017年太阳能发电弃光率和弃光电量也均实现双降,全国弃光率下降至7%,同比下降4个百分点;全国弃光电量73亿千瓦时,同比减少2亿千瓦时。

2.3.3 产业现状

据中国光伏行业协会统计,2017年,中国硅片总产能达到105吉瓦,同比增长28.2%,全球占比达到85.9%,产量91.7吉瓦,同比增长41.5%,全球占比达到87.2%;电池片总产能约为82.8吉瓦,产量为72吉瓦,同比增长41.2%,约占全球总产量的69%;组件产能(不含国外投资建厂)约为105.4吉瓦,产量约为75吉瓦,同比增长39.7%,约占全球光伏组件产量的71.1%,同比提升2个百分点。

太阳能热发电的产业链可分为原材料制造、部件生产、系统集成、产业服务和生产装备等五个重要部分,目前中国已在部分原材料制造和部件生产方面取得了规模化生产能力,但在生产装备、系统集成和产业服务方面仍处于起步阶段,还需要国家对研发和示范给予大力支持。

2.4 生物质能

2.4.1 资源情况

生物质资源种类繁多,主要包括农作物秸秆及农产品加工剩余物、林木采伐及森林抚育剩余物、木材加工剩余物、畜禽养殖剩余物、城市生活垃圾和生活污水、工业有机废弃物和高浓度有机废水等。根据《中国统计年鉴2017》,

中国农作物秸秆理论资源量约为8.2亿吨，约折4.1亿吨标准煤，主要分布在华北平原、长江中下游平原、东北平原等13个粮食主产省（区）；作为肥料、饲料、造纸等用途共计每年约4亿吨，可供能源化利用的秸秆资源量每年约4.2亿吨。中国林木生物质资源潜力约180亿吨，可供能源化利用的主要是薪炭林、林业"三剩物"、木材加工剩余物等，现有林木资源可用作木质能源的潜力每年约3.5亿吨，若全部开发利用可替代2亿吨标准煤。规模化畜禽养殖场粪便资源每年约10亿吨，按平均每吨畜禽粪便发酵产沼气50立方米计，生产沼气的潜力约为500亿立方米，约折3500万吨标准煤。目前我国垃圾清运量约为2.3亿吨，焚烧率在40%左右，焚烧处理量约为9468万吨，仍有1.4亿吨垃圾通过填埋方式处理。

2.4.2 发电发展情况

2017年底，中国生物质发电累计并网装机容量约1500万千瓦。其中，垃圾焚烧发电保持快速增长态势，并网装机容量约730万千瓦，较上年增长25%；农林生物质直燃发电并网装机容量增长速度有所放缓，装机容量约为720万千瓦，较上年增长约19%；垃圾填埋气发电和工农业有机废气物沼气发电也有近50万千瓦的规模，生物质气化发电尚未规模化推广。全国生物质发电年等效满负荷运行小时数平均约5218小时，较上年减少10%，与欧洲7000以上的利用小时数存在较大差距。

2.4.3 产业现状

截至2017年底，中国生物质能产业总体规模约4100万吨标准煤，约完成生物质能发展"十三五"规划目标的71%。由于没有有效稳定的财政激励政策支持，跨领域发展难度较大，行业缺乏有效数据统计渠道，生物天然气和生物质成型燃料的发展相对滞后。生物液体燃料中，生物燃料乙醇的实际产能已经超过300万吨。

2.5 地热能和海洋能

2.5.1 资源情况

中国地热资源潜力巨大。根据国土资源部2011年发布的数据，全国主要盆地地热资源折合标准煤约8530亿吨，年可利用量约为6.4亿吨标煤；全国地级以上城市浅层地热资源量约折合 95 亿吨标煤，年可利用量约为 3.5 亿吨标煤；但中国高温地热资源十分有限，仅局限于西藏、云南腾冲及台湾北部地区，这是中国地热发电受到局限、发展缓慢的最主要原因。

中国大陆海岸线长达 18000 多千米，海洋能资源十分丰富。据估算，中国潮汐能理论蕴藏量为 1.9 亿千瓦，主要集中在东海沿岸，且以分布在浙江、福建两省沿海地区最多；波浪能开发潜力约为 1.3 亿千瓦，浙江中部、台湾海峡、福建海坛岛以北、渤海海峡和西沙地区沿岸最高；中国的浙江、福建和山东沿海是世界上潮流能资源最丰富的地区之一，部分海域潮流流速在 2—4 米/秒；中国盐差能资源主要分布在长江及其以南以及有大江河入海的各省市沿岸，理论潜力约为 1.14 亿千瓦。

2.5.2 产业现状

近年来，中国地热发电领域一直保持着增长态势，但增速较为平缓。截至 2016 年，全国地热发电装机约为 27.3 兆瓦，主要分布在西藏等地区。对于中低温地热水直接利用产业，全国现有温泉 2700 余处，已开发利用约 700 处；地热田 1048 处，已开发利用 259 处；地热开采井 1800 余眼，每年地热水开采量约 3.68 亿立方米。地源热泵的应用是中国各类地热能热利用方式中增长最快的领域，自 2004 年以来，年增长供暖（部分制冷）面积 1800 万—2300 万平方米，年增长率超过 30%，截至 2015 年底已达到 4 亿平方米的市场规模。目前中国已经具备了比较完善的开发利用浅层地热能的能力，拥有相关工程技术、设备和控制系统制造实力。

中国拦坝式潮汐发电技术基本处于国际先进水平，目前共有江厦潮汐电站和海山潮汐电站两座电站在运行；在波浪能发电技术研究方面，近年来主要开展了一些小功率装置（100 千瓦以下）的研发试验工作，目前有超过 15 个波浪能装置开展了海试；中国的主要潮流能发电技术已全面进入海试阶段，基本解决了潮流能发电的关键技术，发电机组的重要部件也已实现了国产化。

3. 影响可再生能源发展的不确定性因素分析

中国可再生能源的大规模应用主要集中于可再生能源发电，接下来本文将研究需求、成本、政策等主要因素对于未来可再生能源发电带来的不确定性影响，并将这些不确定性因素进行定量分析，作为后续改进的综合资源战略规划模型的输入变量。

3.1 电力需求的不确定性

电力作为基础性能源与国民经济的各行各业息息相关，电力行业的健康发展能为经济发展提供强大的能源支撑，促进经济发展；反之，经济的持续发展又能推动电力产业的进步。随着科技的进步和生产力的提高，经济的发展对电力的依赖程度越来越高，"十二五"期间，中国的人均用电量从2010年的3140千瓦/人，增长至2015年的4142千瓦/人。然而正是由于经济与电力的紧密联系，使得影响电力需求的因素众多，不仅涉及国内各种复杂因素，也受到国际形势影响，并且电力需求又直接影响可再生能源的消纳，是关系可再生能源发展的主要不确定性因素。

电力需求包含两方面内容，即电量需求和负荷需求。结合中国"十三五"电力规划、中电联、国家发改委能源所、国家电网公司、电力规划设计总院、清华大学对于中国中长期电力需求的预测，未来规划水平年全国电量需求（三角模糊分布）和负荷需求（正态随机分布）分别如图1、图2。其中，全社会用电量采用三角模糊函数表示，2020年中国全社会用电量的最可能值为7.0万亿千瓦时、可能最小值为6.7万亿千瓦时、可能最大值为7.5万亿千瓦时；2025年中国全社会用电量最可能值、可能最小值、可能最大值分别为8.1万亿千瓦时、8.0万亿千瓦时和8.75万亿千瓦时；2030年中国全社会用电量最可能值、可能最小值、可能最大值分别为9.3万亿千瓦时、9.0万亿千瓦时和10.0万亿千瓦时。负荷需求采用正态随机分布函数表示，2020年中国最大负荷需求的期望值约为10.3亿千瓦，2025年约为12.6亿千瓦，2030年约为14.7亿千瓦。

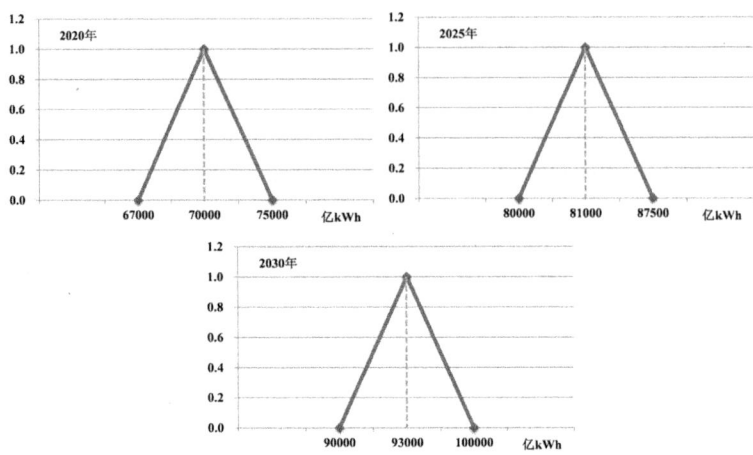

图 1　2020—2025—2030 年电量需求三角模糊分布

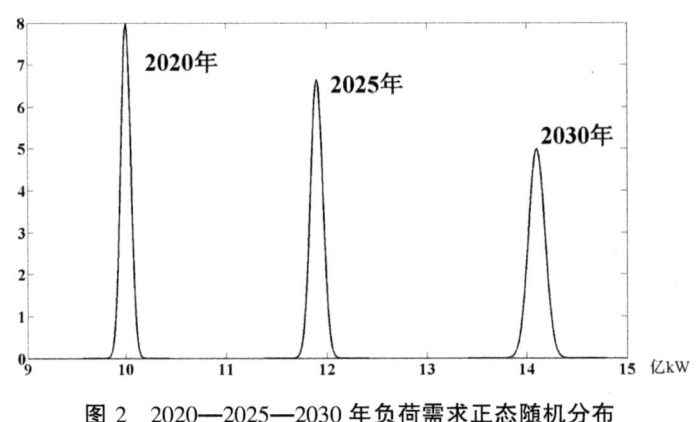

图 2　2020—2025—2030 年负荷需求正态随机分布

3.2 可再生能源技术发展的不确定性[1][2][3][4]

从技术发展趋势看，近十年中国风电技术取得了高速发展，但在风电机组单机容量大型化、智能化控制技术、远海风电机组安装、电力传输等关键技术和综合开发方面未来仍然存在较大的不确定性；中国光伏发电设备制造产业链

---

[1] 《风电成本已经相当低　未来 30 年还能降低多少？》，北极星风力发电网，来源：国际能源小数据，2017 年 5 月 16 日，http://news.bjx.com.cn/html/20170516/825640.shtml。
[2] IEA, *World Energy Outlook 2017*.
[3] IRENA, *The Power to Change*, *Solar and Wind Cost Reduction Potential to 2025*.
[4] NREL, *Renewable Electricity*：*Insights for the Coming Decade*.

已基本建设完成，但在光伏电池转换效率及降低制造成本、系统控制技术、系统安全可靠性、系统集成技术、多能互补等方面未来同样存在较大的不确定性；国内农林废弃物和垃圾焚烧发电、垃圾填埋气发电技术成熟，但生物质发电的技术发展、成本效率等也仍存在一定不确定性。综合国内外发展趋势，在未来15年左右的时间，风、光等可再生能源的技术进步仍具有巨大潜力，对于新增装机的影响主要反映在成本下降的不确定性上，可再生能源与常规能源电力相比将具有一定的经济竞争力。

结合彭博新能源（Bloomberg New Energy Finance）（2018年），国际能源署（IEA）（2016年），国际可再生能源署（IRENA）（2016年），美国伯克利实验（Lawrence Berkeley National Laboratory）（2016年），中国可再生能源学会（2012年）、国电龙源（2012年）和国家发改委能源所（2017年）对于未来风电装机成本下降比例进行的判断，未来陆上风电规划水平年成本下降比例可以用三角模糊函数分别表示为 $c_{2020}^{OnShore}=(2\%,7\%,12\%)$（其中成本基准年为2015年，2%表示装机成本下降的可能最小百分比，7%为下降的最可能百分比，12%为下降的可能最大百分比，以下类似）、$c_{2025}^{OnShore}=(4\%,12\%,19\%)$、$c_{2030}^{OnShore}=(6\%,18\%,28\%)$，海上风电可以分别表示为 $c_{2020}^{OffShore}=(7\%,10\%,14\%)$、$c_{2025}^{OffShore}=(15\%,20\%,28\%)$、$c_{2030}^{OffShore}=(22\%,31\%,43\%)$。

结合彭博新能源（Bloomberg New Energy Finance）（2018年），国际能源署（IEA）（2016年），国际可再生能源署（IRENA）（2016年）和国家发改委能源所（2017年）相继对未来太阳能发电装机成本下降比例进行的判断，光伏发电规划水平年成本下降比例可以用三角模糊函数分别表示为 $c_{2020}^{PV}=(9\%,17\%,29\%)$、$c_{2025}^{PV}=(19\%,32\%,57\%)$、$c_{2030}^{PV}=(28\%,38\%,43\%)$，光热发电可以分别表示为 $c_{2020}^{CSP}=(6\%,12\%,17\%)$、$c_{2025}^{CSP}=(12\%,24\%,33\%)$、$c_{2030}^{CSP}=(18\%,32\%,48\%)$。

综合考虑国际可再生能源署（IRENA）（2016年）和国家发改委能源所（2017年）对未来生物质发电装机平均成本（综合考虑了直燃发电和气化发

电）下降比例的判断，生物质发电规划水平年平均成本下降比例可以用三角模糊函数分别表示为 $c_{2020}^{Biomass}=(10\%, 17\%, 22\%)$、$c_{2025}^{Biomass}=(15\%, 20\%, 25\%)$、$c_{2030}^{Biomass}=(16\%, 22\%, 27\%)$。

3.3 政策措施的不确定性

自2006年《可再生能源法》实施后，相关政策给予可再生能源发展巨大支持，但由于可再生能源的电价基本高于传统化石能源，且可再生能源发电具有较强的不确定特性，在经济上和电力产品的品质上与传统能源相比竞争力较弱，激励政策已成为影响中国风、光等可再生能源发展的又一主要因素。自2002年电力体制改革实施以来，中国电力行业破除了独家办电的体制束缚，改变了指令性计划体制和政企不分、厂网不分等问题，初步形成了电力市场主体多元化的竞争格局。面对当前竞争性的电力市场，投资补贴或政策优惠、税收优惠和减免、绿色证书、风险投资基金、低息贷款和信贷担保以及污染者付费制度等政策措施均影响着可再生能源未来的发展，其中最主要的便是国家直接补贴政策。

参考对于未来风电、太阳能发电、生物质能发电补贴的相关研究，将对补贴的不确定性从两种情景进行考虑：（1）基准情景：2020年陆上风电和生物质能发电将结束国家补贴，2025年海上风电、光伏发电和光热发电也将陆续结束国家补贴。（2）加速情景：2018年起陆上风电、海上风电、光伏发电、光热发电和生物质能发电全部结束国家补贴。

4. 基于复杂不确定性分析的综合资源战略规划

综合资源战略规划（Integrated Resource Strategic Planning，IRSP）是根据国家能源电力发展战略，在全国范围内将电力供应侧资源和各种形式的电力需求侧能效电厂（Efficiency Power Plant，EPP）资源进行综合优化，通过经济、法律、行政手段，合理配置和利用各环节的资源，在满足未来经济发展对电力需求的前提下，使得整个规划的社会总投入最小，效益最大。中长期规划涉及电力需求、装机成本、政策措施等众多复杂因素，如何将这些因素有价值的不确定性信息放到同一规划平台下进行统一考量，跳出单一判断的局限，成为当前规划迫切需要解决的问题。另外，面对复杂不确定性显然传统的模型方法是无能为力的，并且也无法转化成传统方法的等价问题，因此，本文引入随机模糊建模和随机模糊模拟方法，建立电力需求和各类可再生能源装机成本的复杂不确定性模型，并与综合资源战略规划方法相结合，构建基于复杂不确定性模拟的综合资源战略规划模型，同时还分为基准情景和加速情景，考虑政府可再生能源补贴变化的影响，主要框架如图3。模型方法步骤如下：

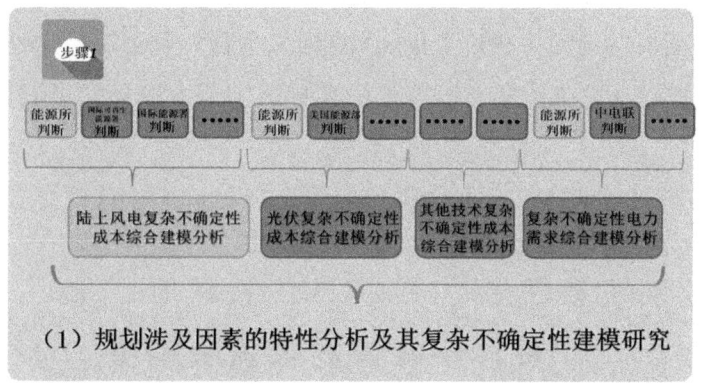

(1) 规划涉及因素的特性分析及其复杂不确定性建模研究

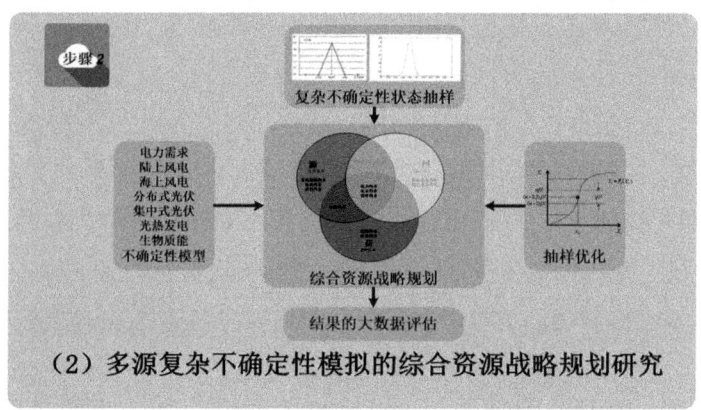

(2) 多源复杂不确定性模拟的综合资源战略规划研究

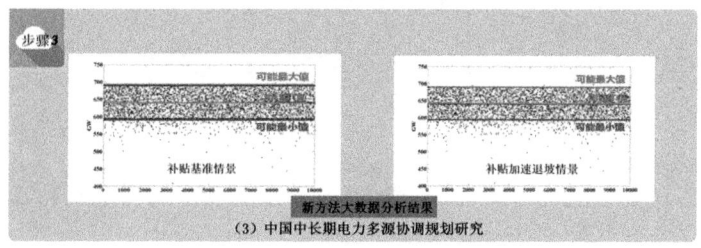

(3) 中国中长期电力多源协调规划研究

图3　研究主要逻辑框架

（1）建立电力需求和各类可再生能源装机成本下降的不确定性模型（随机模型、模糊模型、随机模糊模型），见上一章节；

（2）分别确定各水平年电力需求和各类可再生能源装机成本的模糊变量值，得到一组模糊抽样向量，根据得到的模糊抽样向量和对应的随机参数确定系统的状态向量，从而消除向量的模糊性，将随机模糊模型转化为随机模型（不存在随机性的向量直接由随机抽样形成状态向量），并采用 IRSP 计算各种状态的系统装机、发电量等指标，并计算各指标的期望值；

（3）最后对得到的各种可能的 IRSP 结果进行大数据不确定性综合评估，获取规划各指标（装机、发电量等）的期望值和最大边界（可能最大值、可能最小值）。

（4）按照"基准情景"和"加速情景"两种情景分别重复步骤（2）—（3），对比测算补贴的影响作用。

5. 可再生能源发电发展展望

5.1 水电

未来水电（含抽蓄）将保持平稳增长，各年发展的不确定性较小，基本不受加速补贴退坡影响。基准情景中，如图 4，2030 年水电装机容量期望值超过 5.6 亿千瓦，2016—2030 年装机容量期望值年均增速约为 3.9%；2030 年水电发电量期望值将达到 17850 亿千瓦时，2016—2030 年发电量期望值年均增速

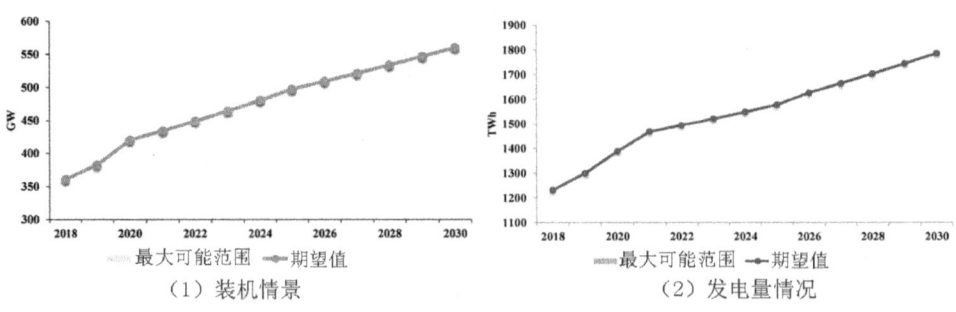

图 4　2018—2030 年水电发展情况（基准情景）

约为3.2%。从补贴影响角度看，风、光、生物质补贴的加速退坡基本不会对水电的开发产生影响，水电仍然是中国未来可再生能源发展的重点，见表1。

表1 "加速情景"相较"基准情景"对于水电带来的影响

装机容量影响百分比（%）													
	2018	2019	2020	2021	2022	2023	2024	2025	2026	2027	2028	2029	2030
可能最大值	0.0	0.0	0.0	0.0	0.0	0.0	0.0	0.0	0.0	0.0	0.0	0.0	0.0
期望值	0.0	0.0	0.0	0.0	0.0	0.0	0.0	0.0	0.0	0.0	0.0	0.0	0.0
可能最小值	0.0	0.0	0.0	0.0	0.0	0.0	0.0	0.0	0.0	0.0	0.0	0.0	0.0
发电量影响百分比（%）													
	2018	2019	2020	2021	2022	2023	2024	2025	2026	2027	2028	2029	2030
可能最大值	0.0	0.0	0.0	0.0	0.0	0.0	0.0	0.0	0.0	0.0	0.0	0.0	0.0
期望值	0.0	0.0	0.0	0.0	0.0	0.0	0.0	0.0	0.0	0.0	0.0	0.0	0.0
可能最小值	0.0	0.0	0.0	0.0	0.0	0.0	0.0	0.0	0.0	0.0	0.0	0.0	0.0

5.2 风电

未来风电仍将快速增长，2024年起发展的不确定逐步增大，补贴加速退坡对于近期发展产生一定影响。基准情景中，如图5，2030年风电装机容量期望值超过11.1亿千瓦，2016—2030年装机容量期望值年均增速约为15.9%；2030年风电发电量期望值将达到22530亿千瓦时，2016—2030年发电量期望值年均增速约为17.4%；风电发展的不确定性将主要集中于2024年以后，并且不确定性呈现逐年增大的趋势，2030年最大不确定性幅度（=可能最大值-可能最小值）约为3.2亿千瓦。从补贴影响角度看，补贴的加速退坡将影响风、光、生物质的竞争格局，但对于风电来说仅对近期产生一定影响，特别是2018—2019年，从长期来看，影响的幅度很小；补贴的加速退坡对于风电发展的不确定性有一定影响，呈现近5年不确定性较大增加、2023—2028年不确定性有所降低、2029年以后基本不变的趋势，见表2。

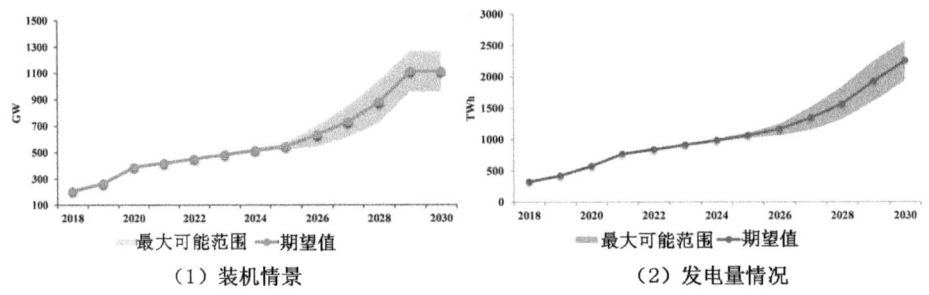

（1）装机情景　　　　　　　　　（2）发电量情况

图5　2018—2030年风电发展情况（基准情景）

表2　"加速情景"相较"基准情景"对于风电带来的影响

装机容量影响百分比（%）													
	2018	2019	2020	2021	2022	2023	2024	2025	2026	2027	2028	2029	2030
可能最大值	0.0	0.0	0.0	-0.4	-0.9	-1.4	-2.1	-2.9	-2.4	-1.9	-1.3	-0.7	-0.7
期望值	-3.0	-0.1	-0.1	-0.5	-1.0	-0.4	-0.6	-0.9	-0.4	0.3	-0.7	0.1	-0.1
可能最小值	-13.9	-0.1	-0.2	-0.7	-1.3	0.7	1.0	0.3	-0.7	0.7	-0.9	-0.7	-0.7
发电量影响百分比（%）													
	2018	2019	2020	2021	2022	2023	2024	2025	2026	2027	2028	2029	2030
可能最大值	0.0	0.0	0.0	-0.2	-0.7	-1.4	-2.1	-3.1	-3.6	-2.9	-1.7	-1.5	-0.9
期望值	-1.1	-2.0	-0.1	-0.3	-0.9	-1.2	-0.8	-1.5	-1.6	-0.8	-0.1	-0.9	-0.4
可能最小值	-4.9	-9.1	-0.2	-0.5	-1.2	-1.3	0.8	-0.3	-0.6	-0.2	-1.4	-1.6	-1.3

5.3　太阳能发电

未来太阳能发电增长还将保持较高增速，两个发展阶段将面临较大的不确定性，补贴加速退坡对于近期影响较大，对于远期也会产生一定影响。基准情景中，如图6，2030年太阳能发电装机容量期望值超过11.4亿千瓦，2016—2030年装机容量期望值年均增速约为18.2%；2030年太阳能发电量期望值将达到17200亿千瓦时，2016—2030年发电量期望值年均增速约为21.9%；太阳能发展的不确定性将主要集中于 2020—2021 年和 2025 年以后，并且与风电类似，2025 年以后不确定性呈现逐年增大的趋势，2030 年最大不确定性幅度（=可能最大值-可能最小值）超过风电，达到 4.4 亿千瓦。从补贴影响角度看，补贴的加速退坡对于 2018—2023 年太阳能发电的影响较大，无论装机容量还是发电量影响程度均超过 20%，远期来看，装机容量和发电量的影响程度逐步降低，2030 年对于装机容量和发电量期望值的影响不超过 3%；太阳能发电发展的不确定性将随着补贴的加速退坡进一步增大，特别是 2028 年之前各年不确定性程度增加均超过 10%，装机容量不确定性最大增加 61%，发电量不确定性最大增加超过 58%，见表 3。

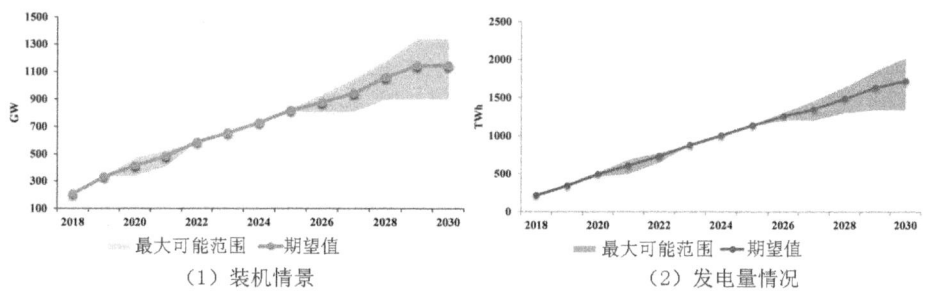

（1）装机情景　　　　　　　　　　（2）发电量情况

图 6　2018—2030 年太阳能发电发展情况（基准情景）

表 3　"加速情景"相较"基准情景"对于太阳能发电带来的影响

装机容量影响百分比（%）													
	2018	2019	2020	2021	2022	2023	2024	2025	2026	2027	2028	2029	2030
可能最大值	-7.6	0.0	0.0	0.0	0.0	0.0	-0.1	-2.4	-2.1	-1.8	-1.6	-1.4	-1.4
期望值	-22.1	-20.6	-18.5	-22.9	-22.3	-13.2	-4.8	-8.7	-7.5	-7.2	-3.5	-2.1	-2.2
可能最小值	-31.6	-53.5	-52.8	-61.0	-58.9	-41.3	-13.7	-20.3	-19.6	-19.5	-10.4	-8.4	-8.4
发电量影响百分比（%）													
	2018	2019	2020	2021	2022	2023	2024	2025	2026	2027	2028	2029	2030
可能最大值	-3.1	-4.5	0.0	0.0	0.0	0.0	0.0	-1.0	-2.9	-2.6	-2.3	-2.1	-1.9
期望值	-9.0	-22.4	-20.0	-20.2	-21.9	-18.4	-9.2	-6.1	-8.4	-7.7	-6.8	-3.2	-2.4
可能最小值	-12.8	-40.6	-53.6	-56.7	-58.3	-50.3	-27.9	-15.8	-19.6	-19.5	-17.3	-9.1	-8.4

5.4 生物质发电

生物质发电也将保持较快增长,各年发展的不确定性较小,基本不受补贴加速退坡影响。基准情景中,如图7,2030年生物质发电装机容量期望值约为0.7亿千瓦,2016—2030年装机容量期望值年均增速约为12.1%;2030年生物质发电量期望值将达到2830亿千瓦时,2016—2030年发电量期望值年均增速约为13.8%。从补贴影响角度看,得益于灵活的发电特性,风、光、生物质补贴的加速退坡基本不会对生物质发电产生影响,见表4。

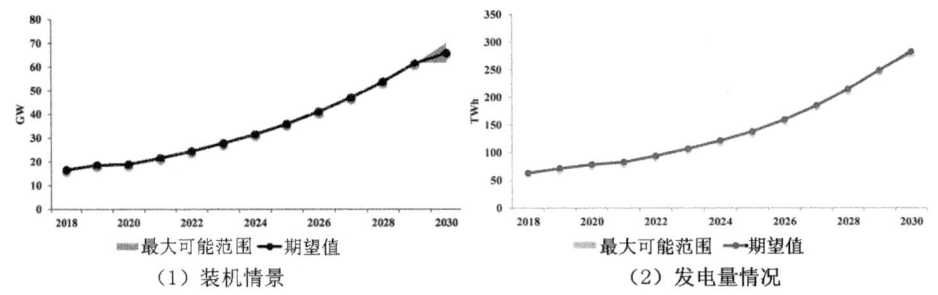

（1）装机情景　　　　　　　　　（2）发电量情况

图7　2018—2030年生物质发电发展情况（基准情景）

表4　"加速情景"相较"基准情景"对于生物质发电带来的影响

装机容量影响百分比（%）												
	2018	2019	2020	2021	2022	2023	2024	2025	2026	2027	2028	2029	2030
可能最大值	0.0	0.0	0.0	0.0	0.0	0.0	0.0	0.0	0.0	0.0	0.0	0.0	0.0
期望值	0.0	0.0	0.0	0.0	0.0	0.0	0.0	0.0	0.0	0.0	0.0	0.0	0.1
可能最小值	0.0	0.0	0.0	0.0	0.0	0.0	0.0	0.0	0.0	0.0	0.0	0.0	0.0
发电量影响百分比（%）												
	2018	2019	2020	2021	2022	2023	2024	2025	2026	2027	2028	2029	2030
可能最大值	0.0	0.0	0.0	0.0	0.0	0.0	0.0	0.0	0.0	0.0	0.0	0.0	0.0
期望值	0.0	0.0	0.0	0.0	0.0	0.0	0.0	0.0	0.0	0.0	0.0	0.0	0.0
可能最小值	0.0	0.0	0.0	0.0	0.0	0.0	0.0	0.0	0.0	0.0	0.0	0.0	0.0

6. 结论建议

可再生能源的大力发展为中国低碳转型和完成2030年20%非化石能源目标打足提前量，促进碧水蓝天"美丽中国"的尽早实现。但也必须看到，中国的可再生能源发展仍面临一定的挑战和众多不确定性，可再生能源发展的任务还十分艰巨，结合研究成果和当前现状，还需要关注以下问题：

（1）加快可再生能源配套设施和机制建设，适应未来风、光超预期发展

未来20多年风电、太阳能发电、生物质发电仍将保持年均超过10%的高速增长，在不考虑硬性总量约束的前提下，发展规模可能再次超越预期，例如光伏发电规模在2017年已经完成"十三五"发展目标。这就要求中国必须提升电力系统的灵活性，增强火电的调节能力，在条件适宜地区建设抽水蓄能电站和储能电站，在大型城市和负荷集中地区大力发展具备调节能力的需求侧管理，为实现更多风、光等不确定性可再生能源发展提供匹配的接纳能力；加强电力系统主网和配网的协调发展，促进风电、太阳能发电就近利用和跨区消纳并举，集中使用与分散利用并重；另外，必须加快推进电力市场机制和电力运行调度方式改革，形成由市场供需和边际成本决定价格的机制，精细优化确定运行计划、备用容量安排，建立适应低碳能源发展的新型调度机制和管理办法。

（2）推动风电成本进一步下降，持续优化产业布局、建立和完善服务标准

伴随风电相较其他可再生能源的综合优势不断减弱，2024年起中国风电发展的不确定性将持续加大。在中国风电需要加快推动新技术和新工艺的应用和革新，促进其成本进一步下降，增强市场竞争力；还要加强对核准风电项目的管理，继续优化风电产业布局，合理规划风电场建设进度，减缓因局部发展过快而造成的并网消纳困难；同时国内风电服务既没有一个行业发展的指导性意见，也缺乏行业的标准和规范，需要尽快完善风电服务的行业标准，促进风电服务产业化。另外，补贴的加速退坡仅对2018—2019年风电发展有一定影响，从长期来看，影响的幅度很小，并且对于风电发展的不确定性影响也较

少，可以考虑风电补贴的提前退坡。

（3）完善光伏发电应用标准体系建设，加大光热发电的政策扶持

未来光伏发电的成本、减排等综合优势逐步显现，但发展同样面临极大的不确定性。在中国光伏发电不仅需要通过多元化渠道推动光伏发电成本的尽快下降，还要建立光伏发电电站设计、施工、运行维护等技术标准，以完善相关管理规程，建立光伏应用的标准体系；支持光伏创新商业模式发展，以此培育出专业能力强的光伏开发企业，促进光伏发电成本的进一步下降。针对光热发电未来发展可能滞后的趋势，应出台专门的电价、融资、财税、土地、并网政策，激发开发商、产品制造商和系统供应商的投资，进而促进发电成本的下降，形成市场和产业的良性循环。同时补贴的加速退坡对于太阳能发电近期发展影响较大，远期也有一定的影响，应适度考虑2025年前太阳能发电补贴的退坡速度。

（4）破解生物质燃料收储运制约，加强政策支持力度

未来中国生物质发电的灵活性优势将不断体现，这也使得生物质发电发展的不确定性较小，对于生物质发电急需解决的主要是原料有效供应不足的瓶颈。在中国生物质发电应加快促进生物质燃料企业掌握供应链主导权，统筹协调不同主体之间的利益，优化供应链路径；推动企业与大型林场、林业加工厂、粮食加工企业等建立合作关系，建设以加工废弃物为原料的供应基地，与家庭农场、农业合作社合作，建立以农作物秸秆为原料的供应基地；加大生物质发电关键技术与设备的研发与生产，健全技术与设备体系，通过技术升级实现原料使用的节约与成本降低。从整体上看补贴的加速退坡对于生物质发电发展影响很小，但从实际项目看，补贴仍是影响生物质发电良性发展的关键，这主要是生物质发电的灵活调节性、排放等价值在当前并没有被真正体现，因此，应加快建设辅助服务市场、配额制等机制举措保障生物质发电各类价值实现。

我国远景年单位 GDP 能耗和人均用电量趋势研判[*]

陈晖[**]

摘　要：

我国清洁能源发展潜力与未来能源系统发展趋势密切相关，单位 GDP 能耗和人均用电量作为能源系统关键指标，可揭示未来我国可再生能源发展的规模上限，进而协助制定电力规划和能源发展战略。本文采用逐层递进式的聚类分析法改进传统的对标分析法，以全球国家和地区为样本，结合单位 GDP 能耗、人均用电量的关键影响因素研判其发展趋势，预计我国未来进入发达经济阶段后，单位 GDP 能耗和人均用电量将接近德国这一类发达国家的水平。其中，我国单位 GDP 能耗将有望达到 4 兆焦耳/国际元左右，较 2015 年水平下降约 40%；我国人均用电量还有近半的成长空间，达到饱和状态后其值约为 7000—8000 千瓦时/人。应用以上结论对南方五省区进行实例测算，发现五省区远景年的能源自给率约为 40%—43%，届时约 1.1 万亿千瓦时的电力缺额需要五省区本地火力发电和外购电力共同填补。

---

[*] 基金项目：中国博士后科学基金资助（2015T80927，2015M582448），广东省自然科学基金资助（2014A030310222），国家自然科学基金资助（71701087）。

[**] 陈晖，北大博士，清华博士后，南方电网能源发展研究院研究员，主要从事能源战略和政策、能源系统建模研究。

关键词：

中国　单位GDP能耗　人均用电量　南方五省区　能源自给率

1. 引言

我国清洁能源发展潜力与未来能源系统发展趋势密切相关，单位GDP能耗和人均用电量作为能源系统关键指标，可揭示未来我国可再生能源发展的规模上限，进而协助制定电力规划和能源发展战略。因此，有必要通过类比筛选全球国家和地区，分析单位GDP能耗、人均用电量的关键影响因素，进而分析我国未来的发展规律。

在经济社会发展到一定阶段后，经济发展的驱动力将以低耗能、高产出的高科技产业、第三产业为主，同时受技术进步导致能源利用效率持续提升的影响，单位GDP能耗将呈现阶梯下行的状态。考虑我国经济将在很长一段时期内处于追赶和超越阶段，考察发达国家的单位GDP能耗的历史变迁情况，将有助于描摹我国未来能耗状态。

人均用电量是在一定程度上反映一个国家或地区经济发展水平和人民生活水平的重要指标，其数值的变迁符合内在科学规律。与单位GDP能耗不同，从长时间尺度来看，人均用电量遵循"S"型的变化规律（参见图1），即在经济社会长期发展后，用电量或电力负荷将进入饱和状态[1]。因此，人均用电量的远期值有助于制定国家或地区的能源发展战略[2]，指导未来电网的建设规模，并协助确定未来清洁能源电力的发展上限。

考虑到人口数量的变化率远小于用电量的变化率，人均饱和用电量的出现主要受总用电量的影响。从总用电量来看，在初级产品生产阶段时，用电量水平的增长并不显著；在工业化阶段，随着工业化和城市化的逐步推进，对水

---

[1] 张建平、刘杰锋、陈屹东等：《基于人均用电量和人均用电负荷的饱和负荷预测》，《华东电力》2014年总第42期，第4期，第661—664页。

[2] 肖欣、周渝慧、张宁等：《城市电力饱和负荷分析技术及其应用研究综述》，《电力自动化设备》2014年总第34期，第6期，第146—152页。

泥、钢材、陶瓷等能源密集型产品的需求将趋于饱和，新增需求难以支撑能源密集型产品的既有规模，因而工业用电将在某一时间点出现拐点；在后工业化阶段，随着经济结构的进一步调整和居民生活水平的提高，第三产业用电以及与人类生活紧密相关的生活、交通用电将取代工业用电，成为电力需求的主要推动力，这部分新增量对工业用电的填补程度，将影响人均用电量的数值和演变趋势。

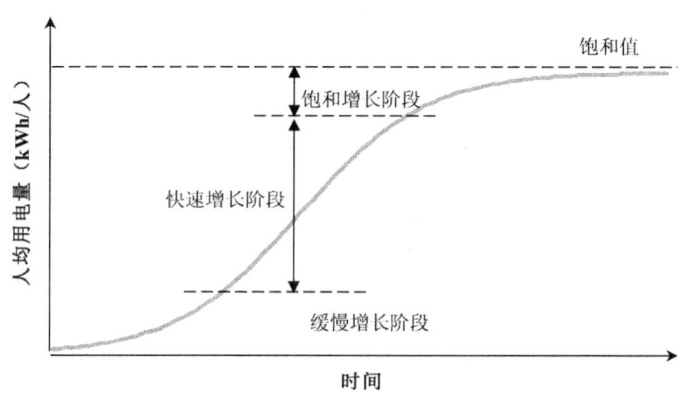

图 1　人均用电量的发展趋势

2. 研究进展

按分析对象的不同，用电量或电力负荷的饱和状态分析包括规模分析、时间分析和空间分析这三类。其中，规模分析是国家或地区的用电量或电力负荷进入饱和阶段时的数值，是最为核心的分析指标；时间分析为用电量或电力负荷进入饱和阶段所花费的时间，是电网建设进度的重要参考指标；空间分析为饱和阶段时国家或地区内部用电量或电力负荷的空间位置分布状态，仅在需要分析内部结构时使用。

目前，对用电量和电力负荷的饱和值还没有明确、统一的定义，一般定义为增长率小于1%或2%时即进入饱和状态①，也有学者认为在此基础上还应附加限制条件，即饱和值不应再发生大的变化，而是在一定的范围和裕度

---

① 朱成章：《中国的电力何时饱和》，《大众用电》2015年第9期，第3—5页。

内波动①。

考虑到国家或地区在经济产值、人口总量和国土面积等方面的规模差异，与用电量指标对比，人均用电量更适宜于区域间的比较判断。人均饱和用电量的预测方法可有不同的分类方式，按具体数学模型的选择，可分为统计模型、计算机智能模型、混合模型、终端分类分析和其他分析方法②。此外，按分析机理的不同，参考其他学者的划分方法，可分为能源经济参数法和趋势模型法两大类。能源经济参数法是根据研究区域人均用电量或电力负荷和经济规模、产业结构、居民用电特性等能源经济参数的关系，结合历史数据分析和趋势判断方法，以定性和定量相结合的方式，对远景年的人均饱和用电量和电力负荷进行预测，其中，电力消费弹性系数法③、单耗法④、区域密度法⑤、层次分析法⑥和对标分析法是较为常见的分析方法。趋势模型法是指从历史数据中提炼计量分析模型，探讨用电量的变化规律，从而分析人均用电量或电力负荷的发展趋势和饱和状态，常见的包括逻辑斯蒂克（Logistic）模型⑦、灰色系统⑧、系统动力学模型⑨和情景分析法⑩等。

---

① 张帆、刘杰锋、李冰等：《基于改进 Logistic 模型阶段划分理论的饱和负荷预测》，《电力建设》2015 年总第 36 期，第 10 期，第 105—110 页。

② ESTEVES G. R. T. et al., "Long Term Electricity Forecast: A Systematic Review," *Procedia Computer Science*, No. 55, 2015, pp. 549-558.

③ P Perez-Garcia, J. and Moral-Carcedo, J., "Analysis and long term forecasting of electricity demand trough a decomposition model: A case study for Spain," *Energy*, No. 97, 2016, pp. 127-143.

④ SUHONO and SARJIYA, "Long-term Electricity Demand Forecasting of Sumatera System Based on Electricity Consumption Intensity and Indonesia Population Projection 2010-2035," *Energy Procedia*, No. 68, 2015, pp. 455-462.

⑤ 张鹏超：《基于单位建筑面积负荷指标法的城市饱和负荷预测研究》，《湖北电力》2015 年总第 39 期，第 4 期，第 5—8 页。

⑥ 高崇、唐潇、左郑敏等：《投影梯度法模糊层次综合评价模型在饱和负荷分析中的应用》，《电力需求侧管理》2015 年总第 17 期，第 6 期，第 9—13 页。

⑦ 林勇、邹晶晶、左郑敏等：《基于改进 PSO 算法的 Logistic 模型在饱和负荷预测中的应用》，《电力需求侧管理》2015 年第 5 期，第 5—10 页。

⑧ 黄锦华、范娟娟、孙飞飞：《灰色 Verhulst 改进模型的浙江地区饱和负荷预测研究》，《价值工程》2015 年总第 34 期，第 9 期，第 54—56 页。

⑨ HE Y. et al., "Urban long-term electricity demand forecast method based on system dynamics of the new economic normal: The case of Tianjin," *Energy*, Vol. 133, No. 15, 2017, pp. 9-22.

⑩ PESSANHA J. F. Mand LEON N., "Forecasting Long-term Electricity Demand in the Residential Sector," *Procedia Computer Science*, No. 55, 2015, pp. 529-538.

对人均用电量或电力负荷的饱和状态预测而言，由于预测时间跨度长、影响因素多、增速变化较大，仅基于历史数据进行预测的趋势模型法很可能造成较大误差。此外，Logistic 模型的参数是按固定的历史统计数据确定的，很难按未来情况变化调整参数值，且模型难以纳入专家经验和意见，也未能将多种影响因素考虑进去①。灰色系统法在用电量或负荷中高速增长或饱和阶段时误差较大，预测精度不能满足实际要求②。系统动力学法需要收集大量的人口、经济、气候、产业结构等基础数据，且需要在较细的颗粒度上对多类基础数据进行趋势判断，数据获取难度大，预测操作较为困难③。

对我国而言，对人均用电量或电力负荷的饱和状态的估计主要集中于城市区域，且研究方法以 Logistic 模型为主，对我国人均用电量饱和值的预测一是可查询到的公开研究成果较少，二是各类研究均参考发达国家电力工业发展规律并结合中国经济发展阶段得出结果，但在对标样本的选择、关键影响因素、具体取值的阐述层面偏于简略。

鉴于对未来的状态缺乏准确的判断工具，近年来，对电力需求的预测方法趋向于不再使用复杂的预测模型，而是采取更为简单直接的方法。因此，本文以逐层递进式的聚类分析法改进传统的对标分析法，结合人均用电量的关键影响因素，逐层筛选对标国家，从整体上分析我国人均用电量的发展趋势，对人均用电量的饱和值进行研判，最终为我国电力建设和能源发展战略提供参考。

3. 研究方法

在预测我国的人均饱和用电量时，传统的对标分析法有以下不足之处：一是一般选取某几个发达国家作为对标对象，但没有说明选择这几个国家的原因；二是对影响各国人均用电量的关键影响因素缺乏说明，因此无法通过聚类

---

① 王伟、房婷婷：《人均用电量法在区域饱和负荷预测中的应用研究》，《电力需求侧管理》2012年第1期，第21—23页。
② 张伏生、刘芳、赵文彬等：《灰色 Verhulst 模型在中长期负荷预测中的应用》，《电网技术》2003年总第27期，第5期，第37—39页。
③ 陈屹东、程浩忠、黄锦华等：《情景分析在饱和负荷预测中的应用》，《电力系统及其自动化学报》2016年第6期，第7—13页。

分析我国发展趋势和哪一类国家相近;三是对我国人均饱和用电量的取值过程缺乏自下而上的分析,具体取值的说服力稍显薄弱。本文采用逐层递进式的聚类分析法,从全球国家和地区出发,逐步缩小比较范围,以分层聚类的方式聚焦对比特征、筛选可比类型,是对传统对标分析法的改进,其方法详见图 2。预测我国单位 GDP 能耗的方法与预测人均饱和用电量基本类似。

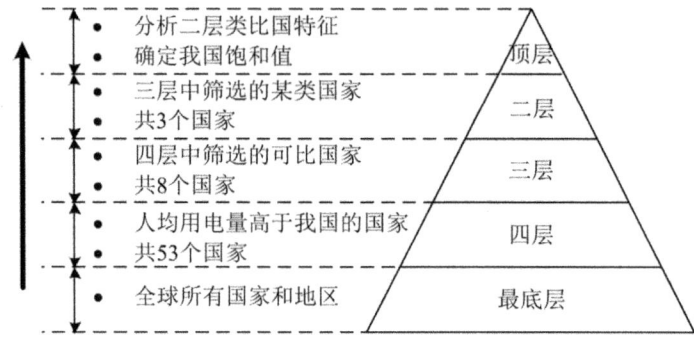

图 2　逐层递进式聚类分析法示意图

4. 研究结果

4.1 我国及南方五省区单位 GDP 能耗值研判

4.1.1 典型国家或地区单位 GDP 能耗的历史变迁

参考世界银行最新发布①的按购买力平价计算②(根据各国不同的价格水平计算出来的货币之间的等值系数,目的是对各国的 GDP 进行合理比较)的各国单位 GDP 能耗数据,我们列出了单位 GDP 能耗的散点分布图和地理分布图,具体参见图 3③和图 4。考虑到能耗较高的国家很大程度上代表了世界单位 GDP 能耗的现状,并昭示着未来的可能趋势,本文选取了世界能源消费前

---

① 世界银行于 2018 年 5 月公布了单位 GDP 能耗的相关数据。——作者注
② 我国物价比美国低,按汇率折算的购买力强于美国,按购买力平价折算后,与美国的 GDP 差距会缩小。——作者注
③ 图 3 中,部分处于初级产品生产阶段的国家单位 GDP 能耗较高,原因可能是这些国家能源消费支撑的部分经济生产活动属于自给自足的小农式生产,没有纳入国家经济统计体系。——作者注

20 位的国家，按人均 GDP 由高到低排名，并做单位 GDP 能耗的横向比较（详见表1）。按照经济发展规律①，这 20 个国家可以分为发达经济（美国等 10 国）、工业化后期（中俄等 4 国）、工业化中前期（印度等 6 国）共 3 类，我国即将从工业化后期跨入发达经济阶段，因此，发达经济体的 10 国可作为我国未来发展的参考样本。

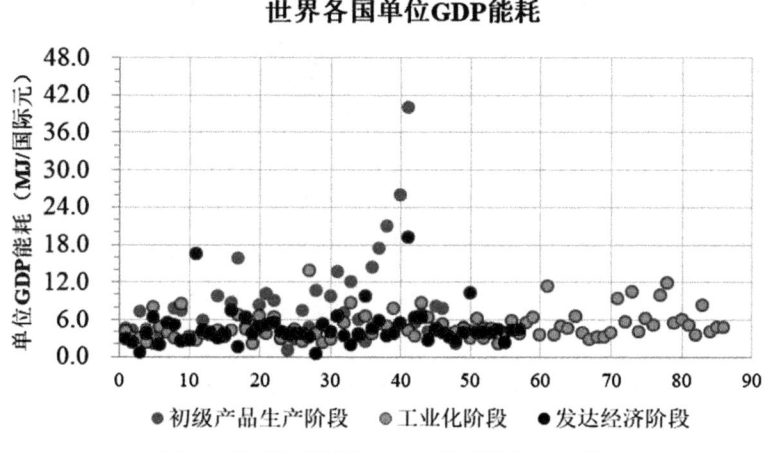

图 3 世界各国单位 GDP 能耗散点分布图

注1：数据来源于世界银行；
注2：经济发展阶段的划分来源于美国经济学家钱纳里；
注3：图的横坐标代表国家编号，共三个数据序列，合计 195 个国家和地区。

从发达经济体的历史演变我们可以发现两条规律，一是发达国家自 90 年代起，单位 GDP 能耗大多呈现不断下行的趋势；二是进入发达经济阶段后，单位 GDP 能耗将大概率低于 5 兆焦耳/国际元，部分国家更是下探至约 4 兆焦耳/国际元（甚至更低）。

---

① 美国经济学家钱纳里等将经济发展按人均 GDP 划分为初级产品生产、工业化、发达经济三个发展阶段。——作者注

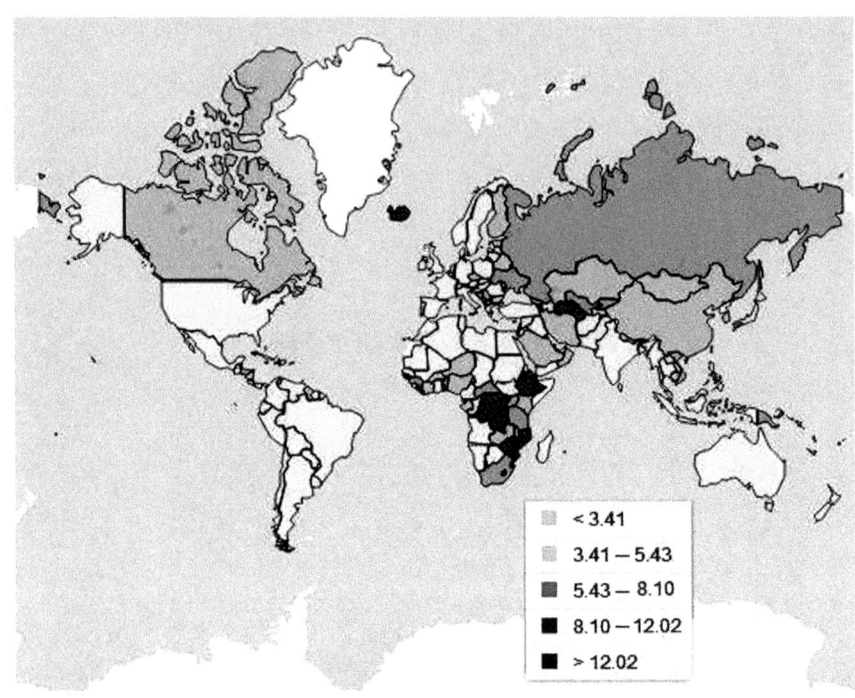

图 4　世界各国或地区单位 GDP 能耗的地理分布图（2015 年数据）

注：来源于世界银行。

表 1　世界主要能源消费国家及南方五省区的历年单位 GDP 能耗（兆焦耳/国际元）

分类		年份					
		1990 年	1995 年	2000 年	2005 年	2010 年	2015 年
全球	世界	7.6	7.2	6.5	6.2	5.8	5.1
	经合组织成员	6.6	6.4	5.9	5.5	5.1	4.5
	中低收入国家	9.2	8.4	7.4	7.1	6.4	5.6
发达经济	美国	8.7	8.2	7.3	6.6	6.1	5.4
	澳大利亚	7.4	7.1	6.7	6.0	5.9	5.0
	英国	5.7	5.5	4.8	4.2	3.7	3.0
	加拿大	10.2	10.3	9.2	8.7	8.0	7.3
	德国	5.9	5.1	4.6	4.5	4.1	3.6

续表

分类		年份					
		1990年	1995年	2000年	2005年	2010年	2015年
发达经济	法国	5.4	5.4	5.0	4.9	4.6	4.1
	日本	5.0	5.3	5.3	5.0	4.7	3.7
	意大利	3.5	3.6	3.5	3.6	3.4	3.1
	韩国	7.5	8.0	8.1	7.2	7.0	6.5
	沙特	4.2	5.3	5.4	5.3	6.2	5.8
工业化后期	俄罗斯	12.0	14.0	12.6	9.8	8.7	8.4
	墨西哥	4.8	4.6	4.1	4.5	4.0	3.7
	巴西	3.8	3.8	3.9	3.9	3.9	4.1
	中国	21.2	14.2	10.2	10.3	8.7	6.7
工业化中前期	泰国	4.7	4.6	5.2	5.5	5.4	5.4
	南非	10.4	11.4	10.5	10.2	9.7	8.7
	伊朗	5.1	6.4	6.6	7.1	6.6	7.8
	印尼	5.1	4.6	5.3	4.9	4.3	3.5
	尼日利亚	9.6	10.4	10.3	7.6	6.1	5.7
	印度	8.3	7.9	6.9	5.9	5.4	4.7
区域	南方五省区	—	—	—	—	6.7	5.4
	广东	—	—	—	—	4.6	3.8
	广西	—	—	—	—	8.0	5.9
	云南	—	—	—	—	11.6	8.6
	贵州	—	—	—	—	17.2	12.5
	海南	—	—	—	—	6.2	6.1

注1：数据来源于世界银行最新数据，2018年5月更新；

注2：单位GDP能耗基于购买力平价，采用2011年不变价美元计算；

注3：选取了全球前20的能耗大国，按人均GDP（现价美元）由高到低（从上至下）排名。

4.1.2 我国单位GDP能耗走势研判

参考上述规律，我国在达到当前发达国家水平后，单位GDP能耗将类似德国、法国和日本，单位GDP能耗有望从6.7兆焦耳/国际元下降至4兆焦耳/国际元左右，较2015年水平下降约40%。经济发达的10国中，美国受页岩油气革命影响成为油气出口大国，澳大利亚、沙特和加拿大的石油、铁矿石等资源储量优于我国，英国经济高度依赖金融等第三产业，韩国工业增加值占GDP的比例比我国高约9个百分点，综合考虑我国资源禀赋、产业发展方向和用能方式，预计我国未来发展规律将接近德国、法国和日本，同时受后发优势、经济转型和能效进步的影响，预计我国未来单位GDP能耗将低于美国、韩国当前水平，有望达到德国这类国家的当前水平（4兆焦耳/国际元左右）。如果未来技术进步带来的能效提升较为显著、产业形态进一步演化，我国未来单位GDP能耗还将在德国等国的当前水平上进一步下降。

4.1.3 南方五省区单位GDP能耗走势研判

对于南方五省区，广东处于珠三角的"发达经济阶段"和其他地区的"工业赶超阶段"的叠加状态，同时受历史上工业结构偏重轻工业、重工业发展整体相对滞后的影响，其单位GDP能耗为3.8兆焦耳/国际元（介于法国和日本之间）；广西、云南和贵州高耗能工业较为集中，单位GDP能耗分别达到5.9、8.6、12.5兆焦耳/国际元，处于较高位；海南工业规模较小，但受石油炼化、水泥等高耗能工业的影响，其单位GDP能耗处于五省区中位，达到6.1兆焦耳/国际元（略低于韩国）。参考历史发展规律，预计远景年南方五省区单位GDP能耗将较当前水平进一步下滑，同时不排除短期内工业建设进度带来的反弹效应。

4.2 我国人均用电量饱和值走势研判

4.2.1 全球各国和地区人均用电量现状

我国当前人均用电量处于世界第四梯队，考虑到我国经济仍在中高速发展阶段，未来人均用电量将沿美国等国家所处的前三个梯度向上发展。以2013年为例，全球人均用电量由高到低大致分为5个梯队，中国人均用电量约4000千瓦时，在第四梯队的上端，排名世界第54位。其中，第一梯队为人均用电量在 1.8 万千瓦时以上，包括冰岛、挪威和巴林这 3 个国家；第二梯队是 1.1 万—1.8 万千瓦时之间，包括加拿大、芬兰、美国等 8 个国家；第三梯队是韩国、日本、法国、德国等 20 个国家，人均用电量在 0.6 万—1.1 万千瓦时之间；第四梯队是 0.3 万—0.6 万千瓦时之间，包括部分发展中国家和新兴市场，合计 39 个国家和地区；最后一个梯队是不足 0.3 万千瓦时，主要是大多数发展中国家和欠发达地区。具体参见图 5。

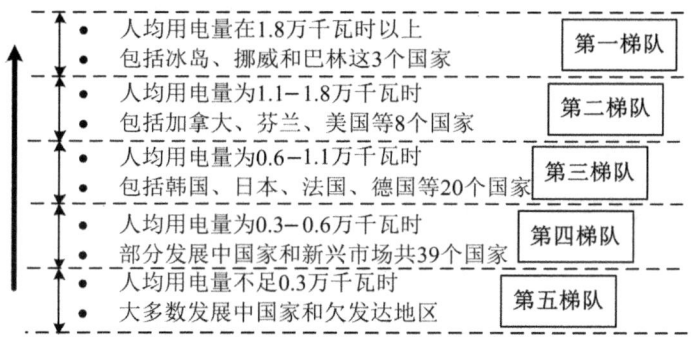

图 5 全球各国和地区人均用电量现状的梯队特征

4.2.2 与我国可比性较强的 8 个国家

人均用电量高于中国的 53 个国家分布在第一至第四梯队中。在这些国家中，我们按资源禀赋、人口规模和经济发展阶段，排除可比性较差的国家，初步筛选出 8 个国家作为可类比对象，我国未来人均用电量规律必蕴藏于这些对标国家中。

在这 53 个国家中，从资源禀赋角度，首先排除国土面积在 10 万平方公里以下的巴林、卡塔尔等 27 个国家，剩余 26 个国家进入下一轮筛选；其次，我们排除挪威、沙特、俄罗斯、阿曼等油气资源丰富的国家，排除地热资源极为丰富的冰岛（有助于发展高耗能的电解铝等产业），排除澳大利亚等主要矿产出口国，剩余 18 个国家。再次，从人口规模角度，在剩余的 18 个国家中，芬兰、瑞典和利比亚的人口数量级低于其他国家，可比性较差，予以排除。希腊、马来西亚和哈萨克斯坦等 7 个国家的人均 GDP 在 2 万美元以下，其经济发展和电力消费在未来可能还有较大增长空间，不宜作为饱和值的对比对象。剔除这些在不同层面可比性不强的国家后，剩余的美国、韩国、德国、英国等

8个国家作为我国未来发展阶段的可类比对象。

4.2.3 我国与德国这一类国家类似

我国人均饱和用电量规律将接近德国这一类的国家。从对标国家的发展规律来看，不考虑重大的技术变革，人均用电量在可预期的将来会逐步达到饱和状态（图6），其中，韩国在近几年出现饱和迹象，其他对标国家均在20世纪90年代末、21世纪初进入饱和状态。8个对标国家的人均饱和用电量可分为四个档次，第一类是美国，人均用电量饱和值约为13000—14000千瓦时，明显高于其他国家；第二类是韩国，代表新兴的发达国家，近年来人均用电水平超过了10000千瓦时；第三类是日本、德国和法国这一类发达国家，人均用电量的饱和值约为7000—8000千瓦时；第四类是英国、西班牙和意大利，其人均用电量饱和值约为5000—6000千瓦时。

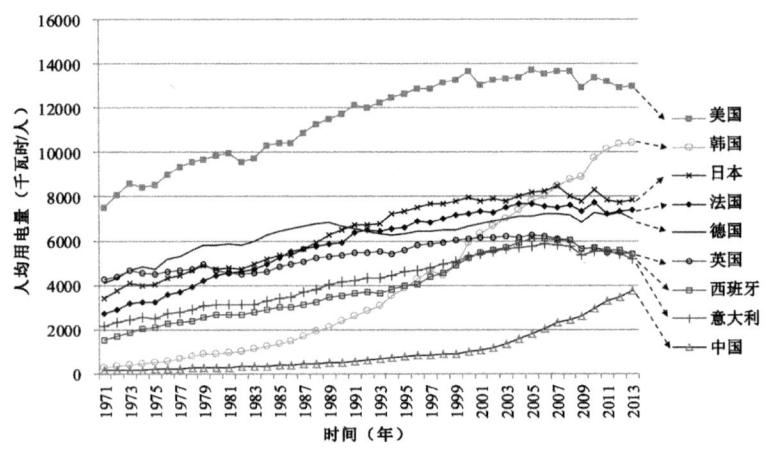

图6 对标国家与我国人均用电量的历史变化趋势

在这四类国家中，第一类国家（美国）的人均收入远高于我国，其工业电价和商业电价低于我国，居民用电习惯和节约用电的意识和我国的差异较大，因此，预计我国人均用电量难以达到美国水平；第二类国家（韩国）的工业在国民经济中的比重长期保持在40%左右，且钢铁、化工、造船等高能耗产业为该国优势支柱产业，而从我国产业政策看，将进一步压缩高耗能产业的比重，工业占比将逐步下降，因此预计也难以复制韩国之路；第四类国家（英国、西班牙和意大利）的当前工业占比仅在23%左右，且西班牙和意大利的经济态势不容乐观，而我国工业竞争力较强，预计未来工业用电量将高于这一类国家，发展规律和该类国家存在较大差异。综合来看，我国人均饱和用电量将和8个对标国家中的第三类（日本、德国、法国）较为接近，该类国家的人均饱和用电量处于发达国家的中高位，产业结构较为成熟，工业竞争力普遍较强，国家经济对进出口贸易的依赖程度较大。

4.2.4 我国人均饱和用电量的取值

我国人均饱和用电量约为7000—8000千瓦时，饱和时期全社会用电总量预计将达到11.7万亿千瓦时。按照用途，人均饱和用电量可细分为工业、服务业、生活和其他人均用电量，对每一类用电量，我们参考对标国家的特征，确定我国该类人均饱和用电量的下限值和上限值，最终发现我国人均饱和用电量约为7000—8000千瓦时。首先，在一定时期内，后发省份的持续工业化进程还将是我国工业用电量的增长动力，我国工业人均用电量还有一定的增长空间，考虑到我国工业竞争力在国际上的优势和届时的能效水平，预计我国在进入饱和状态时，工业占国民经济的比值约30%左右（介于日本和德国之间），工业人均用电量将介于日本和德国之间，其值约3000—3300千瓦时。其次，我国服务业人均用电目前仅约德国的1/8左右，有巨大的增长空间，预计我国服务业占国民经济的比值将从约50%提升到约70%（接近德国，低于日本和法国），服务业人均用电量将介于德国和日本之间，其值约1800—2100千瓦时。再次，城镇化的推进和年轻化的人口结构是生活用电的重要推动力，而我国当前城镇化率比发达国家低近30个百分点，老龄化人口比例比发达国家低约10个百分点，在家电、空调、照明等领域的人均生活用电量还有长期的增长空间，人均生活用电量预计将介于德国和法国之间，其值约1700—2000千瓦时。最后，考虑电动汽车等交通工具对交通用电的拉升作用，预计我国交通、第一产业和其他产业的人均用电量总和将高于现有水平，但同时也低于美国现有水平，其值约500—600千瓦时。从用电结构来看，我国人均饱和用电量中，预计工业用电占比将约为40%（当前约70%），生活用电（当前约13%）和服务业用电（当前约5%）的占比均将提升至25%左右。

4.3 应用实例

能源自给率是测评能源系统安全性的关键指标，定义为某地区一次能源生产量与该地区能源消费量的比值，代表该地区的能源资源在支持经济发展上的能力。本文结合南方五省区的能源资源供应能力和人均饱和用电量数值，对远景年南方五省区的能源自给率进行估算。

4.3.1 南方五省区能源自给率和能源资源现状

南方五省区能源自给率低于全国水平，维持区内区外相结合的能源供应格局。"十二五"期间，区域能源自给率介于52.2%—60.5%之间，低于全国85%—90%的水平，区域内部能源供应不足以保障自身经济社会发展需要。

南方五省区的能源资源现状[1]为油气资源较为贫乏，水煤风光资源较为丰富。南方五省区煤炭查明储量937.1亿吨，占全国的6.1%；原油剩余技术可采储量454万吨，约占我国的0.14%；天然气剩余技术可采储量12.6亿立方米，约占我国的0.03%；水力资源技术可开发装机容量14650万千瓦，约占我国的27.0%，水电开发程度约为74.6%[2]，剩余技术可开发量为3721万千瓦；风能方面，陆地70米高度风能资源技术开发量[3]为4784万千瓦，约占我国的1.9%，技术开发面积为1.5万平方公里，风电已开发量为1255万千瓦，开发程度约为26.2%[4]，风电剩余技术可开发量超过3000万千瓦，和水力资源剩余技术可开发量基本相当；太阳能资源较为丰富，除贵州以外，其他四省区均属太阳能资源很丰富带或丰富带，南方五省区2015年的太阳能发电装机容量仅为220万千瓦，约占我国的5%，开发潜力较大。

---

[1] 能源资源数据来源于国家能源局《能源数据手册2015》；水电、风电和太阳能发电等电力数据来源于《数说南网"十二五"》。

[2] 水力资源主要用来发电，按水电装机容量计算其利用率，公式为：可装机容量利用率＝水电已装机容量/水力资源可装机容量×100%。——作者注

[3] 风能资源潜在开发量是风功率密度≥300瓦/平方米的区域内，考虑制约风电开发的主要自然地理和国家基本政策等因素，计算出的风能资源储量；技术开发量是装机容量超过1500千瓦/平方公里区域的潜在开发量总和。——作者注

[4] 由于缺乏海上风能资源定量数据，本报告中风电已开发程度采用简化法计算，即等效为已开发装机与风能资源技术开发量的比值。——作者注

4.3.2 南方五省区远景年能耗预测

考虑到经济进入新常态后,经济不确定性进一步增强,同时五省区经济发展水平也差异较大,因此,五省区远景年 GDP 的判断存在较大的不确定性。鉴于此,本文对南方五省区能源消费总量采用人均能耗法进行预测。其中,远景年我国人均能耗按 5.0 吨标准煤(相当于 3.5 吨油当量)取值①,远景年南方五省区人均能耗按全国人均能耗的 75% 取值②,推算得到远景年南方五省区人均能耗为 3.75 吨标准煤,是当前(2015 年)人均能耗的 1.6 倍。人口方面,初步预测 2030 年我国人口达到峰值,远景年我国人口为 14.6 亿人③,远景年南方五省区人口占我国的比例按 18.3%④取值,远景年南方五省区人口约为 2.67 亿人,是当前人口的 1.1 倍。据此测算,远景年南方五省区能源消费总量为 10.0 亿吨标准煤,是当前能源消费总量的 1.6 倍。

表 2 南方五省区远景年能源消费总量预测

类别	范围	单位	2010 年	2015 年	远景年	倍数[3]
人口[1]	我国	亿人	13.4	13.75	14.6	1.06
	南方五省区	亿人	2.4	2.48	2.67	1.08
	占比		17.9%	18.1%	18.3%	1.01
人均能耗	我国	吨标准煤	2.69	3.13	5	1.60
	南方五省区	吨标准煤	2.1	2.5	3.75	1.50
	占比		78.0%	80.0%	75.0%	0.94
能源消费总量[2]	我国	亿吨标煤	36.1	43	73	1.70
	南方五省区	亿吨标煤	5	6.2	10	1.61
	占比		14.0%	14.5%	13.7%	0.94

---

① 来源于南方电网内参报告,远景年我国人均能耗值采用国际类比法得到。

② 2015 年南方五省区人均能耗约为全国水平的 80%,考虑我国中西部地区工业的发展后劲,预测远景年南方五省区人均能耗约为全国的 75%。——作者注

③ 按发改委能源所预测,我国人口约在 2030 年达到峰值(14.7 亿);2050 年人口预计为 14.6 亿。——作者注

④ 目前南方五省区人口占全国的 18.1%,"十二五"期末较"十一五"期末占比增长 0.2 个百分点,综合考虑经济发展、教育水平、气候、自然灾害等因素,预测远景年南方五省区人口占全国的 18.3%。——作者注

注1：人口的现状和历史数据来源于国家统计年鉴和各省区统计年鉴，远景年我国人口为国家发和改委员能源所预测结果；

注2：能源消费总量的现状和历史数据来源于国家统计年鉴和各省区统计年鉴，本报告预测的远景年我国能源消费总量介于国家发改委能源所预测值（66.9亿吨标准煤）和清华大学预测值（77.0亿吨标准煤）之间；

注3：倍数＝某指标的远景年值/对应现状值（2015年值）。

4.3.3 南方五省区远景年能源自给率水平

考虑到南方五省区煤炭开发受限、风电和水电开发存在上限、太阳能发电量较小，能源自给率很大程度上受核电发电量的影响，南方五省区未来能源自给率会逐步降低但仍会保持在较高的水平上，远景年的能源自给率保持在40%—43%较为合理。

煤炭方面，南方五省区的原煤储量丰富，原煤生产量主要受制于能源政策。在能源供给侧改革的大背景下，淘汰煤炭行业落后产能、严格控制煤炭新增产能已成为国家能源政策的重要组成部分。例如，在2013—2014年，云南省强制淘汰了大量煤炭落后产能，直接导致南方五省区原煤生产量下降了12.2%。因此，假定在远景年南方五省区原煤生产量主要受制于一次能源生产量中的原煤占比，比例从2014年的47.4%下降到30%[①]。

油气方面，南方地区原油和天然气储量较少，其开发量主要受制于资源禀赋。假定远景年的原油和天然气生产量和目前相比变化不大，年开发量分别为0.19亿吨和0.12亿吨标煤。

一次电力方面，水电、风电和太阳能发电属于可再生能源，主要受制于区域的水力资源技术可开发量、风能资源技术开发量和太阳能资源。2015年，南方五省区水力发电量为4064亿千瓦时，水力资源已开发74.6%，按远景年的水力资源技术可开发量全部开发计算，远景年水电发电量为当前值的1.3倍（5448亿千瓦时）；当前风力发电量为180亿千瓦时，风能已开发26.2%，远景年风能资源技术开发量全部被利用后，风电发电量约为当前值的3.8倍

---

① 美国煤炭储量高于我国，但美国2014年的原煤开采量占一次能源产量的比例仅为24%，预计南方五省的原煤占比可以下降到30%，略高于美国当前水平。——作者注

(687亿千瓦时); 当前太阳能发电量为13.4亿千瓦时, 预计远景年发电量约为当前值的10倍①(134亿千瓦时)。核电主要受制于能源政策, 远景年的核电量存在一定的不确定性, 假定远景年的核电量按当前水平 (2015年为617亿千瓦时) 约4—8倍发展 (对应5种能源情景) 时, 相应测算出的远景年核电量为2468亿—4936亿千瓦时。

综合以上结论, 我们计算出在不同的能源发展情景下, 南方五省区的原煤开发量为1.1亿—1.4亿吨标煤, 一次电力生产量为2.4亿—3.0亿吨标煤, 相应一次能源生产量为3.8亿—4.8亿吨标煤, 计算得到的能源自给率为38.1%—47.6%。按照《南方电网电力工业发展十三五及中长期规划研究》, 2030年核电装机容量约为当前值的4倍, 到远景年还有小幅增长空间, 考虑核电的年利用小时数变化不大, 预计远景年核电量在当前值约5—6倍比较合理 (相应核电量为3085亿—3702亿千瓦时), 因此, 南方五省区远景年的能源自给率约为40%—43%。

表3 不同情景下南方五省区远景年能源生产结构

远景年南方五省区能源结构	能源情景				
	情景1	情景2	情景3	情景4	情景5
一次能源生产量	3.8	4.1	4.3	4.5	4.8
原煤 (亿吨标煤)	1.1	1.2	1.3	1.4	1.4
原油 (亿吨标煤)	0.2				
天然气 (亿吨标煤)	0.1				
一次电力 (亿吨标煤)[1]	2.4	2.5	2.7	2.9	3.0
一次电力 (亿千瓦时)	8736	9353	9970	10587	11204
#水电 (亿千瓦时)	5448				
#风电 (亿千瓦时)	687				
#太阳能发电 (亿千瓦时)	134				
#核电 (亿千瓦时)	2468	3085	3702	4319	4936

---

① 按照《南方电网电力工业发展"十三五"及中长期规划研究》, 2030年太阳能发电装机容量为当前的7.2倍, 本文预计2050年还将进一步增长至10倍左右, 利用小时数预计变化不大。

续表

远景年南方五省区能源结构	能源情景				
	情景1	情景2	情景3	情景4	情景5
#核电倍数[2]	4	5	6	7	8
一次能源生产结构（100%）	100%				
原煤	30.0%				
原油	5.0%	4.7%	4.4%	4.2%	4.0%
天然气	3.1%	3.0%	2.8%	2.7%	2.5%
一次电力	61.9%	62.3%	62.8%	63.2%	63.5%
#水电	38.5%	36.3%	34.3%	32.5%	30.9%
#风电	4.9%	4.6%	4.3%	4.1%	3.9%
#太阳能发电	0.9%	0.9%	0.8%	0.8%	0.8%
#核电	17.6%	20.6%	23.3%	25.8%	28.0%
能源消费量（亿吨标煤）	10.0				
能源自给率（100%）	38.1%	40.4%	42.8%	45.2%	47.6%

注1：一次电力（标煤量）按发电煤耗法折算，远景年的发电煤耗按当前超临界机组先进水平（270克标准煤/千瓦时）取值；

注2：核电倍数=远景年核能发电量/当前（2015年）核能发电量。

远景年，南方五省区按人口2.67亿（参见表2），人均饱和用电量8000千瓦时进行估计，则届时总用电量为2.1万亿千瓦时。考虑到水电、风电和太阳能发电的开发上限，同时，核电按当前值的6倍进行乐观估计，则届时南方五省区一次电力产量约为1万亿千瓦时，电力缺额（1.1万亿千瓦时）需由本地火力发电或外购电力填补。2015年，南方五省区火力发电量为0.5万亿千瓦时，火电装机容量1.35亿千瓦，考虑能源体系积极向清洁能源转型的趋势，外购电力可能主要来源于东南亚水电等清洁电力，则远景年火电装机容量将难以达到2.8亿千瓦的水平。

中国能源生态环境影响综合评估

罗宏 周维 谢雪松*

摘 要： 中国的生态环境问题已经成为制约能源开发利用的重要因素之一。在分析中国能源发展的生态环境约束的基础上，应用压力—状态—响应理论模型构建中国能源生态环境影响综合评估指标体系，对中国2013—2016年能源生态环境情况进行了评估，从国家生态环境保护的视角提出我国优化能源开发利用的若干建议。研究结果表明，中国能源开发利用对生态环境的影响日益减轻，其矛盾有所缓解，但部分优化能源开发利用的响应措施执行不善。建议统筹协调能源开发利用与生态文明建设、强化能源绿色低碳发展倒逼机制、完善促进能源行业绿色低碳化发展的经济激励政策、在重点开发利用区执行最严格的水资源保护制度、认真执行相关规划与环境影响评价制度、提升煤炭开发利用的生态环境安全性、降低油气开发利用的生态环境风险、防范水电开发累积生态环境风险。

---

* 责任作者，罗宏，博士，中国环境科学研究院研究员、能源与环境经济研究领域首席专家，获得国家能源局软科学优秀成果奖、中国能源研究会能源创新奖等。周维，国际清洁能源论坛（澳门）理事，原国务院三峡办巡视员、副司长，研究员。中科院地理研究所特约研究员、中科院重庆研究院讲座研究员、西南大学客座教授、中国环科院特邀专家，科技部在库专家；长期从事流域及水电水环境管理与生态环境监测管理工作。谢雪松，加拿大达尔豪斯大学（Dalhousie University）应用科学硕士研究生毕业，中国环境科学研究院工程师。

关键词：

能源生态环境影响　指标体系　压力—状态—响应模型

1. 中国能源发展的生态环境约束分析

中国总体生态环境形势虽有一定好转，但在局部仍存在较严重的环境污染和生态破坏现象。能源开发利用对生态环境的各个要素均会造成不同程度的影响。

1.1 环境质量有所改善，但污染物排放总量仍然较大

近年来中国环境污染治理力度空前加强，已取得一定成果。2016年，全国338个地级及以上城市中，平均优良天数比例为78.8%，比2015年上升2.1%，SO_2、NO_x等污染物排放量相对于2010年的污染程度有较大改善。全国地表水1940个评价、考核、排名断面（点位）中，Ⅰ类和Ⅱ类所占比例最高，分别为37.5%、27.9%，超过一半。但中国长期粗放型的经济发展模式，导致废气、废水、固体废弃物等排放总量大，且增长速度快，总体处于环境质量有所改善但问题交织的战略相持期，环境质量尚未根本改善，达标率不高，总体形势依然严峻。2016年，环境空气质量超标城市占75.1%，京津冀及周边地区（含山西、山东、内蒙古和河南）是全国空气重污染高发地区，达标天数比例最低。全国6124个地下水水质监测点中，水质为较差级的监测点占45.4%，所占比重最大[①]。煤炭消费导致的SO_2、NO_x、烟粉尘、一次$PM_{2.5}$和Hg等大气污染物排放量均占到各自全国排放总量的60%以上，SO_2、NO_x等均为形成$PM_{2.5}$的重要气态前体物。煤炭与石油、天然气等能源品种相比，产生同等能量的情形下排放的各类大气污染物都更多。因此，减少污染物排放、调整能源消费结构，既是提高环境质量也是绿色能源发展的当务之急。

---

① 2016年《中国环境状况公报》（摘录），《环境保护》2017年总第45期，第11期，第35—47页。

1.2 生态系统稳定性提高，但生态保护任重道远

从生态系统脆弱性来看，2012年以来，中国不断强化生态保护和监管，构建生态安全屏障，自然保护区数量增加，森林覆盖率逐步提高，水土流失治理、沙化、荒漠化治理取得初步成效，湿地保护面积增加，中国自然生态系统有所改善，然而，生态保护工作依然任重道远[1]。据统计，中度以上生态脆弱区域占全国陆地国土空间的55%，其中极度脆弱区域占9.7%，重度脆弱区域占19.8%，中度脆弱区域占25.5%[2]。随着经济社会快速发展，资源环境对经济发展的约束日益增强，资源供需矛盾突出，尤其中西部地区能源资源丰富，开发力度不断加大。面对中国脆弱的生态环境，能源开发和利用活动必须高度重视生态环境保护工作，把不加重中国生态脆弱区的脆弱程度作为能源开发和利用的必要约束遵照执行。

从土地退化方面来看，自2004以来，全国荒漠化和沙化状况连续三个监测期呈现整体遏制、持续缩减、功能增强、效果明显的良好态势，但防治形势依然严峻[3]。煤炭、油气等能源资源的开发利用过程会引起废弃物土地压占、土地挖损、地面塌陷等问题。

从植被覆盖情况来看，中国陆地植被生长状况30年来总体呈现好转趋势，但区域差异较大，叶面积指数（LAI）总体分布呈现东部高、西部低，从东南向西北递减的趋势。总体好转趋势下，部分区域植被状况有下降的趋势。在内蒙古东部、四川东南部、长江三角洲等局部地区，平均最大叶面积指数（MLAI）和平均叶面积指数（ALAI）的下降幅度较大[4]。煤炭、油气等能源资源的开采会造成地表植被破坏、景观破碎化等问题。

1.3 大气污染治理力度提高，但形势依然严峻

"十一五""十二五"期间国家制定一系列强力减排措施，极大地提高了

---

[1] 国家统计局能源司：《生态文明建设全面推进 绿色发展进程明显加快》，《中国信息报》2017年7月27第2版。
[2] 国务院：《全国主体功能区规划》，2010年12月21日。
[3] 国家林业局：《中国荒漠化和沙化状况公报》，2016年。
[4] 《中国可持续发展遥感监测报告（2016）》，北京：社会科学文献出版社2017年版。

大气污染治理力度，成效显著。2010—2015 年全国平均大气浑浊度在整体上呈现降低趋势，总体 NO_2 浓度季节变化显著，重度浑浊大气主要分布在华北平原、长江三角洲、珠江三角洲等区域。中国大气浑浊度呈现沿"胡焕庸线"东高西低的空间分布[1]。2017 年，国家组织的最大规模的大气污染防治强化督查行动，对京津冀及周边传输通道"2+26"城市开展为期一年的大气污染防治强化督查。随着中国环保政策日益完善、环境监察与环境执法日趋严厉，企业将更加重视自身的排污治污问题，倒逼企业绿色转型。虽然大气环境总体有所改善，但华北平原仍为中国大气浑浊的遥感指数最高的地区，空气污染形势严峻，雾霾现象频发。由此可见，全国的环境空气质量改善需求仍较迫切，而环境质量达标率低的状况主要归结于能源消费问题，因此，减少污染物排放，调整能源消费结构，也是做好能源发展的生态环境保护的重要内容。

1.4 水资源状况总体良好，节水治水措施仍需加强

从水环境质量来看，根据 2016 年水质调查数据，浙闽片河流、西北诸河和西南诸河水质为优，长江和珠江流域水质良好，黄河、松花江、淮河和辽河流域为轻度污染，海河流域为重度污染[2]。西南地区能源开发方式以水电为主，水质较好，但水电开发的对生态环境的影响不容忽视。西北地区虽水质为优，但其水资源量较小，生态环境也较为脆弱，应加强水资源的保护和水污染的治理，严防水质恶化。作为能源消费利用的主要地区，东部水质较差，水污染严重，而东部地区又是人口相对集中、经济比较发达的区域，居民用水质量保障与工业企业严控废水排放的压力均较大。北方地区水源主要来自地下水，而北方 85%的地下水水质监测点水质为较差甚至极差。

从水资源总量来看，中国水资源总量居世界前列，但人均水资源量只有全球平均水平的四分之一，是全球 13 个人均水资源最贫乏的国家之一。在煤炭、油气资源赋存较丰富的西部地区，也是中国水资源总量较少的区域，化石能源开发对水资源的影响较大。中国煤炭开采、燃煤发电和煤化工生产等煤炭相关

---

[1]《中国可持续发展遥感监测报告（2016）》，北京：社会科学文献出版社 2017 年版。
[2] 2016 年《中国环境状况公报》（摘录），《环境保护》2017 年总第 45 期，第 11 期，第 35—47 页。

产业的耗水量极高，同时也是水污染的主要来源，这也是造成水资源供需矛盾的重要原因。"煤水矛盾"已成为约束我国煤炭资源开发利用的重要因素之一。

1.5 土壤环境状况不容乐观，部分地区问题突出

中国长三角、珠三角、东北老工业基地等部分区域土壤污染问题较为突出，西南、中南地区土壤重金属超标范围较大[①][②]。在石油和天然气开采过程中，会产生油泥沙、钻井废弃泥浆、岩屑和落地原油、废弃钻井液中的油类、重金属、化学添加剂、油气田废水中的石油类、氯离子等，造成土壤污染。

2. 能源生态环境影响综合评估方法

2.1 综合评估方法

本研究基于压力—状态—响应（Pressure-State-Response，PSR）模型，以科学性、综合性、动态性、数据易得性和可操作性为指导原则，构建中国能源生态环境影响综合评估体系。PSR框架体系综合反映人类与环境之间的相互作用关系，考虑了人类活动对环境的压力，自然资源的质和量的变化，以及政府对这些变化的响应，即采取的减少、预防和缓解自然环境不理想变化的措施[③]。

运用多目标综合评价方法，以能源生态环境影响综合评估指数 [$E(i)$] 来评价能源开发利用对生态环境影响的程度。能源生态环境影响综合评估指数均权模型计算公式如下：

$$E(i) = 100 \times \sum_{j=1}^{n} x'_{ij}(i) \quad 0 \leq E(i) \leq 100$$

式中，n 为评价指标体系中指标数量，$x'_{ij}(i)$ 为第 j 个评价指标在 i 时刻

---

① 环境保护部、国土资源部：《全国土壤污染状况调查公报》，2014年。
② 夏光：《中国未来环境风险及应对策略》；中华环保联合会（All-China Environment Federation）、联合国环境规划署：《第十届环境与发展论坛文集》，2014年，第15页。
③ 周文华、王如松：《城市生态安全评价方法研究——以北京市为例》，《生态学杂志》2005年总第24期，第7期，第848—852页。

的归一化值，$E(i)$ 为 i 时刻的能源生态环境影响综合评估指数。

2.2 评估指标体系构建

经研究，选取综合反映国家能源开发利用状态的8个压力指标，与能源开发利用密切相关、反映国家生态环境状态的9个状态指标和国家生态环境保护措施的6个响应指标，共23个评价指标组成能源生态环境影响综合评估指标体系，各评价指标的单位、方向、阈值见表1。其中，涉及GDP的指标均采用2005年不变价格水平计算，对部分指标的内涵与取值说明如下：

表1 中国能源生态环境影响综合评估指标体系

序号	类型	指标	单位	方向	阈值
1	能源开发利用压力系统	非化石能源产量占能源生产总量的比重	（%）	+	[0, 20]
2		非水电可再生能源电力消纳量比重	（%）	+	[0, 10]
3		煤炭消费量占能源消费总量的比重	（%）	—	[100, 0]
4		发电煤炭消费量占煤炭消费总量的比重	（%）	+	[0, 100]
5		单位建成区面积终端煤炭消费量[1]	（万t/km²）	—	[7.49, 0.66]
6		万元GDP能源消费量（2005年可比价）[2]	（t/万元）	—	[1.40, 0.78]
7		城市燃气普及率	（%）	+	[0, 100]
8		能源加工转换效率	（%）	+	[0, 100]
9	生态环境状态系统	人均水资源量[3]	（m³/人）	+	[0, 5925]
10		人均耕地面积[4]	（亩/人）	+	[0.8, 2.96]
11		水功能区水质达标率	（%）	+	[0, 100]
12		城市集中式饮用水水源地水质达标率	（%）	+	[0, 100]
13		城市环境空气质量达标率	（%）	+	[0, 100]
14		城市PM$_{2.5}$年均浓度平均值[5]	（μg/m³）	—	[158, 12]
15		酸雨城市比例	（%）	—	[100, 0]
16		万元GDP化石能源燃烧温室气体排放量（2005年可比价）[6]	（tCO$_2$/万元）	—	[3.23, 1.13]
17		"优"和"良"的县域占国土面积的比例	（%）	+	[0, 100]

续表

序号	类型	指标	单位	方向	阈值
18	保护响应系统	一般工业固体废物综合利用率	（%）	+	[0, 100]
19		国Ⅲ及以上标准汽车占汽车总保有量的比例	（%）	+	[0, 100]
20		陆地自然保护区面积占国土面积比[7]	（%）	+	[0, 15]
21		环境污染治理投资总额占GDP的比例[8]	（%）	+	[0, 3]
22		原煤入选率	（%）	+	[0, 100]
23		平均弃风率	（%）	—	[43, 0]

说明：对部分指标的归一化评分阈值取值说明如下：1. 根据2013年统计数据，单位建成区面积终端煤炭消费量北京最低为0.66万t/km², 贵州最高为7.49万t/km²；2. 2005年为1.40t/万元，到2020年比2015年下降15%为0.78t/万元；3. 2014年世界平均水平为5925m³/人；4. 2014年世界平均水平为2.96亩/人，联合国粮农组织划定的警戒线为人均耕地面积0.8亩/人；5. 2016年，监测城市PM$_{2.5}$年均浓度最大值为158μg/m³, 最小值为12μg/m³；6. 2005年为3.23t/万元，到2030年下降60%—65%为1.13t—1.29 t/万元；7.《"十三五"生态环境保护规划》中提出的2020年控制目标为15%；8. 全球平均水平约为2%—3%。

3. 能源生态环境影响综合评估结果

在查阅相关权威统计资料的基础上，计算各项指标的归一化值（见表2），2013—2016年各年度中国能源生态环境影响综合评估结果见表3，图1和图2。

表2 2013—2016年中国能源生态环境影响评估各指标归一化评分结果

序号	类型	指标层	2013	2014	2015	2016
1	能源开发利用压力系统	非化石能源产量占能源生产总量的比重	0.590	0.665	0.725	0.845
2		非水电可再生能源电力消纳量比重	0.500	0.500	0.500	0.630
3		煤炭消费量占能源消费总量的比重	0.326	0.344	0.363	0.380
4		发电煤炭消费量占煤炭消费总量的比重	0.460	0.448	0.452	0.496
5		单位建成区面积终端煤炭消费量	0.731	0.755	0.781	0.794
6		万元GDP能源消费量（2005年可比价）	0.601	0.695	0.774	0.847
7		城市燃气普及率	0.943	0.946	0.953	0.958
8		能源加工转换效率	0.730	0.735	0.737	0.737
9	生态环境状态系统	人均水资源量	0.348	0.337	0.344	0.397
10		人均耕地面积	0.319	0.315	0.310	0.306
11		水功能区水质达标率	0.494	0.518	0.551	0.587
12		城市集中式饮用水源地水质达标率	0.973	0.962	0.971	0.971
13		城市环境空气质量达标率	0.041	0.099	0.216	0.249
14		城市$PM_{2.5}$年均浓度平均值	0.589	0.658	0.740	0.760
15		酸雨城市比例	0.704	0.702	0.775	0.802
16		万元GDP化石能源燃烧温室气体排放量（2005年可比价）	0.474	0.554	0.617	0.677
17		"优"和"良"的县域占国土面积的比例	0.467	0.451	0.449	0.449
18	保护响应系统	一般工业固体废物综合利用率	0.622	0.621	0.608	0.595
19		国Ⅲ及以上标准汽车占汽车总保有量的比例	0.684	0.752	0.835	0.872
20		陆地自然保护区面积占国土面积比	0.923	0.931	0.925	0.930
21		环境污染治理投资总额占GDP的比例	0.506	0.496	0.426	0.413
22		原煤入选率	0.558	0.598	0.659	0.689
23		平均弃风率	0.890	0.920	0.850	0.829

表3 2013—2016年中国能源生态环境影响综合评估结果

指标层	2013	2014	2015	2016
压力指标系统	58.4	60.8	63.2	68.4
状态指标系统	38.7	44.1	50.6	53.5
响应指标系统	71.5	73.7	72.9	73.0
综合评估结果	54.5	58.2	61.5	64.4

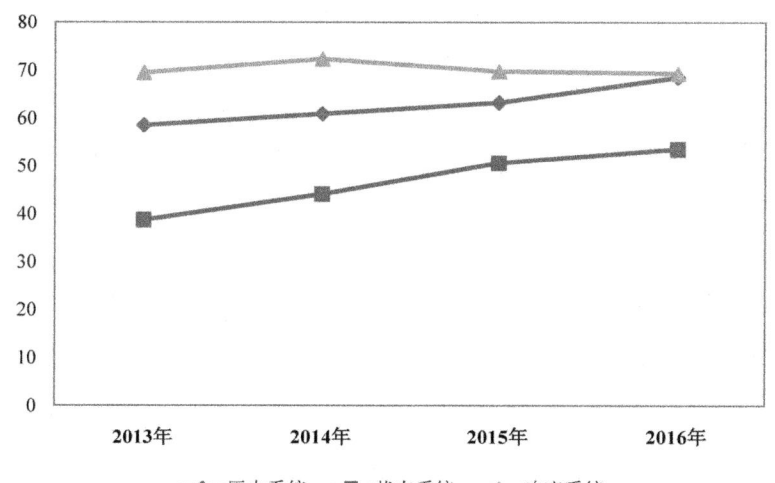

图1 2013—2016年压力、状态、响应系统综合评估结果

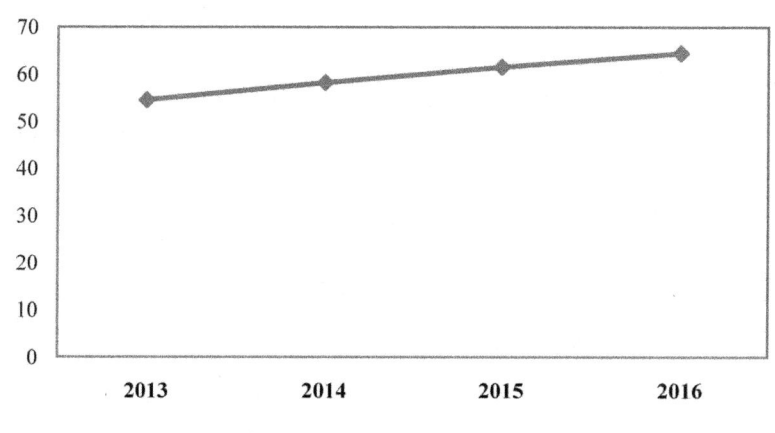

图2 2013—2016年中国能源生态环境影响综合评估结果图

从2013—2016年中国能源生态环境影响综合评估结果来看，我国能源生态环境影响综合评估指数呈显著上升趋势，表明我国能源开发利用对生态环境的影响日益减轻，能源开发利用与生态环境保护之间矛盾有所缓解。

压力系统和状态系统评分都呈上升趋势，表明我国近年来能源来利用对生态环境影响的压力在逐步缓解、生态环境状况在持续改善。响应系统评分总体上呈现上升趋势，表明我国维护能源生态环境安全的响应措施在不断加强，但从2015年开始呈现小幅下降趋势，表明中国部分优化能源开发利用的响应措施执行不善，一般工业固体废物综合利用率、环境污染治理投资总额占GDP的比例等指标都有所下降，全国平均弃风率显著上升，因此我国优化能源开发利用、保护生态环境的响应措施还需进一步加强。

4. 对策及建议

4.1 统筹协调能源开发利用与生态文明建设

能源是经济增长的引擎，中国能源供给的制约和能源消费带来的排放问题逐渐成为经济持续增长的瓶颈，调整能源结构、优化能源开发利用布局是实现生态文明的必由之路，实施能源消费总量和能源强度的双控是实现节能降耗的根本约束性指标，是保护环境、应对气候变化的根本途径，是"十三五"期间中国能源发展绿色低碳化的重点。在中国能源消费结构逐渐生态化、油气替代煤炭、非化石能源替代化石能源的双重更替加快的良好发展势头下，在推动能源结构持续优化方面，加大清洁能源开发力度与进度，提高清洁能源装机容量和发电量比例，提高清洁低碳能源消费所占的比重；发展先进核电、高效率光电光热、大型海上风电、高效储能、分布式能源、智能电网等；提升新能源产品经济性，构建适应新能源高比例发展的电力体制机制、新型电网等技术支撑体系，高效利用可再生能源。在能源开发布局方面，要"量体裁衣"，根据生态功能与环境敏感度分区，以能源开发和利用的不同特点为切入点，针对性实行差别化的能源开发利用分区管控措施；根据地区能源资源特征，输送通道建设要符合地区生态文明发展要求。

4.2 强化能源绿色低碳发展倒逼机制

煤炭消费总量控制政策从提出到实施已有六年时间，经历了煤炭消费总量控制试点、煤炭等量替代与煤炭减量替代三个阶段①。目前中国正处于第三阶段，煤炭减量替代试点的范围逐步从长三角、京津冀、珠三角重点城市群扩大到其他省份②。继续完善并深化能源消费总量控制制度，根据"十三五"能源发展规划将全国能源消费总量控制目标逐级逐年分解并落实到地方政府，根据最终分配的能源消费总量对所属县市进行能耗控制，试行目标责任管理进行考核和监督。

建立能源与环境综合决策机制。以区域生态环境和水资源承载力为基础，合理确定能源开发强度，严格控制污染物和温室气体排放，以环境容量控制能源消费洁净度及总量。

完善与能源开发利用相关的环境政策标准体系。鼓励地方制定特别排放限制。大气污染严重的区域应该根据当地产业结构特征、环境污染特点和环境管理要求，制定体现地方特色的地方污染物排放标准，促进高耗能产业能源消费集约化与用能结构调整。能源转换和终端利用要严格实施环保标准，促进能源的绿色化利用。修订车用燃油质量标准，保证高品质燃油供应，促进机动车污染减排。

4.3 重点开发利用区域执行最严格的水资源保护制度

能源开发必须充分考虑水环境容量和水资源长期承载能力，在能源资源开采的同时，将水资源保护重点从末端治理转变为源头控制，强化节水和污水处理，达到增水减污，实现水资源的永续利用③。

强化水资源优化配置，能源开发利用需依据水资源量而行。根据水资源分

---

① 张军、王圣：《我国煤炭消费总量控制政策阶段分析及思考》，《环境保护》2017年总第45期，第7期，第44—46页。
② 周文华、王如松：《城市生态安全评价方法研究——以北京市为例》，《生态学杂志》2005年总第24期，第7期，第848—852页。
③ 王晓宇：《山西煤炭开采对水资源的影响分析及对策研究》，《科技情报开发与经济》2003年第12期，第107—109页。

布状况，使能源产业结构布局与水资源分布相匹配，实现能源给水、排水和生态环境"三位一体"。对能源行业结构调整重点考虑以水定产、以水定发展①。

强化水资源统一管理，对能源及其所贮存的地表水资源实行保护性开发。对矿山排水的层位及排水量，生活、工业、农业用水的分配，地下水的调配和增补等进行统一的科学规划、统一管理②。建立并完善矿区地下水监测网络，实行动态管理；建立矿区地表水、地下水和引黄水联合定时监测调度系统，针对性地实施水质水量一体的保护管理③。

实施水价改革、建立合理的水价形成机制，倒逼能源开采企业水资源管理与水环境管理效益最大化。通过水资源定价、水的分质定价、优质定价、定额管理、超量加价、排污违法、总量收费等调整措施，理顺水价格体系、推进水价改革。

4.4 完善促进能源行业绿色低碳化发展的经济激励政策

建立和完善能源开采（如石油、天然气等）生态补偿机制和生态环境损害赔偿机制，健全和完善能源开采生态环境治理修复保证金办法，确保落实环境保护与生态修复要求。建立并完善"全面反映市场供求、资源稀缺程度、生态环境损害成本和修复效益"的能源价格机制，体现生态环境成本。健全与能源有关的税收制度，采取强制性和优惠性相结合的税收政策。鼓励企业通过参与碳排放交易进行二氧化碳减排，在提高能效的同时获得额外收益。

4.5 认真执行能源开发利用中的相关规划及项目环境影响评价

遵守《中华人民共和国环境影响评价法》，开展能源开发利用的环境影响评价，以生态保护红线、环境质量底线、资源利用上线和环境准入负面清单

---

① 王晓宇：《山西煤炭开采对水资源的影响分析及对策研究》，《科技情报开发与经济》2003年第12期，第107—109页。
② 王晓宇：《山西煤炭开采对水资源的影响分析及对策研究》，《科技情报开发与经济》2003年第12期，第107—109页。
③ 黄新生、张建国、王玉生：《煤矿开采对山西水环境的影响及对策研究》，《科技情报开发与经济》2009年总第19期，第30期，第121—123页。

（简称"三线一单"）为手段，降低能源开发利用对生态环境产生的影响。政府部门加快制定能源开发利用相关规划及项目环境影响评价管理办法、指南等政策文件。建立并完善适用不同类型能源开发利用相关规划及项目的环评指标体系，以能源和环境的协调发展为主线，从能源开采到终端消费的全生命周期充分考虑其潜在生态环境影响；从能源资源、能源结构、能源效率和能源技术等方面，充分考虑改善能源系统的主要环境特性，致力于建立清洁、高效、最大限度减少其环境风险的能源系统；从资源综合利用、污染物控制、污染物达标排放和生态保护等方面，提高中国能源工业的资源综合利用、污染治理和生态保护水平[1]。加强民众环保意识、提高民众生态环境保护的知识水平，进一步完善公众参与制度。

4.6 提升煤炭开发利用的生态环境安全性

近两年煤炭领域频出新政策，"不容置疑的去产能"是关键词。2017年出台的一系列煤炭行业产能调整政策导向均是在淘汰落后产能的基础上鼓励先进产能释放，保障经济发展需求。一系列推进北方地区冬季清洁取暖的政策文件相继出台，旨在解决北方地区冬季采暖与散煤燃烧产生的大气污染问题。在环境质量改善的要求下，煤炭总量削减、清洁能源替代是主要措施。

根据水资源和生态环境承载力，坚持"控制东部、稳定中部、发展西部"的开发布局战略，尽快通过完善煤炭资源规划方面的立法加强对煤炭资源统筹规划和合理配置，加大煤矿项目规划环评力度。以生态环境管理为主线，健全煤矿灾害预防制度及事故应急预案。鼓励建立生态环境治理资金长效保障机制，通过先治后采，采治互动，以采促治，形成以煤业发展促进生态治理，推进煤炭绿色开采与良性循环[2]。遵守水资源红线约束原则，重视燃煤电厂及煤化工等耗水量较大的煤炭产业的水资源危机，明确水资源管理和能源规划之间的协同，以水定煤，优化水资源配置；同时，采取政府和市场相结合的手段，必要时进行水权交易。通过深化煤炭消费总量控制、提高电力耗煤占比、大力

---

[1] 徐华清、朱松丽、朱晓杰、刘强、于胜民：《我国实施能源规划环境影响评价的综合政策建议》，《环境保护》2005年第5期，第48—51页。
[2] 徐如俊、崔书文、林火灿：《实现煤炭开采与生态保护双赢》，《经济日报》2016年4月8日。

治理散煤燃烧、促进输煤向输电转变、大力发展高精度煤炭洗选加工等多种联合管控手段，加快解决煤炭消费产生的大气污染问题。

4.7 降低油气开发利用的生态环境风险

加强资源评价与战略选区，合理确定开发顺序。在勘探新的油气资源的同时，对在所在地区的生态环境现状有全面认识，合理确定油气田的开采顺序，同时在技术上进行改进，逐步降低生态环境影响。未来对非常规油气资源进行开发时，要对其生态环境影响进行充分的识别、分析和论证。

强化环评的地位及作用，合理规划开发及化工产业布局。在规划、布局大型油气开发基地、油气化工项目时，要充分考虑可能产生的环境风险及当地的生态环境承载力，全面分析规划或项目实施后对生态环境可能造成的影响，根据其影响范围整体布局区域的开发利用，切实指导规划的修改完善或项目的实施细则。

加强油气化工的风险管控，做好环境风险应急预案。政府应制定油气化工危险环节操作行为规范，监督企业制定风险应急预案；明确风险事故的责任人及应承担的法律责任；定期对重点企业进行风险排查。企业对可能发生的生态环境风险要做好应急预案，制定详细的事故处理行动方案。

加强柴油车和非道路移动源污染控制。实施更加严格的柴油车、非道路移动机械和船舶排放标准，收紧船用燃料油、普通柴油的含硫量限制；评估现有柴油机尾气治理补贴政策的有效性；针对施工及农用机械等小而散的柴油机，建立注册登记制度，引入年检、强制报废、报废补贴等制度[1]。

预防油气海上运输及海底管道泄漏。主要防范措施主要包括按标准施工；全方位防腐；船舶和管线所有者应严格执行定期巡检制度，并提高泄漏检测和监测水平增强；制定应急响应计划；建立激励和奖励制度，鼓励渔业人员和海洋油气作业者及时报告海上发现的不明来源溢油，经核实后予以奖励[2]。

---

[1] 匡春凤：《不应被遗忘的柴油机尾气治理》，《中华环境》2017年第1—2期。
[2] 赵华：《海底油气管道泄漏的原因及防范》，《环境保护与循环经济》2014年总第34期，第5期，第12—15页。

4.8 防范水电开发累积生态环境风险

针对大型水电，目前其规划布局已尘埃落定，一些项目建设也已完工并投入运行。中国主要大型水电基地多位于生态敏感与脆弱区，生态风险属于地质条件与生态服务功能交互胁迫型[1]，典型地区如怒江水电基地和澜沧江水电基地。在这种情况下，除了对已开发的水电项目增加环保措施、落实生态流量保障、加强运行监测监管、采取改善流域生态的手段与措施等，针对大型水电基地的生态环境风险防范工作宜主要针对新增水电装机、新建水电项目。一方面，在开发前期，应加强研究和环境论证，严格落实规划环评要求，强化水电项目环境影响评价；在开发中后期，应加强流域环境影响及保护措施效果跟踪检测，积极开展后评价工作。另一方面，根据中国对水电发展的总体规划与布局，主要在雅砻江与怒江合理控制新增装机容量与新增项目数量，将水电开发总量有效控制在开发基地周边生态环境可承受的阈值之内，防范重大生态环境事故发生。

针对中小型水电，流域梯级开发的生态环境累积效应十分复杂，当生态环境影响累积程度超过其阈值范围，将出现崩裂性的累积效应，这将成为未来小水电发展的限制因素[2][3]。此外，一些小水电位于自然保护区、水土保持区、水源地保护区、生态红线等环境敏感区域。虽然小水电存在一定的生态环境隐患与风险，但在精准扶贫方面作用显著。因此，针对小水电开发存在的生态环境问题，考虑到其对少数民族贫困地区、边远缺电离网地区以及其他贫困农村巨大的扶贫作用，应在执行严格的环境论证与项目环评、增加环保措施、增加下泄生态流量、加强运行监测监管等有效保持并改善上下游生态环境的措施的基础上，对中小型水电进行综合优化开发与调度，以消解其累积的生态环境风险。

---

[1] 刘佳骏、史丹、李宇：《中国主要水电基地生态环境脆弱度判定与绿色发展对策研究》，《中国能源》2016年总第38期，第4期，第15—21页。

[2] 任伟强、罗超、叶少有：《安徽小水电工程对生态环境影响分析》，《中国农村水利水电》2010年第10期，第111—112页。

[3] 钟华平、刘恒、耿雷华：《澜沧江流域梯级开发的生态环境累积效应》，《水利学报》2007年第S1期，第577—581页。

第二篇 产业篇

中国光伏产业发展现状与展望

李 莉[*]

摘 要：

2017年是我国年度新增光伏装机连续第五年和累计装机连续第三年蝉联全球第一，与之对应的，我国光伏制造在全球光伏产业链的供应中具有决定性作用。全球光伏过去10年间的发电成本降低了90%，是技术进步最快、发电经济性提升最显著的能源类型，其中中

---

[*] 李莉，隆基绿能科技股份有限公司战略发展部产业投资分析经理，从事产业发展趋势、技术成本路线、投资布局等方面的研究。

国光伏的发展与壮大是最关键的推手和助力器。尽管如此,光伏产业仍面临挑战:对政策依赖度依然偏高,政策变动过快导致行业骤冷骤热,全球范围贸易争端更趋泛滥紧张,我国可再生能源发展目标相比发达国家和地区偏低,产能过剩仍然存在。但光伏发电技术仍在日新月异的飞速进步着,以光伏为代表的可再生能源将成为未来主要能源已成为全球共识。展望未来:全球范围内光伏产业将持续、快速发展,技术升级加速,光伏发电成本会很快媲美传统能源成为最经济的发电方式之一。

关键词:

中国 光伏 可再生 升级 降本 增长

一、我国太阳能光伏发电发展现状

中国的能源体系正在由以煤炭为基础、高环境成本向低碳、环境友好转型,坚持协调推进"四个全面"战略布局、牢固树立"五大"发展理念、统筹推进"五位一体"总体布局。"绿水青山就是金山银山"的发展理念已经植入中国政府的治国理政实践。

至2017年底,全国可再生能源发电装机容量6.5亿千瓦,占全部电力装机的36.6%,其中光伏发电装机1.30亿千瓦,占据全国发电装机总量的7.3%。2017年可再生能源发电量16979亿千瓦时,占全部发电量的26.5%,其中光伏发电量1182亿千瓦时,占全部发电量的1.8%。可再生能源发电和光伏发电正在加速成为国家能源战略转型中的关键电力主要来源,但相比较欧美和亚太其他先进国家10%左右的水平,整体光伏发电量占比仍然偏低。

尽管光伏发电近年来通过技术进步已经实现90%左右的发电成本下降,但距离完全的发电侧平价仍需几年。因此,国家在推动可再生能源发电比例提高、促进光伏产业健康发展、规范光伏发电质量和效率门槛、加速光伏发电成本下降、助力光伏产业技术升级等方面，密集出台了系列激励政策，具体内容和引导方向如下：

表1 我国国家层面颁布的相关政策和规划目标

国家政策	核心内容
《能源十三五规划》	非化石能源消费比重提高到15%以上 单位国内生产总值二氧化碳排放比2015年下降18%
《可再生能源十三五规划》	2020年、2030年非化石能源占一次能源消费比重分别达到15%、20% 2020年，可再生能源发电装机680GW，发电量占全部发电的27% 2020年，光伏项目电价可与电网销售电价相当 建立各省可再生能源指标考核约束机制指标，太阳能发电年度利用小时数全面达到全额保障性收购的要求
《电力发展十三五规划》	非化石能源发电装机达770GW，发电量占比达31% 太阳能发电装机达110GW，其中分布式60GW，推广"自发自用、余量上网、电网调节"
《太阳能发展"十三五"规划》	2020年底，太阳能发电装机达到1.1亿千瓦以上 2020年，光伏发电电价水平在2015年基础上下降50%以上，在用电侧实现平价上网目标
《关于提高主要光伏产品技术指标并加强监管工作的通知》	多晶和单晶组件产品转换效率的准入标准提升至16%和16.8%，领跑者项目的技术门槛标准分别为17%和17.8%
《2017年光伏发电领跑基地建设有关事项》	落实用地、并网等环境要求建设，实施上网电价竞标制
《清洁能源消纳行动计划》	全国太阳能发电弃光率低于5%，建立健全的清洁能源消纳机制

二、我国太阳能光伏产业链 2017 年发展情况

(一) 我国市场新增量继续保持全球第一

2017 年我国新增光伏发电装机再创新高达到 53.6GW，占全国新增发电装机总量的 40%，继续蝉联全球新增光伏装机和累计装机第一名。2017 年全球新增光伏装机量已接近 100GW，近十年复合增长率达到了 35%。近两年来，印度、巴西、土耳其等新兴光伏市场不断涌现，全球光伏市场分布呈现更加分散化和去中心化的趋势。

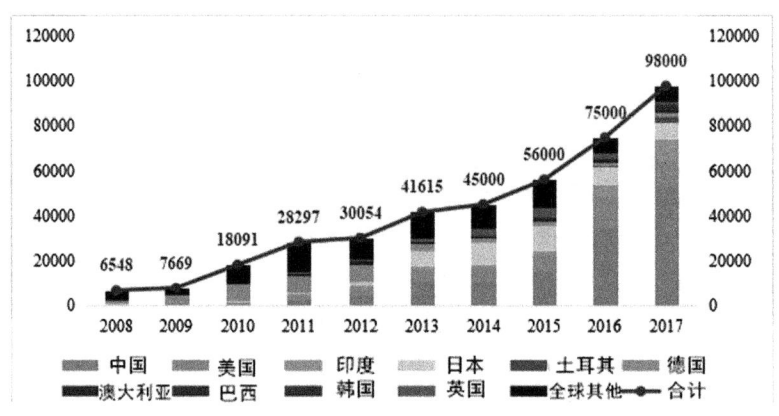

图 1　全球近十年光伏发电新增装机量

资料来源：BNEF。

(二) 光伏产业链概况

太阳能光伏主产业链包括硅料、拉棒（铸锭）、切片、电池片、电池组件、应用系统等 6 个环节。上游为硅料、硅片环节；中游为电池片、组件环节；下游为应用系统环节。光伏产业关键辅材有光伏玻璃、浆料、背板、封装胶膜等。

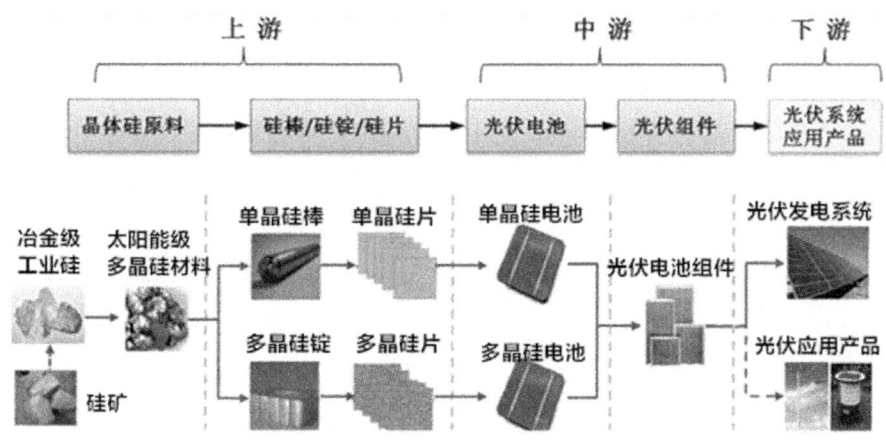

图2　光伏主产业链构成

资料来源：http：//www.mux5.com/bk.php?s=%E5%85%89%E4%BC%8F%E4%BA%A7%E4%B8%9A%E9%93%BE。

在光伏发电成本构成中，组件成本占比接近一半，是整个光伏发电系统中最核心的电力设备。进一步解析组件成本构成可得，其中硅料成本约占组件全成本的25.1%左右，硅片环节非硅成本约占19.7%，电池环节非硅成本约占21.1%，组件环节非硅成本约占34%。

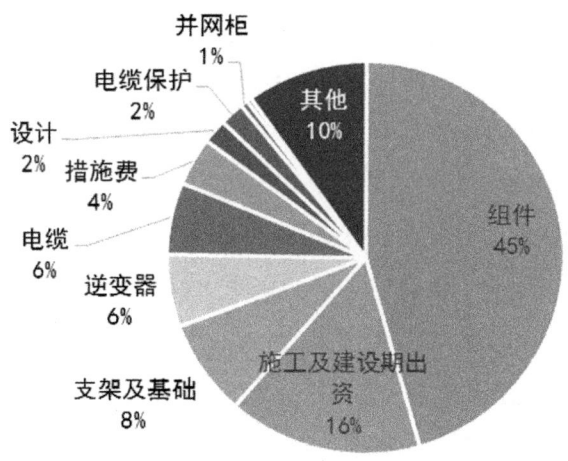

图3　光伏发电系统成本构成

资料来源：企业数据库。

（三）多晶硅料环节

2017年全球多晶硅有效产能为51.6万吨，同比增加5.3%。2017年全球多晶硅产量达到44.2万吨，同比增长10.5%。其中：电子级多晶硅产量约为3.2万吨，太阳能级块状硅约为39.8万吨、颗粒硅约为1.2万吨，分别占7.2%、90.1%和2.7%。2017年中国以24.2万吨的产量位居全球首位，占比54.8%。

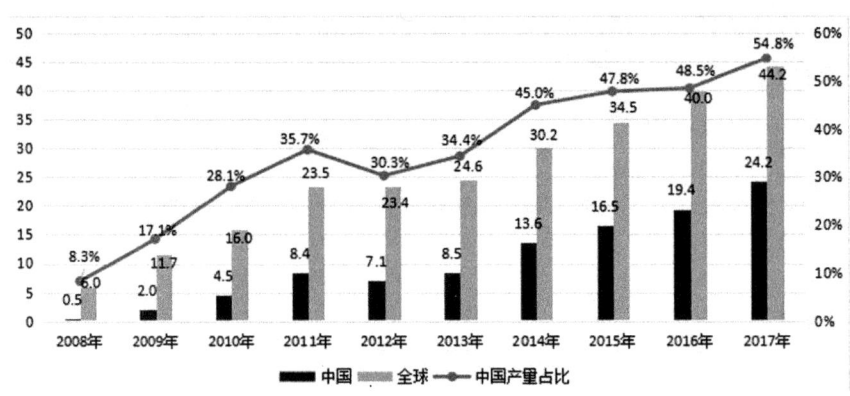

图4　2008—2017年全球和中国多晶硅产量（单位：万吨）

资料来源：CPIA、中国有色金属工业协会硅业分会。

展望2018年，全球下游应用市场增速将放缓，同时随着金刚线切割技术的普及，对多晶硅料的需求将保持稳定。根据海外及国内多晶硅企业生产情况看，预计2018年全球多晶硅产能扩张将达到新的高点，有效产能将达到66.7万吨，总产量将达到50万吨。其中，新增产能主要集中在中国，中国多晶硅产能将达到43.5万吨。

近几年在多晶硅制备环节，硅烷流化床技术（FBR）受到广泛关注，国际上REC和SunEdison（MEMC）采用硅烷法生产颗粒硅已超30多年。中国江苏中能2015年开始试运行硅烷流化床工艺，并在2016年收购了SunEdison含硅烷流化床在内的相关技术专利与资产，目前正在调试、优化过程中。陕西天宏瑞科公司引进美国REC技术和资金，建立1.9万吨/年硅烷流化床法多晶硅项目，目前已开始调试运行，计划2018年全面投产。除此之外，主要公司全部采用三氯氢硅法（改良西门子法）。

从目前世界多晶硅生产的发展趋势看,未来硅烷流化床粒状多晶硅的市场份额会有所增加,但以改良西门子法为主的格局在相当长的时期内不会有大的变化,新工艺、新方法需要市场的检验与认可,但最终能否生产与发展,将集中体现在安全、环保、质量、大规模化和成本等五大要素上。

(四) 硅片环节

2017 年,全球硅片有效产能约为 122.3GW,同比增长 22.3%,其中中国大陆约为 105GW、中国台湾约为 7.9GW、韩国约为 4.8GW、欧洲约 1.3GW、其他亚洲地区 3.4GW。单晶硅片产能成长性高于多晶硅片:单晶硅片产能同比增长 77.7%、多晶硅片产能同比增长 20.8%。全球全年硅片产量约为 105.2GW,同比增长 40.6%,其中单晶硅片产量为 29.3GW,占硅片总产量的 27.9%。全球硅片产能产量仍以中国大陆为绝对主导,2017 年新增有效产能几乎全部位于中国大陆。全球硅片总产量中,中国大陆产出占全球总产出的比例为 87.2%,同比 2016 年提高了 0.6 个百分点。

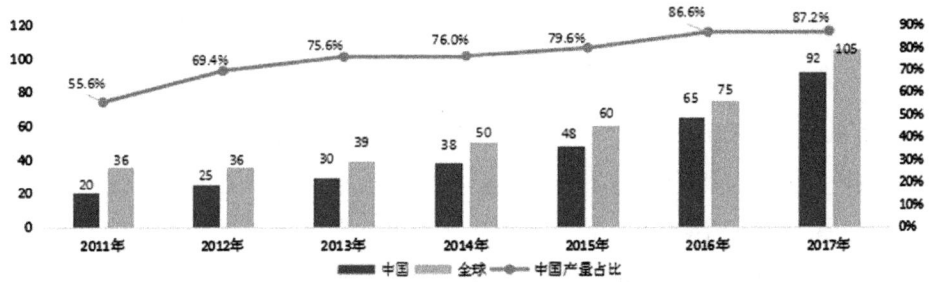

图 5　2010—2017 年全球和中国硅片产量(单位:GW)

资料来源:CPIA、企业数据库。

预计 2018 年随着新增单晶硅棒硅片产能陆续释放,外加多晶硅片金刚线导入完成 90% 以上,全年硅片名义产能可达 170GW 以上,产能将出现过剩,落后产能将被淘汰出局。

受益于技术进步和规模化效应带来的成本下降,单晶硅片性价比持续提升,全球及国内单晶硅片市场份额快速增加。2017 年全球市场单晶占比约为 27%,国内市场单晶占比约为 37%,预计 2018 年全球市场单晶占比将持续成长至47%，国内市场单晶占比将达到58%左右。

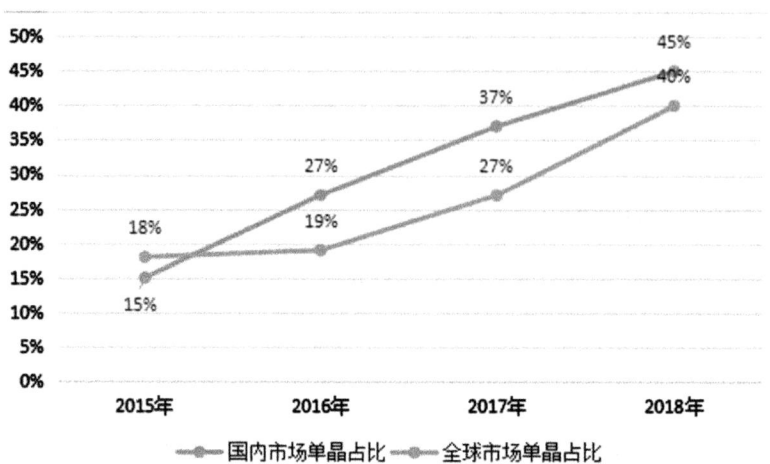

图6　2015—2018年全球及国内单多晶市场占比

资料来源：PV Info Link、企业数据库。

2017年硅片领域的技术进步明显，产业升级速度加快，主要体现在三个方面：一是薄片化持续发展，市场内单晶硅片厚度已基本由190μm转为180μm，多晶金刚线硅片主流也转为190—188um。领先厂商已具备超出市场需求的、更薄硅片的切割技术能力，例如单晶硅片领先厂商隆基和中环已具备量产150um厚度硅片的能力。二是多晶硅片厂家加速金刚线切割技术的导入，直接带来多晶硅片产能提高30%，目前过半数企业已完成切割技术升级；三是能够有效降低硅片中的氧含量、降低光衰、提高少子寿命等的高效硅片技术快速发展，如隆基公司联合澳大利亚新南威尔士大学在光致再生LIR技术方面取得重大突破，在根本上解决了P型单晶电池因棚氧复合体结构带来的光衰问题，并向全行业公开了该项技术。

（五）电池环节

近年来，在全球光伏市场向好的情况下，电池片产能和产量屡攀新高。2017年全球电池片产能约为123.2GW，其中中国大陆为82.8GW。全球全年电池片产量约为104.3GW，其中中国大陆产量约为72GW。2017年全球光伏电池片新增产能约28GW，其中20GW位于中国大陆，其他产能分布在韩国及东南亚地区，全球电池片产能继续向亚洲集中。截至2017年底，东南亚国家电池片产能共计约为17GW。

在市场对高效电池的强劲需求拉动下，各主要厂商单多晶电池产能布局调整明显，减少多晶电池产能，增加单晶电池产能的变化已经凸显，2017年4月前十二家厂商单晶电池产能占比已由一季度的28.4%提升至47.1%。

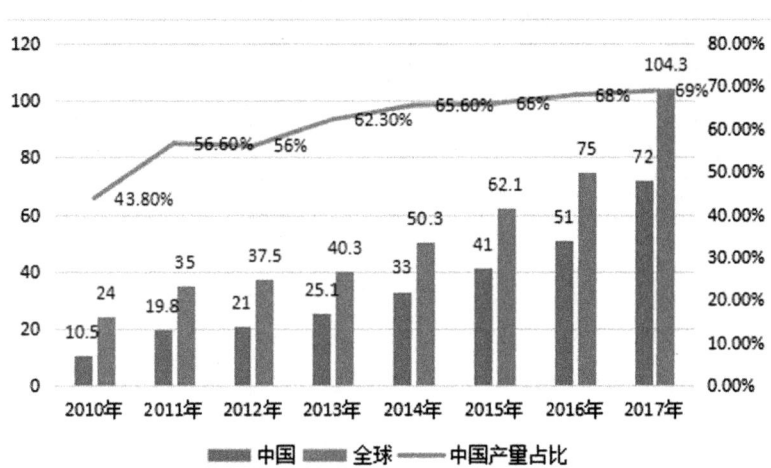

图7　2010—2017年全球和中国电池片产量（单位：GW）

资料来源：企业数据库。

表2　前十二电池厂商单多晶产能状况

	1Q17	2Q17	3Q17	4Q17（E）
多晶电池产能合计（MW）	30200	29200	29100	28200
单晶电池产能合计（MW）	12000	15100	17300	25090
单晶电池产能占比（%）	28.4%	34.1%	37.3%	47.1%

资料来源：Energy Trend统计。

电池片环节是资本和技术双密集型行业，是实现光电转换最为核心的步骤，要求企业及时跟进最新的电池制造技术以提升电池效率。2017年电池片环节先进工艺技术屡现突破，隆基单晶PERC电池的实验室效率突破23.6%（2018年2月），自2017年10月至今已连续3次刷新PERC电池转换效率世界纪录；日本钟渊化学公司（KaneKa）研制出了转换效率达到26.3%的单晶硅异质结太阳能电池；天合光能IBC电池效率再创新高，达到24.13%。同时，

PERC、黑硅、双面等高效电池技术产业化明显加速,截至 2017 年底,PERC 电池产能已达 42.4GW,PERC 技术将会成为未来 3—5 年的主流电池技术。

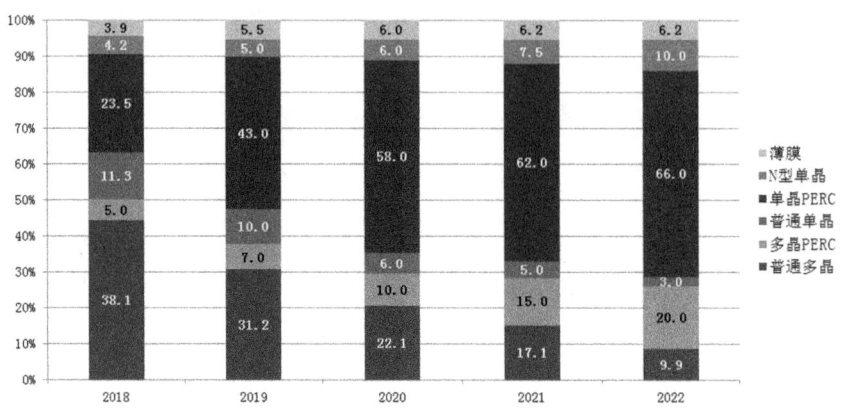

图 8　各种电池技术产能占比

资料来源:PV Info Link、企业数据库。

(六) 组件环节

截至 2017 年底,全球光伏组件已建成产能达到 148GW,产量达到 105.5GW。从制造业布局看,生产制造重心继续向亚洲地区倾斜,亚洲地区产能达到 140GW,约占全球总产能的 94.6%,产量达到 99.3GW,约占全球总产量的 94.1%。中国大陆依然是全球组件的最大生产区域,2017 年产能约为 105.4GW,产量达到 75GW。

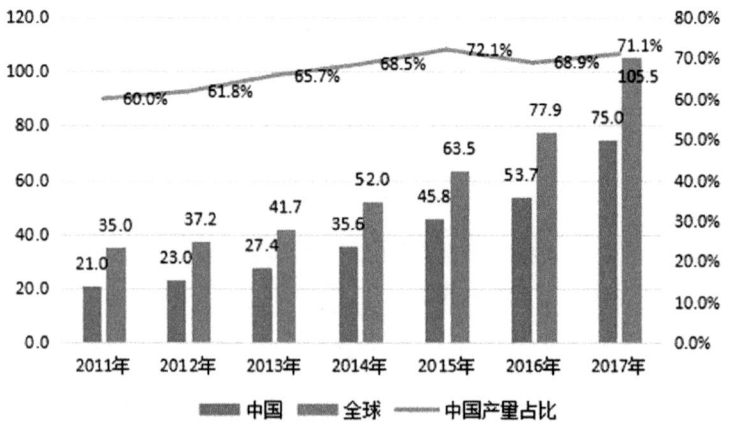

图 9　2011—2017 年全球及中国组件产量(单位:GW)

资料来源：PV Info Link、企业数据库。

2012年以来，组件效率提升速度加快，基本上每年以近0.3—0.4个百分点在提升。2017年单、多晶组件的平均转换效率已分别达到17.5%和16.7%。

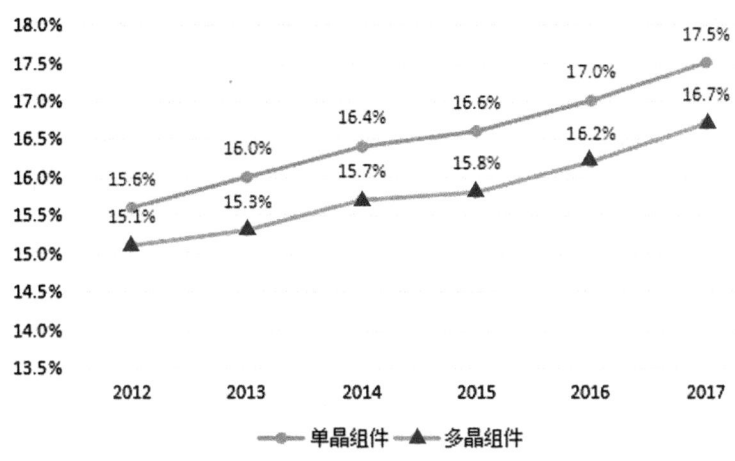

图10　2012—2017年光伏组件平均转换效率走势

资料来源：PV Info Link、企业数据库。

为实现组件的高效率，降低电池到组件的功率损失，提升组件可靠性，双玻/双面组件、半片/叠片组件、MBB组件技术等开始规模化应用。同时，在中国制造2025的号召引导下，组件企业纷纷对生产线进行智能化改造，提升生产线的自动化、数字化和网络化水平。过去对人工需求量较大的焊接、排版等环节基本上都已经实现全自动化，工序之间也通过机器人、物联感知等手段实现无缝衔接，工厂的产能得到极大提升。

三、我国光伏行业现存的问题

（一）对政策依赖度较大，行业波动性较强

太阳能光伏发电技术尽管在日新月异的进步，但平均发电成本仍高于传统火电，因此发展仍需扶持，行业发展的计划性较强、对政策的依赖度大。通常年度例行调整有上网电价下调、年度装机指标（含普通和领跑者）、产品和技术标准门槛等，每次政策调整都直接影响企业的布局、技术和产品路线选择以及经营结果。而中国光伏产业在全球局主导地位，因此我国政策变动会直接造成国内光伏产业波动，很快波及全球光伏产业发生动荡。

（二）政策较为多变，行业骤冷骤热

每年针对上网电价 FiT，均会以 6 月 30 日能否并网为分界下调度电补贴力度，因此也造成了每年的 6·30 抢装潮，对企业的生产管理造成较大压力，也对发电项目的质量带来一定质量风险。2017 年新增需求创新高、分布式鼓励政策、"十三"五目标调高等多项政策红利，引发了业内企业新一轮扩产，市场情绪高涨，但也带来一定过剩的隐忧。2018 年 6 月 1 日国家层面突然暂停普通地面电站指标发放并将分布式项目纳入指标管理，国内市场顷刻速冻，企业库存压力骤增，激发短时间内的恐慌性降价，业内普遍亏损。短时间内如此频繁而剧烈的政策调整，不仅引起了产业企业和资本市场的剧烈动荡，也违背了政府提出的要使光伏市场平稳运行，避免行业过热、过冷的初衷。

（三）可再生能源发展目标与其他先进经济体相比偏低

在我国能源结构改革目标中，到 2020 年非化石能源占一次能源消费比重分别达到 15%、20%，可再生能源电力占发电总量的 27%，相比欧美等发达国家目标，仍然显得保守。欧盟设定的可再生能源发展目标，到 2020 年占一次能源消费总量的比例需达 20%、占发电总量高于 27.5%；德国设定 2020 年可再生能源的发电比例不低于 35%、在一次能源消费总量的比例达 20%。

（四）国际贸易冲突和保护形势严峻

中国光伏产品在全球市场中占据 70% 份额，因此也引发了欧美等发达国家对中国光伏电池和组件产品的双反政策。短期内预计双反难以实质性缓解，外加中国市场增速放缓，对我国光伏企业的持续发展是较大的挑战。我国也对美、韩多家多晶硅企业实施双反策略推高采购成本，且近期存在高品质多晶硅料进口关税调高和范围扩大的倾向。贸易保护对双方的产业进步和企业竞争力提升均无益，总体弊大于利。

（五）产业产能过剩

2017年全球新增光伏装机刚突破100GW，但年底的产能已达140GW；随国内新增装机再创新高，全球光伏政策持续利好，更加激发了产业链的扩产热情。根据企业公布的扩产规划，3年内预计产能将逼近190GW，而届时全球年新增市场需求预计在120GW水平，行业供过于求再度加剧。

表3　未来三年产能预计

（GW）	2017年	2018年（F）	2019年（F）	2020年（F）
全球需求	101	95*	115	130
硅片产能	143	187	222	242
电池产能	132	150	167	170
组件产能	146	172	186	198

说明：受中国"5·31"政策影响，全年国内新增装机预计40GW、较年初预计低10GW。

四、我国太阳能光伏产业未来发展展望

（一）可再生能源的全球共识与目标

加大电力替代、提高清洁电力应用比例是全球共识，巴黎协定和联合国可持续发展目标是可再生能源发展的推动基石。越来越多的国家开始遭受人类经济发展对生态破坏而带来的自然灾害侵袭，在成本几何下降使得廉价使用清洁能源成为可能，多数国家开始制定或上调可再生能源（电力）比例目标。

未来清洁能源电力新增的最主要贡献将来自太阳能光伏。重要原因在于光照本身的0成本，未来发电经济性将进一步快速优化，储能成本具备商业化条件以解决一致性和电网稳定，以及大多欧美国家的火力和核电发电设备开始进入生命周期的淘汰阶段。根据IRENA分析预测，2030年清洁能源消费总量比例可达40%，清洁电力比例可达60%，其中非水可再生能源电力中一半以上将由光伏贡献。

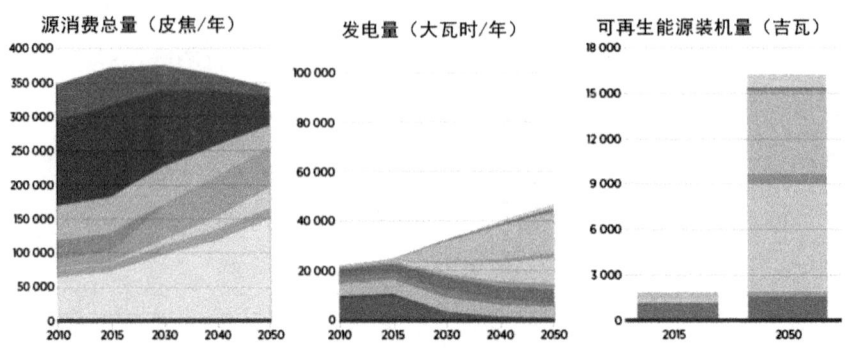

图 11 全球范围可再生能源发展长期目标

资料来源：IRENA。

（二）全球范围光伏需求与市场结构

长期看，光伏发电由于其无污染、零排放、资源分布均衡等优势，市场发展潜力巨大，预计未来全球光伏装机将持续稳步增长，年新增装机量将持续保持在100GW水平规模以上，年新增GW级以上的区域市场迅速增多，地域分布更加多元化，光伏发电逐年进入能源主要供应来源。

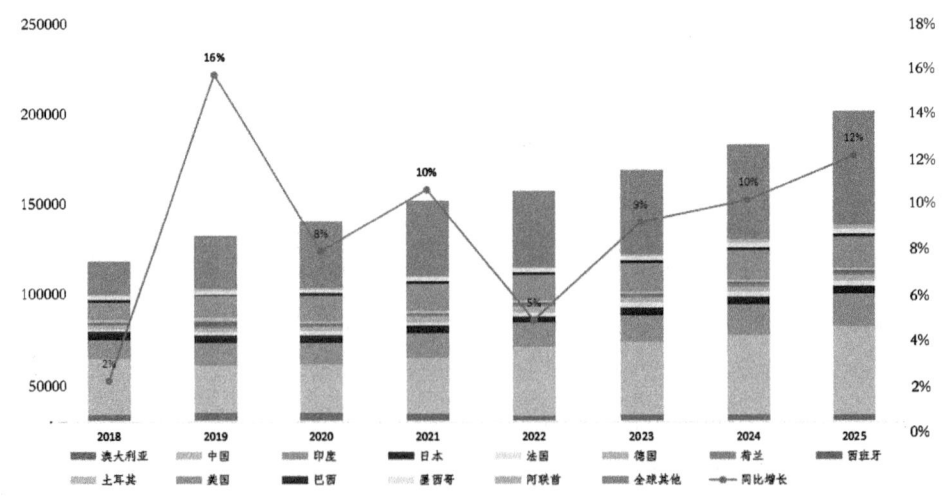

图 12　2018—2025年全球新增需求及分布

资料来源：彭博新能源财经、企业数据库。

同时需求端还呈现出对高转化效率、更高价值产品的结构性增长，以期进一步摊薄单位投资成本、显著提高发电项目收益，单纯低价格产品的市场份额会迅速收窄，全球范围将会出现产业技术升级的状态。因此，未来几年单晶技术的市场份额会迅速攀升并维持在75%以上的水平。

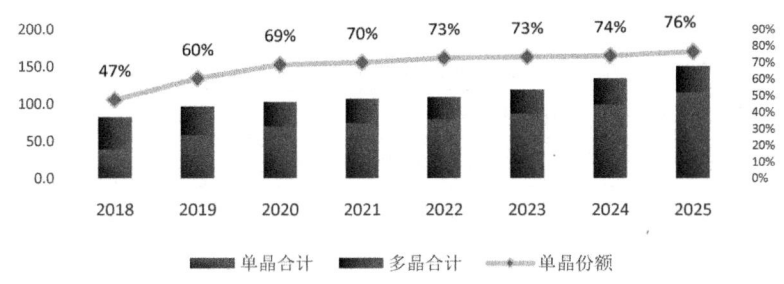

图 13 2018—2025 年单晶技术市场份额

资料来源：PV-info Link。

我国市场，2018年6月1日颁布了《关于2018年光伏发电有关事项的通知》："暂缓当年地面电站指标发放、将分布式纳入指标管理并设定每年10GW上限，同时自发文时起下调上网电价FIT。"该项政策被称为业内最严苛限制政策，不仅对2018年下半年的国内市场即刻速冻，也对未来2年的国内市场带来了巨大的不确定性。未来中国市场虽仍预计为全球第一大市场，但结构份额会持续变小。而随后即到的波及效应，投资商和开发商大面积持观望态度，产业链库存和过剩问题更加严峻，多数企业开始裁员、负盈利经营。预计2019、2020两年我国市场会恢复平稳发展状态。

（三）配套政策更加导向产业技术升级、加速平价进程：

尽管"5·31"政策对我国光伏产业的短期发展形成了较为明显的限制，但其初衷是在于避免一窝蜂式产能扩张、低效竞争，意在加压倒逼技术加速升级、清退落后过剩产能、加速成本下降。在此政策的引领下，系列配套的执行层扶持引导也快速陆续发放，包括分布式电力市场化交易试点加速、切实降低光伏电站的非技术开发成本、优先保障光伏发电的电网消纳、无补贴电站试点、绿证和清洁能源考核等，为可持续发展光伏产业更全面的夯实基础。

表4 2018年颁布的系列产业配套政策

- 关于减轻可再生能源领域企业负担的通知
- 光伏扶贫电站管理办法
- 关于提升电力系统调节能力的指导意见
- 集中式电力现货市场运营系统功能规范（征求意见稿）
- 分散式电力现货市场运营系统功能规范（征求意见稿）
- 可再生能源电力配额及考核办法（征求意见稿）
- 清洁能源消纳计划（2018—2020）征求意见稿

（四）技术升级方向

光伏产业未来将借助技术进步驱动成本降低、激发需求增长，最关键的技术环节体现在电池的转化效率提升，进而提高组件的功率、降低成本、提高收益。在"5·31"政策作用下，国内将加速高价值产品对低价值产品的替代，新产能新投资将聚焦高技术产品段位，产业升级的速度将快于预期，成本加速下降，在2020年左右可实现发电平价。不仅如此，我国还将会驱动全球市场产业升级的步伐，高效产品的全球市场占比将加速攀升，光伏发电在更多国家和区域可实现平价。

表5 主要电池技术转化效率进步预判

	电池按类型的转化效率（%）				组件功率（W）			
	2018	2019	2020	2021	2018	2019	2020	2021
IBC（单晶）	24.7	24.8	25.0	25.2	338	339	346	348
HJT（单晶）	23.0	23.3	23.5	23.8	337	341	344	349
N-PERT（单晶）	21.8	22.2	22.4	22.6	318	324	328	331
PERC 单晶	21.8	22.0	22.2	22.4	310	313	316	319
常规单晶	20.2	20.4	20.6	20.8	290	293	297	300
PERC 多晶	19.6	19.8	19.9	20.0	283	286	289	290
常规多晶	18.7	18.8	18.9	19.0	274	276	278	279

资料来源：Energy Trend。

所有技术中，未来3—5年中可在发电端收获最佳收益的产品将是单晶PERC，2017年的PERC市场份额在20%上下，预计2022年可跃升至70%以上（PERX）。该需求结构趋势也影响了产业链的产能重新布局。

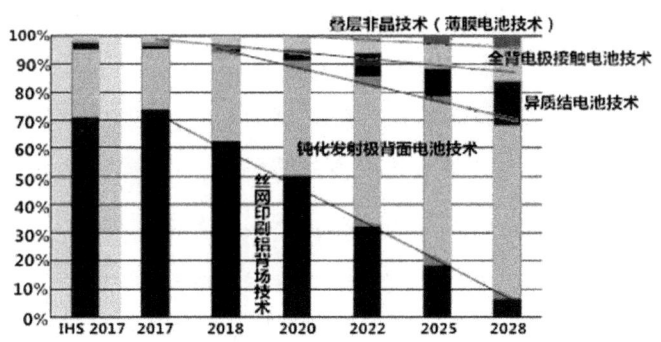

图14　未来10年不同技术结构性需求

资料来源：ITRPV Ninth Edition (2018)。

产业链上游的多晶硅、拉棒/铸锭和硅片环节也体现出不同的降本途径。改良西门子法在未来相当长时期内仍将是多晶硅生产的主流工艺。硅烷流化床法（FBR）虽在原理上具有很大的成本削减潜力，但在技术成熟度、质量稳定性和硅料纯度方面不如西门子法，且目前并无成本优势，纯度问题还会严重影响后续电池效率，因此未来空间非常有限。

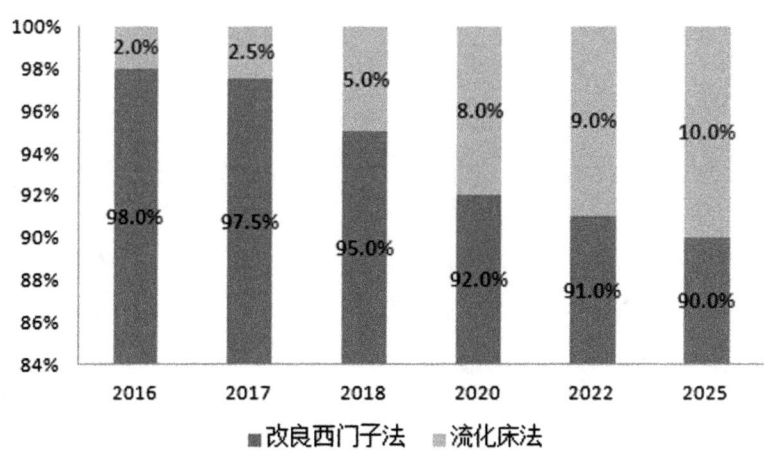

图15　2018—2025年改良西门子法与硅烷流化床法市场份额预测

资料来源：中国光伏行业协会，中国电子信息产业发展研究院。

多晶铸锭和多晶硅片随着市场需求的萎缩会逐渐减少份额，结构增长将体现在单晶拉棒和单晶硅片。目前和未来3—5年，主要拉晶工艺仍会是 RCZ 法（多次拉晶），但 CCZ 法（连续拉晶）预计很快可以在规模化生产方面得到实质性突破，从而进一步降低硅片成本。

在应用端，高效率产品可显著节省非技术系统成本（即 BOS），尤其是在土地、人工、支架等方面费用较高的区域更为明显，最终体现为发电收益大大提升。以中国为例，在同等电站装机规模前提下，BOS 成本随产品效率提升而下降的路线如下表所示，当组件功率达 350 瓦时，BOS 成本可下降 15%。

表6　BOS 成本随组件功率提升的下降路线

组件功率（W）	280	285	290	295	300	305	310	315	320	350
土地购置（元/W）	0.210	0.206	0.202	0.198	0.194	0.190	0.187	0.183	0.179	0.157
支撑结构（元/W）	0.304	0.298	0.292	0.287	0.282	0.278	0.273	0.269	0.264	0.237
线缆汇流箱（元/W）	0.198	0.193	0.190	0.187	0.184	0.181	0.178	0.175	0.172	0.155
施工与安装（元/W）	1.259	1.232	1.211	1.190	1.171	1.152	1.133	1.114	1.096	0.984
其他公用（元/W）	0.965	0.965	0.965	0.965	0.965	0.965	0.965	0.965	0.965	0.965
BOS 成本（元/W）	2.936	2.894	2.860	2.827	2.796	2.765	2.735	2.706	2.677	2.499

资料来源：电站实测。

（五）降本路线图

过去十年，光伏发电的经济性已提高90%左右，主要得益于产能扩大带来的规模效应和工艺技术进步。从全球光伏成本发展历程中可总结出，对终端产品环节，每当产能翻番时，组件成本价格水平便可下降28.5%。

未来，一方面在去库存、过剩产能出清的过程中，成本价格会加速迅猛下跌；另一方面，电池环节向高效升级的进程在2017年刚刚启动，仅在一年中，光电转换效率就三次突破记录，也标志着光伏电池的效率飞跃提升进步期已经开启。未来每年效率提升带来的组件产品输出功率也会快速进步，进而加速摊薄单位成本。预计，2018年组件价格可下降35%，中长期继续下降的势头不会改变，至2025年间，组件成本有望再降37%。

6 中国光伏产业发展现状与展望

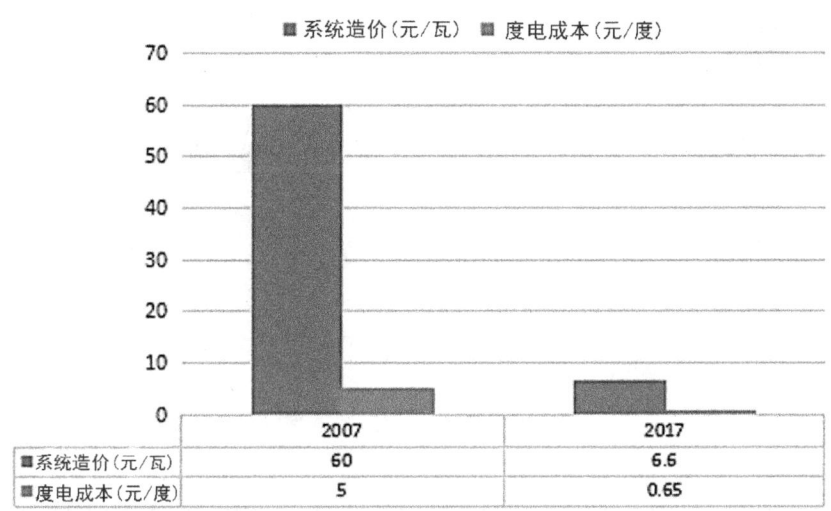

图16 过去10年发电成本降价幅度

资料来源：企业数据库。

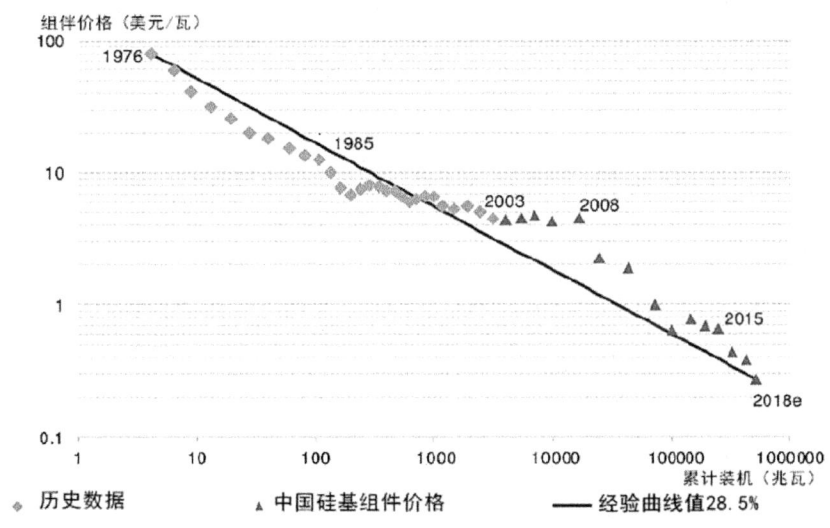

图17 组件产品过去十年成本价格下降曲线

资料来源：BNEF。

133

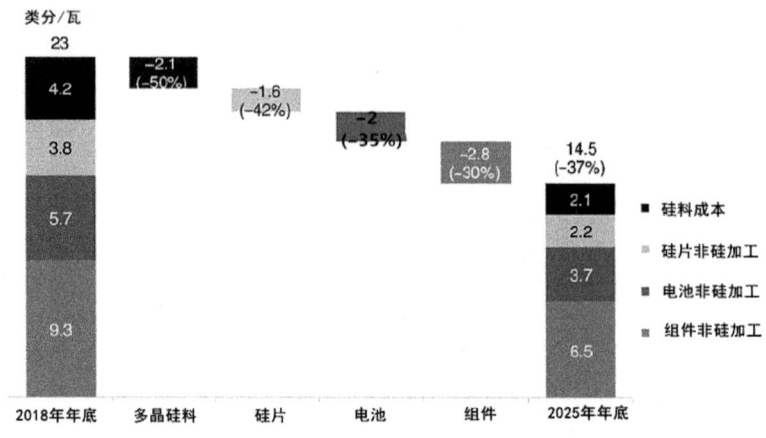

图18 未来组件产品降本预计

资料来源：BNEF。

（六）产业链布局

产业链全面技术升级催生了新一轮产能布局，主要体现在对高效率电池产能的新投资建设。主流企业已经体现出对单晶PERC的结构型倾向，未来3年PERC产能比例将进一步快速提高至50%以上，与此同时N型（单晶）产品产能也在逐步拔高，多晶产能相应的呈现出萎缩并开始渐渐退出市场。

表7 2017—2021年按不同技术路线的电池产能

（吉瓦）	2017	2018（E）	2019（F）	2020（F）	2021（F）
常规多晶	71.79	64.63	67.54	58.23	55.22
多晶PERC	12.11	21.31	26.68	28.75	30.90
常规单晶	29.46	17.64	24.03	22.86	14.88
单晶PERC	23.58	43.47	58.47	72.10	84.05
N-型单晶	8.31	13.64	22.42	29.21	30.01
晶硅电池总量	145.25	160.68	199.14	211.15	215.06
PERC比例	24.57%	40.31%	42.76%	47.76%	53.45%
高效电池比例	30.29%	48.80%	54.02%	61.60%	67.40%
高效电池单晶比例	72.48%	72.83%	75.20%	77.89%	78.68%

资料来源：Energy Trend。

电池环节的产能建设期相对是产业链最长的，平均在12—18个月之间，因此在1—2年内还可能出现部分供不应求的状态，外加不同企业的技术能力和生产水平差异较大，高品质、高效率的电池产品仍会较为紧缺。

受全球大范围贸易保护政策影响，产能的地域特征体现出更加分散和多元化，综合评估成本要素后，除中国外的主要产能所在地在东南亚，另还有在印度、东欧、非洲等发展中国家的探索性布局。从目前企业公布的扩产计划估算，到2021年，海外电池产能为37吉瓦，组件海外产能为41吉瓦。

表8 全球产能布局

	（兆瓦）	2017	2018（E）	2019（F）	2020（F）	2021（F）
电池	德国	700	700	700	700	700
	印度	2160	3160	3660	3660	3660
	日本	3780	3780	3780	3780	3780
	韩国	5200	7000	7000	7000	7000
	马来西亚	6035	6135	7035	7535	7535
	荷兰	200	200	200	200	200
	新加坡	900	900	900	900	900
	泰国	3700	3700	3950	3950	3950
	土耳其	500	500	500	500	500
	美国	4508	4508	4508	4508	4508
电池	越南	3800	4400	4400	4400	4400
组件	巴西	800	800	800	800	800
	德国	940	940	940	940	940
	印度	3860	4860	5360	5360	5360
	日本	3780	3780	3780	3780	3780
	韩国	4100	4100	4100	4100	4100
	马来西亚	6275	7475	6475	7475	7475
	新加坡	1300	1300	1300	1300	1300
	荷兰	200	200	200	200	200
	泰国	1600	2200	2200	2200	2200

续表

	(兆瓦)	2017	2018（E）	2019（F）	2020（F）	2021（F）
组件	土耳其	500	500	500	500	500
	美国	2105	3105	4605	4605	4605
	越南	7550	8750	9950	9950	9950

资料来源：Energy Trend。

（七）竞争格局

技术及成本优势是行业公司长期竞争的核心逻辑。光伏行业长期成长的逻辑在于平价之后对于传统能源的取代，以及能源行业自身需求的自然增长。因此平价前，推动成本下降是行业内公司发展的核心竞争力所在，而高技术是降本的最有效途径。因此企业的长期竞争力在于技术研发以及成本控制能力，具备技术领先、成本控制能力强、财务稳健、抗行业波动能力强这四项核心能力的企业可在激烈角逐中脱颖而出。

技术的研发及推广需持续投入并要求一定的周期，新技术应用缓慢期间精细化管理同样极为重要。因此企业的龙头引领作用将更加凸显，市场向大企业进一步集中，可能出现强者更强的局面，产业链各环节的市场集中度也会进一步提高。

五、政策建议

（一）建议明晰并大幅提高太阳能在能源消费总量和发电总量中所占比例目标

习近平总书记强调"建设生态文明是中华民族永续发展的千年大计。推进绿色发展，建设美丽中国。加快建立绿色生产和消费的法律制度和政策导向，建立健全绿色低碳发展的经济体系，壮大清洁能源产业。推进能源生产和消费革命，构建清洁低碳的能源体系"，我国毋庸置疑将更注重可再生能源的健康持续发展。全球主要经济体所制定的能源转型规划目标，其可再生能源占能源消费总量的比例在30%左右、占发电总量的比例在60%上下，且明确了太阳能光伏在新增能源结构中的主力作用。目前我国对光伏发电技术进步和成本降低的能力评估不足，还没有充分认识到光伏发电将是成本最低的电力，还只是将太阳能作为中长期能源结构中的补充成分看待。故而建议我国从国家层面将光伏确定为中长期能源结构的支柱之一，大幅提高太阳能在能源结构中的占比目标。

（二）建议尽快出台强有力的可再生能源电力配额制并有效实施

可再生能源电力配额制规定可再生能源在电力结构中的占比目标，是电力结构转型的必要政策工具。强有力的考核机制是配额制有效实施的关键。配额指标体系中应包含每年新增装机中来自可再生能源的比重指标，且这一比重应高于80%，才能实现《能源生产和消费革命战略（2016—2030）》"非化石能源占全部发电量的比重达到50%"目标。建议国家能源局在《可再生能源电力配额及考核办法》中设计强有力的考核机制并加强执行。同时考核发电侧、售电侧和省级政府。建议参照《巴黎协定》"共同但有区别的责任原则"，按经济发展水平和既往污染物排放数量差异，对东、中、西部设定差异化的可再生能源配额标准。中部地区适用的各项指标标准在西部地区标准基础上提高3—4个百分点，东部地区在中部地区标准基础上再提高3—4个百分点，并鼓励跨区域的配额交易。

（三）建议破解光伏用地性质问题，鼓励免费使用荒山荒地发展太阳能，加快输电通道建设，减少弃光限电

将全国荒漠化土地的2%用于光伏发电即可满足全国电力需求，尤其是西部的荒山荒地，应鼓励免费使用发展太阳能，既获取能源，又改善生态。在中东部，城镇化进程中有大量不适合规模化农业的土地和可用于农光、林光互补的土地。建议研究破解光伏用地的性质问题，减轻用地负担。建议加快跨区输电通道建设，挖掘现有通道能力，优先输送可再生能源电力。加快火电灵活性改造，大力发展调峰电源。

(四）产业政策的调整不宜过猛，应保证足够的年度需求以维持产业全球竞争力

我国光伏产业具有最健全产业体系，在全球占统治性地位，在定价和技术标准领域掌握了相当的话语权。类似"5·31"政策引发的行业巨震，使我国最优秀的光伏制造企业都难以招架，也对我国光伏制造企业经多年努力在全球积累起来的中国制造的优势带来毁灭性打击。平价"最后一公里"期间应尽量保证政策的连续性和系统性，避免政策波动过频、过激带来行业、市场、资本的剧烈震荡。尽管该类调整可助力淘汰掉落后产能及企业，但也对许多优秀企业的盈利和可持续经营提出了巨大的挑战，影响企业技术创新能力的提升，进而影响整个产业链的技术创新和产业升级，将使得我国这为数不多的具有国际竞争力的战略性新兴产业丧失国际竞争力。

中国薄膜太阳能光伏发电的现状及未来应用前景

高鹏翼[*]

摘　要：

截至2018年10月，在中国能够商用的薄膜太阳能光伏发电电池技术大体有4种，分别是：1. 非晶硅（a-Si）基膜电池；2. 铜铟镓硒（CIGS）膜电池；3. 碲化镉（CdTe）膜电池；4. 砷化镓（GaAs）膜电池。它们各有所长，也有其短。

它们共同的优点是：1. 薄膜太阳能电池形成可产生电压的薄膜厚度仅需数μm，可以使用价格低廉的玻璃、陶瓷、石墨、金属片、工程塑料等不同基板材料制造；2. 薄膜太阳能电池具有可挠性能制作成非平面构造，扩大了其应用范围；3. 薄膜太阳能电池与建筑物结合并成为建筑体的一部分使其应用更加广泛；4. 成膜工艺的连贯性，使其全自动化生产成为可期的现实，又能大大降低组件成本。这些优点为未来光伏发电在中国的平价上网、平价应用提供了无限畅想。

本文用一系列材料为依据，通过中国薄膜太阳能电池龙头企业的技术特点、产业化进程分析，通过全球薄膜太阳能电池的竞争态势，

---

[*] 高鹏翼，汉能碳资产管理（北京）股份有限公司高级经理。

展现中国薄膜太阳能电池行业发展现状。通过对薄膜太阳能发电应用场景的分析，展现应用前景。希望得出中国薄膜太阳能光伏发电现状及未来应用前景的有益的结论。

关键词：

薄膜太阳能电池　非晶硅（a-Si）　铜铟镓硒（CIGS）　碲化镉（CdTe）　砷化镓（GaAs）　发展现状　竞争态势

一、非晶硅（a-Si）基薄膜太阳能电池

非晶硅薄膜太阳能电池是一种以非晶硅化合物为基本组成的薄膜太阳能电池。它是用非晶硅半导体材料，以玻璃、特种塑料、陶瓷、不锈钢等为衬底制造出来的一种目前公认环保性能最好的太阳能电池。1976年美国RCA实验室的卡尔森（Carlson）等对非晶硅进行研制并首次报道了非晶硅薄膜太阳能电池，引起了全世界的关注。

（一）非晶硅（a-Si）基薄膜太阳能电池技术经济特点

非晶硅薄膜太阳能电池又分非晶硅—锗膜电池、非晶硅—纳米硅膜电池，有如下优点：

质量轻且光吸收系数高，开路电压高，抗辐射性能好，耐高温，制备工艺和设备简单，能耗少，可以淀积在任何衬底上且淀积温度低、时间短，适于大批量生产，生产成本低。

1. 成本低

因其反应温度低，能在200℃左右的温度下制造，因此可以在玻璃、不锈钢板、陶瓷板、柔性塑料片上淀积薄膜，易于大面积化生产，生产用电极少，成本较低。

非晶硅材料是由气相淀积形成的，目前已被普遍采用的方法是等离子增强型化学气相淀积（PECVD）法。此种制作工艺可以连续在多个真空淀积室完

成，从而实现大批量生产。采用玻璃基板的非晶硅太阳能电池，其主要工序（PECVD）与TFT-LCD阵列生产相似，生产方式均具有高自动化程度、高生产效率特点。

非晶硅薄膜太阳能电池的制造有电子回旋共振法、光化学气相沉积法、直流辉光放电法、射频辉光放电法、溅谢法和热丝法（HWCVD）等生产工艺。特别是射频辉光放电法由于其低温过程不超过200℃，易于实现大面积和大批量连续生产，技术成熟。

目前，稳定的单结非晶硅薄膜太阳能电池的光电转换效率在10%左右，主要有汉能在生产。

2. 耐高温工作环境

当太阳能电池工作温度高于标准测试温度25℃时，其最佳输出功率会有所下降；非晶硅太阳能电池受温度的影响比晶体硅太阳能电池要小得多。

3. 非晶硅薄膜太阳能电池弱光响应好，充电效率高

非晶硅材料的吸收系数在整个可见光范围内，在实际使用中对低光、强光有较好的适应。

上述优势，令薄膜硅电池在民用领域具有一定的应用前景，如光伏建筑一体化等。

但是非晶硅薄膜太阳能电池还明显存在一些缺陷：

（1）光学禁带宽度仅为1.7eV，使得材料本身对太阳辐射光谱的长波区域不敏感，从而限制了其光电转换效率。

（2）光致衰退（S-W）效应，即光电转换效率会随着光照时间的延长而衰减，使得电池性能很不稳定。

（二）非晶硅薄膜太阳能电池应用前景和发展、竞争态势

虽然，在整个太阳能电池家族中，非晶硅薄膜太阳能电池因为其技术和应用方面有其独特的优势，但是，业内对非晶硅薄膜太阳能电池持有疑虑，主要原因在于其电池转化效率较低（5%—9%），而且衰减特别快，使用寿命也短。

随着技术的进步，目前主流的非晶硅薄膜电池使用寿命已在10年以上。在光伏建筑一体化等方面仍然前景广泛。但是，已经实现一定规模的国产化的

非晶硅电池随着在光伏市场的不断萎缩，已经不再是荣光，可能仍然与衰减和转换效率有关。

另外，最近几年发展的以松下为代表的 HIT（Heterojunction with Intrinsic Thinlayer）或者叫 HIT 太阳能电池，就是利用其独特优势，与晶硅太阳能电池结合的产物。

采用 HIT 结构的硅太阳能电池，开路电压可达到 729mV。所谓 HIT 结构就是在晶体硅片上沉积一层非掺杂（本征）氢化非晶硅薄膜和一层与晶体硅掺杂种类相反的掺杂氢化非晶硅薄膜，采取该工艺措施后，改善了 PN 结的性能，可使转换效率达到 23%，并且全部工艺可以在 200℃以下实现。

松下、上澎、晋能、福建金石和中智电力等已实现异质结电池量产。通威、爱康、彩虹、汉能等企业纷纷开建异质结电池产能，热度可见一斑。

二、铜铟镓硒（CIGS）薄膜太阳能电池

CIGS 是太阳能薄膜电池 $CuInxGa(1-x)Se2$ 的简写，铜铟镓硒（CIGS）薄膜太阳能电池由 Cu（铜）、In（铟）、Ga（镓）、Se（硒）四种元素构成最佳比例的黄铜矿结晶薄膜太阳能电池，是组成电池板的关键技术。CIGS 薄膜是由铜、铟、镓、硒等金属元素组成的直接带隙化合物半导体材料，其对可见光的吸收系数为所有薄膜电池材料中最高的，而原材料的消耗却远低于传统晶体硅太阳能电池。

（一）技术经济特点和发展现状[①]

1. 铜铟镓硒（CIGS）薄膜太阳能电池有如下优点

具有光吸收能力强，发电稳定性好、转化效率高，白天发电时间长、发电量高、生产成本低以及能源回收周期短等优点。

[①] 梁传志、王朝霞、郭梁雨：《铜铟镓硒_CIGS_薄膜太阳能电池发展概述》，住房城乡建设部科技发展促进中心，天津大学环境科学与工程学院。

(1) 光吸收能力强

CIGS 太阳能电池由 Cu（铜）、In（铟）、Ga（镓）、Se（硒）四种元素构成最佳比例的黄铜矿结晶作为吸收层，可吸收光谱波长范围广，除了晶硅与非晶硅太阳能电池可吸收光的可见光谱范围，还可以涵盖波长在 700—1200nm 之间的红外光区域，即一天内可吸收光发电的时间最长，通过调节 Ga 的含量，可以使 CIGS 的禁带宽度在 1.04—1.67 eV 内连续调整，以得到所需要的吸收层材料。CIGS 薄膜太阳能电池与同一瓦数级别的晶硅太阳能电池相比，每天可以超出 20% 比例的总发电量。

具体表现为：弱光发电，受多云阴雨影响小，在阴天、早晨、傍晚等太阳光较弱的时间，CIGS 薄膜电池依然可以工作，年满发小时数更多；受最佳倾角影响小，在阳光斜射等情况下，表现优异，更加增加其年满发小时数。

(2) 发电稳定性高，使用寿命长

由于晶硅电池本质上有光致衰减的特性，经过阳光的长时间暴晒，其发电效能会逐渐减退，而 CIGS 太阳能电池则没有光致衰减特性，发电稳定性高增加其年满发小时数。晶硅太阳能电池经过较长一段时间发电后，或多或少存在热斑现象，导致发电量减少，同时维护成本增加，而 CIGS 太阳能电池能采用内部连接结构、可避免此现象的发生，较晶硅太阳能电池比所需的维护费用低。选择合适的背板，能很好抵御沙尘、岩雾和水汽。

报告称，西门子公司制备的 CIGS 薄膜电池组件经受 7 年的室外考验仍然表现出原有的性能。日本 Showa Shell 公司对 11kW 的 CIGS 电池方阵进行了户外测试，测试时间持续 3 年，结果表明 CIGS 组件的效率没有发现任何的衰减。

(3) 转换效率高

公开数据显示：双玻组件的铜铟镓硒（CIGS）薄膜太阳能电池目前转换效率能达 21%，量产效率达到 18.7%。柔性组件的铜铟镓硒（CIGS）薄膜太阳能电池目前转换效率能达 19.2%，量产效率达到 18.7%。

(4) 总体成本低

CIGS 太阳能电池主要成本为玻璃基板与 Cu（铜）、In（铟）、Ga（镓）、Se（硒）四种元素构成的原材料，其中玻璃基板只需采用一般建材所使用的钠玻璃，不需要使用太阳能专用超白玻璃或者薄膜导电玻璃。CIGS 是一种直接带隙半导体，可见光吸收系数高达 105cm—1 数量级，相较于硅薄膜需要 200μm 以上的厚度，每片 CIGS 电池板只需要 23μm 的厚度膜层，原材料需求量很低，四种金属元素也不是贵金属，单片成本很是低廉。

（5）能源回收周期短

根据美国能源总署（U. S. Department of Energy）研究，以 30 年寿命的太阳能装置为例，晶硅太阳能电池的回收期间为 2—4 年，而薄膜太阳能电池为 1—2 年。

2. 铜铟镓硒（CIGS）薄膜太阳能电池也有些许缺陷

（1）制程工艺复杂，装备要求高，投资成本大；

（2）关键原料铟供应不足，铟资源是制约其发展的关键原料，铟常与铅锌伴生；

（3）缓冲层 CdS 具有潜在的毒性。

3. 铜铟镓硒（CIGS）薄膜太阳能电池产业化问题

（1）原材料依然是问题

CIGS 太阳能电池都需要一定量的稀有金属元素，其中某些元素的提纯存在很高的技术难度，未来一旦大规模产业化，由于优质原料的提纯技术由国外所掌控，无疑会加重薄膜电池的生产成本。

（2）生产铜铟镓硒（CIGS）薄膜太阳能电池的装备依然有瓶颈①

国家发改委、能源局发布的《能源技术革命创新行动计划（2016—2030 年）》以及《能源技术革命重点创新行动路线图》指出：要大幅提高铜铟镓硒（CIGS）、碲化镉（CdTe）等电池效率，建立完整自主知识产权生产线被列为太阳能利用路线 2030 年重要目标。

自 2012 年以来，国外一些 CIGS 厂商如 Solibro、GSE、Miasole、Avancis 先后被国内企业收购，也打破了中国 CIGS 太阳能电池技术封锁，但对这些技术装备的消化吸收仍有一段很长的路要走。有专家认为，发展铜铟镓硒薄膜太阳电池产业要两条腿走路：一是坚持核心技术自主创新；二是对国外先进生产线

---

① 丰翼：《薄膜太阳能电池国产化之路》，"新材料在线"微信公众号，2016 年 6 月 12 日，https://www.toutiao.com/i6295145382271779329/。

进行扩充单线产能并再创新。

CIGS 薄膜电池制造核心装备基本均是非标装备，系统集成需要花费大量的时间和资金，即便美、欧、日本也不例外。

（3）铜铟镓硒（CIGS）薄膜太阳能电池工艺有难点①

目前世界上技术最先进、工业化生产最成熟的新一代光伏产品采用的是"溅射金属预制层再硒化、硫化"所生产的 CIGS 薄膜太阳电池。

用交替溅射的方法制备铜铟镓硒薄膜太阳能电池预置层。通过可变占空比的电源控制器实现对 Cu/Ga 合金靶以及 In 靶溅射时间的控制，进而实现对最后元素配比的控制。

CIGS 太阳能薄膜电池衬底为覆有 Mo 层的钠钙玻璃，常采用直流磁控溅射法沉积 Mo 钼作为支持层。CIGS 薄膜的生长先采用三步共蒸，再采用水浴法沉积 CdS 薄膜，然后溅射双层的 ZnO 薄膜，接着用电子束蒸发制备 Ni/Al 电极，最后上面再覆盖一层增透膜 MgF_2。

多元素化合物的材料结构、导电机制，以及工艺原理与硅电池材料有本质不同，机理复杂，也需要高纯度的材料支撑。要提高转化效率，对 CIGS 太阳能电池的半导体机理以及各膜层之间的相互作用进行探索，进而优化工艺十分紧迫。有文章指出：

①在 CIGS 电池的制作中，容易产生铟和镓的二元气相硒化物，使薄膜中的元素流失，从而导致工艺的重复性难以控制，良品率降低。因此在生产中需要充分考虑采取何种措施，改善工艺，减少元素的流失。

②无论是真空蒸发还是溅射后硒化工艺，如何做到既保证元素配比、晶相结构、电学和光学特性，又能保证保证大面积均匀，直接关系到电池转化效率以及良品率。

③采用 CBD 法沉积的 CdS 层，属于湿法镀膜，其他层是干法镀膜相，工艺不协调，且镉有毒。有人如采用 MOCVD 沉积 ZnSe、ALCVD 法沉积 In_2S_3、

---

① 李长健、乔在祥、张力：《Cu（In, Ga）Se_2 薄膜太阳电池研究进展》，《电源技术》2009 年第 33 期，第 77—80、159—164 页。黄丹丹：《薄膜太阳能电池课题总结》，"研之成理"微信公众号，2017 年，https://zhuanlan.zhihu.com/p/30597317。

磁控溅射 In_xS 以及（Zn，Mg）O 作为缓冲层以及窗口层来代替 CBD 沉积的 CdS 缓冲层。实验室突破了 22.3% 的转换效率。

④有研究者采用廉价的 Al 元素代替 In、Ga 等稀有元素，以降低成本，实现 CIGS 太阳能电池的长远发展，也都是后话。

（4）电池中有毒元素对环境有一定影响，需要密切注意

CdS 层是太阳能电池的 n 型层，与作为 p 型层的 CIGS 吸收层形成 p-n 结，是 CIGS 太阳能电池的核心部分。目前，CIGS 薄膜太阳能电池工艺中一般用化学水浴法（CBD）制备 CdS 薄膜材料，所制备的电池性能稳定、效率最高。但是，Cd 离子属于重金属，会污染环境。CdS 层的替代材料目前效率最高的是 ZnS。

（5）人才瓶颈

国内薄膜太阳能电池起步晚，"十五"期间，铜铟硒太阳电池列入国家 863 重点课题，才使其在我国有了一定的发展。长期缺少政府政策以及资金的支持，国内的 CIGS 人才底蕴较薄弱，很多 CIGS 从业者都是从晶硅甚至其他相关行业转来，专业技术人才培养和储备滞后，形成瓶颈。

（6）投资资金需求大

受到近些年晶硅电池成本降低的冲击，出于短期利益以及投资风险的考量，大部分投资者对投资薄膜电池持审慎态度，从而影响了薄膜光伏电池在国内的国产化进程，不过这样的状况现今已有所改观。以汉能、国家能投、中建材为核心的投资者正飞速前赶。

（7）铟资源不足：不过，我国铟资源丰富，可以对冲全球铟资源不足，全球已探明的铟储量，中国占 70%，得天独厚。提高材料纯度和加工水平，打破国外垄断是关键。估算认为，CIGS 年产量在 GW 量级时，In 的价格因素对于成本不会产生影响，并不妨碍 CIGS 太阳能电池的产业化发展。但当其年产量达到 100GW 以上时将会逐渐成为一个重要的制约因素。

（二）铜铟镓硒（CIGS）薄膜太阳能电池应用前景

铜铟镓硒（CIGS）薄膜太阳能电池的应用寓于它的优点之中。例如：

1. 交通

（1）道路，利用柔性太阳能组件的柔性可弯曲、高可靠性、发电性能好

等特点,将组件集成在道路上,并与电气设备构成模块化发电系统,可为景观灯、信息屏、充电桩等交通辅助电气设备、物联网设备供电。

智慧公交太阳能月台可设置光伏发电、电子监控、LED 照明、手机充电、无线 wifi、光伏电智慧切换功能,以满足人们出行的各种不同需求。

(2) 车辆,随着城市化进程,环境要求越来越高,国家正鼓励新能源乘用车、新能源客车、新能源物流车的发展,新能源汽车是太阳能发电车顶的主要应用领地。

例如:商用汽车,包括公交、旅游巴士,重中轻型卡车,面包车、皮卡,专用车,我国每年新增商用汽车 300 万辆左右,2016 年保有量达到 3000 万辆,全球商用汽车保有量 2015 年有 11.2 亿辆。根据测算,全球光伏车顶及相关市场规模到 2022 年能达到 366GW。已经有物流商使用汉能的柔性薄膜电池铺设于物流卡车顶,为卡车停车时提供电力,用于冷藏车、冷链物流及冷库,而不用柴油推动,从而减轻营运成本。市场上也已经有企业推出太阳能板在低速车上的应用,我国低速电动车的标准正在起草,未来享有汽车一样的道路行驶权利,届时低速电动车将快速增长,低速电动车对于三线以下城市边走边充电的太阳能车顶有刚性需求。房车也是太阳能发电车顶的又一应用车型。

(3) 太阳能船,据测算,相同主机功率条件下太阳能动力船舶与普通的柴油动力船舶相比,运营成本只有其 17%,客舱噪音只有 60 分贝左右,是较为理想的安静环境,同时船内的家电设备也可由薄膜太阳能组件供给。

2. 建材

(1) 房顶瓦,将柔性铜钢镓硒(CIGS)薄膜太阳能晶片通过内外双层的夹胶封装工艺,精密封装在高透光度玻璃内层中,与屋面瓦融为一体。可达 91.5%以上的透光率、17.5%的转换效率,将分布式太阳能产品和传统屋面瓦进行叠合升级。

(2) 墙体,用玻璃基铜钢镓硒为发电芯片,化光能为电能,配以不同花纹、色彩,适配各种建筑风格,使建筑成为一座绿色发电站,通过智能化联结形成区域智能微网,将大大提高建筑的品质。

(3) BIPV(Building Integrated Photovoltaic),将柔性太阳能薄膜发电产品随形集成到建筑上的技术。BIPV 与建筑物同时设计、施工和安装并与建筑物形成完美结合的薄膜太阳能发电系统,也称为"构建型"和"建材型"薄膜太阳能发电建筑。现代化社会中,人们对舒适建筑环境的追求越来越高,导致建筑采暖和空调的能耗日益增长,对节能环保的呼声也日益提高。它作为建筑物外部结构的一部分,不仅具有发电功能、节能降耗,同时还可以提升建筑物的美感。铜铟镓硒(CIGS)薄膜太阳能电池具有转换率高、弱光发电性能好、轻薄、可弯曲、颜色多样等众多优势,能为建筑设计提供更多发挥空间,与建筑物形成完美统一体。

3. 应急

(1)柔性铜铟镓硒(CIGS)薄膜太阳能快装电站系统,在协助赈灾或长/短期为离网地区提供电力方面大有裨益。系统采用MPPT充电控制器、双向逆变器、蓄电池储能,主要应用于抢险救灾、草原牧区、岛屿、边防哨所等偏远缺电地区和无电网接入区域。特点是轻质,整套系统重量不超过十吨,满足海陆空运输;小尺寸,可固定在一个标准集装箱内。

(2)太阳能应急电源箱,可采用智能CPU控制模式,按键式控制220V/12V/5V各路交直流输出,采用修正正弦波方式,也能给感性负载设备供电。对旅行、办公应急、户外作业很有帮助。

4. 大众消费品和电子产品

(1)海滩及高热沙漠地区遮阳伞,可集离网供电、储电、夜间照明、终端充电功能于一体,满足电力供应困难地区尤其是非洲国家的基本用电需求。不仅可以遮阳、遮风挡雨。已经有量产产品,可提供长达10小时照明,可为8—10个小朋友提供阅读光源。

(2)太阳能发电纸,轻柔便携,可装进箱包。

(3)太阳能发电包,与电脑包贴合一起,可随时随地阳光充电。

(三)铜铟镓硒(CIGS)薄膜太阳能电池竞争态势

一度,全球有30多家公司置身于CIGS产业,但真正进入市场开发的公司先只有德国的Wuerth、Surlfulcell,美国的Global Solar Energy,日本的本田(Honda)、Showa Solar Shell、solar frontier-母公司壳牌(Shell Sekiyu)等。随着汉能、中建材、上海电气/国家能源投资集团对国外CIGS厂商的收购和合作，距离 CIGS 太阳能电池在国内的大规模量产似乎只有咫尺之遥。

以下是国内当前参与铜铟镓硒（CIGS）薄膜太阳能电池产业的最佳竞争者及其技术路线：

1. 汉能薄膜发电铜铟镓硒（CIGS）薄膜太阳能电池技术路线

技术来源：汉能作为国内最早做铜铟镓硒的企业，2012—2014 年汉能接连将 Q-cells 旗下的德国索里布罗（Solibro），美国 MiaSolé 和 Global Solar Energy（GSE）收入麾下，初步完成 CIGS 全球布局，目前汉能的薄膜发电技术达到国际领先水平，其中铜铟镓硒电池获得美国国家可再生能源实验室（NREL）认证的最高转化率达到 20.5%。砷化镓电池最高转化率达到 30.8%，这使汉能成为世界 CIGS 太阳能光伏领域无可撼动的技术翘楚，但量产依旧在路上。目前正有大规模的产业基地全国布局，期待有所突破。

①汉能德国索里布罗（Solibro）——共蒸发法技术路线

Solibro 系列为玻璃基的双玻刚性组件。该技术实验室转化效率达 21%，量产转化效率达到 17%，为共蒸法 CIGS 组件量产世界纪录；Solibro 系列是目前世界量产效率最高的共蒸发铜铟镓硒玻璃基薄膜技术。

②汉能美国 MiaSolé——真空磁控溅射技术路线

MiaSolé 既可以做成玻璃基的刚性组件，也可以用钢衬底做成可一定卷曲的柔性组件。目前，汉能 MiaSolé 多元素溅射法柔性组件，芯片当前的研发效率已达到 19.4%，柔性单串组件效率 17.3%，为该领域的世界纪录。量产转换效率已达到 15.5%，并以平均每年 1% 的速度提高，为目前全球溅射法 CIGS 柔性组件最高效率。

MiaSolé 产线具有全球唯一的 CIGS 一站式全自动卷绕式磁控溅射镀膜系统，其柔性电池芯片与不锈钢衬底柔性电池组件产品，具有"轻、柔、薄"、应用范围广、可定制化优势，不仅安装简易，可灵活适用于轻钢屋顶等各种传统晶硅板无法应对的复杂环境，可广泛应用于柔性屋顶、汽车应用、特种产品、电子产品等领域。目前，汉能推出的汉瓦、摩拜单车、便携充电包等各类移动能源应用产品，都采用的是 MiaSolé 系列。

③汉能德国 GSE——共蒸发法技术路线

GSE 芯片研发效率 18.7%，量产芯片小尺寸冠军效率 17.2%，此外，GSE

的柔性产品封装技术全球第一（独具特点的ICI封装技术）。

2. 中建材铜铟镓硒（CIGS）薄膜太阳能电池技术路线

技术来源：德国Avancis——共蒸发法技术路线。

早在2014年4月份，中国建材集团就着手收购德国光伏企业Avancis公司。资料显示，德国Avancis公司生产的CIGS（玻璃基）薄膜太阳能电池芯片效率达到17.9%，有效面积光电转换效率达到了16.4%。

2018年1月15日，中建材旗下的凯盛科技集团有限公司投资建设铜铟镓硒（CIGS）薄膜太阳能电池生产及设备制造项目。公开资料显示：该项目一期投资20亿元、建设300兆瓦太阳能电池生产线，后期陆续投资将达到百亿元、建设GW级太阳能电池生产基地。

3. 国家能投铜铟镓硒（CIGS）薄膜太阳能电池技术路线

技术来源：德国Manz——共蒸发法。

公开资料显示：Manz的芯片量产转换效率也达到了16%。

2017年12月27日，上海电气发布公告称：神华集团与上海电气等共出资近25亿元组建神华（北京）光伏科技研发有限公司和重庆神华薄膜太阳能科技有限公司。神华集团出资15.35亿元，分别持有两家公司股份为60%、74%，上海电气共出资4.95亿元，分别持股20%、20%。

神华（北京）光伏科技研发有限公司注册资本为12.25亿元，其中神华集团下属北京低碳清洁能源研究所出资7.35亿元，占股60%，上海电气现金出资2.45亿元，占股20%，德国公司Manz AG现金出资1.84亿元，占比15%；北京未来科技城产业发展有限公司出资0.61亿元，占股5%。

2017年12月21日，重庆神华薄膜太阳能电池组件项目正式开工。资料显示：项目总投资75亿元，拟分三期实施建设。该公司注册资本12.5亿元，其中上海电气出资2.5亿元，占20%股权；神华集团下属关联公司共出资9.25亿元，占74%股权；重庆两江新区战略性新兴产业股权投资基金（合伙企业）现金出资0.75亿元，占6%股权。

三、碲化镉（CdTe）薄膜太阳能电池

碲化镉（CdTe）薄膜太阳能电池简称 CdTe 电池，它是一种以 p 型 CdTe 和 n 型 Cd 的异质结为基础的薄膜太阳能电池。

CdTe 是 Ⅱ—Ⅵ族化合物半导体，带隙 1.5eV，与太阳光谱非常匹配，最适合于光电能量转换，是一种良好的 PV 材料，具有很高的理论效率（28%），性能很稳定，一直被光伏界看重，是技术上发展较快的一种薄膜电池。

第一个碲化镉薄膜太阳能电池是由 RCA 实验室于 1976 年在 CdTe 单晶上镀上 In 的合金制得的，其光电转换效率为 2.1%。1982 年，Kodak 实验室用化学沉积法在 P 型的 CdTe 上制备一层超薄的 CdS，制备了效率超过 10%的异质结 p-CdTe/n-CdS 薄膜太阳能电池。这也是现阶段碲化镉薄膜太阳能电池的原型。20 世纪 90 年代初，碲化镉薄膜太阳能电池已实现了规模化生产，但市场发展缓慢，市场份额一直徘徊在 1%左右。目前碲化镉薄膜太阳能电池在实验室中获得的最高光电转换效率已达到 22.1%。其商用模块的转换效率也达到了 17%。

碲化镉薄膜太阳能电池和 CIGS 太阳能电池一样均为业界看好，认为是未来太阳能电池发展的趋势。

（一）技术经济特点和发展现状[①]

碲化镉薄膜电池的制造，都需要沉积工艺步骤，都存在不同的沉积技术。这些技术包括：气相输运沉积（VTD）、近距离升华（CSS）、常压物理气相沉积（APPVD）、溅射沉积、电镀沉积等十余种技术。实践证明，在众多的技术中，气相输运沉积（VTD）技术和近距离升华（CSS）技术最适合于工业化生产。其中，VTD 技术的主要特点是镀膜速度快，均匀性高，产量大，材料利用率高，无须更换原材料，技术独有性强，后续器件工艺与其他技术兼容。

[①] 范文涛、朱刘：《碲化镉薄膜太阳能电池的研究现状及进展》，《材料研究与应用》2017 年总第 11 期，第 1 期，第 6—8 页。

CSS 技术的主要特点是：镀膜速度快，容易获得高效率产品，均匀性设计对热场设计依赖性强，原材料更换需要特别设计，主要技术公开，后续器件工艺与其他技术兼容。

碲化镉容易沉积成大面积的薄膜，沉积速率也高。CdTe 薄膜太阳电池是太阳能电池中最容易制造的，因而它向商品化进展最快。对电池结构及各层材料工艺进行优化，适当减薄窗口层硫化镉（CdS）的厚度，可减少入射光的损失，增加电池短波响应以提高短路电流密度，从而提高光电转换效率，较高转换效率的 CdTe 电池就采用了较薄的 CdS 窗口层而创了最高纪录。CdTe 的沉积温度能降到 550℃ 以下，以适于廉价的玻璃作衬底，降低成本。

1. 碲化镉（CdTe）薄膜太阳能电池是在玻璃或是其他柔性衬底上依次沉积多层薄膜而构成的光伏器件。一般标准的碲化镉薄膜太阳能电池由五层结构组成

（1）玻璃衬底：主要对电池起支架、防止污染和入射太阳光的作用；

（2）TCO 层：即透明导电氧化层。主要起的是透光和导电的作用；

（3）CdS 窗口层：n 型半导体，与 p 型 CdTe 组成 p-n 结；

（4）CdTe 吸收层：它是电池的主体吸光层，与 n 型的 CdS 窗口层形成的 p-n 结是整个电池最核心的部分；

（5）背接触层和背电极：为了降低 CdTe 和金属电极的接触势垒，引出电流，使金属电极与 CdTe 形成欧姆接触。

目前，碲化镉（CdTe）薄膜太阳能电池生产主要采用成本低和生成的 CdS 能够与 TCO 形成良好致密接触的化学水浴沉积（CBD）法，该工艺全球产量最大。

2. 碲化镉（CdTe）薄膜太阳能电池有如下优点

（1）CdTe 的禁带宽度一般为 1.45eV，CdTe 的光谱响应和太阳光谱非常匹配，可吸收 95% 以上的阳光，强弱光均可发电。

（2）CdTe 的吸收系数在可见光范围高达 $10^4 cm^{-1}$ 以上，95% 的光子可在 1μm 厚的吸收层内被吸收，是单晶硅的 100 倍，非常适合于制作成薄膜太阳电池的吸收层，是实现低成本和低能耗的重要前提。

（3）碲化镉薄膜太阳能电池的理论光电转换效率约为 28%，技术发展潜力很大。

（4）CdTe 因 Cd-Te 化学键的键能高达 5.7eV，是含镉材料中最稳定的形态，因此在常温下化学性质稳定。其熔点高达 1041℃，饱和蒸汽压在低于 350℃时很低。在正常日照下 CdTe 不会分解扩散，再加上它不溶于水，因此在使用过程中稳定安全。碲化镉薄膜太阳能电池的设计使用时间为 20 年。

（5）制造成本低，碲化镉薄膜太阳能电池在生产成本大大低于晶体硅和其他材料的太阳能电池技术，容易实现规模化生产。在真空环境中温度高于 400℃时，CdTe 固体会出现升华，分解成碲和镉的蒸汽，温度低于 400℃，或者环境气压升高时升华迅速减弱，碲、镉蒸汽会化合凝聚成固体。这一特性，有利于真空快速薄膜制备，如近空间升华（CSS）、气相输运（VTD），而真空室内的制备过程又保证了 CdTe 薄膜生产过程的安全性，标准工艺，良品率和产品一致性好，生产能耗低，产品生命周期结束后组件可回收。

（6）温度越高相对表现越好。碲化镉薄膜太阳能电池组件的温度系数约为-0.25%/℃，比晶体硅太阳能电池低一半左右，所以，其发电量比标称功率相同的晶硅电池多，也更适合于高温环境。

（7）碲化镉薄膜太阳能电池组件的光谱吸收不覆盖水蒸汽的吸收峰，因此不会像晶硅组件一样在潮湿气候下发电输出下降。

（7）比较其他几种太阳能电池及其他能源，在碲化镉太阳能电池组件制备和使用全寿命周期内，总的镉排放量为最低。欧洲 PVAccept Project 报告显示，碲化镉薄膜电池的能量回收期仅为 10.8 个月，美国第一太阳能（FirstSolar）公司的实践也已证明其为 10 个月，而晶体硅电池的能量回收期则为 2.5—3 年。

3. 碲化镉（CdTe）薄膜太阳能电池缺点[①]

（1）碲储量问题：

作为储量最丰富之一氧的同族元素碲却是地球上的稀有元素，碲常以铜，铅，锌等矿伴生而成其副产品，以这些冶炼厂的阳极泥的形式存在。

[①] 工业和信息化部电子科学技术情报研究所：《全球碲化镉薄膜太阳能电池产业发展深度剖析》，2013，http：//guangfu.bjx.com.cn/news/20131105/470152.shtml。

来自美国地质调查局（USGS）数据显示，全球碲的储量仅为2.4万吨左右，主要分布在美国、秘鲁、加拿大等国家和地区。

中国国内相关报道认为，全球碲的地质储量为14.9万吨，我国碲储量约为2.2万吨，姑且认为，全球碲的储量在2.4万吨和14.9万吨之间。按照目前工艺，制造1MW薄膜太阳能电池组件约需130—140公斤碲，全球碲资源可以供10个年生产能力为1000MW的生产商用17—115年。碲原料价格的不断上涨却成为碲化镉电池产业发展的瓶颈。

2000年，当全球碲化镉薄膜太阳能电池还没有大规模生产时，碲原料价格每公斤仅为34.4美元，全球产量为110吨。随着碲化镉薄膜电池产业的快速发展，碲原料的价格不断攀升，2011年全球碲原料平均市场价格为每公斤349.0美元，12年间，全球碲原料价格上涨了十多倍。

目前全球只有美国FirstSolar及其所属工厂占绝对优势商业化量产碲化镉电池，如果今后有的新的厂家大量涌现，全球碲化镉电池的产能不断扩大，那么这种稀缺性原材料碲的市场价格必然会疯狂上涨，继而导致碲化镉薄膜电池的生产成本不断增加，电池的经济性也将不断降低。

（2）碲化镉本身的局限性。首先，碲化镉本身具有很强的自补偿效应，很难像硅等半导体一样通过掺入杂质元素，电控其电学性能。其次，碲化镉载流子浓度低，薄膜电阻率大，因而影响电池的电流输出。第三，碲化镉的功率函数高达5.5eV，与寻常背电极金属材料难以形成欧姆接触。

（3）也面临原料纯度等技术瓶颈。

（4）镉污染问题。

由于碲化镉薄膜太阳能电池含有重金属元素镉，人们担心碲化镉太阳能电池的生产和使用对环境有影响。因此，碲化镉电池生产对于环境的影响也是需要直面对待，一是含有Cd的尘埃通过呼吸道对人类和其他动物造成的危害；二是生产废水废物排放所造成的污染。因此对破损的玻璃片上的Cd和Te应去除并回收，对损坏和废弃的组件应进行妥善处理，对生产中排放的废水、废物应进行符合环保标准的处理。多年来，一些公司和专家不愿步入碲化镉太阳能电池的开发和生产就是因为这个原因。

一度，出于对环境以及人身安全的考量，碲化镉电池仅适用于远离人群的高原及荒漠电站，集中使用，集中管理，大大限制了该电池的大面积推广。FirstSolar 承诺全生命周期回收其生产的碲化镉薄膜太阳能电池，是其分布式电站目前能大力推广的重要因素。

不过，美国布鲁克海文（Brookhaven）国家实验室（BNL）的科学家们专门研究了这个问题。他们系统研究了晶体硅太阳能电池、碲化镉太阳能电池与煤、石油、天然气等常规能源和核能的单位发电量的重金属排放量。在太阳能电池的分析中，考虑了将原始矿石加工得到制备太阳能电池所需材料、太阳能电池制备、太阳能电池的使用等全寿命周期过程。研究结果表明，石油的镉排放量是最高的，达到 44.3g/GWh，燃煤次之，为 3.7g/GWh。而太阳能电池的排放量均小于 1g/GWh，其中又以碲化镉的镉排放量最低，为 0.3 g/GWh，多晶硅为 0.6g/GWh、单晶硅的为 0.7g/GWh。与天然气相同，硅太阳能电池的镉排放量大约是碲化镉太阳能电池的 2 倍。

欧盟的科学家还研究了硅太阳能电池和碲化镉太阳能电池的生产与使用中其他重金属的排放。研究结果表明，碲化镉太阳能电池的砷、铬、铅、汞、镍等其他重金属的排放量也比硅太阳能电池的低。该研究报告结论基于对美国 FirstSolar 公司碲化镉薄膜太阳能电池生产线、碲化镉太阳能电池组件使用现场的系统考察，和对其他太阳能电池、能源的实际生产企业的工艺、相关产品的使用环境研究分析得出。研究结果的科学性、公正性得到国内外的认可。研究者在 2006 年欧洲材料年会硫系半导体光伏材料分会作的报告引起了与会人员的强烈关注。针对碲化镉太阳能组件，2011 年，欧盟已经豁免了 RoHS（全称为《关于限制在电子电器设备中使用某些有害成分的指令》）的要求，大量碲化镉电池组件已广泛应用于德国、西班牙、意大利等一些欧盟国家。

美国的研究人员还针对碲化镉薄膜太阳能电池组件使用过程中，遇到火灾等意外事故造成组件损毁时镉的污染进行了研究。他们将双玻璃封装的碲化镉薄膜太阳能电池组件在模拟建筑物发生火灾的情况下进行试验，实验温度高达 1100℃。结果表明，高温下玻璃变软以至熔化，化合物半导体薄膜被包封在软化了的玻璃中，镉流失量不到电池所含镉总量的 0.04%。考虑到发生火灾的概率，得出使用过程中，镉的排放量不到 0.06mg/GWh。

我国中国科学院电工研究所的刘向鑫等人结合中国实际国情，对碲化镉产业镉的排放问题进行了研究，结果发现碲化镉光伏发电形式的镉总排放率只有火力发电的1/13，表明碲化镉不同于元素镉，它是稳定的化合物，能被安全使用。

虽然实验表明碲化镉薄膜太阳能电池组件的使用是安全的，但是建立寿命末期电池组件和损毁组件的回收机制可以增强公众的信心。分离出的Cd、Te及其他有用材料，还可用于制造生产太阳能电池组件所需的相关材料，进行循环生产。美国、欧洲的研究表明，技术上是可行的，回收材料的效益高于回收成本。事实上，美国First Solar公司的碲化镉太阳能电池组件在销售时就与用户签订了由工厂支付回收费用的回收合同。

一系列结果表明：碲化镉薄膜太阳能电池无论是生产，或者是使用，都是安全可控的，是环境友好的。

4. 碲化镉（CdTe）薄膜太阳能电池产业化问题

碲化镉薄膜太阳能电池产业化问题仍然是技术和装备。碲化镉薄膜电池制造核心设备也都是非标设备，国内、外也都没有独立的设备制造厂，也均是电池制造厂掌握核心技术装备。目前美国FirstSolar及其所属工厂商业化生产碲化镉电池占据全球绝对优势，而且美国FirstSolar公司是全球唯一一家采用气相输运沉积（VTD）技术的企业。VTD技术是FirstSolar公司的专利技术，并严格禁止其他企业采用。

例如：国内厂家在试生产某种薄膜太阳能时，部分设备从国外进口，部分采用国产，由于缺少核心技术，导致整条线的各种设备的兼容性不理想。

由于技术及装备落后，国内碲化镉太阳能电池绝大部分仍处于实验室研发阶段或者中试阶段，虽然也有部分国内研究机构推出能够生产大面积组件的中试线，但无论从量产效率和可靠性方面都与国际先进水平相差甚远。

我国发展碲化镉薄膜太阳能电池产业化优势：

我国碲化镉薄膜电池技术研发及产业化发展仍处于起步阶段，但具备一定的产业基础。

1. 碲化镉（CdTe）薄膜电池的原材料国内完全能够提供，从矿石开采到高纯材料提纯，我国都有相当的基础

目前，大多数的Cd（镉）和Te（碲）原材料都是铅锌铜矿开采的副产品，我国镉矿资源约占世界镉矿资源总量的23%，居世界第一位，碲的储量在世界上处于第三位。四川阿波罗太阳能科技有限责任公司新建有高纯Cd、Te以及合成高纯CdTe的原材料生产线，每年可以向外提供几十吨的高纯材料。峨眉半导体厂去年扩建了高纯车间，具有年产十几吨的生产能力，正在等待国内碲化镉电池产业的发展。

四川阿波罗太阳能科技有限责任公司是美国阿波罗太阳能有限公司在中国投资设立的独资企业，按照外资企业的管理模式开展经营管理。注册资金1亿元人民币。四川鑫龙碲业科技有限责任公司是该公司下属的子公司。该公司拥有（中国四川）大水沟地区独立成矿的碲铋矿山，已探明大水沟采矿区内碲金属可开采储量为281吨，远景储量可观，为碲化镉薄膜太阳能电池生产提供了充足的核心原材料。

2. 国内相关研究单位和企业已经介入碲化镉（CdTe）薄膜电池技术中，并卓有成效

四川大学一直在进行碲化镉电池技术及产业化的研究，中科院的太阳能行动计划把开发产业化的碲化镉电池技术作为重点，组织了多家研究所进行联合攻关，四川大学、中科院上海技术物理研究所都在进行中试规模产业化的研究。杭州龙焱能源科技已建成一条年产40MW碲化镉薄膜电池组件的生产线，2017年2月，经美国国家可再生能源实验室（NREL）认证的龙焱能源实验室电池效率达17.33%。

这些研究机构和企业构成了我国碲化镉薄膜太阳能电池产业化发展不可缺少的载体。

3. 政策利好

碲化镉薄膜太阳能电池效率，也是国家发改委、能源局关注的重要技术内容。建立其完整自主知识产权生产线也被列为太阳能利用路线2030年重要目标。《能源技术革命创新行动计划（2016—2030年）》《能源技术革命重点创新行动路线图》中也点名支持碲化镉薄膜太阳能电池。

国家能源局、工信部、国家认监委联合发布的《关于促进先进光伏技术产品应用和产业升级的意见》（国能新能〔2015〕194号），实施的"领跑者"计划中，多晶硅电池组件和单晶硅电池组件的光电转换效率分别提高到16.5%

和 17% 以上，硅基、铜铟镓硒、碲化镉及其他薄膜电池组件的光电转换效率需分别达到 12%、13%、13% 和 12% 以上，对薄膜太阳能电池的市场准入设置了较低门槛，能增加更多投资者信心，降低薄膜电池生产商生存发展的压力。

（二）碲化镉（CdTe）薄膜太阳能电池应用前景

碲化镉薄膜太阳能电池的应用也寓于其优点之中：

1. 发电能力强、转换效率高、弱光效应好、热斑效应小

碲化镉是一种具有高吸收系数的化合物半导体，是硅的 100 倍，用这种半导体做成目前实验室最高效率为 22.1%。由于碲化镉是直接间隙材料，对全光谱吸收都较好，所以在清晨、傍晚等弱光条件发光效果明显优于间接带隙材料的晶硅电池。碲化镉太阳能电池的长条形子电池，有利于减少热斑效应，对提高发电能力、保证产品寿命和使用安全都有着很大优势。

测试表明：在欧洲地区，碲化镉电池每年比晶硅电池多发 5.4% 以上电能。（自 PHOTON's 2nd Thin Film Conference）。

这些特点使得碲化镉薄膜太阳能电池更适用于分布式屋顶以及需要随型的、安全要求高的构筑物光伏电站上。如：剧院光伏幕墙和光伏采光顶、博物馆的墙体和建筑顶面。

2. 温度系数低

温度系数（Temperature Coefficient）是指太阳能电池组件输出功率随着工作温度的升高而变化的速率。当组件温度上升，所有太阳能电池将会出现性能损失，这主要是由于太阳能电池开路电压的下降。晶硅电池的温度系数在 $-0.45\%/℃$ 左右，即组件温度每升高 1℃，太阳能电池组件的输出功率降低 0.45% 至 0.50%。碲化镉薄膜太阳能电池温度系数在 $-0.21\%/℃$ 左右，比晶体硅太阳能电池低一半左右。在光照较好的地区，组件温度会达到 50℃，夏天甚至会达到 70℃ 以上。

碲化镉薄膜太阳能电池更适合于高温、沙漠及潮湿地区等严苛应用环境。美国 FirstSolar 公司实验数据显示，当电池组件温度低于 25℃ 时，多晶硅太阳能电池组件的性能表现（用直流电源输出功率与在标准测试条件下的额定功率之比来表示）要优于碲化镉太阳能电池组件；当电池组件温度高于 25℃，

碲化镉太阳能电池组件的性能表现要优于多晶硅电池。

例如：在电池组件温度达到65℃（比标准温度高40℃）时，传统晶硅太阳能电池组件的输出功率减少了20%，而FirstSolar公司碲化镉薄膜太阳能电池组件仅减少约10%。这就意味着在炎热的夏天或者高温地区，碲化镉太阳能电池的实际发电量比晶硅太阳能电池要高。更适合在高温沙漠地区安装，从而实现离网系统应用。

3. 由于工艺稳定，因此产品色彩均匀、美观

组件色彩均匀、美观，整体感强，特别适合于对美观度要求较高的建筑上使用。

例如BIPV的应用：可开发成光伏隔热组件、光伏热水器、光伏中空玻璃窗、大面积光伏透光落地窗，以及透过率、图案、颜色、形状和尺寸均可根据客户要求定制的多种透光组件等。这些产品可逐步取代常规的建筑材料，将目前的BAPV发展为真正的BIPV。

目前，碲化镉薄膜太阳能电池的生产成本正在逐步接近、甚至低于传统发电系统，这种廉价的清洁能源使碲化镉薄膜电池成为未来社会的主导新能源之一。

包钢称，碲化镉电池具有温度系数低，弱光性好，热斑小的独特优势，在建筑光伏一体化方面能够发挥非常大的作用。他介绍，国家大剧院舞美基地的光伏幕墙和光伏采光顶，中国的光伏博物馆的墙体和整个建筑的顶面都是采用碲化镉薄膜组件实现的。

（三）碲化镉（CdTe）薄膜太阳能电池竞争态势

目前，在薄膜太阳能电池市场中，以碲化镉薄膜太阳能电池产量最大。全球范围内具备能够量产碲化镉薄膜电池组件技术的企业有美国的第一太阳能公司、德国的Calyxo公司以及中国的龙焱能源等。

1. 美国FirstSolar及其所属工厂

技术路线——气相输运沉积（VTD）技术。

美国FirstSolar公司是全球唯一一家采用气相输运沉积（VTD）技术的企业。VTD技术是FirstSolar公司的专利技术，并严格禁止其他企业采用。

美国第一太阳能公司 FirstSolar 是薄膜电池的龙头企业，其所属工厂商业化生产碲化镉电池占据全球绝对优势。FirstSolar 成立于 1998 年，2002 年生产出第一块光伏电池产品后就以惊人速度扩张，2006 年底在美国纳斯达克上市，代号 FirstSolar，其单支股值和公司市值都曾达到业内是第一。公司 2015 年的年报显示：2015 年美国第一太阳能碲化镉光伏产品产量达到 2.5GW，销售量达 36 亿美元，其碲化镉薄膜光伏组件产量约占全球碲化镉薄膜光伏组件总产量的 95%以上。该公司实验室制造的碲化镉组件效率首次超越多晶硅组件转换效率，达到创纪录的 18.6%，其实验室电池转换效率已经达到 21.5%。并在 2016 年刷新了其原有记录达到 22.1%；其量产组件的转换效率也是逐渐增长，从 2016 年的 9.5%到 2011 年的 11.9%，再到 2015 年的 15.6%；

这个靠建材玻璃起家的 FirstSolar 在碲化镉薄膜电池技术领域中继续处于领先地位，但因受到晶体硅太阳电池技术的强劲挑战。

在 2017 年中国光伏学术大会上 FirstSolar 加州研发中心主任熊刚表示，First Solar 公司的多晶碲化镉薄膜半导体组件目前全球安装总量超过 18GW，第四代产品转换效率达到 17%，实验室制备的电池转化效率达到 22.1%，第六代碲化镉产品生产线预计在 2018 年投产，组件转换效率将达到 18%。熊刚坦承，这个进展是晶体硅电池倒逼的结果，是同行竞争的结果。2017 年公司第三季度业绩远超预期，拉动股票大幅上涨。

2018 年 9 月 13 日 First Solar 正式宣布，第六代碲化镉太阳电池组件已经下线，面积为 2009mm×1232mm，组件功率高达 445W。

2. 美国的 SolarFields 公司（俄亥俄州）及其子公司德国的 CalyxoGmbH 公司

技术路线——常压物理气相沉积（APPVD）技术。

德国的 CalyxoGmbH 公司是常压物理气相沉积（APPVD）技术的专利拥有者。

德国 CalyxoGmbH 公司成立于 2005 年，是一家生产碲化镉薄膜太阳能电池组件制造商和光伏发电系统供应商，在德国拥有 25MW 和 60MW 两条碲化镉薄膜太阳能电池组件生产线，2012 年 CalyxoGmbH 公司碲化镉薄膜太阳能电池组件的生产成本约为 0.8 美元/W，中期的目标是将生产成本降低到 0.5 美元/

W，目前该公司碲化镉薄膜太阳能电池组件的转换效率达到 13.4%，其实验室电池转换效率已达 16.2%，并得到德国 SGS 验证。

3. 龙焱能源科技（杭州）有限公司

成立于 2008 年 05 月 04 日，可生产 1.2m×0.6m 的大面积组件。其创始人吴选之曾在美国国家可再生能源实验室（NREL）工作。

技术路线——改良型近距离升华法（CSS），属于公开技术改良。独立自主知识产权，有整套碲化镉组件的生产工艺和核心设备，建立了一条全自动化、全国产化、年设计产能达 40MW 的碲化镉薄膜太阳电池组件生产线。采用改良型近距离升华法（CSS）沉积大面积碲化镉薄膜技术。生产设备实现国产化。是中国目前唯一能规模生产碲化镉组件的企业。

已经开发出 5 款产品，并通过了欧洲 TUV、美国 UL、澳洲 CEC、加州 CEC 和中国金太阳等认证，通过了 ISO9001 管理体系认证。

2014 年龙焱宣布其生产的 1200mm×600mm 的组件转换效率达到 13.04%，并能实现废旧资源 80% 以上的碲和镉的回收。

2016 年龙焱能源宣布实现盈利。

2017 年 2 月，该公司给《2017 年中国光伏技术发展报告》编委会提供的资料表明，他们在实验室研制的碲化镉电池经美国 NREL 测试，效率为 17.33%。

2018 年 6 月，报出龙焱能源其合资公司龙瑞新能源工程有限公司（以下简称"龙瑞新能源"）借助其境外募资平台，于 6 月中旬在北欧市场发售其新一轮"可在纳斯达克市场中进行自由交易的绿色债券"，并实现"超募"。宣布龙瑞新能源在"利用境外资金实现 5 亿欧元投资规模、建设并运营至少 500MW 分布式光伏电站，为中国的新能源建设做出贡献"这个既定目标上，又迈出了坚实的一步。龙瑞新能源是龙焱能源科技（杭州）有限公司（以下简称"龙焱能源"）与瑞典 Soltech AB 于 2016 年 1 月份共同成立的合资公司，专门从事国内分布式光伏电站的投资、建设和运营业务。

在我国，碲化镉薄膜太阳能电池尽管报道很多，但迄今为止，我国依旧只有成立于 2008 年 05 月 04 日的龙焱能源科技（杭州）有限公司一家实现了碲化镉薄膜太阳能电池的量产，其规模也只有几十兆瓦而已。①

成都中建材光电材料有限公司公布的 1.92m² 的发电玻璃也是碲化镉薄膜太阳能电池，两年前，他们收购了德国 CTFSolar 并签下了整个技术团队，宣称建设世界第一条拥有自主知识产权工业 4.0 的年产 100 兆瓦碲化镉弱光发电玻璃示范生产线，也是世界第一条能够制备大面积碲化镉发电玻璃的生产线，现已实现实验室转换效率 17.8%，小组件转化效率 14.5%，为国内领先水平。

碲化镉薄膜电池技术产业化并不是一件单纯的技术工作，而是一项综合性很强的系统工程，实现该技术的产业化有较大的难度，产业化过程中倒下了不少企业。

这些倒下的企业有的是由于生产成本高等原因，已经终止已有的生产能力，并申请破产，如美国 Aboundsolar（原 AVASolar）公司；有的是尽管已投入大量资金建立了生产线，但至今仍未形成大规模生产能力，如意大利 ARENDISRL、德国 AntecSolar 等。

2012 年 7 月，美国 Aboundsolar（原 AVASolar）公司申请破产。

2011 年 4 月，美国通用电气（GE）集团兼并全球知名的碲化镉薄膜电池组件制造商 PrimeStarSolar 公司，从而进军碲化镉薄膜太阳能电池产业领域。ARENDISRL 公司隶属于意大利玛切嘉利（Marcegaglia）集团下属的 EuroEnergy 集团。

特别是 2012 年，伴随着美国 Aboundsolar 公司的破产，碲化镉薄膜电池产业也随着整个光伏产业进入了严冬。全球最大的碲化镉光伏电池生产商 FirstSolar 为度过光伏寒冬期，一方面选择与 Intermolecular 公司合作，以期加快材料和流程的研发，缩短高效碲化镉薄膜光伏组件的上市时间。同时，FirstSolar 公司也进军单晶硅电池领域，收购美国单晶硅电池制造商 TetraSun，并于 2014 年下半年开始试验性生产铜基单晶硅电池。为减少成本，FirstSolar 关闭了位于德国法兰克福的一家工厂，裁员 1050 名；闲置了在马来西亚的部分工厂，减少了 30% 的员工，2012 年 FirstSolar 共减少 2000 个工作岗位。

---

① 丰翼：《薄膜太阳能电池国产化之路》，"新材料在线"微信公众号，2016 年 6 月 12 日，https://www.toutiao.com/i6295145382271779329/。

四、砷化镓（GaAs）太阳能电池

砷化镓（GaAs）是镓和砷两种元素所合成的化合物。砷化镓材料在无线通信、光传输、消费电子（如3D人脸识别）和太阳能电池等领域获得广泛应用。

砷化镓属于Ⅲ—Ⅴ族化合物半导体材料，其能隙为1.4eV，正好为高吸收率太阳光的值，与太阳光谱的匹配较适合，且能耐高温，在250℃的条件下，光电转换性能仍然良好，其最高光电转换效率约30%，特别适合做高温聚光太阳电池。

砷化镓电池生产方式和传统的硅晶圆生产方式大不相同，砷化镓需要采用磊晶技术制造，这种磊晶圆的直径通常为4—6英寸，比硅晶圆的12英寸要小得多。磊晶圆需要特殊的机台，同时砷化镓原材料成本高出硅很多，最终导致砷化镓成品IC成本比较高。

磊晶目前有两种，一种是化学的MOCVD，一种是物理的MBE。砷化镓等Ⅲ—Ⅴ化合物薄膜电池的制备主要采用MOVPE和LPE技术，其中MOVPE方法制备砷化镓薄膜电池受衬底位错，反应压力，Ⅲ—Ⅴ比率，总流量等诸多参数的影响。砷化镓光电池大多采用液相外延法或MOCVD技术制备。用砷化镓作衬底的光电池效率高达29.5%（一般在19.5%左右），产品耐高温和辐射，但生产成本高，产量受限，现今主要作空间电源用。

以硅片作衬底，MOCVD技术异质外延方法制造砷化镓电池是降用低成本很有希望的方法。已研究的砷化镓系列太阳电池有单晶砷化镓，多晶砷化镓，镓铝砷—砷化镓异质结，金属—半导体砷化镓，金属—绝缘体—半导体砷化镓太阳电池等。

砷化镓材料的制备类似硅半导体材料的制备，有晶体生长法，直接拉制法，气相生长法，液相外延法等。由于镓比较稀缺，砷有毒，制造成本高，此种太阳电池的发展受到影响。

砷化镓Ⅲ—Ⅴ化合物电池的转换效率可达28%，砷化镓化合物材料具有十分理想的光学带隙以及较高的吸收效率，抗辐照能力强，对热不敏感，适合于制造高效单结电池。

（一）砷化镓（GaAs）太阳能电池技术经济特点和发展现状

从20世纪80年代后，砷化镓太阳能电池技术经历了从LPE到MOCVD，从同质外延到异质外延，从单结到多结叠层结构的几个发展阶段，其发展速度日益加快，效率也不断提高，1998年德国费莱堡太阳能系统研究所制得的砷化镓太阳能电池转换效率为24.2%，为欧洲记录。首次制备的GaInP电池转换效率为14.7%。另外，该研究所还采用堆叠结构制备GaAs，Gasb电池，该电池是将两个独立的电池堆叠在一起，砷化镓作为上电池，下电池用的是GaSb，所得到的电池效率达到31.1%。来自IBM公司数据显示，目前实验室最高效率已达到50%，产业生产转化率可达30%以上。

1. 与硅太阳电池相比，砷化镓（GaAs）太阳电池具有较好的性能：

（1）光电转化率

砷化镓的禁带较硅为宽，使得它的光谱响应性和空间太阳光谱匹配能力较硅好。硅电池的理论效率大概为23%，而单结的砷化镓电池理论效率达到27%，而多结的砷化镓电池理论效率更超过50%。

（2）耐温性

常规上，砷化镓电池的耐温性要好于硅光电池，有实验数据表明，砷化镓电池在250℃的条件下仍可以正常工作，但是硅光电池在200℃就已经无法正常运行。这对于实时有电流充放并产生大量热能的行业，如汽车能增加不少稳定性。

2. 砷化镓（GaAs）薄膜太阳能电池缺点

（1）机械强度

砷化镓较硅质在物理性质上要更脆，这一点使得其加工时比容易碎裂，所以，常把其制成薄膜，并使用衬底［常为Ge（锗）］，来对抗其在这一方面的不利，但是也增加了技术的复杂度。

（2）工艺复杂

尤其是多结砷化镓电池，三结砷化镓太阳能电池有三个P-N结，一般需要生长近30层外延，外延结构的设计、每一层外延生长质量都直接影响整个砷化镓太阳能电池的性能。因而，砷化镓太阳能电池行业具有一定的技术壁垒。

（3）成本高昂

由于砷化镓生产方式和传统的硅晶圆生产方式大不相同，砷化镓需要采用磊晶技术制造，这种磊晶圆的直径通常为4—6英寸，比硅晶圆的12英寸要小得多，磊晶圆需要特殊的机台才行，同时砷化镓原材料成本高出硅很多，镓又比较稀缺，砷是有毒物质，所以成本也会相应高昂。砷化镓材料成本很大程度上限制了砷化镓电池的普及。

（4）电池衰减

由于工艺原因新的砷化镓电池一般颜色更深，这就意味着其热效应就更严重，根据实测数据，早期的电池一般性衰减在10%以上，特别是在使用的头几年呈现高速衰减状态，最高能达到20%左右。即使是砷化镓电池也需要充分降温，才能保证其发电效率和减缓热衰减。电池的衰减也是其成本高昂的原因之一。

（5）封装复杂

砷化镓电池的工艺决定了它的封装面板不能使用钢化玻璃，一般是使用双层普通玻璃封装，生产过程货损与安装损坏率相对较高，另外这种封装模式使其散热问题更加严重，直至目前这个问题都难以解决。

（二）砷化镓（GaAs）太阳能电池应用前景

高效柔性砷化镓薄膜发电技术是目前世界上最薄、最轻、转化效率最高的太阳能柔性薄膜技术，经美国国家可再生能源实验室认证，单结产品转换效率达28.9%，双结产品的转换效率为31.6%。其产品特性：超轻，超薄，可弯曲，易赋型，转换效率高，特别是高温及弱光条件下表现优异。

砷化镓技术难度和成本都很大，难以满足大规模的生产和应用需求。因此砷化镓目前的主要应用集中在空间飞行器电源（主要做太阳能电池帆板）和卫星等其他高端用途，在地面发电系统中逐步有少量的应用（主要做高温聚光太阳能电池）。

1. 聚光光伏电站（CPV）是地面用砷化镓（GaAs）太阳能电池的主要应用

聚光光伏发电是指采用聚光的方式，即用凸透镜或抛物面镜把一定面积上的太阳光通过聚光系统会聚在一个狭小的区域，汇聚后的太阳光通过太阳能电池，利用半导体材料的光伏效应直接转换为电能。这时太阳电池可能产生出相应倍数的电功率。它们具有转化率高，电池占地面积小和耗材少的优点。如果聚光倍数在几倍至几十倍，成为低倍聚光，如果聚光倍数超过一百倍，通常称为高倍聚光。砷化镓可以承受1000倍光强，是目前聚光光伏的常用材料。

火力发电（36.8%）、新式核能电厂（42%—57%）。聚光太阳能电池其太阳能能量转换效率可达31%—40.7%，目前国际上已实现的最高光电转换率达46%。聚光型不同于硅晶太阳能技术，透过多接面化合物半导体可吸收较宽广之太阳光谱能量，可吸收太阳光谱中400—1200nm波长之能量，目前以发展出三接面InGaP/GaAs/Ge的聚光型太阳电池可大幅提高转换效率，而且聚光太阳能电池的耐热性比一般硅晶太阳能电池又来的高。

聚光型太阳电池假如使用聚光倍率为1000倍的透镜时，单位模块的太阳能电池单元的成本可降至结晶硅类电池单元的1/10左右，而所需的面积仅硅晶圆的1/2.5。

现阶段我国的砷化镓太阳能电池的应用领域也仍以空间应用为主，我国发射的卫星上使用的太阳能电池完全由自己生产。在国内航天产业发展需求的带动下，我国在空间用砷化镓太阳能电池的研发和生产取得快速发展，空间用三结砷化镓太阳能电池的光电转换效率已经接近国际先进水平。

2. 飞行器

固定翼无人机拥有较宽的机翼面积，方便其表面容纳大量的太阳能电池片。早在20世纪80年代，美国航天局开发的Helios就已经成功证实了太阳能电池具有巨大潜力，因此砷化镓太阳能电池与无人机的有机结合，为未来无人飞行器的发展带来无限可能。

它可广泛应用于军用、民用和商用市场，如石油天然气管道巡线、农业监控、军用警用巡逻、灾害和应急救援、航拍和土地测绘、自然资源检测、边境和海岸线巡逻、矿业监测等。

其安装在高空长航无人机用于军事作战，具有飞行速度快、留空高度高，提供即时视讯信号等优点。能够使用大视场镜头或者宽波束扫描雷达监视车队、大批量流动的人员、空旷的荒漠和海面零星目标活动等动态趋势,可以提供大范围内战术信息的统计和判别。这类无人机机翼巨大,便于铺装高效砷化镓组件,为燃料电池提供电量互补,可以在海拔 21 千米以上的高空飞行数年,可视为一颗"类卫星"。砷化镓组件的尺寸和电压可定制,可以附着在飞机表面(包括弯曲的表面),其功率重量比为 1W/g,功率密度为 250W/m^2。铺装砷化镓元件可为无人机在飞行过程中提供动力并持续进行充电,可显著延长飞行时间。这样就减少了无人机"硬着陆"的次数,可以进行更大范围的监测、监控、通信任务。

3. 太阳能动力汽车

砷化镓太阳能电池具有柔性可弯曲、质量轻、颜色可调、形状可塑等优势,这些优势都是能够适用于汽车外观设计与制造的重要因素。另外,由于其可塑性强,所以能够获得最大化感光面积,因此可以大幅度提高太阳能发电量,为汽车提供动力。

在车顶和车身上集成砷化镓太阳能电池技术,就可以以太阳能为能源,转化电能为车辆电池充电,同时这些新车还可以使用传统的固定充电设施进行补充电能,能够大大减少电动汽车对充电桩的依赖。

(三)砷化镓(GaAs)太阳能电池竞争态势

目前美国是实现砷化镓薄膜太阳能电池光电转换效率最高的国家,也是最大生产基地,其空间和地面聚光用砷化镓太阳能电池的实际产量约占全球 50%,技术上处于全球领先地位,Emcore 公司和 SpectroLab 公司(波音公司下属的光伏实验室)是全球最主要的砷化镓薄膜太阳能电池制造商。

随着技术和成本降低,聚光光伏电站装机量呈现加速发展态势。根据 HIS 统计,2015 年全球 CPV 累计装机量为 254MV,预计 2020 年有望达到 1362MW,CAGR 为 39.91%,显著高于光伏电站整体增速。

在中国除了航天和特殊需求,其他行业一度很少涉猎。

2014 年,位于美国加州的阿尔塔设备公司(Alta Devices)被中国汉能集团全资并购,成为汉能旗下子公司。汉能 Alta 的移动能源技术,具有高转换效率，配以其轻、薄、柔的特性，使得 Alta 的薄膜太阳能芯片能够在不影响设计外观的情况下，广泛应用于汽车、无人机、无人驾驶系统、卫星、消费类电子产品、传感器、远程探测等各类应用领域。

在过去的十年里，Alta Devices 在光电转换率上屡次突破多项世界纪录。2018 年 6 月，经美国国家可再生能源实验室（National Renewable Energy Laboratory）认证，汉能 Alta 高端装备集团（以下简称"Alta"）的砷化镓薄膜单结电池转化效率达到 28.9%，再次刷新世界纪录。

2017 年 6 月，汉能与奥迪合作开发采用砷化镓薄膜电池技术的太阳能天窗项目。随后，一汽、北汽等中国车企纷纷携手汉能，共同研发应用于多个车型的砷化镓薄膜太阳能车顶。同时，汉能还把砷化镓薄膜太阳能电池应用在无人机上，研发出工业级太阳能无人机。在全球范围内，汉能持有的薄膜太阳能领域专利已超过 4500 项，其中约 50% 是发明专利。

中国风电产业发展现状和展望

施鹏飞[*]

摘　要： 风力发电是可再生能源发电中除水电以外，技术最成熟、环境影响最小、度电成本较低的清洁能源发电方式，现在已经发展成为中国火电和水电之后的第三大电源。本文简要介绍风电的主要特点；中国风能资源的储量和分布；产业规模快速发展的历程及相关激励政策的作用；主要风电设备制造商和风电场开发商的市场份额统计；风电从中国北部大规模集中开发向中东南部转移，靠近电力负荷中心分散开发；海上风电开始启动，探索在不同海域的最佳建设方案，积累实际经验，为将来大规模开发奠定基础；以及中国企业开拓海外风电市场的进展等。文中还讨论风电发展中遇到的体制机制障碍及应对政策措施，并对未来风电技术发展的趋势和产业高质量发展提出建议，以及近期和远期前景展望。

关键词： 风力发电　风能资源　风电机组　海上风电　弃风限电　相关政策

---

[*] 施鹏飞，国际清洁能源论坛（澳门）理事，教授级高级工程师，现任中国风能协会名誉主任。

1. 引言

风能资源是大气沿地球表面流动而产生的动能资源，据中国气象局 2014 年发布的中国风能资源综合分析评估结果，陆地距地面 100 米高度，年平均风功率密度大于等于每平方米 300 瓦的条件下，风能资源的技术开发量为 34 亿千瓦[1]。总体上，中国陆上风能资源丰富的区域在北方，而且有辽阔的非农业土地适合安装风电机组，但是当地电力负荷较小，需要将风电远距离输送到中国东南部电力负荷中心。另外中国具有较长的海岸线，据中国气象局风能太阳能资源评估中心的评估，近海 5—25 米水深范围内风能资源潜在开发量约 2 亿千瓦[2]。

风力发电，简称"风电"，是将风所蕴含的动能转换成电能的工程技术，其中最主要的设备是风力发电机组，简称"风电机组"。风电有以下主要特点：（1）环境效益好，生产电能的过程不排放任何有害气体和废弃物，也不消耗水资源；（2）由多台风电机组构成的风力发电场，简称"风电场"，规模小的容量有几千千瓦，大的能达到几十万千瓦。可以分散建设，基建周期短，有些地方风能资源比较丰富而且具有电力负荷，分散安装风电机组实现就地消纳电量，减少长距离输电的损失；（3）风的能量密度低和转换设备成本高，目前风电上网电价比燃煤火电昂贵，随着风电技术的进步，两者差距将逐步缩小；（4）风电是一种波动和间歇性电源，并网风电输出的电能由大电网输送和消纳，当风电在电网中比例相当大的情况下，需要对风电的输出功率进行预报，供电网调度部门参考。电力系统内设置抽水蓄能电站等调峰电源，可以减少风电波动性的影响。

风电的利用方式分为离网型和并网型两类。离网型风电在牧区、山区和海岛等电网未通达的地方，风电机组发出的电能先储存在蓄电池中，再通过逆变

---

[1] 中国气象局编：《全国风能资源详查和评价报告》，北京：气象出版社 2014 年版。
[2] 中国气象局风能太阳能资源评估中心：《中国风能资源评估（2009）》，北京：气象出版社 2010 年版。

器转换成交流电为家庭的照明和电视机等电器供电，20世纪70年代中期以后，政府将风电作为无电农牧区电气化的重要组成部分，建立研究和推广机构，出台补贴政策，使户用离网型风电机组迅速得到广泛应用，数十万牧民家庭用上了风电。进入21世纪后离网风电的应用从家用电源扩展到为移动通信基站等工业设施供电。离网型风电机组主流产品的单机容量在1千瓦以下，都是国内制造商生产的，部分产品出口国外。根据中国农机工业协会风力机械分会提供的数据，年产量在1987年是2.1万台，以后的20多年增长虽有起伏，到2011年达到峰值18.7万台，离网型风电机组的年产量、总产量、生产能力、出口量均列世界之首。由于电网覆盖面的扩展和光伏发电成本迅速下降等因素影响，离网风电市场开始萎缩，2017年的年产量减少到6.3万台[1]。国际市场对离网型风电机组仍然有需求，从中国海关总署统计的数据看，2017年相关产品出口到116个国家和地区，出口量约为1.5万台（件），金额3580万美元，约合人民币2.2亿元。出口金额最多的国家为：日本1064万美元，意大利658万美元和加拿大315万美元。

并网风电是大规模利用风能的主要方式，中国最早的风电场建于1986年，山东荣成的马兰风电场从丹麦引进三台55千瓦机组成功并网运行。1989年新疆达坂城风电场通过国际合作项目安装了13台丹麦生产的150千瓦机组，建成当时亚洲最大的风电场。1993年原电力部决定将风力发电作为新的清洁电源，改善电力工业结构，制定政策鼓励发展，但是当时依赖价格昂贵的进口设备，风电成本过高，进展缓慢，2000年底累计装机只有35万千瓦。2003年起原国家计委采用风电特许权项目招标的方式，规定项目规模至少10万千瓦，采用的设备国产化率要达到70%，通过竞争选择投资商，降低上网电价。

2006年《中华人民共和国可再生能源法》开始实施，风电进入高速发展阶段，依托庞大的国内市场，风电设备制造商通过引进国外制造技术、联合设计或自主研发等方式，迅速建立大批量生产的能力，单机容量初期以1.5兆瓦为主，后来2兆瓦和3兆瓦机组的比例持续增长，6兆瓦机组已经投入试运行。风电机组的整机技术仍以齿轮箱增速驱动双馈发电机的机型市场份额最

---

[1] 姚修伟：《2017年我国中小型风能设备行业发展概况》，《风能》2018年第7期，第58页。

大，风轮直接驱动永磁同步发电机的机型也在快速增长。在2006年到2017年期间发电企业积极建设风电场，运营容量从127万千瓦增长到1.64亿千瓦，占全国发电装机容量的比例增长到9.2%；风电电量从15亿千瓦时增长到3057亿千瓦时，占全国发电量的比例增长到4.8%，已经发展成为中国火电和水电之后的第三大电源。本文重点阐述中国并网风电产业发展的现状和展望。

2. 风电场建设和运行

2.1 风电新增和累计装机容量

根据中国风能协会对风电机组吊装容量的统计[①]，2017年新增风电装机容量1966万千瓦，同比下降15.9%，风电累计装机容量达到1.88亿千瓦，同比增长11.7%，增速放缓。

吊装容量是完成风电机组整体吊装的风电机组容量，不考虑风电机组是否并网发电。数据主要由整机制造商提供，一般可以反映设备制造的成果。图1所示为2008—2017年中国新增和累计风电装机的吊装容量。

并网容量是并网发电（含调试）风电机组容量，作为电力行业统计的依据。据国家能源局2018年2月1日发布的《2017年风电并网运行情况》，2017年新增并网风电装机容量1503万千瓦，累计并网装机容量达到1.64亿千瓦，占全部发电装机容量的9.2%。风电年发电量3057亿千瓦时，占全部发电量的4.8%，比重比2016年提高0.7个百分点[②]。

由于中国风电场建设速度高于电网接入系统建设进度，所以风电机组吊装容量和并网容量的差别较大。2013—2017年新增和累计装机容量分别见表1和表2。

---

① 中国风能协会：《2017年中国风电装机容量统计》，《风能》2018年第5期，第44页。
② 国家能源局：《2017年风电并网运行情况》，2018年2月1日发布。

本报告2016年及以前的风电并网容量数据来自水电水利规划设计总院发布的年度《中国风电建设统计评价报告》，由于从2017年起不再发布，故本报告2017年风电并网容量数据来自国家能源局或中国电力企业联合会。

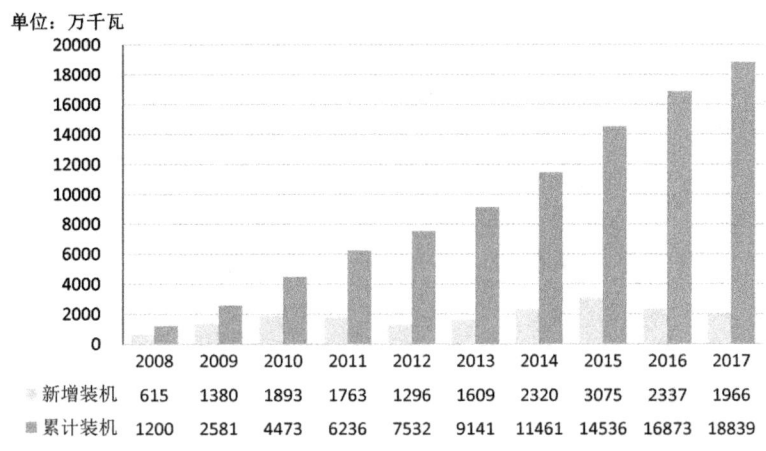

图1 2008—2017年中国新增和累计风电装机容量

资料来源：中国风能协会。

表1 2013—2017年 新增 装机容量　　　　　　　　　万千瓦

年度	新增吊装容量	新增吊装年增长率	新增并网容量	吊装与并网容量差别
2013	1609	24.2%	1449	160
2014	2320	44.2%	2016	304
2015	3075	32.5%	2940	135
2016	2337	−24.0%	2120	217
2017	1966	−15.9%	1503	463

资料来源：吊装容量来自中国风能协会，并网容量2017年以前来自水电水利规划设计总院，2017年来自国家能源局。

表 2　2013—2017 年累计装机容量　　　　　　　　　　万千瓦

年度	累计吊装容量	累计吊装年增长率	累计并网容量	未并网容量	未并网容量比例
2013	9141	21.4%	7716	1425	18.5%
2014	11461	25.4%	9732	1729	17.8%
2015	14536	26.8%	12671	1865	14.7%
2016	16873	16.1%	14791	2082	14.1%
2017	18838	11.6%	16367	2471	15.1%

资料来源：吊装容量来自中国风能协会，并网容量 2017 年以前来自水电水利规划设计总院，2017 年来自国家能源局。

2.2 中国是世界最大的风电市场

根据全球风能理事会（Global Wind Energy Council，GWEC）统计，2017年全世界新增风电装机容量 5257 万千瓦，同比减少 3.9%，见表 3；累计风电装机容量达到 5.4 亿千瓦，年增长率为 10.8%[①]，见表 4。

表 3　2013—2017 年世界风电新增装机容量　　　　　　万千瓦

年度	2013	2014	2015	2016	2017
新增装机容量	3602	5168	6363	5460	5249
年增长率	-20.0%	43.5%	23.1%	-14.2%	-3.9%

资料来源：全球风能理事会。

表 4　2013—2017 年世界风电累计装机容量　　　　　　亿千瓦

年度	2013	2014	2015	2016	2017
累计装机容量	3.19	3.70	4.33	4.87	5.40
年增长率	12.7%	16.0%	17.0%	12.5%	10.8%

资料来源：全球风能理事会。

---

① Global Wind Energy Council（GWEC），Global Wind Report Annual Market Update 2017，April，2018.

2017年中国新增风电装机容量占世界市场份额的37.4%，累计风电装机容量占世界市场份额的34.9%，均居第一位，是世界最大的风电市场。2017年世界风电新增和累计装机容量前5名的国家分别见表5和表6。

表5　2017年世界风电新增装机容量前5名的国家　　　　　　　　万千瓦

国家	中国	美国	德国	印度	巴西
新增装机容量	1966	702	658	415	202
新增市场份额	37.4%	13.4%	12.5%	7.9%	3.8%

资料来源：全球风能理事会。

表6　2017年世界风电累计装机容量前5名的国家　　　　　　　　万千瓦

国家	中国	美国	德国	印度	西班牙
累计装机容量	18839	8908	5613	3285	2317
年增长率	11.7%	8.4%	12.2%	14.5%	0.4%
累计市场份额	34.9%	16.5%	10.4%	6.1%	4.3%

资料来源：全球风能理事会。

2.3　风电在全国电力结构中的比例逐年上升

从2013—2017年装机容量由6.1%升至9.2%，上网电量由2.5%升至4.8%，是火电和水电之后的第三大电源，正在由替代能源向主力能源转变。2013—2017年风电装机容量和上网电量在电力工业中的比例见表7。

表7　2013—2017年风电装机容量和上网电量在电力工业中的比例

年度	风电累计并网容量（亿千瓦）	全国电力装机容量（亿千瓦）	风电装机容量比例	风电年发电量（亿千瓦时）	全国电力年发电量（亿千瓦时）	风电年发电量比例
2013	0.77	12.58	6.1%	1357	53473	2.5%
2014	0.97	13.70	7.1%	1550	55459	2.8%
2015	1.27	15.08	8.4%	1841	56045	3.3%
2016	1.48	16.46	9.0%	2375	59874	4.0%
2017	1.64	17.77	9.2%	3057	64179	4.8%

资料来源：风电数据2017年以前来自水电水利规划设计总院，2017年风电数据和历年全国电力数据来自中国电力企业联合会。

2.4 风电装机的地区分布

与 2016 年相比，2017 年中国华北地区、华东地区和中南地区占比均出现了增长，中南地区占比由 13% 增长到 23%，华东地区占比由 20% 增长到 23%；西北地区和西南地区均出现减少，其中西北地区占比由 26% 下降到 17%；东北地区占比维持不变。2015—2017 年中国各地区的风电新增装机容量所占比例见表 8。

表 8 2015—2017 年中国各地区的风电新增装机容量所占比例

地区	"三北"	华北	华东	中南	西北	西南	东北
2015	64.0%	20%	13%	9%	38%	14%	6%
2016	53.0%	24%	20%	13%	26%	14%	3%
2017	45.0%	25%	23%	23%	17%	9%	3%

资料来源：中国风能协会。

东北、华北和西北合称"三北"地区，弃风限电最为严重，包含了 2016 年评为投资预警为红色的黑龙江、吉林、内蒙古、宁夏、甘肃和新疆等省区，不核准新项目，风电新增装机容量所占比例明显下降。

图 2 所示为 2013—2017 年中国各区域新增风电装机容量趋势。

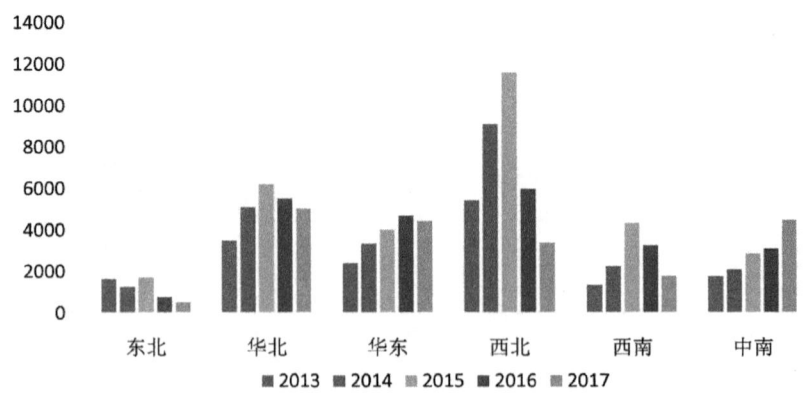

图 2 2013—2017 年中国各区域新增风电装机容量趋势（单位：兆瓦）

资料来源：中国风能协会。

2.5 风电装机的省（区、市）分布

2017年新增风电装机容量超过100万千瓦的省区有河北、山东、江苏、内蒙古、青海、山西、河南和湖南，累计风电装机容量超过1000万千瓦的省区有内蒙古、新疆、河北、山东、山西、甘肃和宁夏（见表9）。

表9 2017年省（区、市）风电装机容量　　　　万千瓦

序号	省（区、市）	新增吊装容量	新增吊装容量市场份额	序号	省（区、市）	累计吊装容量	累计吊装容量市场份额
1	河北	212	10.8%	1	内蒙古	2951	15.7%
2	山东	152	7.7%	2	新疆	1945	10.3%
3	江苏	151	7.7%	3	河北	1483	7.9%
4	内蒙古	144	7.3%	4	山东	1270	6.7%
5	青海	135	6.9%	5	山西	1032	5.5%
6	山西	131	6.7%	6	甘肃	1311	5.4%
7	河南	125	6.4%	7	宁夏	1026	5.4%
8	湖南	115	5.8%	8	云南	853	4.5%
9	陕西	85	4.3%	9	辽宁	812	4.3%
10	广西	82	4.2%	10	江苏	760	4.0%
11	湖北	77	3.9%	11	黑龙江	669	3.6%
12	宁夏	73	3.7%	12	吉林	548	2.9%
13	四川	69	3.5%	13	贵州	422	2.2%
14	云南	56	2.8%	14	陕西	420	2.2%
15	广东	51	2.6%	15	广东	405	2.1%
16	江西	48	2.4%	16	湖南	397	2.1%
17	福建	48	2.4%	17	河南	361	1.9%
18	贵州	43	2.2%	18	湖北	324	1.7%
19	新疆	42	2.1%	19	福建	299	1.6%
20	辽宁	34	1.7%	20	青海	276	1.5%
21	安徽	33	1.7%	21	四川	246	1.3%

续表

序号	省(区、市)	新增吊装容量	新增吊装容量市场份额	序号	省(区、市)	新增吊装容量	新增吊装容量市场份额
22	黑龙江	15	0.8%	22	安徽	228	1.2%
23	天津	15	0.8%	23	广西	226	1.2%
24	浙江	13	0.7%	24	江西	209	1.1%
25	重庆	8	0.4%	25	浙江	150	0.8%
26	甘肃	5	0.3%	26	上海	71	0.4%
27	吉林	3	0.2%	27	天津	48	0.3%
28	上海	0	0.0%	28	重庆	42	0.2%
29	海南	0	0.0%	29	海南	35	0.2%
30	北京	0	0.0%	30	北京	19	0.1%
31	西藏	0	0.0%	31	西藏	0.75	0.0%
	全国	1966	100.0%		全国	18838	100.0%

资料来源：中国风能协会。

2.6 海上风电装机

2017年，中国海上风电取得突破进展，新增装机共319台，新增装机容量达到116万千瓦，同比增长97%；累计装机达到279万千瓦。图3所示为2013—2017年中国海上风电新增和累计装机容量。

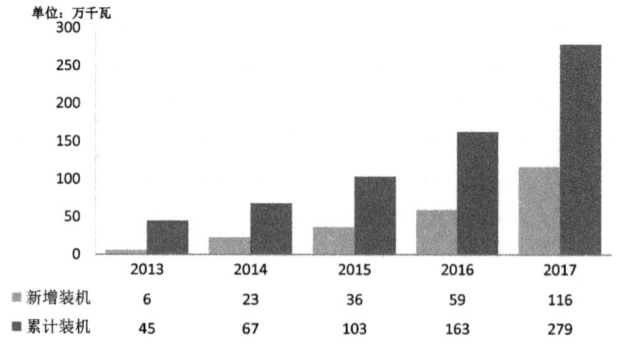

图3　2013—2017年中国海上风电新增和累计装机容量

资料来源：中国风能协会。

2017年共有8家制造企业有新增装机,其中,上海电气新增装机容量最多,共吊装147台,容量为58.8万千瓦,占比达到50.5%。2017年中国风电制造企业新增和累计海上装机容量分别见表10和表11。图4所示为2017年中国风电制造企业海上累计装机容量。

表10 2017年中国风电制造企业新增海上装机容量

制造企业	单机容量（兆瓦）	新增装机台数	新增装机容量（万千瓦）	新增市场份额
上海电气	4.0	147	58.8	50.5%
金风科技	2.5	77	19.25	—
	3.0	5	1.5	—
	3.3	1	0.33	—
金风科技汇总		83	21.08	18.1%
远景能源	4.0	50	20.0	17.2%
中国海装	5.0	21	10.5	9.0%
明阳智能	3.0	10	3.0	2.6%
联合动力	3.0	5	1.5	1.3%
太原重工	5.0	2	1.0	0.9%
东方电气	5.0	1	0.5	0.4%
总计		319	116.38	100.0%

资料来源：中国风能协会。

表11 2017年中国风电制造企业累计海上装机容量

制造企业	累计装机容量（万千瓦）	累计市场份额
上海电气	153.6	55.1%
远景能源	38.1	13.7%
金风科技	37.4	13.4%
华锐风电	17.0	6.1%
中国海装	14.4	5.2%

续表

制造企业	累计装机容量（万千瓦）	累计市场份额
湘电风能	5.8	2.1%
联合动力	5.4	1.9%
明阳智能	4.2	1.5%
东方电气	1.5	0.5%
太原重工	1.0	0.4%
三一重能	0.4	0.1%
总计	278.8	100.0%

资料来源：中国风能协会。

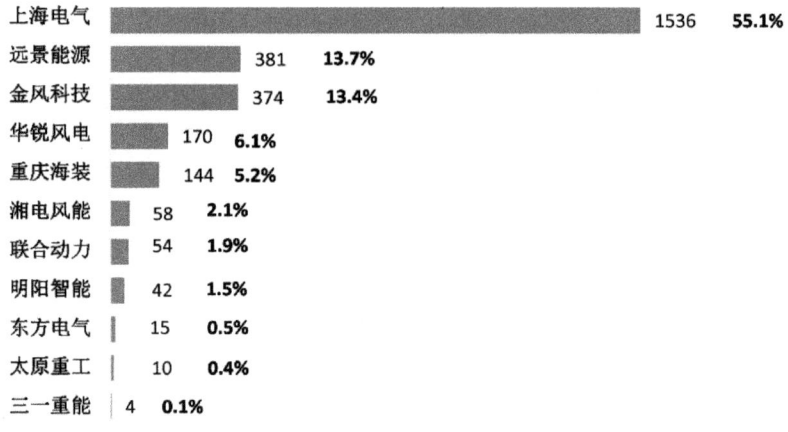

图4　2017年中国风电制造企业海上累计装机容量（单位：兆瓦）

资料来源：中国风能协会。

江苏省海上风电装机容量位居全国首位，新增装机容量达到97万千瓦，新增容量市场份额占83%；累计装机达到217万千瓦，累计容量市场份额占78%。2017年各省（市）海上风电装机容量见表12。

表 12 2017 年各省（市）海上风电装机容量 万千瓦

省市	新增装机容量（万千瓦）	新增市场份额	累计装机容量（万千瓦）	累计市场份额
江苏	96.8	83.2%	217.4	77.9%
上海	—	—	30.5	10.9%
福建	6.5	5.6%	13.6	4.9%
广东	4.5	3.9%	4.7	1.7%
浙江	4.4	3.8%	4.4	1.6%
河北	3.6	3.1%	3.6	1.3%
天津	—	—	2.7	1.0%
山东	—	—	1.5	0.5%
辽宁	0.6	0.5%	0.8	0.3%
总计	116.4	100.0%	279.2	100.0%

资料来源：中国风能协会。

2.7 风电场主要运行指标

2.7.1 年利用小时数（年等效满负荷小时数）

是风电场的年上网电量除以装机容量得到的参数，与风能资源、机组运行效率和弃风限电等因素有关，和机组实际运行时间无关，一般应当在 2000 小时左右。

2017 年，全国风电平均利用小时数 1948 小时，同比增加 203 小时。2017 年，全国风电平均利用小时数较高的地区是福建（2756 小时）、云南（2484 小时）、四川（2353 小时）和上海（2337 小时）。

2.7.2 弃风限电有所好转

弃风率是指受供电负荷水平和电网调峰的影响，风电场出力被调度运行管理的水平。即仅由于电网调度因素造成损失的上网电量与应上网电量之比。2017 年全国全年弃风电量 419 亿千瓦时，同比减少 78 亿千瓦时，全年弃风率为 12.1%，同比下降约 5 个百分点，弃风限电形势好转。

2017 年，弃风率超过 10% 的地区是甘肃（弃风率 33%、弃风电量 92 亿千瓦时)、新疆（弃风率29%、弃风电量133亿千瓦时）、吉林（弃风率21%、弃风电量23亿千瓦时）、内蒙古（弃风率15%、弃风电量95亿千瓦时）和黑龙江（弃风率14%、弃风电量18亿千瓦时）。

2011—2017年中国风电年平均利用小时数和弃风率变化情况见表13。

表13 2011—2017年中国风电年平均利用小时数和弃风率

年度	2011	2012	2013	2014	2015	2016	2017
利用小时数	2048	1959	2074	1908	1731	1806	1948
同比增减	-125	-89	115	-166	-177	75	142
上网电量（亿千瓦时）	715	1008	1357	1551	1863	2375	3057
弃风电量（亿千瓦时）	121	208	162	149	339	497	419
弃风率	14.5%	17.1%	10.7%	8.8%	15.4%	17.3%	12.1%
同比增减	9.5%	2.6%	-6.4%	-2.7%	7.0%	2.3%	-5.2%

资料来源：2017年以前来自水电水利规划设计总院，2017年来自国家能源局。

2.8 风电产业后市场的兴起

中国已有约1.8亿千瓦的风电机组投入运行，大约形成1.3万亿元固定资产，如何保证这些设备在20年寿命期内正常发电，提高效益，使投资获得应有回报，促使运行维护的后市场开始兴起。按照装机资产1.0%—1.5%估算，现有后市场的规模约每年130亿—200亿元，而且随着装机规模逐年增加。

当前参与这个后市场的主体有开发商的运维团队、整机制造商运维团队、第三方运维服务机构、零部件及消耗品（油品）供应商等。开发商运维团队属于风电场业主自行运维的模式，具有业务内部化，受合同方制约少，保留固有运行机制的特点，但也存在国有企业体制局限，管理成本高，专业人才容易流失的问题。整机制造商承担运维业务的优势在于精通本企业产品技术性能，保证服务质量，可是对其他企业产品则相对稍差一些。第三方专业化运维公司相对独立，将运维作为主营业务，有利于对风电场业主拥有的多家制造商机组提供服务，机制灵活，收费相对较低。然而对于整个风电场集约化信息化管理能力还欠缺，而且当前缺乏相应的标准和规范，没有进入和考核门槛，服务质量有待提高。

经过几年的发展，风电产业后市场初具规模，管理机制逐步完善，技术和服务水平提升，向精细化深入。各种运维模式扬长避短，在市场中共存，业主自行运维占50%、制造商承担运维占30%，其余20%是第三方运维公司的份额。

3. 风电场开发商

中国风电场投资和开发商主要是中央和地方国有发电企业、能源投资企业，民营和国外企业较少，有的参股到国有控股的项目公司。2017年，中国风电有新增装机的开发企业共80多家，前15家装机容量合计接近1500万千瓦，占比达到76%。图5所示为2017年中国风电开发商新增装机容量。

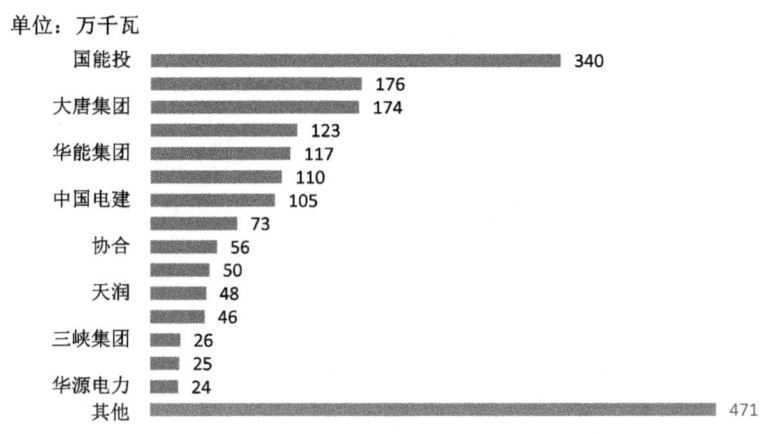

图5 2017年中国风电开发商新增装机容量

资料来源：中国风能协会。

说明：国能投的统计为国电集团和神华集团的数据之和。
　　　华能集团的统计为华能新能源和其他分公司数据之和。
　　　华润集团的统计为华润电力和华润新能源的数据之和。
　　　中国电建统计为中水电、中水顾问和中水建数据之和

截至2017年底，前10家开发企业累计装机容量合计超过1.3亿千瓦，占

比达到71%。图6所示为截至2017年底中国风电开发商累计装机容量。

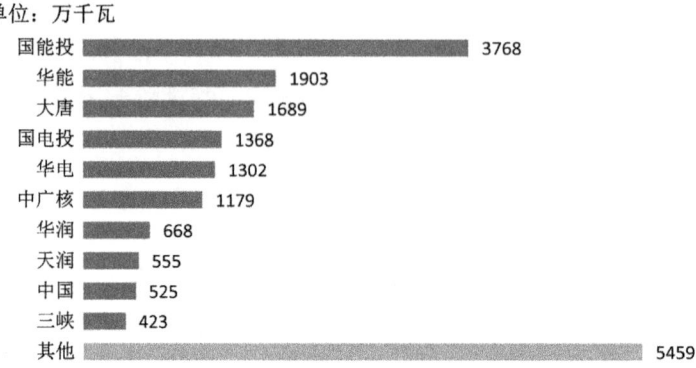

图6 截至2017年底中国风电开发商累计装机容量

资料来源：中国风能协会。

说明：国能投的统计为国电集团和神华集团的数据之和。

华能集团的统计为华能新能源和其他分公司数据之和。

华电集团的统计为华电国际、华电新能源及其他分公司数据之和。

华润集团的统计为华润电力和华润新能源的数据之和。

中国电建统计为中水电、中水顾问和中水建数据之和。

2017年部分风电开发商新增和累计装机容量及份额见表14。

表14 2017年部分开发商新增和累计风电装机容量

开发商	新增容量（万千瓦）	新增份额（%）	开发商	累计容量（万千瓦）	累计份额（%）
国家能源集团	340	17.3%	国家能源集团	3768	20.0%
国家电投	176	9.0%	华能集团	1903	10.1%
大唐集团	174	8.9%	大唐集团	1689	9.0%
华润集团	123	6.3%	国家电投	1368	7.3%
华能集团	117	6.0%	华电集团	1302	6.9%
中广核	110	5.6%	中广核	1179	6.3%

续表

开发商	新增容量（万千瓦）	新增份额（%）	开发商	累计容量（万千瓦）	累计份额（%）
中国电建	105	5.3%	华润集团	668	3.5%
国家电网	73	3.7%	天润	555	2.9%
协和	56	2.8%	中国电建	525	2.8%
洁源	50	2.5%	三峡集团	423	2.2%
天润	48	2.4%	—	—	—
华电集团	46	2.3%	—	—	—
三峡集团	26	1.3%	—	—	—
新天绿色能源	25	1.3%	—	—	—
华源电力	24	1.2%	—	—	—
其他	471	24.0%	其他	5459	29.0%
总计	1966	100%	总计	18838	100%

资料来源：中国风能协会。

4. 风电设备制造业

4.1 国内市场

2017年当年新增装机超过200万千瓦的制造商有金风科技、远景能源和明阳智能。累计装机容量超过1000万千瓦的制造商有7家，其中金风科技累计装机容量达到4270万千瓦，占国内市场的23%。

2017年各制造商新增和累计装机容量及市场份额见表15。图7所示为2017年中国风电制造商累计市场份额。

表 15　2017 年风电机组制造商 新增和累计 装机容量及市场份额

序号	制造商	新增容量（万千瓦）	市场份额	序号	制造商	累计容量（万千瓦）	市场份额
1	金风科技	523	26.6%	1	金风科技	4270	22.7%
2	远景能源	304	15.4%	2	联合动力	1766	9.4%
3	明阳智能	246	12.5%	3	华锐风电	1647	8.7%
4	联合动力	131	6.7%	4	明阳智能	1453	7.7%
5	中国海装	116	5.9%	5	东方电气	1269	6.7%
6	上海电气	112	5.7%	6	远景能源	1193	6.3%
7	湘电风能	93	4.7%	7	上海电气	1017	5.4%
8	运达风电	83	4.2%	8	湘电风能	920	4.9%
9	东方电气	80	4.1%	9	中国海装	828	4.4%
10	华创风能	73	3.7%	10	Vestas	594	3.2%
11	三一重能	42	2.1%	11	运达风电	571	3.0%
12	中车风电	41	2.1%	12	华创风能	481	2.6%
13	Vestas	39	2.0%	13	Siemens Gamesa	464	2.5%
14	许继风电	18	0.9%	14	中车风电	402	2.1%
15	GE	16	0.8%	15	三一重能	324	1.7%
16	Siemens Gamesa	11	0.6%	16	GE	235	1.2%
17	中人能源	11	0.6%	17	华仪风能	213	1.1%
18	华仪风能	10	0.5%	18	航天万源	170	0.9%
19	太原重工	7	0.3%	19	京城新能源	168	0.9%
20	航天万源	5	0.3%	20	许继风电	154	0.8%
21	京城新能源	5	0.2%	—	—	—	—
22	久和能源	2	0.1%	—	其他	699	3.7%
—	合计	1966	100%	—	合计	18838	100.0%

资料来源：中国风能协会。

中国风电产业发展现状和展望

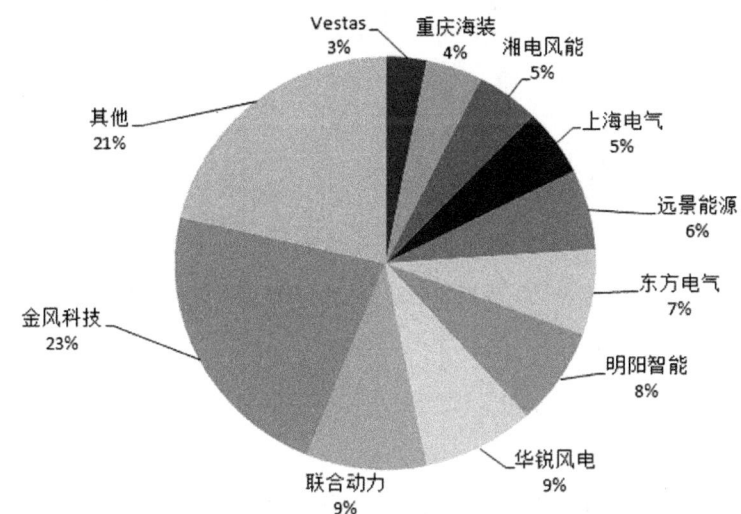

图 7　2017 年中国风电制造商累计市场份额

资料来源：中国风能协会。

风电整机制造商的市场份额逐渐趋于集中。2017 年累计装机的市场份额前 5 位占到 55%，前 10 位市场份额占到 79%。新增装机的市场份额前 5 位制造商由 2013 年的 54%增加到 2017 年的 67%，前 10 位制造商由 2013 年的 78%增长到 2017 年的 90%。2013—2017 年制造商新增容量市场份额集中度变化情况见表 16。图 8 所示为 2013—2017 年中国风电整机制造企业国内新增装机份额集中度变化情况。

表 16　2013—2017 年制造商新增容量市场份额集中度变化情况

	2013	2014	2015	2016	2017
前 5 名市场份额	54.1%	55.3%	58.3%	60.1%	67.1%
前 10 名市场份额	77.8%	80.3%	81.2%	84.2%	89.5%

资料来源：中国风能协会。

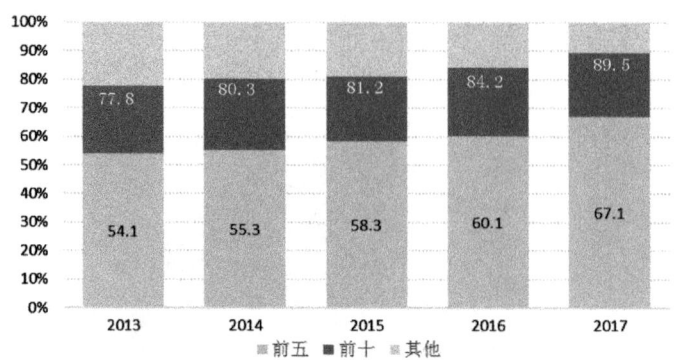

图 8　2013—2017 年中国风电整机制造企业国内新增装机份额集中度变化情况

资料来源：中国风能协会。

4.2 国际市场

在开拓国际市场方面，2017 年有 6 家整机制造企业分别向 12 个国家出口风电机组，容量达到 64.1 万千瓦。其中，金风科技出口量最大，出口到 6 个国家，合计 197 台，出口容量为 39.95 万千瓦；其次是远景能源，出口 51 台到两个新兴市场国家，出口容量 11.6 万千瓦。截至 2017 年底，中国制造的风电机组累计出口容量达到 320.5 万千瓦。

图 9 所示为 2013—2017 年中国风电机组出口容量，2017 年中国风电整机制造商当年出口到国际市场情况见表 17。

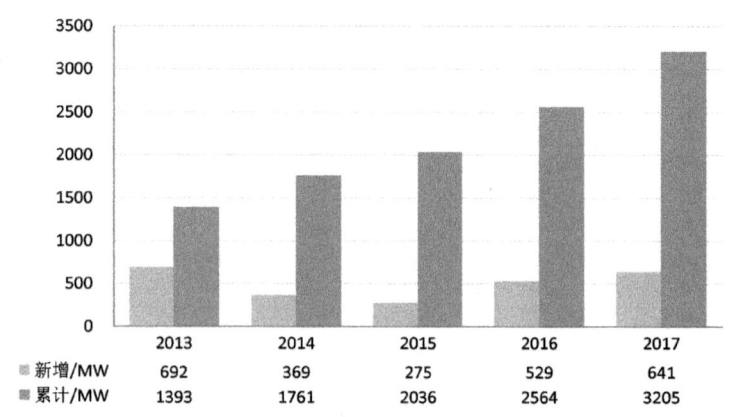

图 9　2013—2017 年中国风电机组出口容量（单位：兆瓦）

资料来源：中国风能协会。

中国风电产业发展现状和展望

表17 2017年中国风电整机制造商当年出口到国际市场情况

制造商	单机容量（兆瓦）	出口国家	已发运台数	容量（万千瓦）	汇总容量（万千瓦）	市场份额
金风科技	1.5	巴基斯坦	66	9.9	—	—
	2.5	美国	20	3.0		
		土耳其	7	1.05		
		澳大利亚	30	7.5		
		菲律宾	16	4.0		
		美国	51	12.75		
		智利	7	1.75		
金风科技汇总			197	—	39.95	62.3%
远景能源	2.0	黑山共和国	23	4.6	—	—
	2.5	墨西哥	28	7.0		
远景能源汇总			51		11.6	18.1%
中国海装	2.0	巴基斯坦	25		5.0	7.8%
东方电气	2.5	俄罗斯	14		3.5	5.5%
联合动力	1.5	南非	15		2.25	3.5%
湘电风能	2.0	法国	7	1.4	—	—
		摩洛哥	2	0.4		
湘电风能汇总			9		1.8	2.8%
总计	—	—	311	—	64.1	100%

资料来源：中国风能协会。

截至2017年底，中国风电机组累计出口容量达到320万千瓦，出口到33个国家，较2016年新增加5个国家（包括墨西哥、黑山共和国、菲律宾、法国和摩洛哥）；其中向美国出口的风电机组容量最多，占出口总容量的17%。其次是巴基斯坦、澳大利亚、南非，出口占比分别为13%、11%和9%。2017年中国风电整机制造商当年和累计出口到的国家及市场份额见表18。

表18 2017年中国风电整机制造商累计出口到国际市场情况

国家	当年出口容量（万千瓦）	市场份额	国家	累计出口容量（万千瓦）	市场份额
美国	15.75	24.6%	美国	55.2	17.2%
巴基斯坦	14.9	23.2%	巴基斯坦	42.7	13.3%
澳大利亚	7.5	11.7%	澳大利亚	36	11.2%
墨西哥	7	10.9%	南非	29.9	9.3%
黑山共和国	4.6	7.2%	巴拿马	27	8.4%
菲律宾	4	6.2%	埃塞俄比亚	20.4	6.4%
俄罗斯	3.5	5.5%	瑞典	13.4	4.2%
南非	2.25	3.5%	土耳其	12.4	3.9%
智利	1.75	2.7%	泰国	11.2	3.5%
法国	1.4	2.2%	意大利	9.2	2.9%
土耳其	1.05	1.6%	智利	7.7	2.4%
摩洛哥	0.4	0.6%	墨西哥	7	2.2%
—	—	—	保加利亚	5.2	1.6%
—	—	—	罗马尼亚	5	1.6%
—	—	—	伊朗	5	1.6%
—	—	—	黑山共和国	4.6	1.4%
—	—	—	菲律宾	4	1.2%
—	—	—	法国	3.7	1.2%
—	—	—	西班牙	3.6	1.1%
—	—	—	印度	3.6	1.1%
—	—	—	俄罗斯	3.5	1.1%
—	—	—	巴西	3.5	1.1%
—	—	—	塞浦路斯	2	0.6%
—	—	—	厄瓜多尔	1.7	0.5%
—	—	—	白俄罗斯	0.9	0.3%
—	—	—	芬兰	0.5	0.2%

续表

国家	当年出口容量（万千瓦）	市场份额	国家	累计出口容量（万千瓦）	市场份额
—	—	—	古巴	0.5	0.2%
—	—	—	摩洛哥	0.4	0.1%
—	—	—	英国	0.4	0.1%
—	—	—	丹麦	0.4	0.1%
—	—	—	玻利维亚	0.3	0.1%
—	—	—	哈萨克斯坦	0.2	0.1%
—	—	—	乌兹别克斯坦	0.1	0.0%
总计	64.1	100%	总计	320.5	100%

资料来源：中国风能协会。

4.3 2017年风电机组制造商的发展状态

第一类是2017年新增装机容量超过300万千瓦前两名的企业，金风科技遥遥领先，达到523万千瓦，远景能源后来居上，这两家企业市场份额占2017年的42%，比2016年提高6个百分点。它们的共同特点是开放包容，依托在欧洲和国内强大的研发创新能力加上严格管理，坚持高质量产品及合理价格的同时，很早就为客户提供风电项目全寿命周期解决方案，从风电场风能资源评估，机位选址，定制化机型供应到智能运行维护管理等，使业主能够获得最大的投资回报，因而取得越来越多用户的认可。它们在业内率先抵制只卖低价产品导致市场恶性竞争的不良倾向。

第二类是2017年新增装机容量在80万千瓦和300万千瓦之间的制造商，包括不断进取机制灵活的民营企业明阳智能，还有具备雄厚央企技术经济实力背景的制造商，包括联合动力、中国海装、上海电气、湘电风能、运达风电和东方电气等。

第三类是2017年新增装机容量在15万千瓦和75万千瓦之间的制造商，有华创风能、三一重能、中车风电、Vestas、许继风电和GE等。外国品牌制造商拥有技术优势,但是价格较高,保持了较小的市场份额。

其他市场份额更小的风电机组制造商,除了国际巨头 Siemens Gamesa 仅为保持中国市场外,其余的将面临并购重组的整合。

5. 风电机组机型统计

5.1 风电机组平均功率持续增加

2017 年中国新增装机的风电机组平均功率 2.1 兆瓦,同比增长 8%;截至 2017 年底,累计装机的风电机组平均功率为 1.7 兆瓦,同比增长 2.6%。图 10 所示为 1991—2017 年中国新增和累计装机的风电机组平均功率。

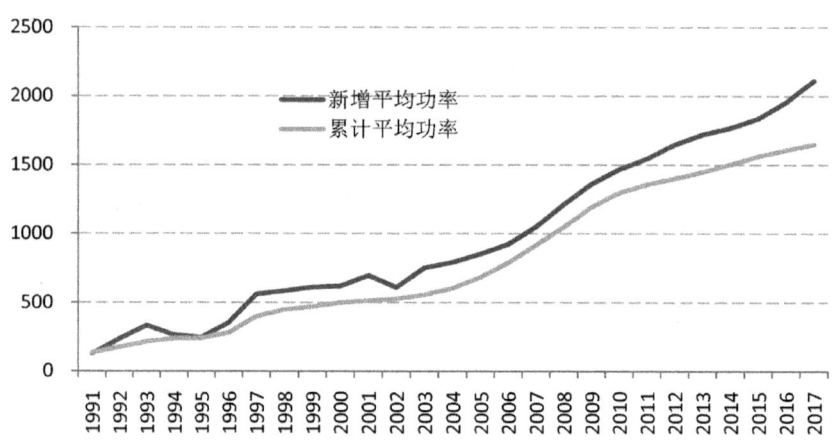

图 10　1991—2017 年中国新增和累计装机的风电机组单机平均功率（单位：千瓦）

资料来源：中国风能协会。

不同单机容量的机组,2017 年新增装机占比变化最大的是 2.1 至 2.9 兆瓦机组,较前一年提高 10.9%,而 1.5 兆瓦机组则比前一年下降 11.6%。2017 年累计装机占比变化最大的是 2.0 兆瓦机组,较前一年提高 2.8%,而 1.5 兆瓦机组则比前一年下降 4.6%。2017 年不同单机容量的风电机组新增与累计装机容量比例见表 19。图 11 所示为 2017 年中国不同功率风电机组新增装机容量比例。

表19 2017年不同单机容量的风电机组新增与累计装机容量比例

机组单机容量（兆瓦）	新增装机容量比例 2016	新增装机容量比例 2017	同比变化	累计装机容量比例 2016	累计装机容量比例 2017	同比变化
小于1.5	0.2%	0	-0.2%	6.6%	5.9%	-0.7%
1.5	17.8%	6.2%	-11.6%	50.4%	45.8%	-4.6%
1.6—1.9	1.5%	1.1%	-0.4%	1.4%	1.4%	0.0%
2.0	60.9%	59.0%	-1.9%	32.2%	35.0%	+2.8%
2.1—2.9	15.2%	26.1%	+10.9%	6.9%	8.9%	+2.0%
3—3.9	2.6%	2.9%	+0.3%	2.0%	2.1%	+0.1%
4及以上	1.9%	4.7%	+2.8%	0.5%	1.0%	+0.5%

资料来源：中国风能协会。

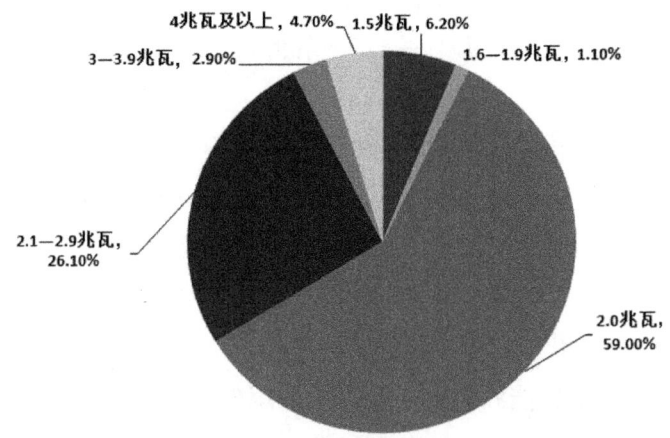

图11 2017年中国风电机组新增装机的不同单机容量（单位：兆瓦）及市场份额

资料来源：中国风能协会。

在吊装的最大海上风电机组中，有金风科技、明阳智能研发的6兆瓦机型，湘电风能、中国海装研发的5兆瓦机型等。

5.2 低风速风电机组发展迅速

为了适应低风速地区的发展，相同单机容量的机组风轮直径逐渐增大，争取在低风速资源条件下达到年利用小时数（等效满负荷小时数）2000小时的目标。

1.5兆瓦风电机组中风轮直径93米及以上的装机不断增多，最大为121米；2.0兆瓦风电机组中，111米及以上风轮直径明显增多，最大为127米。3.0兆瓦风电机组中，最大风轮直径已经达到135米。

另外在低风速区域为获得较高风速，增加塔架高度也是一个趋势，2017年在全国新吊装的风电机组中，有的轮毂中心高度达到140米。

6. 近两年出台主要的相关风电产业政策

6.1 年度规模管理

"十三五"规划对风电建设布局有较大调整，以促进风电就地消纳为导向，将风电开发的重点区域从"三北"（东北、华北和西北）向中东部和南方电力负荷中心地区转移。

随着风电管理简政放权向纵深推进，由国家能源局负责规模编制以及年度建设监管，地方能源主管部门负责具体项目的资源配置、核准、建设和运行的管理模式逐步成形。进一步增加中东部地区装机规模比例，优化布局。明确国家不再统一印发带有具体项目的风电核准计划，仅对全国的总建设规模和布局进行规定，进一步简化了风电项目的审批流程。

2017年7月在国家能源局关于可再生能源发展"十三五"规划实施的指导意见中，附有《2017—2020年风电新增建设规模方案》，根据"十三五"规划、本地消纳能力和各地区报送方案提出的初步规模，编制出各省市2017、2018、2019和2020年每年的风电新增建设规模方案，投资预警结果为绿色地区可在实际建设中自行调整；预警结果属于红色的吉林、黑龙江、甘肃、宁夏、内蒙古和新疆等省区暂不下达各年度新增建设规模，待弃风限电缓解后另行下达；方案中不含特高压输电通道配套的风电基地和海上风电建设规模。特高压通道配套风电基地规模，根据特高压通道规划、启动时间和建设周期另行单独配置，原则上风电可按特高压通道输送风电最大能力配置；分散式风电严格按照有关技术规定和规划执行，不受年度建设规模限制。

6.2 风电并网和消纳管理

2017年11月国家发展和改革委员会和国家能源局印发《解决弃水弃风弃光问题实施方案》，要求严格落实《可再生能源法》规定的可再生能源发电全额保障性收购制度，在保障电网安全稳定的前提下，实现可再生能源无歧视、无障碍上网，为可再生能源持续健康发展创造良好的市场环境。

对风电提出的目标是甘肃、新疆弃风率降至30%左右，吉林、黑龙江和内蒙古弃风率降至20%左右。实施的方案包括实行可再生能源电力配额制；落实可再生能源优先发电制度；推进可再生能源电力参与市场化交易，即在国家核定最低保障收购年利用小时数的地区，对最低保障收购年利用小时数之外的可再生能源电量，鼓励通过市场化交易促进消纳利用。

方案中还强调充分发挥电网关键平台作用，提升可再生能源电力输送水平；优化电网调度运行；充分发挥省际联络线互济作用；完善省级电网企业间调度协调和资源共享；建立省际调峰资源和备用的共享机制，提高现有输电通道利用效率。明确可再生能源电力与煤电联合外送输电通道中可再生能源占总输送电量的比重指标。

在电源方面将加快优化电源结构与布局。统筹煤电与可再生能源电力发展；优化可再生能源电力发展布局；切实提高电力系统调峰能力。

在电力消纳方面要多渠道拓展可再生能源电力本地消纳。推行自备电厂参与可再生能源电力消纳；加快实施电能替代。鼓励可再生能源富集地区布局建设的电力制氢、大数据中心、云计算中心、电动汽车及配套设施等优先消纳可再生能源电力。重点在居民采暖、生产制造、交通运输、电力供应与消费四个领域，试点或推广电采暖、各类热泵、工业电锅炉（窑炉）、农业电排灌、船舶岸电、机场桥载设备、电蓄能调峰等电力消纳和利用设施。

提升电力需求侧响应能力。挖掘电力需求侧管理潜力，建立需求侧参与市场化辅助服务补偿机制，培育灵活用电负荷，引导负荷跟随系统出力调整，有效减少弃电率。

大力推广可再生能源电力供热。在风能、太阳能和水能资源富集地区，积极推进各种类型电供热替代燃煤供热。鼓励风电等可再生能源电力富集地区开展可再生能源电力供暖专项交易，实现可再生能源电力消纳与北方地区清洁供暖相互促进。

6.3 绿色电力证书核发及自愿认购交易

为引导全社会绿色消费，促进清洁能源消纳利用，进一步完善风电、光伏发电的补贴机制，2017年年初，国家发展和改革委员会、财政部和国家能源局下发《关于试行可再生能源绿色电力证书核发及自愿认购交易制度的通知》。绿色电力证书是国家对发电企业每兆瓦时非水可再生能源上网电量颁发的具有独特标识代码的电子证书，是非水可再生能源发电量的确认和属性证明以及消费绿色电力的唯一凭证。

绿色电力证书自2017年7月1日起正式开展认购工作，认购价格按照不高于证书对应电量的可再生能源电价附加资金补贴金额，由买卖双方自行协商或者通过竞价确定认购价格。

风电、光伏发电企业出售可再生能源绿色电力证书后，相应的电量不再享受国家可再生能源电价附加资金的补贴。

国家可再生能源信息管理中心依托可再生能源发电项目信息管理系统，建设和管理全国绿色电力证书核发和认购平台，做好风电、光伏发电企业的绿色电力证书核发工作，并组织开展全国绿色电力证书认购工作。国家可再生能源信息管理中心定期统计并向全社会发布风电、光伏发电企业绿色电力证书的售卖信息。

6.4 启动风电平价上网示范项目

作为市场主力的2兆瓦风电机组的价格（不含塔架），从2015年的每千瓦约4300元下降到2017年的每千瓦约3900元，2018年呈现继续下降的趋势，成为降低发电成本的良好基础。

近年来，风电开发利用技术不断进步，应用规模持续扩大，经济性显著提升，部分资源条件较好的地区已具备了零补贴上网的技术条件。为引导和促进可再生能源产业持续健康发展，提高风电的市场竞争力，推动实现风电在发电侧平价上网，拟在全国范围内开展风电平价上网示范工作，2017年5月，国家能源局综合司下发关于开展风电平价上网示范工作的通知，要求各地申报项目。

示范项目建设规模由各省（区、市）、新疆兵团能源主管部门商电网企业确定，不受年度规模指标的限制。风电红色预警地区，应严格限定示范项目的规模，风电平价上网示范的规模不超过10万千瓦。示范项目的上网电价按当地煤电标杆上网电价执行，相关发电量不核发绿色电力证书。

为确保示范效果，电网企业要做好与示范项目配套的电网建设工作，确保配套电网送出工程与风电项目同步投产。项目建成后要及时与风电开发企业签订购售电合同，同时要充分挖掘系统消纳潜力，优先满足就近消纳要求，确保风电平价上网示范项目不限电。

同年8月国家能源局公布了风电平价上网示范项目，有河北、黑龙江、甘肃、宁夏和新疆等5个省（区）风电平价上网示范项目13个，总规模70.7万千瓦。其中包括风电平价上网及张家口国际可再生能源技术创新试验实证基地项目，位于河北省张家口市张北县，装机容量10万千瓦，建设单位是张北旭弘新能源科技有限公司和北京鉴衡认证中心。

示范项目的上网电量要在本地电网范围内消纳。相关省（区）发展改革委（能源局）要认真分析总结本地区风电开发建设经验，做好风电平价上网示范项目的组织、保障和监管工作。结合本地区风能资源条件和风电产业新技术应用条件，组织风电开发企业科学制定平价上网示范项目的建设方案。协调落实好示范项目各项建设条件，及时核准示范项目和配套的输变电设施。加强对示范项目建设和运行情况的监测管理，必要的运行信息要及时向全社会公布，切实保障平价上网示范项目的建设质量和经济效益。各有关部门和单位密切配合，相互衔接，积极推进示范项目建设，确保项目及时投产和顺利运行。

6.5 推行竞争方式配置风电项目

从2018年6月起，尚未印发2018年度风电建设方案的省（自治区、直辖市）新增集中式陆上风电项目和未确定投资主体的海上风电项目应全部通过竞争方式配置和确定上网电价。从2019年起，各省（自治区、直辖市）新增核准的集中式陆上风电项目和海上风电项目应全部通过竞争方式配置和确定上网电价。分散式风电项目可不参与竞争性配置，逐步纳入分布式发电市场化交易范围。

为促进风电有序规范建设，加快风电技术进步、产业升级和市场化发展，按照市场在资源配置中发挥决定性作用和更好发挥政府作用的总要求，对集中式陆上风电项目和海上风电项目通过竞争配置方式组织建设。基本原则是规划总量控制；公开竞争优选；接入消纳保障，确保项目建成后达到最低保障收购年利用小时数（或弃风率不超过5%）；电价由竞争确定，各项目申报的上网电价不得高于国家规定的同类资源区标杆上网电价；要求优化投资环境。

竞争要素主要有：（1）企业能力；（2）设备先进性；（3）技术方案；（4）已开展前期工作；（5）接入消纳条件；（6）申报电价，测算提出合理收益条件下的20年固定上网电价。

各省级能源主管部门自行制定竞争配置评分细则，可采取综合评分法，其中电价权重不得低于40%。

6.6 规范分散式风电项目开发建设管理

分散式风电项目是指所产生电力可自用，也可上网且在配电系统平衡调节的风电项目。项目主要满足以下技术要求：接入电压等级应为110千伏及以下，并在110千伏及以下电压等级内消纳；应充分利用电网现有变电站和配电系统设施；在一个并网点接入的风电容量上限以不影响电网安全运行为前提，统筹考虑各电压等级的接入总容量。

鼓励各类企业及个人作为项目单位，在符合土地利用总体规划的前提下，投资、建设和经营分散式风电项目。鼓励开展商业模式创新，吸引社会资本参与分散式风电项目开发，充分激发市场活力。

各地方要简化分散式风电项目核准流程，建立简便高效规范的核准管理工作机制，鼓励试行项目核准承诺制。

在满足国家环保、安全生产等相关要求的前提下，开发企业可使用本单位自有建设用地（如园区土地），也可租用其他单位建设用地开发分散式风电项目。

分散式风电项目申请核准时可选择"自发自用、余电上网"或"全额上网"中的一种模式。自发自用部分的电量不享受国家可再生能源发展基金补贴，上网电量由电网企业按照当地风电标杆上网电价收购，其中电网企业承担燃煤机组标杆上网电价部分，当地风电标杆上网电价与燃煤机组标杆上网电价差额部分由可再生能源发展基金补贴。分散式风电项目并网调试完成，并具备正式结算条件后，由电网企业按季度按流程向财政部、国家发展和改革委员会、国家能源局申报纳入可再生能源发电补贴目录。

积极开展商业模式创新。在农民自愿的前提下，可以将征地补偿费和租用农用地费作为资产入股项目，形成集体股权，并量化给农村集体经济组织成员，建立公平、公正、公开的项目收益分配制度。

7. 并网风电发展前景

中国风电产业发展的主要矛盾已经从高成本制约大规模应用，转变为传统电力体制机制不能适应高比例可再生能源发展。新形势下，中国风电产业未来必须加速推动开发重心向中东南部转移，加快发展分散式风电，加大海上风电和国际风电市场的开拓力度，并进一步扫清非技术成本，尽快实现平价上网，不断提升风电的市场竞争力[①]。

7.1 落实解决弃风问题实施方案，2020年弃风率降到5%以下

弃风的原因在技术上是风能资源具有波动和间歇的属性，目前对风电场出力预测的水平虽然有所提高，还是难以完全准确，中国电力系统中能够灵活调峰的燃气电站和抽水蓄能电站很少，煤电装机比例高达60%，而调峰能力较差，在北方的热电厂取暖期保证供热同时发电，挤占风电空间。跨省区的特高压输电线路建设滞后，已投产的特高压输电线路尚未达到设计能力，实际送出的风电电量较少，技术上还有些问题正在解决。在体制机制上缺乏鼓励煤电调

---

① 秦海岩：《新趋势 新挑战 新机遇——关于我国风电未来发展的几点思考》，《风能》2018年第3期，第20页。

峰的辅助服务政策，以省内电力平衡的煤电计划电量制度都不利于风电等消纳。促进跨省区消纳新能源电量的市场化机制尚未建立，各省消纳外省输入的新能源电量意愿不强。

2016 年 7 月，国家能源局按照弃风率、风电平均利用小时数以及当地风电企业亏损率等指标加权平均确定投资预警程度，将其由高到低分为红色、橙色、绿色三个等级。红色预警区域原则上将会限制风电项目的新增核准、建设以及并网；橙色预警区域，国家能源局原则上在发布预警结果的当年不下达年度开发建设规模；预警结果为绿色表示正常。当年有 5 个省（自治区）预警结果为红色，分别为：吉林、黑龙江、甘肃、宁夏和新疆。2017 年新增内蒙古为红色预警区域，俗称为"红六省"。2018 年，"红六省"有三省解禁，只剩下甘肃、新疆和吉林仍为红色预警区域，内蒙古和黑龙江变为橙色预警区域，宁夏恢复为绿色正常区域。

俗话说"开源节流"，对于弃风限电严重的地区则是"节源开流"。国家能源局发布的 2018 年度风电开发投资预警信息如下：甘肃、新疆（含兵团）、吉林为红色预警区域。内蒙古、黑龙江为橙色预警区域，山西北部忻州市、朔州市、大同市，陕西北部榆林市以及河北省张家口市和承德市按照橙色预警管理。其他省（区、市）和地区为绿色预警区域。红色预警的区域暂停风电开发建设，集中精力采取有效措施解决存量风电消纳问题。这就是所谓"节源"。

在所谓"开流"方面，要落实可再生能源优先发电和电量保障性收购的规定，建立可再生能源电力配额制度。与绿色电力证书相比，强制执行的可再生能源配额制更加强调利用新能源电力的责任，可以有效缓解弃风弃光问题，推动实现能源转型。绿色电力证书主要侧重于发电侧，通过电价补贴来刺激企业建设新能源的积极性，而配额制则从消费侧明确消纳责任，有效解决风电"重建轻用"问题。可以预见，可再生能源电力配额政策将推动可再生能源电力的跨区域输送，从而助力新能源的消纳。同时加快特高压输电外送通道建设，增加风电电量跨区输送比例；加快建设抽水蓄能电站并提高燃煤火电调峰能力。另外积极推进风电供暖替代散煤取暖，开展风电制氢等示范项目，拓展风电消纳方式。

7.2 培育分散式风电市场

中国大规模开发风电是从北方风能资源丰富，草原戈壁面积辽阔，电力负荷相对较小的区域开始的，沿用火电和大水电等传统建设模式，由大型电力集团投资开发，走经典的审批流程，建了许多集中式的风电场，连接电网 110 千伏变电站，将风电输往省级电网覆盖的区域。随着风电装机容量迅速扩大，所发电量难以在本省（自治区）消纳，造成弃风限电越来越严重。2011 年国家能源局要求开发分散式风电，风电场或风电机组接入 35 千伏配电网，不增加现有变电设施容量，就地消纳风电。全国风电规划缩减北方地区的建设规模，鼓励在中东部和南部电力负荷中心区域开发风电。虽然这些地区风电上网标杆电价是最高的，但是风能资源较差，山地地形复杂，设备运输困难，征地等补偿费用，前期工作和按照大电厂建设的审批流程都推高了项目成本，对于这些费事多业绩少的零星项目，大的电力集团没有兴趣开发。当时也缺少适合低风速区域运行的风电机组，多年来分散式风电开发进展缓慢。

经过风电机组制造商和地方政府部门不断探索，2018 年迎来了中国分散式风电开发的元年。首先开发模式产生颠覆性改变，明确国家关于分布式发电的政策和管理规定均适用于分散式风电项目，简化分散式风电项目核准流程，试行项目核准承诺制。开展商业模式创新，投资多元化，在农民自愿的前提下，可以将征地补偿费和租用农用地费作为资产入股项目，形成集体股权，并量化给农村集体经济组织成员，将原来开发风电的阻力变成了动力。

其次是风电机组制造商不断创新，研发出成本合理的低风速机组和高塔筒技术，具备高可靠性、低噪音和智能化运行的性能，同时结合互联网大数据，开发出多种数字化工具，涵盖风能资源评估、风电场微观选址、项目设计、智能运维和资产管理等，从单纯的设备供应商转变成风电项目全寿命周期解决方案的提供者，使业主能够获得最大的投资回报。制造商中的投资子公司和运维子公司还可以为分散式风电开发者提供投融资服务和项目全寿命周期的运维服务，解除投资者的后顾之忧。

体制机制和技术的创新必然加速分散式风电的开发。

7.3 推进风电平价上网

激励风电大规模快速发展的关键政策是2009年出台的风力发电上网标杆电价，当时根据风电的实际成本及合理收益率，按照四类不同的资源状况，制定出相应的风电上网标杆电价，同时在用户侧电费中征收可再生能源附加费，作为基金对风电与脱硫燃煤火电上网电价差额的补贴，使风电投资者明确项目的收益水平和风险。随着风电机组技术进步和价格下降，2015年以后政府逐年下调风电上网标杆电价，补贴明显退坡（见表20），到了2018年除分散式风电以外，终于停止了固定的上网电价，改为风电项目全部通过竞争方式配置和确定上网电价，即要求地方政府采用竞争的方式分配年度开发规模指标，竞争要素的评分中电价权重不得低于40%。

表20 陆上风力发电上网标杆电价　　　　　　　　　　　　　　　元/千瓦时

资源区	时间节点A（2009）	时间节点B（2015）	时间节点C（2016）	时间节点D（2018）
Ⅰ类	0.51	0.49	0.47	0.40
Ⅱ类	0.54	0.52	0.50	0.45
Ⅲ类	0.58	0.56	0.54	0.49
Ⅳ类	0.61	0.61	0.60	0.57

说明：

时间节点A：2009年8月1日以后；

时间节点B：2015年1月1日以后核准的，以及2015年1月1日前核准，但于2016年1月1日以后投运的；

时间节点C：2016年1月1日以后核准的，以及2016年前核准但于2017年底前仍未开工的；

时间节点D：2018年1月1日以后核准并纳入财政补贴年度规模管理的。

2021年新增集中式风电要平价上网，倒逼现有体制的改革。中国电力市场改革正在进行，在未来电力市场竞价机制设计中，让可再生能源直接无差异参与市场竞价，发挥可再生能源边际成本低的竞争优势，充分利用市场机制发掘可再生能源消纳空间，缓解弃风、弃光矛盾。将可再生能源的固定电价制度逐步调整为溢价补贴机制，实现价补分离，有利于可再生能源的消纳，加快可再生能源补贴退坡速度。

中国风电设备的制造成本远低于国外，但风电的投资成本和度电成本却高于国外水平。尤其是"三北"风能资源丰富省份，是最具备成本优势的开发地区，风电的上网电价有大幅下降条件，甚至实现平价上网。然而，这些地区的风电成本依然较高，主要由两方面原因造成：一个是弃风限电造成的损失，相当于将每千瓦时风电的成本抬高。弃风限电还掩盖不同风电机组的技术水平、效率和可靠性高低差异，阻碍优胜劣汰，抑制技术进步，制约风电电价下调。另一个则是各类非技术成本，包括地方政府将风电资源配置给不具备技术能力和资金实力的企业，倒卖路条行为加大了开发成本；项目建设过程中的消纳条件不能有效落实，风电项目建成后不能及时并网；以资源出让、企业援建和捐赠等名义变相向企业收费，增加了项目投资经营成本；还有以资源换风电制造业投资，加剧产能过剩等，再次推高风电的度电成本。

开发企业要将项目全生命周期的度电成本作为选择风电机组制造商的基本要求，不是简单购买低价设备，而是要与能够提供最佳项目整体解决方案的整机制造商，建立战略互信和利益共同体的合作伙伴关系，这样的制造商能够创新性推出先进的"智能化"+"数字化"风电整体生态系统，依托风电机组技术智能化创新和数字化应用，生产"能感知、会思考、自控制、可判断"的智能风电机组，以系统集成、智能控制、智慧风电场为核心，使开发商掌握更具竞争优势的竞价能力。

实现风电平价上网任重道远又非常紧迫，政府要落实消除弃风限电和各类非技术成本的措施，加快推进平价上网示范工作，理清能够实现平价上网的边界条件，并为进一步降低度电成本指明技术和管理创新方向。

7.4 积极稳妥发展海上风电

发展海上风电的必要性体现在海上风电技术代表了当前风能利用技术的尖端，必须研究开发掌握；海上风电场距离中国经济发达的沿海电力负荷中心近，风能资源比较丰富，未来必然要开发利用；可以拉动沿海经济的发展，包括设备制造、港口和输变电设施等。欧洲海上风电的历史经验已经说明需要提前探索新的领域，才能处于领先地位。

当前要积极探索降低海上风电成本的方案。国家风电发展"十三五"规划中，明确了海上风电开工 1000 万千瓦，到 2020 年建成 500 万千瓦的目标。与海上风电相关的开发商、咨询公司、整机、运输吊装设备和零部件制造商，以及安装工程公司等要充分利用这批工程实践的机会，以尽量少的装机容量，尽量短的时间内探索出在中国不同海域、不同海床和风能资源条件下，建设海上风电场的最佳方案，从海上风电机组、基础型式、运输吊装设备到运行维护等全产业链，积累可以达到项目寿命期内发电成本最低的实践经验，为将来大规模发展奠定基础。

中国陆地面积广大，虽然近几年由于"三北"地区消纳风电的能力有限，转而开发中东部和南部低风速区域的风电，但是随着"弃风限电"的缓解，陆上风电的发展空间仍然很大。

从经济上看，加快特高压输电线路建设，华北和西北地区的风电也将大量送到东部沿海经济发达的电力负荷中心，虽然经过 2000 多公里传输会增加一些成本，但是因为西部地区的发电成本非常低，到达东部地区后仍然和当地煤电的标杆电价差不多，另外近年来光伏发电的成本下降也比较快。海上风电虽然离岸只有几十公里，目前上网标杆电价是每千瓦时 0.85 元，远高于当地其他电源的电价。当海上风电成本能够降下来才有大规模发展的需求。

7.5 继续开拓风电国际市场

依托规模庞大而且具备各类环境条件的国内市场，中国风电整机和零部件制造商经过十几年研发，已经掌握了关键核心技术，主流厂商的产品质优价廉，中国的风电场开发商也积累了丰富的建设和运行维护经验，只要能适应不同国家和地区的投资和营商条件，将具有扩大国际市场的潜在优势。虽然中国每年新增装机容量约占世界的三分之一以上，但是在海外市场的份额还很小。

制造商和开发企业对外投资正在逐年提升，一条覆盖技术研发、开发建设、设备供应、检测认证、配套服务的国际业务链基本成型。"一带一路"沿线国家也拥有丰富的风能资源，并且这些地区目前多数存在大力发展经济与电力供应不足的矛盾,有强烈的发展风电意愿,加快开拓这些市场,将会创造新的增量市场,从而确保有足够的年度增长规模来推动产业健康发展。

积极参与国际市场的开发,能有效提升中国风电企业的国际竞争力,依托设备的出口和项目的开发,可以加速中国风电技术标准的输出,增强参与全球竞争的软实力,获得更大的话语权。高质量开发好每一个海外项目,用良好的内部收益率和设备运行业绩赢得国外客户对中国风电品牌的认可,同时企业要积极通过自己的投资带动当地经济社会发展,实现共赢。

除了熟悉国际市场当地法律、营商环境和风俗习惯外,还需要克服两个技术障碍,产品认证和专利壁垒。许多国家规定只能有西方国家认证的风电机组才能进口,为此北京鉴衡认证中心积极参与国际多边互认体系建设,并于2017年4月成为国际电工委员会可再生能源设备认证互认体系(IECRE)认可的认证机构,准许颁发 IECRE 证书,为中国风电企业参与国际竞争创造更有利的条件,也使中国认证机构从参与者向管理者和引导者转变,争取到全球相关领域治理制度建设权力。西方国家的风电企业利用先发优势,已经在许多国家进行专利布局,中国相关企业应当不断通过自主创新提高获得关键技术等核心专利的能力,同时必须加强风电出口产品的专利侵权风险管理,并善于进行专利的全球化布局。

7.6 风电发展"十三五"规划目标

风电发展"十三五"规划明确了到 2020 年的发展目标,全国风电并网装机确保达到 2.1 亿千瓦以上,2020 年风电上网电量 4200 亿千瓦时。"十三五"期间的布局是加快开发中东部和南方地区风电,到 2020 年,中东部和南方地区陆上风电装机规模达到 7000 万千瓦。"三北"地区风电装机规模确保 1.35 亿千瓦以上,其中本地消纳新增规模约 3500 万千瓦。另外,利用跨省跨区通道消纳风电容量 4000 万千瓦(含存量项目)。积极稳妥推进海上风电开发,到 2020 年,海上风电开工建设 1000 万千瓦,确保建成 500 万千瓦。

根据国家能源局发布的《2018 年上半年风电并网运行情况》,2018 年 1—6 月,全国新增风电并网容量 794 万千瓦,到 6 月底累计风电并网容量达到 1.716 亿千瓦;1—6 月,全国风电发电量 1917 亿千瓦时,同比增长 28.7%;

平均利用小时数 1143 小时，同比增加 159 小时；1—6 月，全国弃风电量 182 亿千瓦时，同比减少 53 亿千瓦时。按照这样的发展趋势，到 2020 年风电的"十三五"规划目标有可能超额完成。

7.7 风电发展远景展望

2011 年 10 月国家发改委能源研究所发布了《中国风电发展路线图 2050》，提出风电已经开始并将继续成为实现低碳能源战略的主力能源技术之一。预测的中国风电发展目标是：到 2020、2030 和 2050 年，风电装机容量将分别达到 2 亿、4 亿和 10 亿千瓦，到 2050 年满足 17% 的电力需求[①]。要实现上述目标在资源、产业、电力系统支撑等方面不存在不可逾越的障碍。未来风电布局的重点是：2020 年前，以陆上风电为主，开展海上风电示范；2021—2030 年，陆上、近海风电并重发展，并开展远海风电示范；2031—2050 年，实现东中西部陆上风电和近远海风电的全面发展。从 2011 年到 2050 年，风电开发带来的累计投资将达到 12 万亿元。随着风电技术进步和开发规模扩大，以及煤电成本增加，未来风电的竞争力将进一步加强，预计在 2020 年前后中国陆地风电成本将与煤电持平，2050 年当年风电贡献的二氧化碳减排量将达到 15 亿吨，风电带来的就业岗位将达到 72 万个，实现上述目标，将取得巨大的环境和社会效益。

---

① 国家发展和改革委员会能源研究所、国际能源署（IEA）：《中国风电发展路线图 2050》，2011 年 10 月。

中国生物质能产业发展现状与展望

窦克军　赵勇强[*]

摘　要：

截至2017年底，中国生物质能利用总体规模约4100万吨标准煤，约占生物质能发展"十三五"规划目标的71%。从生物质能不同领域分析，生物质发电并网装机容量从2015年底的1031万千瓦增至2017年底的1488万千瓦，已经基本接近"十三五"规划目标，意味着生物质发电领域提早三年实现"十三五"目标。生物天然气和生物质供热的发展相对滞后，与生物质发电不同之处，主要在于缺乏稳定的财政激励政策支持，跨领域发展难度较大，行业缺乏有效数据统计渠道。生物液体燃料中，生物燃料乙醇的实际产能已经超过300万吨。随着新政策的推出，按照2020年在全国推广车用乙醇汽油的方向推进，燃料乙醇产能预计将呈翻倍增长态势，提前达到甚至超过"十三五"燃料乙醇发展目标。生物柴油在国内交通燃料市场的应用仍缺乏有力的政策支持，增长趋势不明显。在未来两年，生物质能产业发展仍需稳定的优先支持政策，能否实现2020年的发展目标，主要取决于政策力度。

---

[*] 窦克军，国家可再生能源中心生物质能政策研究员。赵勇强，副研究员，国家发展和改革委员会能源研究所可再生能源发展中心副主任、国家可再生能源中心副主任。

关键词：

生物质能 产业 政策

1. 生物质资源现状

生物质资源种类繁多，主要包括农作物秸秆及农产品加工剩余物、林木采伐及森林抚育剩余物、木材加工剩余物、畜禽养殖剩余物、城市生活垃圾和生活污水、工业有机废弃物和高浓度有机废水等。根据现有生物质能利用技术状况和生物质资源用途等情况估算①，目前我国可能源利用的生物质资源总量每年约4.6亿吨标准煤。

鉴于近年我国主要农作物产量、种植结构、秸秆用途等状况变化相对稳定，预计未来几年我国农业剩余物资源产生量和可能源化利用量也不会显著变化。未来我国森林面积将仍将呈增长态势，同时，天然林禁伐面积也将持续增大，林业剩余物工业化收集基础薄弱，工业应用需求逐年增加，预计未来一段时期，林业剩余物资源生产量会有一定增长，但可能源化利用量的增长有限。随着我国居民生活水平提高，肉蛋奶消费上升，畜牧养殖量将不断扩大；同时，由于养殖成本、管理技术以及农产品出口需求，以散养为主养殖方式逐步向规模化养殖转变，规模化养殖比例持续上升，未来我国畜禽粪便产生量和可能源化利用量都将持续增长。

1.1 农业剩余物

根据《中国统计年鉴2017》，我国农作物秸秆理论资源量约为8.2亿吨，约折4.1亿吨标准煤，主要分布在华北平原、长江中下游平原、东北平原等13个粮食主产省（区）。目前，作为肥料、饲料、造纸等用途共计每年约4亿吨，可供能源化利用的秸秆资源量每年约4.2亿吨。主要来源如图1所示。

---

① 《生物质能发展"十二五"规划》，国家能源局，2012年7月。

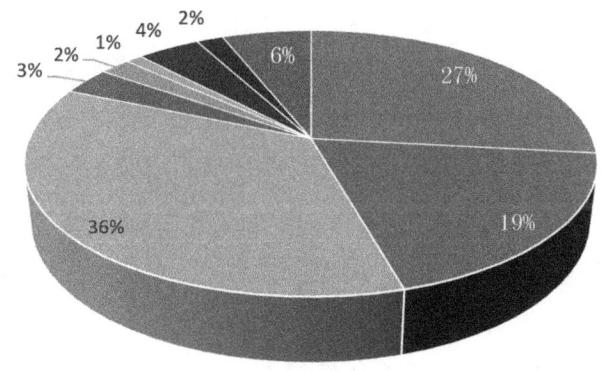

图 1 2016 年全国农作物秸秆构成比例

1.2 林业剩余物

全国现有林地面积约 3 亿公顷，现有森林面积约 2 亿公顷，森林蓄积 137 亿立方米，天然林面积 1.2 亿公顷，天然林蓄积 114.02 亿立方米，人工林保存面积 6000 万公顷，蓄积 19.6 亿立方米，林木生物质资源潜力约 180 亿吨。① 可供能源化利用的主要是薪炭林、林业"三剩物"、木材加工剩余物等，现有林木资源可用作木质能源的潜力每年约 3.5 亿吨，目前相当部分的林木剩余物已被利用，主要是用作农民炊事燃料或复合木材制造业等工业原料，若全部开发利用可替代 2 亿吨标准煤。

1.3 畜禽粪便

畜禽粪便主要来自圈养的牛、猪和鸡三类畜禽。2016 年全国粪便实物量为 13.4 亿吨。规模化畜禽养殖场粪便资源每年约 10 亿吨，按照平均每吨畜禽粪便发酵产沼气 50 立方米计，生产沼气的潜力约为 500 亿立方米，约折 3500 万吨标准煤。

1.4 生活垃圾

2017 年，我国垃圾清运量约 2.3 亿吨。随着城镇化的加速发展，城市化

---

① 第七次全国森林资源清查主要结果。

率不断提高,城市人口数量将持续增加,城镇生活垃圾产生量也将持续增长。从2010年的18%左右提升至2016年的35%左右,垃圾焚烧量也从2973万吨提升至7547万吨左右,2017年全年我国城市生活垃圾焚烧率约在40%左右,焚烧处理量约在9468万吨左右,意味着仍有1.4吨垃圾通过填埋方式处理。

2. 产业现状

2017年,我国生物质能产业规模继续稳步增长,生物质发电总装机容量约1500万千瓦,较上年增长约24%;生物质成型燃料产量约1000万吨,较上年增长约17%;生物燃料乙醇产量约260万吨,与上年产量基本持平。

2.1 生物质发电

2017年底,生物质发电累计并网装机容量约1500万千瓦。生物质发电主要包括农林生物质直燃发电、垃圾焚烧发电、沼气发电和气化发电等。2017年生物质发电领域最显著的变化是,垃圾发电装机容量首次超过农林生物质直燃发电。随着各地城镇化推进发展,县域垃圾快速增长,垃圾焚烧发电项目继续保持快速增长态势,并网装机容量约730万千瓦,较上年增长约25%;受原料供给能力和价格影响,农林生物质直燃发电项目的整体盈利能力减弱,并网装机容量增长速度有所放缓,2017年底的装机容量约720万千瓦,较上年

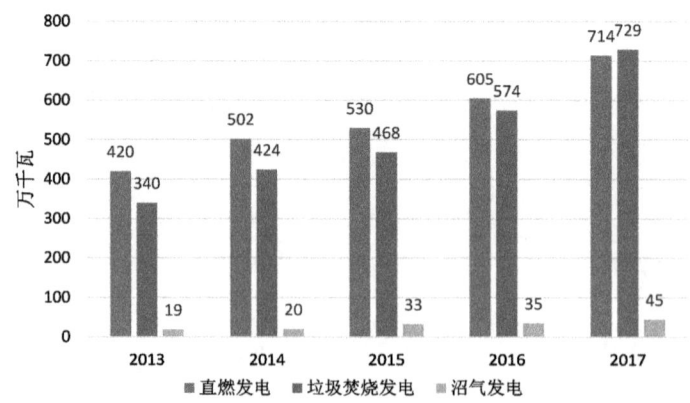

图2 2013—2017年全国生物质发电并网装机容量

增长约19%；此外，垃圾填埋气沼气发电和工农业有机废气物沼气发电也有近50万千瓦的规模，生物质气化发电尚未规模化推广。

热电联产是生物质发电产业提升效率实现可持续发展的重要途径，已成为生物质发电领域新崛起的力量，大批热电联产改造项目开始实施。据国家能源局《关于促进生物质能供热发展的指导意见》，到2020年，生物质热电联产装机容量超过1200万千瓦。

2.1.1 农林直燃发电

自2006年我国首个大型秸秆直燃发电项目建成投产，农林生物质发电开始步入规模化快速发展阶段。近十年来，农林生物质发电产业得到国家持续财政支持，利用规模不断扩大，截至2017年底，农林生物质发电并网装机容量达714万千瓦，约占生物质发电总装机容量的48%。

农林生物质直燃发电项目主要集中在农作物秸秆丰富的华北、东北、华中和华东地区，装机容量约占全国生物质直燃发电装机总量的92%。在西南地区，农作物秸秆资源相对贫乏，山区导致原料收集运输困难，高温、潮湿的气候也不利于原料储存，因而生物质直燃发电项目较少，约占全国生物质直燃装机总量的6%。西北地区则主要因为缺乏足够的秸秆资源，很少建设秸秆直燃发电项目。

2.1.2 垃圾焚烧发电

2017年底，我国垃圾焚烧累计并网发电装机容量达到729万千瓦，约占全国生物质并网发电总装机容量的49%。随着我国城镇化建设进一步深入，垃圾发电项目开发建设重点已经逐步由大中型城市向新兴城镇转移，"十三五"期间的垃圾发电将是生物质发电产业中的主要增长点。我国的垃圾发电项目主要集中在华东和华北地区，尤以经济相对发达的华东地区的发展规模最大，在全国垃圾发电装机容量中的占比接近一半。

我国生物质发电水平整体有所提升，发电效率显著提高。2017年1—11月，全国生物质发电年等效满负荷运行小时数平均约5218小时，较上年减少10%。欧洲的生物质发电项目的年等效满负荷运行小时数均高于7000小时。可见，我国的生物质发电效率和技术水平与欧洲仍有较大的差距，生物质发电产业升级改造有待进一步推进。生物质发电产业有待依托热电联产改造来提升系统效率，提高生物质发电的技术经济性，以达到可持续绿色发展。

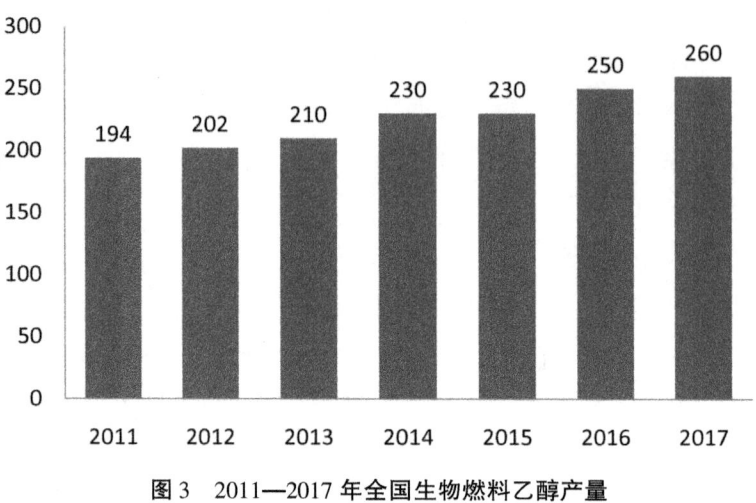

图3　2011—2017年全国生物燃料乙醇产量

2.2 生物质供热

2017年，生物质能供热迎来发展新机。近年来，化石燃煤大量使用导致环境压力不断增大，严重制约了城镇化建设和绿色低碳发展的步伐，大气环境污染与能源消费量增长的矛盾日益突出，生物质能供热凭借技术经济性优势，成为近期替代化石燃料供热的重点发展方向。

受经济发展水平、居民分布密集程度、地区用电负荷等因素影响，部分城市周边、城乡接合部、农村等地尚不能实现集中供暖，大量使用分散燃煤小锅炉、小火炉取暖，取暖效果差、污染物排放总量大。据测算，同样1吨煤，散烧煤的大气污染物排放量是燃煤电厂的10倍以上。从经济性和可持续发展的角度分析，在城乡接合部、农村等农林剩余物相对丰富的地区，利用生物质锅炉供热替代分散燃煤小锅炉，既可以使当地的生物质资源得到充分利用，又可以极大改善环境质量，从经济性和可持续发展角度考虑，生物质锅炉供热比电供热或燃气供热更具优势。

近年来，化石燃煤大量使用导致环境压力不断增大，严重制约了城镇化建设和绿色低碳发展的步伐，大气环境污染与能源消费量增长的矛盾日益突出，生物质供热凭借技术经济性优势，成为近期替代化石燃料供热的重点发展方向。在过去的一年里，政府出台了一系列政策支持生物质能清洁供暖。2016年12月21日，习近平在主持中央财经领导小组第十四次会议时强调，推进北方地区冬季清洁取暖，关系北方地区广大群众温暖过冬，关系雾霾天能不能减少，是能源生产和消费革命、农村生活方式革命的重要内容。2017年5月，财政部、住房城乡建设部、环境保护部、国家能源局联合发布《关于开展中央财政支持北方地区冬季清洁取暖试点工作的通知》，决定开展中央财政支持北方地区冬季清洁取暖试点工作。中央财政支持试点城市推进清洁方式取暖替代散煤燃烧取暖，并同步开展既有建筑节能改造，鼓励地方政府创新体制机制、完善政策措施，引导企业和社会加大资金投入，实现试点地区散烧煤供暖全部"销号"和清洁替代，形成示范带动效应。

2017年12月，国家发改委等十部委联合发布《北方地区冬季清洁取暖规划（2017—2021年）》（以下简称《规划》），明确提出大力发展县域生物质热电联产、加快发展生物质锅炉供暖等生物质能清洁供暖。旨在提高北方地区取暖清洁化水平，减少大气污染物排放。当前，北方地区清洁取暖比例低，特别是部分地区冬季大量使用散烧煤，大气污染物排放量大，迫切需要推进清洁取暖，关系到北方地区居民温暖过冬，也关系到雾霾能否减少，是能源生产和消费革命、农村生活方式革命的重要内容。《规划》提出，2019年，"2+26"重点城市城区清洁取暖率要达到90%以上，县城和城乡接合部（含中心镇，下同）达到70%以上，农村地区达到40%以上。2021年，城市城区全部实现清洁取暖，35蒸吨以下燃煤锅炉全部拆除；县城和城乡接合部清洁取暖率达到80%以上，20蒸吨以下燃煤锅炉全部拆除；农村地区清洁取暖率60%以上。2021年，农林生物质热电联产供暖面积10亿平方米，城镇生活垃圾热电联产供暖面积5亿平方米，生物质成型燃料供暖面积5亿平方米，生物天然气与其他生物质气化供暖面积超1亿平方米。同时，国家能源局发布了《关于促进生物质能供热发展的指导意见》，提出2020年生物质能供暖面积约10亿平方米，替代约3000万吨燃煤。新形势下，清洁取暖政策为生物质供热发展创造了空前的市场环境。

2.3 生物液体燃料

2.3.1 燃料乙醇

我国的生物燃料乙醇产以陈化粮原料为主,四家以陈化粮作为原料生产燃料乙醇的国家定点企业分别是吉林燃料乙醇有限责任公司、中粮生化能源(肇东)有限公司、河南天冠燃料乙醇有限公司和中粮生物化学(安徽)股份有限公司,设计总产能为102万吨/年,在国家补贴等优惠政策激励下,四家企业通过技术改造,产能逐步扩大,到2017年,燃料乙醇总产量约为260万吨。2007年,在广西壮族自治区建成了全球首个以木薯为原料的燃料乙醇商业化项目,该项目设计年产能20万吨。由于种植木薯原料的土地受限、原料价格上涨、技术进步缓慢,补贴支持减弱等因素,国内非粮燃料乙醇项目建设长期处于停滞状态。近两年,一批新的非粮乙醇项目开始投产建设,如海南椰岛年产10万吨木薯燃料乙醇项目、中聚天冠年产30万吨非粮木薯燃料乙醇项目、山东富恩年产12万吨燃料乙醇项目、辽宁铁岭年产30万吨燃料乙醇项目、唐山中溶科技年产30万吨无水乙醇项目等。

乙醇的主要用途是调配乙醇汽油,对燃料乙醇实行的是定点生产、定向销售、政府定价。国内的燃料乙醇基本是按需定产,市场不存在供应缺口,无须进口资源。在上述限定燃料乙醇的生产和流通的政策环境下,国家定点生产企业选择了将燃料乙醇生产转为进口的方式。自2015年起,我国燃料乙醇进口量从每年数千吨涨至近50万吨,2016年进口量近80万吨。显然,燃料乙醇进口量井喷式增长,正是从取消补贴政策后开始的。按照2016年全国玉米均价1621元/吨,燃料乙醇生产成本约5400元/吨,比进口燃料乙醇高1500元/吨。迫于燃料乙醇市场的刚性需求和国内生产成本的高涨,在没有补贴的情况下,企业的生产积极性和盈利能力明显降低。而国际市场低廉的燃料乙醇恰好可以缓解国内企业"生产乏力"的局面。针对近两年国内乙醇市场变化,财政部门采取了相应措施。在财政部公布的2017年关税调整方案中,为发挥关税对国内产业的保护作用,对乙醇等产品进口关税税率进行相应调整,而进口关税的上调,对国内乙醇市场存在一定的利好影响,改性乙醇对中国的进口主要来源于美国,关税上调后,美国基本上失去了对中国乙醇出口的机会,同样国内市场压力减小，2017年乙醇进口量或将明显减少。我国生物液体燃料产业自明确非粮发展方向以来，进展较为缓慢，2017年，生物液体燃料产量约260万吨，与上年基本持平。随着补贴政策和税收优惠的调整，促使企业开始挖掘内生动力，特别是燃料乙醇项目审批权下放，有效推进了非粮燃料乙醇项目建设，全国多地的非粮燃料乙醇项目获得批复，非粮燃料乙醇的发展前景再现曙光。2017年9月，国家发改委等十五部位联合发布的《关于扩大生物燃料乙醇生产和推广使用车用乙醇汽油的实施方案》提出，按照"严控总量，多元发展""规范市场，有序流通""依法推动、政策激励"的基本原则，适度发展粮食燃料乙醇，科学合理把握粮食燃料乙醇总量，大力发展纤维素燃料乙醇等先进生物液体燃料，满足持续增长的市场需求。到2020年，在全国范围内推广使用车用乙醇汽油，基本实现全覆盖，市场化运行机制初步建立，先进生物液体燃料创新体系初步构建，纤维素燃料乙醇5万吨级装置实现示范运行，生物燃料乙醇产业发展整体达到国际先进水平。到2025年，力争纤维素乙醇实现规模化生产，先进生物液体燃料技术、装备和产业整体达到国际领先水平，形成更加完善的市场化运行机制。该文件的出台引起业界对燃料乙醇产业未来发展的广泛关注。特别是放开粮食乙醇进入乙醇汽油市场，燃料乙醇原料的可持续性和市场发展空间及布局成为关注焦点。

2.3.2 生物柴油

生物柴油产业发展是我国生物液体燃料发展中的重要组成部分。我国生物柴油的生产原料是废弃油脂，属于循环经济发展范畴。2017年，我国生物柴油产能超过200万吨，产量约60万吨。用于柴油调和的生物柴油约占总产量三分之二，其余用于生产增塑剂等化工产品。近年来，雾霾对生活环境影响日趋严重，生物柴油的使用可以大幅降低柴油机的颗粒物排放，改善空气质量。同时，地沟油不断流向餐桌已经成为全民关注的食品安全问题，生物柴油生产正是解决该难题的最有效途径。

我国生物柴油产业发展受相关政策影响极大。如，2008年国家成品油税改后，对生物柴油征收消费税，对于尚处于起步阶段的生物柴油行业冲击很大。生物柴油企业或是停产，或是将产品销售到增塑剂等化工领域。2010年，财政部出台免征生物柴油消费税的政策后，产业逐步走向正轨。同时，国家发改委开展"餐厨废弃物资源化利用与无害化处理"城市试点,以及国家对餐厨废弃油脂流向餐桌的严格管控措施,使废弃油脂的价格逐步趋向稳定,为生物柴油企业的原料收集创造了机会。在民营成品油经营市场中,生物柴油逐步被认可。由于生物柴油产品比石化柴油价格便宜,符合BD100国家标准的生物柴油产品逐步热销,带动了生物柴油产量逐年增长。2015年,关于生物柴油生产增值税先征后返100%调整为即征即返70%政策,使得产业运行困难的状况更加严峻。

按照销售出路口径统计,用于柴油调和的生物柴油占总产量的2/3左右,还有1/3用于生产增塑剂等化工产品。产量下降的原因主要是2014年下半年开始国际原油价格连续大幅度下跌,使得生物柴油价格也随之下降,企业利润锐减甚至亏损,开工率随之降低。2016年下半年开始,原油价格有所回升,生物柴油行业也开始逐步回暖,但幅度还是很小。整体还处于低迷状况。对于生物柴油产业来说,最大的瓶颈在于生物柴油产品仍难以"无门槛"进入成品油市场,一般销售价格比普通柴油低500—800元/吨。在油价持续低迷情况下,企业盈利困难,不少企业处于亏损状态。

目前生物柴油企业主要以民营企业为主,有5家企业在新三班挂牌。国有企业中,只有中海油投资建设了两个生产厂,但由于投资决策及工艺选择不适合国情,亏损严重,于2015年卖掉了南通生产厂,目前其海南厂也一直处于停产状态。[1]

3. 面临问题

3.1 部分生物质发电项目布局不合理

我国生物质资源总体分布不均,省际差异较大。随着农林生物质电厂建设审批权的下放,地方之间建设农林生物质电厂缺乏统一规划的现象进一步加剧,一定程度上加重了布局不合理的现象。现有多数生物质发电项目在建设选

---

[1] 全国生物柴油行业协作组。

址期间，并未统筹考虑热用户的位置和需求，使未来生物质热电联产升级改造带来一定困难。

3.2 生物质锅炉供热尚未优先推广

一些地区对生物质锅炉供热作为清洁供热的认识仍有误区，对生物质锅炉供热的清洁性存在疑虑，部分地区甚至禁止使用生物质成型燃料。在越来越多的省市颁布禁煤措施的背景下，大多数环保措施仅规定以天然气、燃油等清洁原料代替燃煤，未将生物质燃料明确作为清洁燃料优先利用，严重制约了生物质供热替代燃煤供热的进程。相关部门有待加强生物质供热作为清洁绿色能源优先推广的执行力度，提高生物质供热优先级。

3.3 先进生物燃料技术距实现商业化仍有差距

国内相关生物液体燃料科研成果转化率低，缺乏先进生物液体燃料技术的核心竞争力。先进生物燃料的生产技术仍处于的研发和商业化探索阶段，距全面实现与化石燃料竞争的商业化推广仍有差距。

4. 发展趋势

根据《生物质能发展"十三五"规划》，2017 年，因地制宜推进生物质清洁供热和生物天然气开发应用是生物质能产业发展的重点。生物质发电的热电联产改造升级仍是"十三五"期间的重要任务。生物质资源的高值化开发和清洁化利用将是近中期我国生物质能产业发展方向。

4.1 提升生物质清洁供热和生物天然气开发利用效率

生物质资源的高效利用，是推进生物质清洁供热和生物质天然气开发应用前提和基础，为缓解资源竞争压力、破解产业发展瓶颈、应对大气环境污染，2017 年的生物质开发利用应在逐步加强技术开发水平的同时，提高生物质资源利用效率，推进生物质能产业升级。建立专业化原料收集体系、创新原料收储运保障模式，建立规范行业生产运营监管标准体系，加强市场化推广应用等将是提升生物质能供热和生物天然气应用效率的重要方式。

4.2 大力发展生物质热电联产

绿色、低碳发展理念逐步深入，我国对清洁能源应用、环境保护要求不断提高，新形势下对生物质发电产业发展提出了更高要求。农林生物质热电联产是"十三五"期间实现农林生物质发电产业升级、高效转变利用的重要方式，将在推进大气污染防治、城镇化建设方面发挥重要作用，其社会环境效益远大于经济效益。农林生物质热电联产将更多的秸秆转化为清洁能源，在有效抑制秸秆露天焚烧的同时，还可以为当地农村居民提供电力和热力。生物质热电联产完全符合当前国家积极推动的北方地区清洁供暖的支持方向，是因地制宜就地利用农村资源，解决农村供暖，改善农村居民生活用能质量，有效替代燃煤等化石能源，实现农村能源转型发展的可行方式。

4.3 生物液体燃料仍以非粮原料为发展方向

生物液体燃料与化石燃料从经济性角度相比，仍不具备竞争性，但从社会环境效益分析，温室气体排放减少优势明显，在生物液体燃料现有技术经济水平条件下，依靠国家强制法令、税收减免和补贴激励将是近中期保障生物液体燃料产业稳定发展有效措施。生物液体燃料的可持续发展与土地资源变化、粮食安全、水资源等因素密切相关，以不占用耕地的农林废弃物资源和动植物废弃物油脂等对环境资源、粮食安全影响最小的生物质资源为原料，是未来生物液体燃料产业发展的趋势。

中国地热能产业发展现状与展望

魏凯 杨耀廷*

摘 要:

我国地热资源丰富,资源潜力位居世界前列,地热资源分布广泛,西南地区及东南沿海地区为中高温地热资源,其余地区总体为中低温地热资源。地热能作为一种稳定高效且资源潜力巨大的清洁能源,在全球气候环境要求及能源战略转型的时代背景下,地热能在我国能源转型与低碳经济发展过程中正发挥着越来越重要的作用。地热能产业化在全球已有数十年的历史,我国尚处于发展初期阶段,但近年来随着国家不断推出的地热能发展政策,持续加大的地热资源勘查力度,以及勘探开发利用技术的发展与突破,中国地热能产业逐渐升温,地热能的开发利用对于改善我国未来能源结构以及气候环境将做出重要贡献。

关键词:

地热资源 地热能发展政策 勘探开发利用技术 地热能产业

---

* 魏凯,博士研究生,主要从事沉积学、热储地质研究,现任职于北控清洁能源集团西藏事业部。

在全球气候环境压力下，地热能作为资源潜力巨大的清洁能源，越来越受到人们关注。目前世界地热能利用发达国家如美国、菲律宾、印度尼西亚、肯尼亚、德国、日本、意大利、冰岛、土耳其等国家已加大地热开发投入和相关政策扶持，国际地热产业正呈现出蓬勃发展的态势，尤其是美国能源部于2015年启动的地热能前沿观测研究计划（FORGE），将干热岩的研究与利用推向了世界能源研究的前沿，并带动了世界干热岩研究的热潮。虽然我国尚处于地热能发展的初级阶段，但是近几年在全球能源革命战略需求与我国地热能产业政策推动之下，我国地热能产业的发展步伐也逐步加快，丰富的地热资源潜力得以发掘。作为能源消耗大国，我国目前严重依赖煤炭和石油等能源，环境问题十分严峻，节能减排任务艰巨，因此，大力推进我国地热资源开发利用，对于改善我国能源结构，减少二氧化碳等温室气体排放，推进绿色低碳经济发展，保护自然生态环境具有重要的意义。

本文针对我国目前地热资源的勘探开发利用现状，结合我国地热能发展政策，分析对比我国与世界地热能产业发展的现状，提出我国地热能产业发展起步阶段存在的问题，根据我国未来能源战略的需求，地热能开发利用关键技术的突破与创新，以及相关产业政策的引导和专业人才的发展，对我国地热能产业发展的未来提出展望。

1. 中国地热资源特征及其潜力

地热资源是指能够经济地被人类所利用的地球内部的地热能、地热流体及其有用组分，目前可利用的地热资源主要包括：天然出露的温泉、通过热泵技术开采利用的浅层地热能、通过人工钻井直接开采利用的地热流体以及干热岩体中的地热资源[①]。我国地热资源丰富、种类繁多，地热资源按温度分级，可分为高温地热资源（$T \geq 150℃$）、中温地热资源（$90℃ \leq T < 150℃$）和低温地

---

① 王贵玲等：《中国地热资源潜力评价》，《地球学报》2017年第38卷，第4期，第449—459页。

热资源（T<90℃），综合考虑地质构造特征、热储赋存特征、热流体传输方式、温度范围以及开发利用方式等因素①②，可将我国地热资源分为浅层地热能资源、水热型地热资源和干热岩资源三种类型。

中国位于全球地热带上，我国西南地区位于喜马拉雅地热带，台湾地区则属于环太平洋地热带，两者形成高温对流型地热系统，其余广泛分布中低温对流型地热系统，且总体上呈"东高西低，南高北低"的分布格局。藏南地区、台西盆地以及南靖盆地最高，其次为藏北羊湖盆地、羌湖盆地，中部鄂尔多斯盆地、四川盆地，南方沿海盆地，东部的华北南部、松辽盆地北部、苏北、渤海湾盆地以及北部的海尔盆地，为中低温地热系统，新疆的塔里木盆地、准噶尔盆地、四川盆地北部以及松辽盆地北部与三江盆地等为冷盆。

我国大部分地区均有浅层地热资源分布，据中国地质调查局2016年对全国地热资源调查评价结果显示，全国336个主要城市浅层地热能资源每年可开采量折合标准煤7亿吨，可替代标准煤11.7亿吨/年③。水热型地热资源主要分布于中国的东部地区、东南沿海、台湾、青藏高原等地区，折合标准煤计算，水热型地热资源量1万2500亿吨，年可采量18.65亿吨，其中水热型高温地热资源141亿吨，年可采量0.18亿吨，发电潜力为846万千瓦④。我国大陆地下深处均有干热岩分布，据有关专家初步测算，地下3—10公里范围内干热岩资源折合标准煤860万亿吨，相当于全国能源总消耗量的4000多倍⑤。在目前经济技术条件下，干热岩的开发利用还需攻克许多技术难题，并且还需大幅降低开采利用成本以实现商业化开发。

---

① 王贵玲等：《中国地热资源潜力评价》，《地球学报》2017年第38卷，第4期，第449—459页。
② 蔺文静等：《中国地热资源及其潜力评估》，《中国地质》2013年第40卷，第1期，第312—321页。
③ 王贵玲等：《中国地热资源潜力评价》，《地球学报》2017年第38卷，第4期，第449—459页。
④ 王贵玲等：《中国地热资源潜力评价》，《地球学报》2017年第38卷，第4期，第449—459页。
⑤ 蔺文静等：《中国地热资源及其潜力评估》，《中国地质》2013年第40卷，第1期，第312—321页。

2. 中国地热能勘探开发及利用现状

2.1 中国地热能产业发展历史回顾

我国关于地热资源的利用历史悠久，据文献记载秦汉时期即有对温泉地热的利用，我国古代第一本地理学著作《水经注》亦注有对地热温泉的分类及其利用。但国际地热理论及其应用的发展则起源于 20 世纪 30 年代末，我国地热能真正意义上的发展始于 20 世纪中叶，50 年代末著名地质学家李四光成为我国地热研究的先驱，组建了第一支地热研究团队，并于北京房山成功实施了第一口 500m 深的地热探测钻孔，同时期在全国先后建立温泉疗养院 160 多家。

我国对地热资源大规模的勘探开发利用始于 20 世纪 70 年代初。勘探方面，70 年代在 20 多个地区开展了地热资源普查，以中科院青藏高原科考队于 1973—1976 年对西藏高原地热的考察最为系统而全面，20 世纪 80 年代末至 90 年代初同时开展了油田地热的调查与研究，其中大港、冀东、华北油田以及四川、大庆等地区做了详细的油田地热资源评价，中石油于 2003 年又相继组织了辽河和华北油田进行了相关地热的调查研究工作。地热开发利用方面，则先后建成了广东顺丰、湖南灰汤、西藏羊八井和西藏郎久等实验性地热电站，据 2016 年国际地热协会数据统计，我国地热发电装机总容量 28 兆瓦，仅位列世界 18 位，而美国地热发电规模为我国的 90 余倍。我国自 20 世纪 90 年代以来，在北京、天津、保定（雄县）等城市开展中低温地热供暖等直接利用，2005 年以来地源热泵得到了迅速发展，2009 年我国地源热泵装机容量已位列世界第二，全国推广应用面积突破 1 亿平方米，截至 2015 年底，我国地源热泵装机容量达到 11781 兆瓦，我国浅层地热能供暖（制冷）面积达到

3.92 亿平方米①②。

为规范地热资源矿产管理，促进地热能产业健康有序发展，国家层面先后出台了关于地热资源管理及勘探开发利用方面的政策文件，2000 年之前出台的《中华人民共和国矿产资源法》，以及《关于地热资源按矿产资源管理的复函》和《中华人民共和国矿产资源法实施细则》明确地热属于矿产资源，由国土资源部进行管理；1986 年由地质矿产部批准并颁布实施的《地热资源评价方法》作为地热田普查和初步勘探的设计依据；2000 年之后颁布的《国家中长期科学和技术发展规划纲要》提出将地热开发利用作为重点，《中华人民共和国可再生能源法》明确地热被列入鼓励发展新能源范畴，《地热资源地质勘查规范》规范了地热资源勘查的内容与标准，《可再生能源"十二五"发展规划》第一次明确地热能建设重点为发电和浅层利用，《地热能开发利用"十三五"规划》则系统提出了地热发展目标、布局及发展对策等。

总体而言，虽然我国地热能产业发展历史悠久，可是由于地热资源储量问题、开发利用技术相对落后、地热能利用结构简单化、国家相关地热能政策的不完善甚至缺失，我国地热能产业在此之前一直处于产业单一化、发展相对滞缓的阶段。

2.2 中国地热能勘探及开发利用现状

2.2.1 中国地热能勘探现状

自 20 世纪 70 年代以来我国正式发展地热，虽然相对缓慢，但是自 90 年代以来，受全球节能减排与市场刺激，为优化我国能源结构，促进节能减排与减少雾霾，加强生态文明建设，我国地热能发展也取得了很大的突破。据中国地质调查局 2016 年度统计，目前已查明全国出露温泉 2334 处，地热井 5818 眼，钻探逾 70000 米③。尤其在 21 世纪以来，随着国家相关地热能发展政策的

---

① 汪集暘等：《从欧洲地热发展看我国地热开发利用问题》，《新能源进展》2013 年第 1 卷，第 1 期，第 1—6 页。
② 杜克磊等：《我国地源热泵应用研究现状与展望》，《北方工业大学学报》2018 年第 2 卷，第 30 期，第 96—104 页。
③ 卢予北等：《新时代地热资源勘查开发问题研究》，《探矿工程》2018 年第 45 卷，第 3 期，第 3—8 页。

出台，我国地热资源勘探工作得到了蓬勃发展。近年来，国土资源部与中国地质调查局先后组织开展了"全国地热资源现状评价与区划""全国地热资源现状调查评价与区划"和"全国地热资源调查评价与勘查示范工程"等全国性的大规模地热资源勘察与调查评价工作，通过前两次调查评价工作主要完成了《中国地热资源分布图》和《中国地热资源利用现状图》的编制；对国内重点地区如西藏、山东、安徽等地区的地热资源进行了估算；全面更新了全国地热资料，建立了全国地热资源数据库和信息管理系统；完成了全国336个地级以上城市的浅层地热能、全国31个省（市、自治区）水热型资源调查；同时启动了干热岩资源潜力评价。通过地热调查基本摸清了中国地热资源潜力，查明了中国地热资源的分布特征①。

全国地热资源调查评价结果表明国内地热资源开发潜力巨大，中低温水热资源年可开采量折合标准煤18.65亿吨，全国各地均有分布；高温水热型资源年可采量折合标准煤0.18吨，主要分布在中国西南青藏高原地区以及中国台湾省。浅层地热能开发潜力巨大，336个地级城市浅层地热能资源每年可开采量折合标准煤7亿吨，可用于建筑物供暖和制冷，其中，可实现建筑物夏季制冷面积326亿平方米，冬季供暖面积323亿平方米②。此外，干热岩开发潜力巨大，中国干热岩资源总量初步评估折合标煤达856万亿吨，以2%的国际通用开发效率计算，我国干热岩的开发规模可达17万亿吨标煤，相当于当前我国年能源消费总量的数千倍③。

2018年，"全国地热资源调查评价与勘查示范工程"将继续稳步推进，在已有工作的基础上，继续查明京津地区地热资源赋存特征与可持续开发利用潜力；完成全国干热岩资源调查，评价干热岩资源潜力，优选干热岩资源靶区，并初步建立1—2处地热—干热岩勘查开发综合研究基地，推动地热资源规模化的科学开发利用④。

---

① 罗佐县等：《我国地热产业发展机遇、挑战及对策分析》，《当代石油石化》2018年第26卷，第3期，第35—41页。
② 王贵玲、梁继运：《全国地热资源潜力评价基本完成》，2016中国地质调查成果快讯。
③ 王贵玲：《中国地热资源潜力评价》，《地球学报》2017年第38卷，第4期，第449—459页。
④ 王贵玲等：《全国地热资源调查评价与勘查示范工程进展》，《中国地质调查》2018年第5卷，第2期，第1—7页。

综上所述，通过近几年国家及地方相关地勘单位大力组织的地热资源勘查，已经基本摸清了我国地热资源的分布规律、资源类型及其潜力，但是勘探程度及勘探精度仍有待于加强，尤其是对于地热资源潜力巨大的青藏高原地区，应进一步加大资金投入与勘查力度。

2.2.2 中国地热能开发利用现状

从古代的温泉洗浴与供暖到1904年意大利首次利用地热发电，地热能的开发利用已有千年历史，虽然地热能产业化数十年，可是在世界地热能产业发展初期，受地热资源勘探开发利用技术以及相关政策的影响，地热能的商业化开发程度较低，而随着全球气候环境压力的增大以及能源结构优化的需求，地热能作为利用率高、清洁环保的能源越来越受到世界的关注，加上相关地热能开发利用技术的进步，以及相关政策机制的完善，全球地热能的开发利用已经开始火热起来。

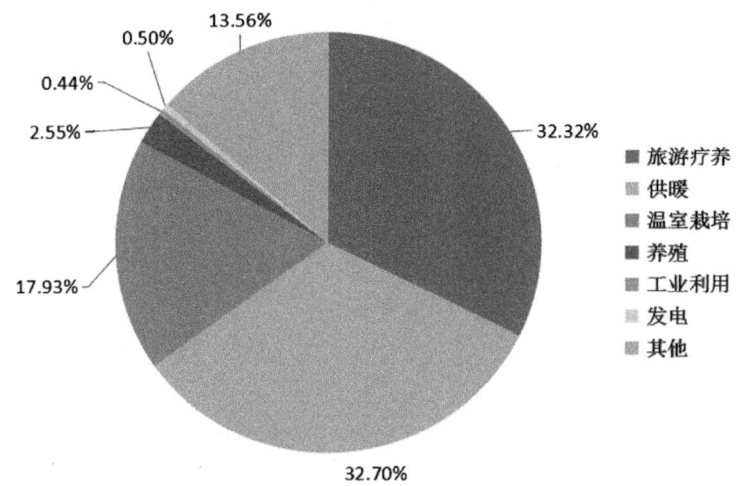

图1 水热型地热开发利用方式

资料来源：王贵玲：《中国地热资源潜力评价》截至2015年，世界地热直接利用的总装机容量为70.33吉瓦，直接利用总装机容量世界排名前五的国家分别为：中国，17.87吉瓦；美国，17415兆瓦；瑞典，5600兆瓦；土耳其，2886兆瓦；德国，2848兆瓦[①]。

---

① 庞忠和等：《国内外地热产业发展现状与展望》，《中国核工业》2017年第12期，第47—50页。

按照利用方式可将地热能的利用分为直接利用和地热发电两大类。地热能直接利用包括地热供暖与制冷、温室栽培与水产养殖、温泉洗浴与水疗等，其中地热供暖在地热能直接利用领域中应用最为广泛，据2015世界地热大会报告数据，在全球地热资源利用方式中，直接利用占比83%，地热发电利用占比17%，而在地热能直接利用方式中，地源热泵占70%。鉴于地热发电系统技术复杂以及投资成本较高，目前世界地热资源利用主要以直接利用为主。

截至2015年底，全球地热电力总装机容量达12.6吉瓦，据GEA2016显示，在2016年3月至9月期间，23个国家一共新增了44个地热发电项目，总计增加了1562.5兆瓦，如果维持这一增长率，那么在2021年全世界地热发电装机容量将超过23吉瓦。目前，美国、菲律宾和印度尼西亚是地热电力装机容量最大的三个国家，据GEA2016年数据显示，在现有的经济技术能力下，全球目前拥有的水热型地热资源总量超过200吉瓦，而目前仅仅开发了其资源量的6%—7%，因此，水热型地热资源还有着巨大的潜力以供挖掘。

表1　2016各国地热电力装机容量

国家	装机容量（万千瓦）	国家	装机容量（万千瓦）
美国	251.1	土耳其	82.1
菲律宾	191.6	冰岛	66.5
印度尼西亚	153.4	日本	53.3
肯尼亚	111.6	哥斯达黎加	20.7
新西兰	98.6	萨尔瓦多	20.4
墨西哥	95.1	尼加拉瓜	15.5
意大利	82.4	俄罗斯	7.8

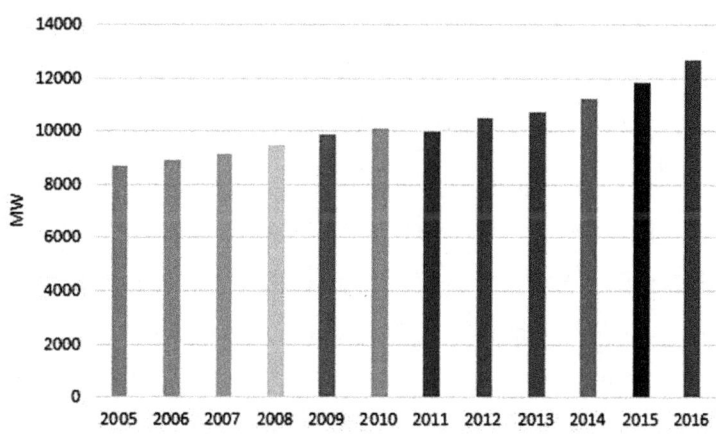

图 2　全球地热发电装机容量（2005—2016）

资料来源：GEA2016。

现阶段，我国的地热资源以直接利用为主，且连续多年位居全球之首，2014 年地热资源直接利用量达到 48435 吉瓦，是美国直接利用量的 2 倍多，在地热直接利用构成中，地源热泵利用方式占 58%，地热供暖占 19%，温泉洗浴占 18%[1]，我国地热资源利用正逐步走向能源化，地热能的梯级利用结构正逐步科学合理化。

我国地热供暖以天津、北京、河北、陕西，山东等地区为主，其他地区也有规模化应用，2015 天津市地热供暖面积达到 2500 万平方米，约占全市集中供暖总面积的 6%，是全国利用地热供暖规模最大的城市。依托于地热供暖，河北雄县打造了"雄县模式"，建成了我国首座"无烟城"[2]，内蒙古自治区宁城县打造了首个"无烟镇"，北京市丰台区南宫村与此同时也打造了首个"无烟村"。截至 2015 年底我国地热供暖面积达到 1.02 亿平方米。2009 年我国地源热泵装机容量位列世界第二，应用面积突破 1 亿平方米，2016 年应用面积达到 4.78 亿平方米，地源热泵得到了快速发展。

我国地热发电发展相对滞后，与地热产业发达国家有较大差距。目前，全

---

[1] 戴宝华：《我国地热资源开发利用与战略布局思考》，《石油石化节能与减排》2017 年第 2 卷，第 1 期，第 6—12 页。
[2] 庞忠和等：《国内外地热产业发展现状与展望》，《中国核工业》2017 年第 12 期，第 47—50 页。

球大约有 30 个国家开展了地热发电项目。中国于 1970 年开始投资建设地热发电项目,是世界上第八个拥有地热发电的国家。40 多年来地热发电发展缓慢,20 世纪 70 年代初,我国先后在广东丰顺、山东招远、辽宁熊岳、江西温汤、湖南灰汤、广西象州、河北怀来等地建成中低温试验性地热站。目前除广东丰顺地热站外,其余均停止运行。在高温发电方面,目前仅有西藏羊八井地热电站和云南瑞丽地热电站在运行,拉萨市羊易地热电站目前仍处于试运行阶段,其中羊八井作为我国高温地热发电的里程碑式的项目一度承担了拉萨市主要的电力供应。截至 2017 年底,我国地热发电总装机容量仅 28 兆瓦,地热发电装机容量占全球地热发电装机容量的 0.2%,与地热能利用发达国家相比差距悬殊,随着羊易高温地热电站的正式运营以及古堆高温地热电站等其他地热电站的建立,在未来五年内有望突破 100 兆瓦的装机容量,缩小和世界发达国家的差距。

2.3 地热能开发利用关键技术及应用

2.3.1 地热能开发关键技术及其应用

地热能开发利用属于多行业、多学科之间的交叉与融合[①],其开发利用技术是一门多学科的综合技术,主要包括地热资源的勘查与评价技术、高温地热钻完井工艺技术、高效换热和制冷技术、防腐防垢技术、地热尾水回灌技术、地热梯级利用技术、热泵及地热发电技术、地热开发利用自动监控与信息化技术、增强型地热(EGS)开发利用技术等。

目前,我国地热能开发利用技术的主体主要由国家地热中心、中科院、中石油、中石化、中国地质调查局、中国石油大学、中国地质大学等机构组成。

在目前地热经济开发条件下,地热能开发利用的关键技术主要包括地热资源的勘查与评价技术,高温地热钻完井技术、地热尾水回灌技术、防腐防垢技术、热泵技术以及地热发电技术等。

地热资源勘察技术以重法、电法、大地电磁法为主,在全国大部分地区的

---

① 赵丰年等:《地热能开发技术标准体系研究进展》,《当代石油石化》2015 年第 5 期,第 27—31 页。

地热资源勘查中得到广泛应用；地热资源评价技术以地表热流量法、比拟法、热储体积法、解析法和数值法等为主，其中以热储体积法为主的地热资源评价技术应用于国土资源部2009年组织开展的全国地热资源潜力评估，并成功确定了地热能开发有利目标靶区。

对于高温地热资源开发而言，由于地热储层具有高温，以及岩石相对坚硬、强度更高和岩石相对存在更多裂缝，且裂缝尺寸较大的影响，地热钻井条件更为苛刻，技术流程更加复杂，相应的钻井成本也更高，完井工艺相对也更复杂。通过对高温地热开发钻井技术分析，研究认为高温地热高效开发钻井技术主要包括高效破岩技术、防堵漏堵技术、抗高温井下测量技术、抗高温钻井液技术、抗高温固井技术以及高效低成本钻井技术等[1]。目前我国已经初步形成了一套针对不同深度、不同地层和岩性的热储的地热钻井完井工艺技术体系。如中石油联合中石化在肯尼亚OLKARIA地区实施了一批高温地热井，初步形成了高温定向钻井、井筒降温、钻头选型、空气泡沫钻井液等高温地热钻井技术[2][3]。

地热尾水回灌技术是实现地热资源可持续开发（国际上可持续开发年限以30—50年为限）的有效措施，该技术已经应用于世界各国的地热电站。该技术的应用同时对保护地热资源、延长生产井寿命及减少环境污染等方面具有重要意义。中石化在我国已经形成了一套较为完整的地热回灌技术及体系，对灰岩热储层实现了100%回灌，砂岩热储实现80%的回灌率，并获取了国家知识产权局颁发的"砂岩地热尾水经济回灌系统"专利。

地热水结垢以及井身设备腐蚀是地热系统运行中普遍存在的问题，结垢与腐蚀问题会大大降低系统设备的使用寿命、增加生产成本和正常运行的难度，是影响地热利用系统正常运行的重要问题，目前国内外采用的主要防腐技术包括：使用防腐材质及防腐涂料层、增加腐蚀裕量、充氮注硫技术等，防垢技术

---

[1] 光新军等：《高温地热高效开发钻井关键技术》，《地质与勘探》2016年第52卷，第4期，第718—724页。

[2] 谷雪曦等：《我国地热能直接利用产业现状及发展对策》，《太阳能》2016年第8期，第17—20页。

[3] 朱益飞：《地热资源开发利用现状及发展趋势分析》，《变频器世界》2016年第2期，第44—46页。

主要包括：化学阻垢、物理除垢、电磁声等物理场除垢等。为高效经济防腐除垢，未来亟待研发防腐涂料、化学阻垢和地热水处理等防腐防垢技术[1]。

2.3.2 地热能利用关键技术及其应用

在全球地热资源利用方式中，直接利用占总量的83%，地热发电利用占17%，而在地热能直接利用方式中，地源热泵占70%[2]，从全球地热能利用占比等产业现状分析认为，目前地热能利用的关键技术包括地源热泵技术和地热发电技术。

地源热泵作为利用可再生能源且可替代传统化石能源的一种空调技术，是实现我国建筑节能减排的有效方式之一[3]。我国地源热泵装机容量自21世纪以来持续增长，截至2017年底，我国地源热泵装机容量达2万兆瓦，位居世界第一，浅层地热能供暖（制冷）面积达到5亿平方米，据十三五规划，2020年应用面积目标为11.22亿平方米。

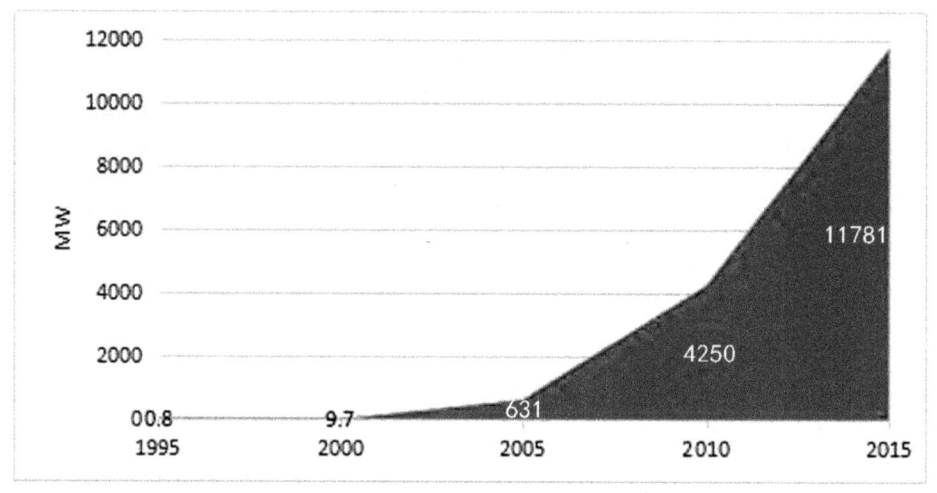

图3 我国地源热泵装机容量变化

资料来源：杜克磊：《我国地源热泵应用研究现状与展望》。

国际上根据地热能交换系统形式的不同，通常将地源热泵系统划分为地埋

---

[1] 刘明言等：《地热能利用中的防腐防垢研究进展》，《化工进展》2011年第30卷，第5期，第11—14页。

[2] 戴宝华：《我国地热资源开发利用与战略布局思考》，《石油石化节能与减排》2017年第2卷，第1期，第6—12页。

[3] 刘志坚：《中国地源热泵技术发展与展望》，《建筑科学》2013年第29卷，第10期，第26—33页。

管地源热泵系统、地下水源热泵系统、地表水源热泵系统3种主流形式；据中国热泵委统计，地埋管地源热泵、地下水源热泵、地表水源热泵使用比例分别为45.4%、24.9%、29.7%[1]。

地热发电是指利用地下热水和蒸汽为动力源进行发电，据2015年世界地热大会数据统计，目前国际上主流传统的地热发电技术包括背压式发电、干蒸汽发电、闪蒸发电、双循环工质（有机朗肯循环），以干蒸汽发电、闪蒸发电、双循环工质发电为主。为了满足地热田的开发需求，提高地热能量转换效率，复合型地热发电站也应运而生，主要采用的技术包括单级闪蒸—双级闪蒸混合系统，闪蒸—双循环工质混合系统等。世界上目前正试验或者使用的发电技术还包括卡琳娜循环发电技术、太阳能—地热混合发电技术等，增强型地热（EGS）发电以其巨大的资源潜力优势成为未来研究和发展的重点。

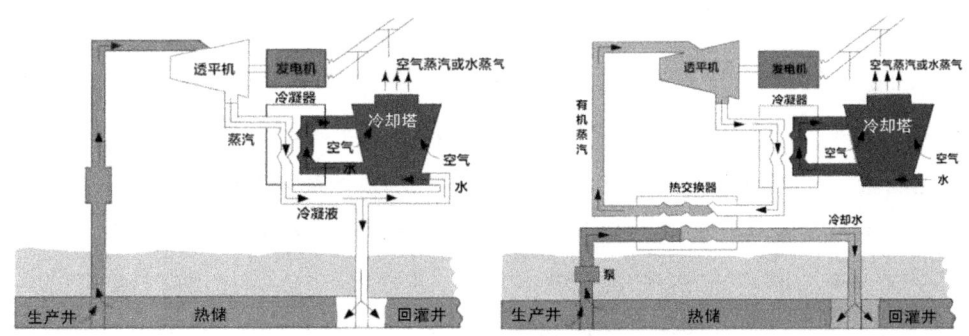

图4　干蒸汽发电与双循环工质发电示意图

干蒸汽发电是目前世界应用非常广泛的一种地热发电方式，适用于高温（大于160℃）地热田发电，其循环效率可达到20%以上，该类热田发电单机组容量为35—120兆瓦，平均发电装机容量约为44兆瓦，印度尼西亚、意大利、日本以及美国均建有此类电站，截至2015年，全世界一共有63座闪蒸机组，全球市场占比10%，但其发电量占比22%[2]。

---

[1] 杜克磊等：《我国地源热泵应用研究现状与展望》，《北方工业大学学报》2018年第2卷，第30期，第96—104页。

[2] Ruggero Bertani, "Geothermal power generation in the world 2010 - 2014 update report, 2016," *Geothermics*.

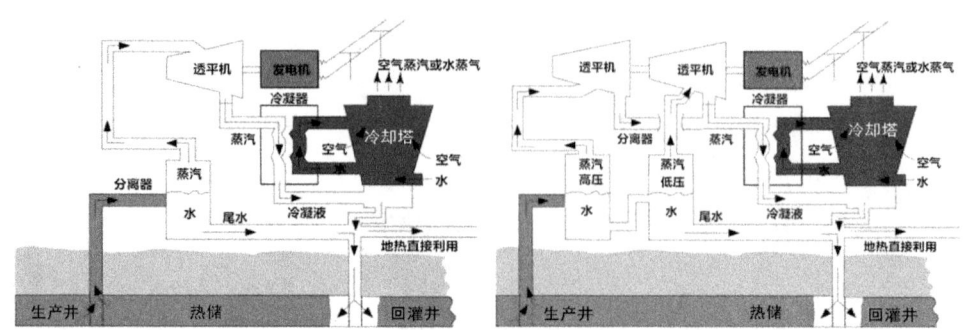

图 5　单级闪蒸发电与双级闪蒸发电示意图

资料来源：2015WGC。

闪蒸发电是地热发电工业的主流，该系统适用于压力、温度较高（大于180℃）的地热资源，包括单级闪蒸发电系统、双级闪蒸发电系统和三级闪蒸发电系统，以单闪和双闪为主，截至2015年，全世界一共有167座单闪机组和68座双闪机组，全球发电量占比分别为41%和21%[①]。一级闪蒸发电系统发电功率为3—117兆瓦之间，单机组平均发电功率为31兆瓦左右；双级闪蒸发电系统装机功率为4.7—110兆瓦之间，单机组平均功率为39兆瓦左右。冰岛、日本、新西兰、美国、意大利、菲律宾、墨西哥等国家均有采用该技术。

双循环工质（有机朗肯循环）发电系统温度适用范围广阔（100—300℃），对于不适用干蒸汽和闪蒸发电系统的中低温地热发电具有很好的优势，截至2015年，全世界一共有286座双循环工质机组，全球市场占比46.6%，发电量占比12%，单机组平均发电功率为5兆瓦左右。国际上，双循环工质发电技术最为先进的是美国ORMAT公司，据2016年度全球地热发电报告，ORMAT公司成为全球最大份额的地热设备供应商，其占比为26%（见图6），其大多数项目发电量均在10兆瓦以上。近10年，利用中低温地热能的有机朗肯循环发电技术发展迅速，2014年，欧洲地热发电装机容量较2013年新增170兆瓦，全部来自于土耳其利用有机朗肯循环发电技术的中低温地热

---

① Ruggero Bertani, "Geothermal power generation in the world 2010–2014 update report, 2016," *Geothermics*.

发电①。

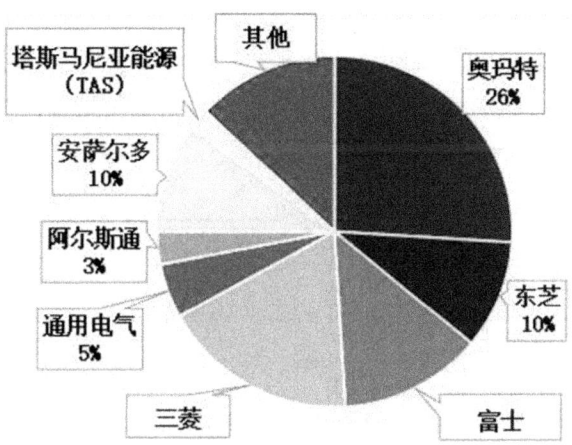

图 6 地热设备供应商占全球市场百分比

卡琳娜循环是区别于常规朗肯循环的一种新的热力循环,采用氨和水的混合物作为工质,在中低温地热发电领域得到了广泛的应用。目前的工业化应用表明,卡琳娜循环发电技术的循环效率比朗肯循环的效率高 20%—50%。卡琳娜循环发电技术目前已经成功应用于日本、冰岛和德国等国家②。目前,世界地热发电厂的一般成本范围介于 1870—5050 美元/千瓦之间,双循环发电厂的成本一般高于直接的干蒸汽发电厂和闪蒸发电厂③。随着技术的进步与发展,地热发电的成本预计在未来几十年内仍将持续下降,从而进一步推动地热发电产业市场化及全球化。

2.3.3 增强型地热开发及其应用

据相关资料统计,地壳中干热岩(通常指 3—10 公里深处)所蕴含的能量相当于全球所有石油、天然气和煤炭所蕴藏能量的 30 倍,中国地质调查局的最新评价数据显示,中国大陆 3—10 公里深处干热岩资源总量为 2.5×10^{25} J

---

① 郑人瑞等:《欧洲地热资源开发利用现状及启示》,《中国矿业》2017 年第 26 卷,第 5 期,第 13—19 页。

② 徐耀兵等:《地热资源发电技术特点及发展方向》,《中外能源》2012 年第 17 卷,第 7 期,第 13—18 页。

③ 赵宏,戴定:《世界地热发电产业概览》,《中国核工业》2017 年第 12 期,第 51—52 页。

（合856万亿t标准煤）①。对干热岩的开发利用为增强型地热系统（EGS），美国能源部定义其为：采用人工形成地热储层的方法，从低渗透性岩体中经济地采出深层热能的人工地热系统。EGS系统为一个闭环系统，由两个子系统组成，一个是地下热储层的开发建造系统，另一个是地面发电供热系统。干热岩发电概念最早由美国加州大学实验室研究人员于20世纪70年代提出，增强型地热系统的研究与开发已有40余年的历史，包括美国、英国、法国、德国、瑞士、日本、澳大利亚等国家先后开展了其研究与试验开发。其中，法国Soultz项目是世界第一个EGS兆瓦级成功发电项目，总装机1.5兆瓦，并于2011年实现了发电；Desert Peak项目成为美国第一个商业规模的EGS示范项目；澳大利亚Habanero项目于2013年实现1兆瓦试验电厂成功发电。截至2017年，EGS实现了12.2兆瓦的总装机运行。

在干热岩（HDR）研究与开发领域，目前美国走在世界前列，作为美国"全方位能源政策"的一部分，2015年，美国能源部地热技术办公室负责管理的地热能前沿观测研究计划（FORGE）启动，该计划以建立一个地下实验室来开展增强型地热系统（EGS）的前沿研究，并以研发大规模、经济可持续和商业化的干热岩EGS所需要的技术为目标，FORGE计划由三个阶段构成，第一和第二阶段已经分别于2015年和2016年启动，分别投入3100万美元和2900万美元，完成了包括环评，微震监测站台部署，缓解诱发地震方案，钻探部署等工作。第三阶段于2018年启动，并投入1.4亿美元，主要针对关键研究领域（如储层描述、场地及设备的改造和维护等）开展创新性的研发工作。

发达国家目前处于干热岩的试验期和商业开发初期阶段，我国干热岩研究尚处于试验性阶段，主要基于定点干热岩靶区，以及科学钻探阶段，远未达到干热岩试验发电阶段。"十二五"期间科技部布局了高新科技863项目"干热岩热能开发与综合利用关键技术研究"，开启了我国专门针对干热岩工程的研究。2013年，中科院水文地质环境地质研究所承担的地质调查项目"全国干

---

① 蔺文静等：《我国陆区干热岩资源潜力估算》，《地球学报》2012年第33卷，第5期，第807—811页。

热岩资源潜力评价与示范靶区研究",开启了国内实质性的干热岩资源调查评价与开发研究,该调查评价显示,我国干热岩有利区为藏南地区、云南西部、东南沿海、华北以及东北等地区[①]。

目前在福建漳州地区已完成地球物理勘查和选点,开始钻试验井。青海共和盆地成功施工5眼干热岩勘探孔,孔深在3000—3705米,井底温度达180—236℃,并圈定了3000平方千米的干热岩体分布区,但目前尚未开展压裂实验。

2017年初初我国出台的《地热能开发利用"十三五"规划》在重大项目布局中对干热岩发电明确指出要通过建立2—3个干热岩勘查开发示范基地,形成技术序列、孵化相关企业、积累建设经验,在条件成熟后进行推广,以此加快中国干热岩开发利用步伐,促进中国能源结构调整。

虽然中国干热岩研究和勘探工作还处于初期阶段,但是在国家清洁能源发展战略下,在干热岩勘探开发技术得到突破,且实现经济成本控制的条件下,未来中国地热资源开发利用,尤其是干热岩发电将会成为划时代的能源革命。

3. 中国地热能产业未来展望

随着全球气候环境的变化以及世界能源结构调整的需求,地热资源的开发利用正在受到广泛的关注并成为全球研究热点,作为《巴黎协定》的成员国,我国的经济发展面临严峻的环境污染问题,在我国能源战略需求之下,随着我国能源结构的调整以及低碳绿色经济发展的需求,国家以及地方政府相继出台了相关地热发展的政策及文件,并且随着相关核心技术的进步和突破,以及未来能源市场的需求等,可以预见,中国地热能产业将迎来发展的黄金时期。

3.1 全球气候环境要求

人类过于激进或者不合理的工业发展导致了全球大气的污染及气候环境的

---

① 蔺文静等:《我国东南沿海干热岩赋存前景及与靶区选址研究》,《地质学报》2016年第90卷,第8期,第2043—2058页。

变化。为有效应对全球气候变化，治理大气与环境污染，改善能源结构势在必行，与风能、太阳能等清洁可再生能源相比，地热能的稳定性和平均利用系数都是前者无法比拟的。

中国是目前全球温室气体排放量最大国家之一，据最新数据统计，我国的消耗臭氧层物质和二氧化硫（SO_2）排放量位居世界第一位，二氧化碳（CO_2）排放量居世界第二位，仅次于美国，氮氧化物和其他粉尘颗粒污染物的排放量也居世界前列。我国目前的能源结构中，煤炭与油气仍然占据主导地位，由此导致的能源污染问题也比较严重，由此可以看出，我国环境与大气污染形势依然严峻。2015年巴黎气候大会成功召开，随着《巴黎协定》的正式生效和实施，温室气体减排等重大问题在会上达成一致，能源结构转型开始加速。在此形势下，加快能源结构调整，大力发展绿色低碳经济对中国经济社会发展具有重要意义，地热能作为资源潜力巨大的清洁可再生能源正在迎来其发展的黄金时期。

3.2 产业政策激励地热发展

相关的产业政策对地热资源产业的发展具有显著的影响力。从国内西藏、雄安新区等不同地区地热资源产业现状来看，政策的推动作用在地热能产业的发展进程中不容忽视[①]。

党的十九大报告明确中国特色社会主义进入了新时代，并在报告中指出：要加快建立绿色生产和消费的法律制度和政策导向，建立健全绿色低碳循环发展的经济体系。构建市场导向的绿色技术创新体系，发展绿色金融，壮大节能环保产业、清洁生产产业、清洁能源产业。

2017年初，国家发改委、能源局、国土资源部联合颁发了《地热能开发利用"十三五"规划》，对地热资源发展目标、重大布局、技术研发等做出了明确规划。近年来，国家部委还相继出台了一些关于支持地热清洁能源开发利用的政策和文件。如2016年颁布的《中国国民经济和社会发展第十三个五年

---

① 过广华，张晋：《地热资源产业创新驱动模式及具体路径分析》，《中国矿业》2018年第2期，第32—35页。

规划纲要》中指出：推动能源结构优化升级，加快发展生物质能、地热能。2016年12月国土资源部颁发的《我国地热探测与地热能利用方案》指出：到2030年，形成地热资源探测与开发利用技术体系，搭建地热资源科学开发利用平台，提出区域地热资源科学开发利用战略布局，促进我国地热能大规模开发利用及产业化，为地热资源占国家一次能源消费总量达3%提供支撑。2017年4月国家能源局下发《关于可再生能源供热的意见》，要求到2020年全国地热开发利用规模达到16亿平方米，同时大力发展浅层地热能水源热泵、工业供热、种植养殖。

《国土资源"十三五"科技创新发展规划》提出：在"十三五"期间，开展地热资源勘查利用技术攻关，重点开展全国地热资源勘查评价技术与勘查示范，探索形成我国特色的地热地质理论与勘查技术体系。2017年12月国家发改委等六部委联合出台了《关于加快浅层地热能开发利用促进北方采暖地区燃煤减量替代的通知》，通知指出要因地制宜加快推进浅层地热能开发利用，推进北方采暖地区居民供热等领域燃煤减量替代，提高区域供热（冷）能源利用效率和清洁化水平，改善空气环境质量[①]。

综上相关地热产业发展政策，将成为我国地热能产业发展的指导方针，并成为其发展的坚实后盾。

3.3 市场机制拉动地热产业

地热能产业的发展同样离不开市场机制的调节，在地热政策的规范和指导之下，人类对能源的基本需求也将进一步影响地热能产业的市场化程度，市场需求将引导地热能产业向社会提供新的价值产品和服务，具体而言，市场需求将有力拉动上游的地热资源勘查、工程施工、技术研发和人才培养等环节，并且对下游地热污染处理、环境管理等产生影响[②]。

地热应用技术的研发成果不仅促使地热梯级利用的多元化，甚至会降低其

---

① 卢予北等：《新时代地热资源勘查开发问题研究》，《探矿工程》2018年第45卷，第3期，第1—8页。
② 周国华等：《地热产业构成分析》，《国土资源科技管理》2013年第30卷，第4期，第13—18页。

应用成本，相应地，地热发电、温室、供暖养殖及温泉旅游等成熟产品可以强有力地拉动上游的发展，吸引国家政策的扶持，以及更多资本、人才等资源的投入。

随着地热供暖工程、温泉旅游、温室栽培与养殖的快速发展，以及正在孕育的规模性的地热发电项目，地热利用带动了相关设备制造、产品研发、旅游服务以及工程施工等相关产业的快速发展，吸引了大量政府以及民间资本的涌入，成为区域经济的新增长点，并推动了当地经济的转型与升级。

完整的产业链及其市场将自动配置并优化上下游的资源与发展，以地热产业发展分析，健康的地热市场将有效的调节地热上下游的发展规模和资源分配问题，末端商业开发所产生的经济产值进一步反哺上游的地热资源开发利用，从而有效带动地热资源勘查评价、技术研发、人才培养等，从而拉动整个地热能产业的快速发展。

3.4 技术创新助推地热产业

在科学技术迅猛发展以及知识经济兴起的时代，技术创新已成为推动产业发展和经济增长的关键动力，技术创新同时也是产业不断演化的根本动力。地热资源的开发利用是一个庞大的产业链，涉及多学科领域。近年来，随着国家在清洁能源方面科研投入力度的加大，众多相关的关键技术取得了进展和突破。高温钻井技术的突破使更深更高温的地热资源开发利用变成了可能，水平定向钻进技术的发展与完善提高了地热能的利用效率，并进一步降低了开采成本[1]。

新地热发电技术的突破与创新提高了地热发电效率，降低了发电成本，最近美国俄亥俄州立大学研究人员正在设计的一种以二氧化碳代替水注入地下作为新型工质流来促进地热发电的新技术提高了10倍的发电量，若该技术得以成功应用，将极大降低成本，促进产业发展。增强型地热系统是地热能未来的发展方向，目前还处于研发试验阶段，其突破严重依赖于技术创新。

---

[1] 卢予北等：《新时代地热资源勘查开发问题研究》，《探矿工程》2018年第45卷，第3期，第1—8页。

在我国大力提倡开发清洁可再生能源的背景下，从不断扩大的地热市场需求而言，地热勘探开发利用技术的突破与创新将在能源供应与结构转型、环境保护、促进经济发展等方面产生强大的推动作用。

3.5 人才聚集引领地热产业

产业发展需要广纳贤才，人才与产业的有机融合可形成海纳百川之效应，人才会聚才能不断形成专业技术优势、产品创新优势以及行业竞争优势。由于师资力量、研究经费等资源分布不均衡，发展中国家与发达国家的地热人才培养体系和质量都存在较大差距。在2018之前，我国开设地热学专业的高校非常少，尤其是没有在本科中开设地热专业，研究生阶段也几乎没有设置独立的地热研究方向，地热人才的缺乏严重阻碍了地热产业的发展。结合我国目前地热人才培养现状来看，专业人才的缺乏使得地热产业的发展受到限制，影响到技术研发、设备制造、工程施工、电厂运营管理等各个环节，使得地热能产业仍处于发展的初级阶段，地热产品未能赋予附加值，无法拉伸地热产品线[1]。

近年来随着国家的关注以及相关政府机构及企业的重视，相继成立了许多高水平的地热研究机构以及勘探开发团队，一些地质类院校相继成立了地热实验室或者地热研究中心，并开设了相关地热专业，在本科生与研究生中开始招生。相关地热勘探开发和研究机构主要包括：国家地热中心、中国地质调查局地热资源调查研究中心、中海油新能源公司、中国地质调查局水文地调中心、中国地质科学院水文地质环境地质研究所、天津地热勘查院、中国科学院地质与地球物理研究所地热研究中心以及一些省市级的地调、勘察单位的地热资源调查机构等[2]；高校中包括天津大学、西安交通大学、中国石油大学、中国地质大学等高校相继成了地热研究中心或地热实验室，其中国内顶尖石油地质类院校中国石油大学和中国地质大学从2017年起，相继在硕士研究生与本科生教学计划中增设地热资源勘查工程专业、油田地热工程等，为我国地热发展培

---

[1] 周国华等：《地热产业构成分析》，《国土资源科技管理》2013年第30卷，第4期，第13—18页。
[2] 朱传庆等：《我国地热资源产业现状及地热学教育前景》，《中国地质教育》2016年第25卷，第3期，第1—4页。

养专业型人才。

从长远来看，随着我国相关地热勘探开发与研究机构的成立，以及未来地热专业型人才的涌现，将有效促进地热领域产学研的有机融合，并最终实现地热产业创新能力的不断提升，加速知识和财富的增长，促进地热能产业的发展和企业的兴旺。

4. 结语

整体而言，我国地热能开发处于资源丰富，分布广泛，前景广阔，同时充满机遇与挑战的状态，具体而言，干热岩（HDR）开发的道路任重而道远，但是浅层地热能以及水热型地热资源已经具备比较成熟的开发条件了，尤其是我国西南地区中高温水热型地热资源十分丰富，西南地区地热能的发展有利于我国西部开发战略的实现。相比世界其他地热能应用发达国家，我国地热能产业还处于初级发展阶段，地热能产业结构过于单一化，地热能开发利用技术相对落后，管理体制不完善，但是在全球气候环境需求以及国内能源结构调整的背景下，依托于政府政策的主导推动，相关地热能开发利用技术的突破与创新，国内地热人才的培养以及市场机制的调节，我国地热能产业将迎来发展的黄金时期。但与此同时，国家和地方政府还需完善相关政策法规，建立标准化科学合理的地热发展及管理体系，相关企业、地方勘探单位以及高校等科研机构也应积极参与进来，因地制宜，循序渐进，共同推进我国地热能产业的升级与发展，以促进我国能源结构调整以及经济社会的可持续发展（由于篇幅所限及研究深度，本文很多章节没有展开，还需多方探讨与努力，敬请谅解，并提出宝贵意见）。

B.11 中国水电发展的现状与展望

孙志禹 胡连兴*

摘　要： 水电作为技术成熟、运行灵活的清洁低碳可再生能源，具有防洪、供水、航运、灌溉等综合利用功能，经济、社会、生态效益显著。根据国际水电协会（IHA）** 发表的2018水电现状报告，2017年全球发电量份额中可再生电量占24.5%，其中水电占16.8%。根据最新统计，我国水能资源可开发装机容量约6.6亿kW，年发电量约3万亿kWh，按利用100年计算，相当于1000亿吨标煤，在常规能源资源剩余可开采总量中仅次于煤炭。

新中国成立以来，我国水电在各方面十分落后的基础上，得到了快速发展，特别是改革开放以来，随着经济社会的快速发展和进步，水电发展更是取得了令世人瞩目的辉煌成就，为国家经济、社会、环境的发展发挥了重要的作用。为了调整能源结构，实现能源低碳发展，为国家实现可持续发展和应对全球气候变化提供保障，参考发达国家水电发展经验，我国还需在做好生态保护和移民安置的基础上大力发展水电，提升我国水电的国际影响力和竞争力，为国家倡导的"一带一路"战略贡献中国水电应有的力量。

---

* 孙志禹，工学博士，教授级高级工程师，供职于中国长江三峡集团有限公司；胡连兴，管理学博士，高级工程师，供职于中国长江三峡集团有限公司。
** 国际水电协会（IHA）：《2018水电现状报告—行业趋势及思考》，2018年。

关键词：

水力资源　水电发展　形势　展望

1. 中国水力资源概况

中国西部12个省（自治区、直辖市）水力资源约占全国总量的80%多，特别是西南地区云、贵、川、渝、藏5个省（自治区、直辖市）就占2/3。水力资源富集于金沙江、雅砻江、大渡河、澜沧江、乌江、长江上游、南盘江、红水河、黄河上游、湘西、闽浙赣、东北、黄河北干流以及怒江等水电能源基地，其总装机容量约3亿kW，占全国技术可开发量的45.5%左右。特别是地处西部的金沙江中下游干流总装机规模近6000万kW，长江上游（宜宾至宜昌）干流超过3000万kW，雅砻江、大渡河、黄河上游、澜沧江、怒江的规模均超过2000万kW，乌江、南盘江红水河的规模均超过1000万kW。这些河流水力资源集中，有利于实现流域梯级滚动开发，有利于建成大型的水电能源基地，有利于充分发挥水力资源的规模效益实施"西电东送"[①]。

2. 中国水力资源的地位和作用

中国常规能源（其中水力资源为可再生能源、按技术可开发量使用100年计算）的剩余可采总储量的构成为：原煤61.6%、水力35.4%、原油1.4%、天然气1.6%。水力资源仅次于煤炭，居十分重要的战略地位。从发电考虑，以水力资源的技术可开发量计，每年可替代11.43亿吨原煤，100年就可替代原煤1143亿吨。因此，开发水力资源发展水电，是我国调整能源结构、发展低碳能源、节能减排、保护生态的有效途径。

同时，水电工程除发电效益外，还具有防洪、灌溉、供水、航运、旅游等综合利用效益。伴随着水电的发展，我国水电工程勘察设计和施工技术、大型水轮发电机组制造、远距离输电技术等已居世界先进水平。开发西部丰富的水

---

① 贾金生：《中国大坝建设60年》，北京：中国水利水电出版社2013年版，第65页。

力资源是西部大开发的重要组成部分,实施"西电东送"有利于我国能源资源的优化配置及西部地区的经济发展。因此,水电建设对于我国经济社会的可持续发展具有重要的作用。

根据最新统计,中国水能资源可开发装机容量约 6.6 亿 kW,年发电量约 3 万亿 kWh,经过多年的发展,我国水电装机容量和年发电量已突破 3 亿 kW 和 1 万亿 kWh,分别占全国的 20.9% 和 19.4%。我国水电开发程度为 37%(按发电量计算),与发达国家相比仍有较大差距。到 2050 年我国剩余水能资源技术可开发量仍有 3.6 亿 kW,年发电量 1.9 亿 kWh,分别占可开发总量的 55% 和 63%。

3. 中国水电发展面临的形势

3.1 水电建设任务更加艰巨

水电在实现非化石能源发展目标中起着举足轻重的作用,根据《水电发展"十三五"规划(2016—2020)》[①],要实现 2020 年非化石能源占一次能源消费比重 15% 的目标,水电的比重须达到 8% 以上,常规水电发展目标要达到 3.5 亿 kW,相应"十二五""十三五"常规水电新增规模分别达到 0.67 亿 kW、0.9 亿 kW。"十二五"期间我国水电开工规模为 1.2 亿 kW,年均开工 2400 万 kW,是我国水电发展 5 年规划历史上开工规模最大、开工数量最多的 5 年。由于水电建设周期长,加之受前期工作滞后、建设难度加大等影响,开发建设存在诸多不确定因素,水电建设时间紧、任务艰巨。

3.2 移民安置工作难度增大

移民工作是目前水电建设的最大难点,面临一系列问题,推进十分困难。随着西南水电的逐步开发,新建水电主要集中在金沙江、雅砻江、大渡河、澜

---

① 国家能源局:《水电发展"十三五"规划(2016—2020)》,2016 年,http://www.nea.gov.cn/2016-11/29/c_135867663.htm。

沧江和黄河上游地区。这些地区山高坡陡、耕地匮乏、生态脆弱、安置容量有限，加之少数民族移民比重大，移民安置难度增加，移民安置方式亟待创新和规范。同时，随着经济社会的发展，移民群众搬迁安置和地方发展期望值不断提高，国务院第471号令确定的"三原"原则等时有突破，复杂利益格局导致部分库区存在抢修抢建现象，对移民工作也提出了新的要求，做好移民工作已成为水电建设最重要的任务。

3.3 生态保护制约明显

保护流域生态是建设生态文明的重要内容，目前水电开发进一步强化了环境保护的理念，在规划、设计、施工、运行各环节，政府部门、项目业主、工程设计施工单位等都十分重视环境保护，水电开发做到与生态环境和谐共融。此外，水电作为清洁可再生能源，可在一定程度上替代煤炭、石油等化石燃料使用，对于减少CO_2及污染物排放，改善全国范围内的雾霾天气等都有着重要作用，环保效益巨大。

随着我国环境友好型社会的建设，水电开发生态环境保护要求越来越高，同时，受国际环境的影响，以及个别极端环保组织误导，水电的局部环境影响被片面夸大，水电的形象被部分舆论"妖魔化"，一定程度上误导了公众认识。加之缺乏科学系统的评判体系，近年来水电开发争议不断，已严重影响了河流水电规划和环境影响评价等前期工作及项目建设，环境保护问题已成为国家水电发展战略目标能否如期实现的重要制约因素。

3.4 建设成本快速攀升

随着水电开发逐渐向西部推进，新建水电工程地理位置偏远，自然条件恶劣，地质条件复杂，基础设施落后，对外交通条件困难，工程勘察、施工难度加大，水电工程直接建设成本将不断增加。同时随着社会经济发展和人们生活水平提高，耕地占用税等税费标准提升，征地移民投资大幅增加，生态环保投入不断加大，物价不断上涨等因素，水电开发成本急剧增加，将在一定程度上影响到水电的竞争力。

3.5 体制机制亟待完善

完善的体制机制是水电行业健康发展的基本保障。随着经济体制和投资体制改革的不断深化，水电开发经历了从计划经济到市场经济、从政府投资到企业投资、从单一主体到多元主体的变革，外部环境发生了深刻变化。在水电快速发展过程中，现行水电建设管理体制机制难以完全适应水电健康发展的要求，行业管理相对薄弱，不同行政管理部门之间缺乏统一协调。诸如：部分交通、国土、自然保护区等专项规划与水电规划未能实现统筹；水电站发电、防洪、航运、生态等调度主管部门缺乏协调机制；项目核准过程各种行政审批事项过多，行业主管部门协调难度大。同时，水电设计施工企业一体化重组对行业技术管理的独立性和公正性产生潜在影响。为此，需要进一步完善行政管理体制、深化体制改革，为水电进一步发展提供机制保障。

3.6 法规建设有待加强

完善的政策法规体系是水电健康可持续发展的有力保障。我国当前水电法规体系基本建成，但某些法规和标准规程仍然难以适应水电快速发展的要求。亟须出台综合性的水电开发管理条例对水电发展进行宏观指导；现行的移民安置法规还需进一步出台相关配套政策；环保工作实践中提出的诸如支流保护、保护区建设等需配套相关政策法规，明确各方权责；国土、林地等审批程序有待结合水电特点进一步完善；随着部分超现行规范的世界级水电工程的建设，相关技术标准和规程规范需要扩充和完善。

4. 中国水电发展展望

4.1 水电开发程度将显著提升

按照我国水电"三步走"发展战略，到 2020 年，我国常规水电装机容量将达 3.5 亿 kW，年发电量 13220 亿 kWh。其中东部地区（京津冀、山东、上海、江苏、浙江、广东等）开发总规模达到 3520 万 kW，约占全国的 10%，水力资源基本开发完毕。中部地区（安徽、江西、湖南、湖北等）开发总规模达到6150万kW，约占全国的17.5%，开发程度达到90%以上，水力资源转向深度开发。西部地区总规模为2.54亿kW，约占全国的72.5%，其开发程度达到54%，其中广西、重庆、贵州等省市开发基本完毕，四川、云南、青海、西藏还有较大开发潜力；到2030年，我国常规水电装机容量将达4.3亿kW，年发电量18530亿kWh。其中东部地区3550万kW，约占全国的8%左右。中部地区6800万kW，约占全国的16%。西部地区总规模为3.26亿kW，约占全国的76%，其开发程度达到69%，四川、云南、青海的水电开发基本结束，西藏水电还有较大开发潜力；到2050年，我国常规水电装机容量将达5.1亿kW，年发电量14050亿kWh。其中东部地区3550万kW，约占全国的7%；中部地区7000万kW，约占全国的14%；西部地区总规模为4.06亿kW，约占全国的79%，其开发程度达86%，新增水电主要集中在西藏自治区，西藏东部、南部地区河流干流水力开发基本完毕[①]。

水能资源开发利用程度由近30%提高到2050年的90%以上，水电开发程度显著提高，对保障我国能源安全，优化能源结构，将发挥更重要作用。

4.2 生态文明建设作用凸显

建设生态文明，是关系人民福祉、关乎民族未来的长远大计。面对资源约束趋紧、环境污染严重、生态系统退化的严峻形势，党的十八大明确提出必须树立尊重自然、顺应自然、保护自然的生态文明理念，把生态文明建设放在突出地位，融入经济建设各方面和全过程，努力建设美丽中国，实现中华民族永续发展。

水电是我国仅次于煤炭的第二大常规能源资源，开发水电可节约煤炭资源，减少温室气体和各种污染物的排放，水电作为清洁可再生能源具有显著的环境效益，对生态文明建设作用巨大。我国政府把水能资源作为能源战略和能源安全的积极发展领域，强调在贯彻全面协调、统筹兼顾、保护生态、发挥综

---

① 陈云华等：《多市场下流域水电定价理论与优化运营》，北京：中国电力出版社2010年版，第110—130页。

合效益原则的基础上，实现人与自然和谐相处，促进经济社会可持续发展。国家《国民经济和社会发展第十二个五年规划纲要》明确提出：在做好生态保护和移民安置的前提下积极发展水电。2017 年我国水电发电量 11898 亿 kWh，相当于年可节约原煤 5.55 亿吨，减少 CO_2 排放量约 10.41 亿吨。如按重复使用 100 年计算，我国经济可开发的水力资源量约为 600 亿吨标准煤，约占全国常规能源资源剩余可采量的 40%，全部开发后每年可减排 CO_2 约 13 亿吨，将在优化能源结构、减排温室气体、防洪减灾、实现节能减排目标、促进可持续发展等方面均发挥重要作用[①]。

4.3 "西电东送"规模不断扩大

未来三十余年，我国将深入推进水电"西电东送"战略，重点推进长江上游、金沙江、雅砻江、大渡河、澜沧江、黄河上游、南盘江、红水河、怒江、雅鲁藏布江等大型水电基地建设，通过加强北部、中部、南部输电通道建设，不断扩大水电"西电东送"规模，完善"西电东送"格局，强化通道互连，实现资源更大范围的优化配置。

北部通道主要依托黄河上游水电，将西北电力输送华北地区；中部通道主要将长江上游、金沙江下游、雅砻江、大渡河等水电基地的电力送往华东和华中地区南部通道主要将金沙江中游、澜沧江、红水河、乌江和怒江等水电基地的电力送往两广地区。同时，根据南北区域能源资源分布特点和电力负荷特性，跨流域互济通道建设取得重大进展。2017 年水电"西电东送"规模达 8452 万 kW，2020 年达到 11792 万 kW。

这些大型水电能源基地水库调节性能好、补偿效益显著、装机规模大、电能质量高，为受电区将提供持续、稳定、优质、清洁的电力输出，一方面加快可再生能源对不可再生能源的替代，减少化石能源消耗，优化受电区能源结构，使其能源供需更加合理，另一方面增强受电区能源尤其是电力资源的供给

---

① 周世春等：《中国水电可持续发展实践》，《水力发电学报》2012 年第 31 卷，第 6 期，第 1—6 页。

能力，在一定程度上满足经济快速发展对电力资源的需求，保障电力安全供应①。另外，"西电东送"将使供电区的能源潜力得到更充分的开发，增强了整个国家电力资源自给自足的能力，相应地减少了对国外一次能源的依赖，能源资源得到优化配置，提高了国家的能源安全。

4.4 政策法规体系趋于完善

水电开发管理、资源配置、项目核准等政策法规体系进一步完善，水电前期工作有序推进。移民安置政策法规体系建设取得重大突破，移民安置社会保障、城市化安置、"先移民，后建设"等水电移民政策措施体系逐步形成，地方政府、项目法人、设计院（公司）、监理公司和移民群体在移民安置工作中的责任、权利和义务更加明确；移民专项工程建设管理、移民社会管理、移民工作监督管理等政策措施进一步完善。主要流域生态安全监控、环保综合措施体系逐步形成；水电建设环境保护技术标准与综合监管体系进一步完善；科学系统的环境影响评价体系初步建立。流域梯级统一调度体系建设取得重大进展，梯级水库调度、电站运行的技术规程进一步健全，流域梯级电站实现统一调度、集中控制、优化运行。适应水电行业发展的水电设备管理、大坝安全管理、水电施工技术规范等行业技术标准体系不断完善，水电建设运行规范化管理取得明显进展。

4.5 管理体制机制更加健全

水电行业管理显著加强，以项目核准制为核心的投资管理制度进一步完善，企业的自主决策和政府的宏观调控作用进一步增强；国家、地方、企业等有关各方共同参与、责任明晰的建设管理体制更加健全；以市场配置资源、供需形成价格为核心的电力体制改革进一步深化，开发建设市场秩序全面规范，水电管理体制和电价形成机制改革取得明显进展。

水电与相关行业和地方的关系，水电开发与水资源综合利用、生态保护、

---

① 陈云华等：《多市场下流域水电定价理论与优化运营》，北京：中国电力出版社2010年版，第110—130页。

移民安置、地区发展更加协调，符合水电开发规律、适应管理要求的水电开发综合监管与行业监管相结合的管理机制更加健全。行业组织、企业协会、专业机构等在水电建设中的技术支撑、行业自律、沟通协调作用和水电开发管理服务体系更加健全，水电建设持续健康发展。

水电开发与移民群众、地方政府的利益共享机制，地方和移民参与移民工作的机制逐步建立，移民安置工作的科学化、民主化水平明显提升，移民的合法权益得到切实保障，重点水库移民遗留问题基本解决，移民社会管理工作明显加强，库区社会更加和谐稳定。

4.6 科学技术水平持续提升

依托大型水电工程项目的建设及已建流域水电管理运行，我国水电工程建设技术水平将不断提高，机电设备制造能力不断增强，水电行业管理水平不断提升。通过坚持技术创新与工程应用相结合，将解决高坝筑坝、大型地下洞室施工、高水头大流量泄洪消能、超高坝建筑材料等技术重大难题，水电建设坝工技术水平持续提升，复杂地质条件、高地震烈度及300米级高坝等筑坝关键技术取得重大突破；通过自主创新与引进消化吸收相结合，机组设备制造能力将不断增强，国内已能够自主设计、制造百万千瓦大型水轮机组，7万kW以上贯流式水轮机组制造水平不断提升；通过建设与运行管理并重，项目开发与人才培养相结合，水电行业勘测、设计、施工、运行管理水平全面提升，依托相关大型水电工程项目建设，将培养一批专业水平领先、科技创新能力突出的水电建设人才和团队，依托国内成熟的流域梯级水电运行管理，培养一大批水电优化调度管理人才，提高水库运行管理水平。

4.7 抽水蓄能电站不断发展

我国抽水蓄能电站建设自20世纪60年代后期开始起步且建设规模较小，到20世纪80年代随着在广东、华东、华北等东部地区一批大型抽水蓄能的建设，将我国抽水蓄能发展推向新的高度，截至2017年，我国抽水蓄能电站装机容量已居世界第一，在运规模2849万千瓦，在建规模达3871万千瓦；到2020年，运行总容量将达4000万千瓦。

我国已建和在建抽水蓄能电站主要分布在华南、华中、华北、华东等以火电为主的地区，以解决电网的调峰问题，而内陆省份则分布较少。由于我国能源资源分布与经济发展的不均衡性，规划和建设抽水蓄能除应考虑经济发展和电源结构因素外，还需考虑跨区域、大规模、长距离电力输送、电源结构优化及智能电网发展的需要以及风电、核电等新能源及可再生能源的大规模开发等因素。截至 2017 年底，我国抽水蓄能装机在电力装机占比还不到 3%，远远不能满足系统发展的需要，按照国家"十三五"能源发展规划要求，"十三五"期间新开工抽水蓄能 6000 万千瓦，到 2025 年达到 9000 万千瓦左右。

4.8 流域公司不断发展壮大

改革开放以来，我国水电投资与建设管理体制朝着市场化的方向发生了深刻变化，全面实施以项目法人为主体的法人责任制、招标投标制、建设监理制、合同管理制，水电产业发展步入了市场化、法制化轨道，为水电产业更深层次的改革与向更高层次发展奠定了基础。

目前我国大型流域开发公司正努力实现着几代水电人的大流域开发梦想，按照"边运行、边建设、边准备"的发展轨迹朝着规模化方向发展，实力越来越大，竞争力越来越强。可以预见，我国水电产业领域将出现一批大型流域水电开发企业，其项目构成我国电力骨干网架的源头与支撑点，电力产品的价格、质量、市场份额等都具有强大的竞争力，成为电力市场的重要电源基础与价值尺度[1]。

5. 结束语

随着我国流域梯级水电的不断开发，可开发资源量减少，未来，流域公司还将通过开发与并购等多种方式进行拓展，甚至会涉足火电、核电、新能源、节能减排等领域，成为综合性的能源产业公司。同时，流域公司也将加快我国

---

[1] 马光文等：《流域梯级水电站群联合优化运行》，北京：中国电力出版社 2008 年版，第 22—35 页。

的水电技术、水电标准、水电设备"走出去"步伐，通过投资合作、工程承包等方式参与境外水电开发，不断拓展国际合作领域，深化与亚洲、非洲、拉丁美洲等国家合作，促进非洲、东南亚等国家水电产业共同发展，提升我国水电的国际影响力和竞争力，为国家倡导的"一带一路"战略贡献中国水电应有的力量。

中国水电企业、金融机构、科研院所，要共同打造"走出去"航母，形成规划设计、科学研究、建设施工、装备制造、运营管理等水电工程建设全产业链集成服务能力，实现价值创造最大化。在"一带一路"沿线国家的水电开发市场中，中国规划设计、建设运行、投资融资、信用保险等企业组成联合舰队，编队出海，可充分体现中国企业的综合实力，打造"中国水电"国际品牌。

12 中国天然气产业发展现状与展望

黄 庆[*]

摘 要： 中国天然气对于环境污染的治理要求日益升级，天然气作为清洁能源将起到举足轻重的地位，未来5—10年中国天然气消费量将呈现快速增长的态势，成为中国一次能源的重要组成部分。天然气的供应是制约其发展的一把双刃剑，中国天然气的消费增长不仅给中国也给全球天然气的开发提供了有利的环境，但是中国也亟须解决天然气的供应来源问题。中国将成为亚洲增长最快的消费国，也将有机会成为亚洲天然气的定价中心。近年来，中国政府不断出台各类政策扶持中国天然气产业发展，"十三五"末至"十四五"初期，中国天然气将实现产供储运销的重大投资机遇和发展机遇。

关键词： 天然气 液化天然气 中国 消费量 供应量 政策 投资

---

[*] 黄庆，山东气库电子信息科技有限公司总经理兼首席信息官；具有13年以上中国燃气市场信息、价格和咨询经验，曾主导并参与多个国内外燃气行业研究和战略规划项目。对中国天然气、液化天然气、城市燃气、非常规天然气市场、液化石油气有着丰富的知识积累和咨询经验。

1. 概述

天然气是一种重要的清洁能源，对我国大气污染治理有着举足轻重的地位。2017年，天然气在我国一次能源中的约7%左右，2020年预计能达到10%左右。

中国天然气消费量未来5年将保持9.8%左右的复合增长率，据气库预测，到2022年，中国天然气表观消费量将达3821.7亿立方米左右，是2017年的1.6倍，进口将占据越来越重要的份额，以确保下游需求的增长。

2018年，政策不断加码出台，从天然气的上中下游全面出力，支持行业发展，尤其是2017年冬季气荒以后，中国天然气供应缺口明显，天然气上游得到政策的全力投资，不管是液化天然气（LNG）接收站、非常规气等都得到了显著的支持力度，以促进山上游主体的多元化。中国政府还不断出台市场化改革相关文件，从管网独立、价格监审等角度不断加码，推进"放开两头、管住中间"的战略，以推进天然气市场化的进程。

在此大背景下，中国天然气产业投资机遇和前景巨大，也吸引着产业内外的资本积极进场。2018年上游和中游基础设施正式启动投资元年，跟随消费增长，开始新的投资周期，政策上也不断加码扶持。而天然气下游则随着煤改气、海进江、新能源车用发展等清洁能源政策的落地，也孕育了大量的投资机遇，以分得一次能源转型的红利。

2. 中国天然气市场发展历程

中国天然气的发展历程较短，2005年西气东输工程全线建成投运，一条绵延千里的地下能源大动脉正式形成。但是，2005年我国天然气的消费量只有470亿方，在一次能源的占比也只有2.6%。

之后，天然气随着基础设施的不断投建，天然气也开始逐步发展。而天然气真正的大发展起步于2011年以后，2011年天然气消费量达到1025亿方，在一次能源的占比突破5%。

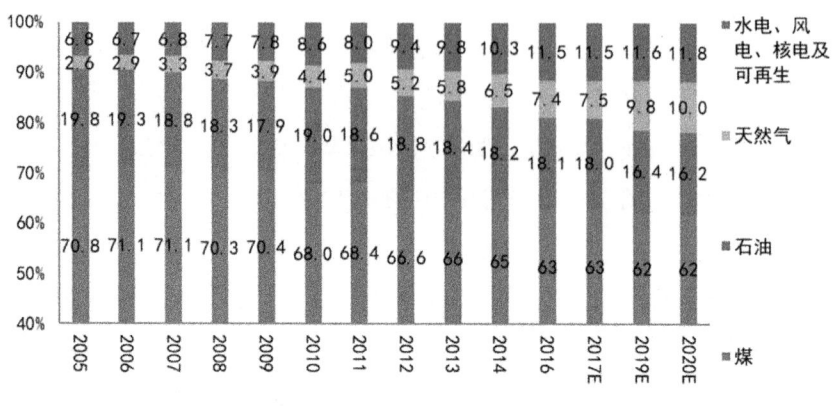

图1　中国主要能源消费结构（2005—2020）

资料来源：国家统计局、气库。

2012—2016年间，虽然期间经历了国际油价大跌、天然气经济性优势削弱、推广难度大增的困难时期，但中国整体天然气仍呈现了逐步增长的态势。2012年，受欧债危机等因素影响，中国经济再度陷入疲软态势，加上天然气消费量的基数越来越大，天然气表观消费量增速也放缓至10.3%。2013年，受到大气污染的困扰，国家大力推进工商业和电厂的"煤改气""油改气"进程，且车用等交通板块发展迅速，天然气表观消费量增速加快，反弹至17.26%；2014年，地方政府对于推广天然气的力度依旧较大，但受到2013、2014年连续两年价改的影响，天然气的经济性优势削弱，下游置换使用天然气的热情下降，消费增速明显放缓。2015年，受困于国际油价低迷，具体地区甚至出现了液化石油气等替代能源对天然气的逆替代，天然气消费量增速放缓，未完成此前制定的"十二五"天然气发展目标。

2016年，受到天然气价改提升天然气经济性和环保煤改气推进等多个利好因素影响，天然气消费量有所复苏。

2017年，尽管中国经济仍处于低迷状态，但是受益于政策强制性推动和天然气价格下调带来的经济性优势回升，天然气消费量出现明显提升。根据国家统计局数据，2017年，中国天然气表观消费量达2393.5亿立方米，同比2016年增长15.0%，天然气消费量增速保持高位。

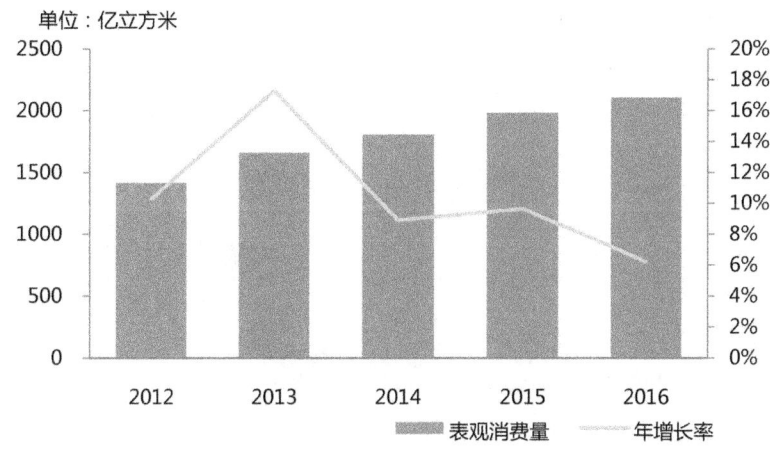

图 2 中国天然气表观消费量（2012—2016）

资料来源：国家统计局。

3. 中国天然气政策环境

伴随着中国环境污染的日益严重，中国政府部门颁布越来越多的政策，以支持天然气等清洁能源的发展。

近几年来，中国政府大力推广清洁能源，以改善大气环境。国家频频出台与天然气相关的政策文件，为 LNG 行业的发展提供了强大的政策支持。从政策出台的频率不难看出，政府对天然气领域的重视程度和扶持力度。从政策的出台方向上看，国家对天然气的上中下游分别出台了不同的政策，来扶持天然气产业链各个板块的发展。

首先，中国天然气行业未来将形成市场化的价格机制；其次，中国天然气的上游将逐步由三大油垄断向多元化主体演变，而非常规天然气和 LNG 进口接收站将逐步对民营和外资开放；再次，天然气的下游将维持市场化的格局，并扶持城市燃气、工商业、发电等各个板块的发展；最后，中国的天然气管网将实现独立，保证上下游之间的资源流通，从而确保多元化主体的资源消耗途径。

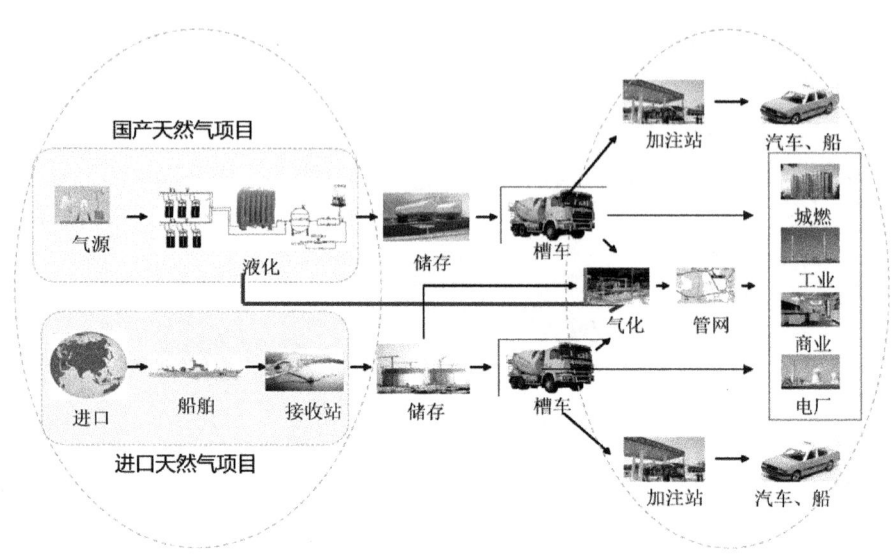

图 3 中国天然气产业链地图

资料来源：气库。

2018年，我国完成价格政策的统一化，即居民和非居民价格的并轨，未来天然气价格的市场化进程将进一步推进。

从未来政策改革方向来看，上游方面，仍需加大实施陆地与海域并举、常规与非常规并重的举措，以促进天然气产量的快速增长，提高天然气供应的保障能力；继续深化煤层气矿业权审批改革，扩大资源配置市场化力度，鼓励各类投资公平、平等参与竞争，激发市场活力，充分发挥市场配置资源的决定性作用。大力倡导液化天然气的进口，完善天然气进口格局，实现多元化的进口模式。

中间环节，建设各具特色的地区性市场，打破市场垄断，开展下游资源供应多元化，实现资源优化配置，培育多元化市场主体；加大储运设施建设进度，保证天然气资源供应的可持续性。

下游方面，积极开发天然气消费市场，提高天然气发电利用比重，鼓励发展天然气分布式多联供项目，扩大交通领域天然气利用，推广天然气公交车、出租车、物流配送车、环卫车、重型卡车和液化天然气船舶，逐步提高我国天然气消费占一次能源消费的比重。

4. 中国天然气市场发展前景

据气库预测数据显示,2022年中国天然气表观消费量约为3821.7亿立方米,5年复合增长率为9.8%;产量将达1929.4亿立方米,5年复合增长率仅为5.5%;天然气进口量为1938.3亿立方米,5年复合增长率为15.2%;出口天然气为46亿立方米,5年复合增长率为5.3%。

4.1 中国天然气消费量预测

2018—2022年期间,随着扶持政策的陆续落地,中国天然气市场消费量增速预计能继续维持高速发展。随着《石油天然气体制改革总体方案》出台,能源体制的顶层设计接近完成,天然气市场化改革进程有望加快,据气库预测,到2022年,中国天然气表观消费量将达3821.7亿立方米左右,是2017年的1.6倍,5年复合增长率为9.8%。

但中国政府对于"十三五"末即2020年的天然气的消费量目标定位在3600亿立方米,因此为了冲刺目标,"十三五"期间鼓励天然气发展的政策将会陆续出台,预计将为天然气发展保驾护航。

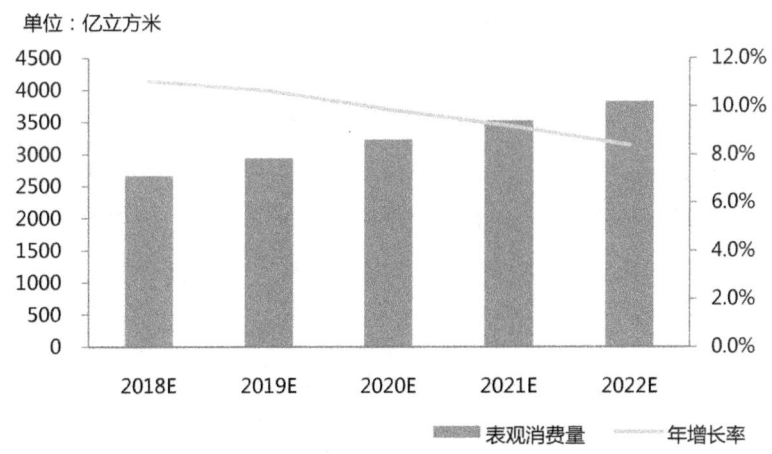

图4 中国天然气表观消费量预测(2018E—2022E)

资料来源:气库。

值得注意的是，为了跟国家统计局统计口径保持一致，预测并不包含煤制天然气、焦炉煤气和页岩气，如果包含这些，预计天然气消费量和产量均有一定幅度提升。

中国政府正在积极引导和培育天然气消费市场。在培育天然气市场和促进高效利用方面，大气污染治理重点地区的气化工程、天然气发电及分布式能源工程、交通领域气化工程、节约替代工程等将成为重点。在此影响下，中国天然气下游消费结构将继续发生转变。

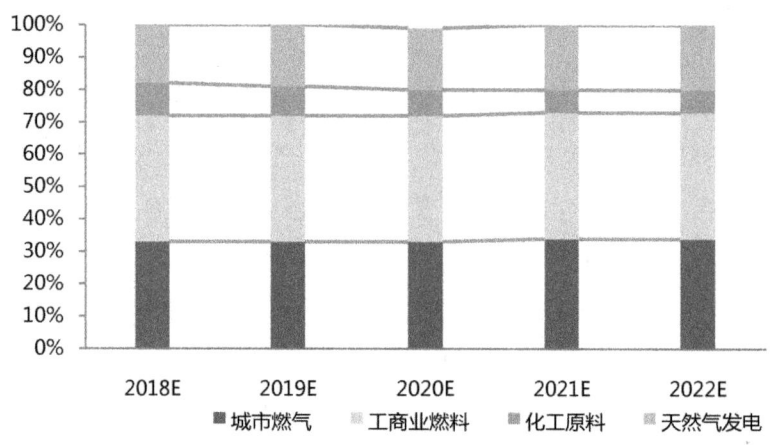

图5 中国天然气下游消费结构变化（2018E—2022E）

资料来源：气库。

总体来看，受益于政策扶持，工商业燃料板块、燃气发电板块的天然气消费量将稳步上升，消费占比也呈现上升趋势；未来交通板块的扶持政策将逐步落地，加上一方面城市人均用气量仍有提升空间，另一方面城市燃气在三四线城市也将自然增长，城市燃气的天然气消费量也将上升，消费占比小幅提升；化工原料板块由于受到政府限制，消费量和消费占比均有下降。

工商业燃料方面，随着工业煤改气的进一步推进，工业用天然气空间仍十分广阔。《天然气发展"十三五"规划》提出，以京津冀、长三角、珠三角、东北地区为重点，推进重点城市"煤改气"工程，扩大城市高污染燃料禁燃区范围，大力推进天然气替代步伐，替代管网覆盖范围内的燃煤锅炉、工业窑炉、燃煤设施用煤和散煤。气库预计到2022年，工商业燃料消费占比为39%，较2017年上升1个百分点。

燃气发电方面，2017年政府工作报告中提出，今年要淘汰、停建、缓建煤电产能5000万千瓦以上，为清洁能源发展留下空间。《天然气发展"十三五"规划》提出，2020年天然气发电装机规模达到1.1亿千瓦以上，占发电总装机比例超过5%。《中国天然气发展报告（2016）》白皮书提出，到2030年，天然气发电装机规模占总装机比例超过10%。《电力发展"十三五"规划》明确了天然气发电建设目标，计划于2020年实现气电装机占比超过5%，规模达110千兆瓦以上，其中热电联产15千兆瓦。在这些政策利好下，燃气发电用气将稳步增长。据气库预测，2022年，燃气发电用气预计占天然气消费量的20%，较2017年增长2个百分点。

城市燃气方面，随着中国城镇化的不断推进，全国各城市的气化率水平在不断提高，城市燃气公司也在积极推进尚未通气城市的燃气项目，居民用气将维持较为稳定的增长水平。总体来看，据气库预测，到2022年，城市燃气天然气用量占消费总量的34%，较2017年微增1个百分点。

化工原料方面，由于属于限制及禁止类下游用户，几乎没有新项目上马。预计到2022年，化工原料仅占天然气消费量的7%，较2017年下降4个百分点。

4.2 天然气产量预测

在需求增长的拉动下，天然气供应将维持稳定的增长，不过增幅较为有限。随着油价的回升，企业对于非常规天然气的投资积极性有一定好转，但非常规天然气开采难度较大，增长速度相对较慢；常规气田方面，新开发气井的成本相对较高，企业投资谨慎，同时，原有气井老化产量衰减也在一定程度上拖累了天然气产量的增速。不过，以中石油为代表的中国企业正在加大海外投资上游的力度，例如中石油在澳大利亚投资的亿吨级大型天然气田项目将启动。

未来5年，据气库预测，中国天然气产量的复合增长率为5.5%。预计到2022年，中国天然气产量达约1929.4亿立方米（包含常规天然气和煤层气），是2017年的1.31倍。如果考虑煤制天然气、焦炉煤气、页岩气等其他非常规天然气，预计天然气产量还会有一定提升。

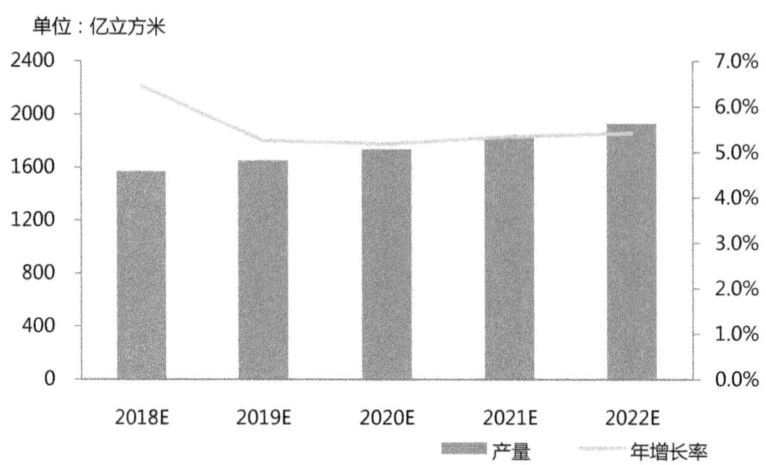

图6 中国天然气产量预测（2018E—2022E）

资料来源：气库。

常规天然气方面，虽然部分老气田逐步进入衰减期，不过过去几年勘探到的天然气气田也在陆续投入生产，保证了天然气产量的稳定增长。此外，2017年，中石油、中石化和延长石油在天然气勘探方面有所突破。例如，中石化在杭锦旗地区什股壕区带向北勘探持续取得发现，扩大了有利含气区范围，实现了盒2+3气藏范围的持续北扩。新发现的气田有望在未来投入生产。

非常规天然气方面，国家对非常规天然气的发展十分重视，在《天然气发展"十三五"规划》中将非常规天然气中的页岩气和煤层气作为重点突破，2020年页岩气产量力争达到300亿立方米，煤层气（地面抽采）产量100亿立方米。从今年山西煤层气的进展来看，山西省境内10个煤层气区块探矿权全部出让成功，总面积约2043平方公里，预测煤层气总资源量约为4300亿立方米。页岩气方面，以中石化、中石油为代表的上游勘探也取得了一定成果，为未来五年供应打下基础。预计页岩气及煤层气未来发展前景尚可，但煤制天然气面临较重的环保压力，而焦炉煤气整体市场份额较小，因此，未来这两个板块增长空间则相对有限。

4.3 天然气进出口预测

未来5年，由于天然气消费量快速增长，而国内供应量增速较缓，进口天然气所占的比重将逐步增加。据气库预测数据显示，到2022年，中国进口天然气总量将达1938.3亿立方米，是2017年的2.03倍，5年复合增长率为15.2%。

进口管道气方面，未来五年，中国将通过管道进口大量天然气资源，目前中亚天然气管道D线和中俄天然气管道正处于建设阶段。中亚天然气管道D线预计"十四五"期间可以建成一线一站。中亚天然气管道的整体输气能力将达到850亿立方米/年。

另一方面，中俄天然气管道也在继续推进。中俄东线天然气管道工程于2015年6月开工建设，将分期建设北段（黑河—长岭）、中段（长岭—永清）和南段（永清—上海），预计2019年10月北段投产，2020年底全线贯通。从目前进展来看，中俄天然气有望于2019年开始向中国供气，前5年的供气量为50亿—300亿立方米/年，第6年起每年合同气量为380亿立方米。

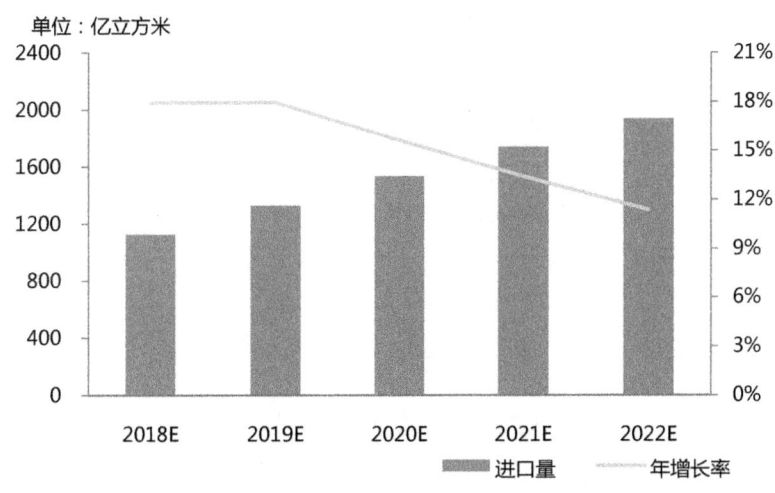

图7 中国天然气进口量预测（2018E—2022E）

资料来源：气库。

进口LNG方面，中国天然气市场显示出未来广阔的发展空间，尤其是冬季显示出的巨大的供应缺口,推动中国多家企业推进建设 LNG 接收站的进程,实质性工作取得进展。2018 年,福建漳州、江苏盐城、浙江宁波二期、天津二期 LNG 接收站都将开工建设。未来至 2022 年,我国进口 LNG 接转能力将达到 1 亿吨/年左右,约合 1400 亿立方米(按单吨 LNG 气化 1400 立方米天然气计算)。

出口方面,未来 5 年,中国天然气将继续向香港和澳门两地出口,但是增长幅度较小。据气库预测数据显示,到 2022 年,中国出口总量将达 46 亿立方米,是 2017 年的 1.3 倍,5 年复合增长率为 5.3%。香港与澳门市场容量相对较小,因此天然气需求量增幅有限。

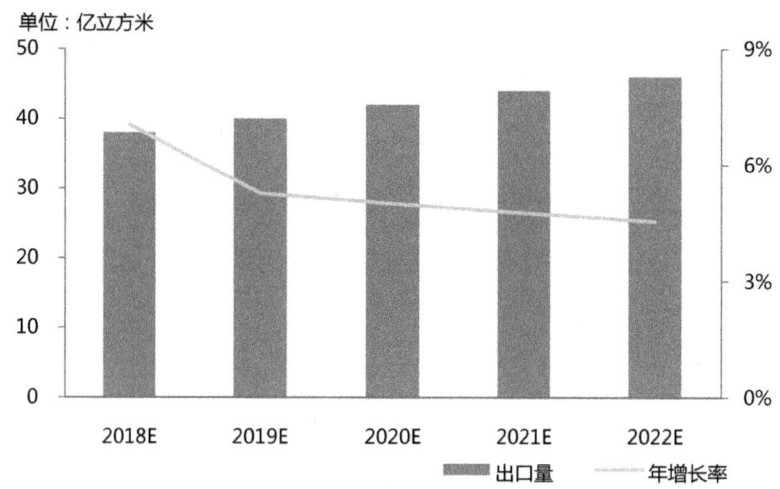

图 8　中国天然气出口量预测(2018E—2022E)

资料来源：气库。

4.4 中国天然气投资机遇分析

中国天然气市场投资前景广阔,市场机遇巨大,这不但得益于政策环境的扶持,更得益于一次能源转换的红利。预计到 2035 年后,天然气和石油将形成"二分天下"的局面。

从上游来看,中国天然气产业的投资主要集中在上游气田的投资,以及上游接收站的投资。2018 年以来,中国陆续确定了"十三五"规划中的接收站投资主体，预计在 2020 年前后，中国新一轮非三桶油为主体的体接收站将集中投产。另外，部分企业也参与了非常规天然气开采，新疆常规气田开采的工作。气库分析认为，随着油价的反弹，上游利润将进一步得以凸显，预计国内上游投资的进度将在 2018—2019 年加快发展。

从中游来看，中国政府不断出台基础设施公平开放和管道及成本监管方案，这在一定程度上抑制了产业传统投资者的投资热情，但也吸引了一些追求稳定回报的资金主体的参与热情。另外，交易中心的建设如火如荼，智慧能源将在一定程度上推进天然气现货和期货的发展进程，中国也极有希望成为亚洲的定价中心。运输领域，新型的 LNG 罐箱和海进江将呈现出新的投资点。

从下游来看，城市燃气将得以稳步发展，而城市燃气的暴利时代将面临结束，继而进入稳定回报的大周期。煤改气、村村通等项目仍在政策的强制要求下，有着较大的发展空间，但是由于气源的短缺，发展进度有所放缓。发电市场目前还面临利润、上游气源、上网电价等诸多问题，但是天然气发电也是一种趋势投资热点，尤其是天然气分布式和热电联产项目。

5. 结论

"十三五"期间，我国天然气市场实现了供需格局的大逆转，在中国相关政府政策的陆续出台扶持下，下游消费量飞速增长。消费量的飞速增长主要得益于煤改气、加气站等下游消费领域增长及环保政策的大力扶持，但由于供应缺口，也一定程度上抑制了我国天然气消费量增速。

在基础设施尤其是储备调峰设施、管道等建设仍然不足的情况下，导致 2017 年冬季出现了天然气供不应求的现象。气库预测 2018—2019 年中国天然气或迎来上游基础设施投资的热潮，不管是第三方接收站还是储气等基础设施，都将加大投资的力度。

气库预测，未来 5 年到 10 年，中国天然气依然保持高速增长，进口将占据越来越重要的份额，以确保下游需求的增长。

中国天然气政策不断加码出台，从天然气的上中下游全面出力，支持行业发展，尤其是天然气上游得到资本的全力投资。中国政府还不断出台市场化改革相关文件，从管网独立、价格监审等角度不断加码，推进"放开两头、管住中间"的大战略。

气库预测，2018—2019年上游和中游基础设施将启动投资元年，跟随消费增长，开始新的投资，政策上也将不断加码扶持。

2017年，我国天然气经历了诸多大事件，比如史无前例的气荒，诸多国内企业走上国际舞台，中国民营接收站加速投资，集装箱多式联运进入内河，分布式能源迅猛发展，浮式LNG或迎新机遇等多个热点。中国天然气市场的发展再次迎接新的机遇，创新不断加码，互联网平台也将在"十三五"迎来前所未有的机遇，中国天然气市场化定价的智慧交易模式将拉开帷幕。

天然气企业也从"一体化投资布局"战略向"多元合作"投资战略进行升级，资源整合、合作共赢，将为"十三五"天然气的企业投资注入新的活力。

整体来看，中国天然气市场化改革在"十三五"期间将进一步推动，油气巨头企业优化重组及混合所有制改革继续进行。随着一次能源结构的大调整，为天然气市场带来新的机遇，消费增速开始反弹。在上述大背景下，越来越多的社会资本开始全面进入我国天然气市场上、中、下游，新一轮投资黄金期拉开帷幕。

中国氢能产业发展现状及展望

张银广 陈颖 周姗 王苏礼*

摘　要：

氢能被国际社会公认为21世纪的终极能源，氢能的发展完全符合我国的能源结构调整要求。近年来，在社会各方力量的推动下，我国氢能产业迎来了发展战略机遇期。国家逐步加大政策支持力度，地方政府发展氢能产业的情绪高涨，越来越多的企业和资本进入，加速市场布局，我国氢能产业链基本形成。然而，我国氢能产业还处于产业起步期，还存在较多薄弱环节需要加强。

本文从产业链环节技术水平、产业发展态势、相关政策支持等方面对我国氢能产业发展现状进行了深入研究。结合发展现状及趋势，对未来我国氢能产业发展进行了展望，分析了未来氢能产业发展的各个阶段，研究了氢能产业发展将对我国未来能源结构、装备制造、终端应用等方面带来的深刻变革，最后对如何推动我国氢能产业发展提出了建议。

关键词：

中国　氢能　燃料电池　能源发展

---

* 张银广，国家电投集团氢能科技发展有限公司总经理。陈颖，国家电投集团氢能科技发展有限公司战略与市场部经理。周姗，国家电投集团氢能科技发展有限公司战略与市场部研究员。王苏礼，国家电投集团中央研究院政策研究室主任、国家电投集团氢能科技发展有限公司副总经理。

氢能是零碳绿色的清洁能源，具有安全环保、能量密度大、转化效率高、来源和使用范围广等特点，可实现从开发到利用全过程的零排放、零污染，被国际社会公认为21世纪的终极能源。氢能产业科技含量高、资本投入大、产业链长、带动的产业范围广，是推动我国能源结构调整、装备制造业转型升级和动力系统革命的战略性新兴产业。氢能可通过可再生能源制取并能够长期储存，是缓解可再生能源弃电问题、减少化石能源对外依赖和提升我国能源战略安全的重要手段。氢能可通过燃料电池转换为电能和热能，是未来分布式发电、热电联供、新能源汽车等领域能源供给和储能的主流方向之一。党的十九大报告提出推进能源生产和能源消费革命，构建清洁低碳、安全高效的能源体系。发展氢能产业是实现这一战略目标的重要途径，是我国建设创新型国家、在新一轮能源革命和动力系统革命中能源技术及高端装备制造实现超越和引领的战略性机遇，也是发展生态文明、建设美丽中国的重要抓手。

当前，美国、日本、德国以及欧盟等世界主要发达国家或地区高度重视氢能产业发展，纷纷出台氢能发展规划，将氢能发展提升到国家战略层面，氢能制、储、运、用相关技术与装备逐步成熟，氢能应用技术具备商业化推广条件。近年来，我国逐步加大对氢能与燃料电池技术发展的政策支持力度，地方政府发展氢能产业的情绪高涨，国企及民企加速市场布局，资本市场潮流涌动，国内氢能市场已悄然升起，我国氢能产业发展迎来了战略机遇期。

一、我国氢能产业链技术现状

氢能产业链包括氢能的生产、供给及利用等环节，以及氢能在制、储、运、用各环节涉及的装备的生产制造。当前，我国氢能产业链各环节存在若干不同的技术路线，各技术路线所处发展阶段各不相同。对于技术路线选择，主要考虑各技术路线成熟度、对环境友好度、性能和成本等因素。本节将对我国氢能源供给及综合利用的技术水平、燃料电池技术水平进行综述。

（一）氢能生产

氢能是一种二次能源，氢气必须通过化学过程由存在于化合物中的氢元素转化而来。传统的制氢方法主要有化石燃料制氢、化工原料制氢、副产气体制氢和电解水制氢等方式。其中，化石燃料制氢主要包括煤制氢、天然气制氢等，而电解水制氢主要包括碱性电解水制氢、固体聚合物电解水（SPE）制氢和固态氧化物电解水（SOEC）制氢。

制氢路线的选择主要考虑原料和制氢能量来源的清洁度、原料的可获得性、应用端对氢气质量的要求、技术的成熟度及其经济性等因素。在有富氢气源的区域，采用变压吸附等措施提纯氢气是很好的选择，其他地区则可因地制宜采用煤气化制氢、天然气制氢或电解水制氢等方式。我国是氢气生产大国，2016年我国氢气产量已达2100万吨[1]。当前我国氢气还主要用于化工领域，以煤、天然气及石油等化石燃料制得的氢气约占97%，电解水约占3%[2]。

我国煤制氢技术成熟，已实现商业化且具有明显成本优势（0.55—0.83元/m^3）[3]，但这种方法过程较烦琐、生产规模大且排放大量二氧化碳，不能实现氢能利用的无碳排放。碳捕捉技术可以解决二氧化碳排放问题，但也会增加制氢成本。我国煤炭资源丰富，煤制氢是我国目前主要的制氢方式。随着氢能应用市场的扩张，氢能需求量将大幅增长，煤制氢加碳捕捉技术在相当长的时间内可成为氢能源生产的重要途径之一。天然气制氢综合成本略高于煤制氢，主要适用于大规模制氢并也存在碳排放问题。此外，天然气制氢成本受原料价格影响较大，我国天然气大量依赖进口，在"气荒"时有发生的情况下，难以保证持续运行。

电解水制氢利用电能分解水制得氢气。相比而言，电解水制氢的特点是工艺简单、制氢规模灵活、氢气产品纯度高，更适合分布式制氢，但当前电解水制氢成本相对煤制氢、天然气制氢来说较高。我国碱性电解水制氢技术早已成熟；SPE制氢技术在国外已进入市场导入阶段，但其在国内与SOEC技术一

---

[1] 制储氢技术研究进展，蒋利军，首届北京未来科学城氢能与燃料电池技术发展大会，2018年11月9日。
[2] 中国标准化研究院、全国氢能标准化技术委员会：《中国氢能产业基础设施发展蓝皮书（2016）》，北京：中国质检出版社、中国标准出版社2016年版，第6页。
[3] 中国标准化研究院、全国氢能标准化技术委员会：《中国氢能产业基础设施发展蓝皮书（2016）》，北京：中国质检出版社、中国标准出版社2016年版，第6页。

样，还都处于研发阶段。目前 SPE 制氢设备价格约为碱性电解水的 3—5 倍[①]，但相比碱性电解水制氢而言具有对负荷变化响应速度快、气体纯度高、生产过程污染较少等特点，能够适应可再生能源发电间歇性、波动性、随机性的特点。将可再生能源电站无法上网消纳的电能转化成氢能储存起来并加以利用，是储能技术的选择之一，既有利于提高可再生能源的利用率，又能为氢能应用提供成本相对较低的氢源，是促进可再生能源发展的重要途径。因此，在规模化使其成本降低后，在未来电解水制氢领域 SPE 更具市场前景。

当前，国家电投、国家能投、中石油、中石化等能源央企、法液空等国际能源巨头结合其各自优势选择不同技术路线，纷纷在我国布局氢能源生产与供给；中船重工及部分民企制氢技术和设备也已具备商业化推广条件。除此之外，我国企业及科研院所也在积极探索其他新型制氢技术或低价制氢技术，如生物质制氢、光催化制氢技术等，当前距产业化还有一定距离，但若技术得以突破则未来具有发展前景。

（二）氢能供给

氢能供给指的是氢能的储运和终端加氢环节，氢气规模化储运的经济性和可靠性是氢能利用的关键。按照氢气状态的不同，储运氢可分为压缩气态储运氢、液态储运氢、固态储运氢及有机储运氢等类型。

其中，压缩气态储氢是目前氢气储存的主要方式，具有容器结构简单、能耗较低、充放速度快等优点。其根据氢气压力级别不同，可分为低压、中压和高压三类。其中，低压储罐一般用于就地大规模储存，常见的为 15MPa 低压储罐；中压储罐通常储存压力为 16—45MPa，可用于加氢站的固定式储氢或其他对空间要求比较苛刻的场景；国内高压储罐最高设计压力为 98MPa，主要用于加氢站的固定式储氢。对于车载储氢来说，目前常用的储氢罐压力为 35MPa 和 70MPa，国际上 70MPa 车载储氢技术成熟，已被应用于乘用车并已实现商业化应用；国内目前还普遍使用 35MPa 车载储氢罐，还未形成 70MPa 车载储

---

① IRENA, "Hydrogen from renewable power: Technology outlook for the energy transition," Thursday, September 20th, 2018.

氢罐使用标准。

压缩氢气可以通过气氢拖车和氢气管道两种方式运输。目前，国内加氢站的外进氢气均采用气氢拖车进行运输。由于气氢拖车装运的氢气重量只占运输总重量的1%—2%，比较适用于运输距离较近、输送量较低、氢气日用量为吨级或以下的用户[1]。而气氢管道运输对于大规模、长距离的氢气运输，可有效降低运输成本。随着氢能产业的快速发展，新建气氢管网可以满足巨大的用氢需求，是大规模、长距离氢气运输的发展趋势，但管网建设需要国家统一规划部署和实施。国外气氢管道输送相对国内较成熟，美国、欧洲已分别建成2400km、1500km的输氢管道[2]。我国目前氢气管网仅有300—400km，最长的输氢管线为"巴陵—长岭"氢气管道，全长约42km、压力为4.0MPa[3]。

液态储氢是将氢气压缩后深冷到20.43 K以下使之液化，然后存入特制的绝热真空容器中保存的储氢方式。液态储氢的优点是体积储氢密度高，为常温、常压下气态氢的800多倍，可达70 kg/m^3，在长距离运输时经济性更好且易扩容。然而，液化过程能耗高，折合每千克氢气耗电约13 kWh[4]，且外部侵入热量会造成每天约1%的蒸发损失[5]。尽管液态储氢已经成熟应用于航空航天领域，且在国外一些加氢站项目中也有涉及，但由于液氢运输政策限制，在国内工业应用中仍不多见。液氢运输是将液氢装在压力通常为0.6MPa的专用低温绝热槽罐内，利用卡车、机车和船舶进行运输。液氢在运输过程中涉及的耗能设备很少，能耗主要在液化储存过程中。液氢运输适用于长距离、运氢量相对较大的输送，液氢卡车罐车的运输经济半径在200 km以上[6]。由于国内相关的法规标准欠缺，国内暂时没有液氢卡车罐车，仅有液氢铁路罐车。此

---

[1] 中国标准化研究院、全国氢能标准化技术委员会：《中国氢能产业基础设施发展蓝皮书（2016）》，第21页。
[2] 中国标准化研究院、全国氢能标准化技术委员会：《中国氢能产业基础设施发展蓝皮书（2016）》，第22页。
[3] 中国标准化研究院、全国氢能标准化技术委员会：《中国氢能产业基础设施发展蓝皮书（2016）》，第22页。
[4] 富瑞氢能研究院院长魏蔚访谈（2018）香橙会。
[5] 毛宗强、毛志明编著：《氢气生产及热化学利用》，北京：化学工业出版社2015年版，第202页。
[6] 富瑞氢能研究院院长魏蔚访谈（2018）香橙会。

外，通过将氢气和氮气合成氨气实现氢气储运也是目前的研究方向之一，这种方式可以利用我国当前大规模的合成氨工业基础设施，在技术创新的推动下，实现氢气的低成本存储和运输。

不同储运氢技术都有其适用的应用场景，未来将会是气态、液态、固体及有机液体储运氢等方式并存。目前，大、中规模的固定式压缩气体储氢技术正朝着大容积、高压力、轻重量的方向发展，国内外研究机构和厂商正在攻克高压储罐的批量制造难题，预计届时储氢成本将会进一步降低，性能也会得到相应提升。随着氢能应用的推广，加氢站等设施的用氢规模和氢气输运半径进一步扩大，液氢运输相比气氢拖车运输的成本优势将更大。此外，构建专用气氢管网能够方便、快捷、低成本地获取氢气，是氢能社会发展的必然趋势。在气氢管网建设之前，利用现有天然气网络输送氢气作为过渡，是大规模消纳可再生能源和副产氢的途径之一。

在终端加氢设施方面，目前国内已建和在建站以 35MPa 为主，也正在规划建设 70MPa 加氢站，暂无液氢加氢站。由于当前制氢在我国属于化工领域，制加氢一体站用地需按照化工用地考虑，因此国内还主要为外供氢加氢站。随着氢能应用端需求的变化，加氢站加注压力将从 35MPa 提高到 70MPa，但我国 70MPa 加氢站相关设备和标准法规还较不成熟。此外，我国发展较好的地区土地资源较紧缺、面临加氢站选址困难问题，利用现有加油站改造成为加油加氢混合站或建设液氢存储加氢站是较好的解决办法。随着终端应用规模的增长，我国加氢设施将逐步向网络化发展。

（三）氢能应用

氢气可以作为化工原料，也可以作为纯氢或混氢燃料直接燃烧使用，或通过燃料电池得以利用。氢气作为燃料，可与天然气掺混用于工业燃烧炉、民用炉具或燃气车辆。随着燃料电池技术的迅速发展，燃料电池将成为氢气作为能源应用的主要途径。氢能通过燃料电池转换为电能和热能，可被应用于氢能交通、氢分布式供能、军事等领域。

在氢能交通领域，燃料电池系统可代替传统燃油发动机被用作各类汽车、船舶、飞机等交通工具的动力系统。氢气可通过终端加氢设施，作为燃料供给于氢燃料电池车辆使用。燃料电池运行震动小、噪音低、温度低、无污染、能量密度高，特别适合于要求环境友好度高、运行稳定、输出功率高和续航距离长的交通运输。在氢分布式供能领域，氢能可通过燃料电池转换为电能和热能，为工业和民用用户提供热电联供。此外，氢燃料电池还以能源效率高、质量轻、占地面积小、运行稳定可靠、寿命相对较长等特点受到备用电源市场的青睐。另因其在红外成像等设备下的隐蔽性好，氢燃料电池也特别适合于军事设施和军事移动装备使用。

我国混氢天然气（HCNG）应用还处于研究示范阶段。现有的HCNG示范均为HCNG车辆示范，国家电投等能源央企也正在探索天然气管道混氢技术验证与示范。目前，我国氢能通过燃料电池的应用主要以氢能交通为主，由于固定线路对加氢站数量依赖程度较低，大中型客车和货车是目前我国推广燃料电池车辆的主要方向，并已在北京奥运会、上海世博会及深圳大运会期间开展了相关示范，上海、云浮、张家口等十余个城市也开展了燃料电池公交和物流的示范。通过固定线路的推广可逐步构建起加氢基础设施网络，为后续氢能乘用车推广打下基础。以燃料电池为主的分布式供能已在美、日、韩等国家初步商业化，但我国燃料电池分布式供能的发展还面临如何提高燃料电池耐久性和降低成本问题。随着氢能技术的发展，燃料电池及其他相关终端应用产品将逐渐成熟，氢能的应用场景也会更加多元化。

氢安全是氢能大规模推广应用的保障。近年来，我国科研工作者也积极开展氢能安全研究和相关标准制定工作，开展了材料高压氢气相容性、高压氢气泄漏扩散、氢气瓶耐火性能等研究，我国工业领域的氢安全标准与规范体系也相对健全。然而，我国针对氢能新型应用的相关标准还较欠缺。因此，氢安全研究工作还需进一步开展，包括对氢能交通、天然气混氢、氢分布式供能等氢能供给及综合利用全过程的安全评价与管理，氢能相关装备的检测与安全验证，新型高精度、高敏感度的氢气检测技术开发等，并利用示范形成的经验数据进一步完善氢能标准体系，为氢能技术应用推广和产业发展做好保障和支撑。

（四）氢燃料电池

氢燃料电池是氢能转换为电能和热能的重要媒介，是实现氢能利用的关键环节。氢燃料电池技术历经数十年发展，根据电解质的不同发展形成了五种不同的技术路线，即：碱性燃料电池（AFC）、磷酸燃料电池（PAFC）、熔融碳酸盐燃料电池（MCFC）、固体氧化物燃料电池（SOFC）和质子交换膜燃料电池（PEMFC）。各类燃料电池都有适合的应用场景。其中，SOFC在分布式供能方面更具发展优势。而由于PEMFC的环境适应性好、启动速度快、工作温度低、移动特性好，适用于各类交通或分布式发电等应用场景，能很好地满足当今社会对节能减排的迫切需求，已成为当前燃料电池的主流路线。

国际上，当前日本丰田、本田等公司已开发出了功率密度3.0kW/L以上、系统功率100kW以上的燃料电池，并实现了在乘用车上的商业化应用。国外燃料电池技术起步较早，关键材料和零部件技术成熟度较高，已具备批量生产条件。在国内，质子交换膜燃料电池可分为自主研发和技术引进两类。自主研发方面以中科院大连化物所、新源动力为代表，当前面向市场销售的电堆产品功率密度为1—2kW/L，实现了在商用车上的应用和在乘用车上的测试。技术引进方面，自2016年以来，广东国鸿、潍柴动力等企业从国外引进生产线在国内进行电堆产品组装。广东国鸿、潍柴动力以技术许可方式分别引进了加拿大巴拉德9SSL型石墨双极板电堆、LCS型电堆的组装生产线，但根据协议条款其燃料电池核心部件膜电极均还需从巴拉德采购。国鸿9SSL型电堆功率密度约为0.6 kW/L，目前已与国内多个汽车企业合作，推出了多款燃料电池商用车。据统计，自2017年1月至2018年9月，我国已有86款车型列入工信部新能源汽车推荐目录。

我国氢燃料电池开发已取得一定成就，但与国际相比还存在一定差距。一是我国国产燃料电池产品总体功率密度和系统功率还较低，整体性能有待进一步验证。二是质子交换膜、催化剂、膜电极等燃料电池关键材料和核心部件、高压比空压机、氢气循环泵等系统关键设备进口依赖度高，需加大投入实现自主化和国产化。三是生产能力不足，产品价格较高。

我国也提出了燃料电池开发时间表。2016年国家发改委、能源局发布的

《能源技术革命创新行动计划（2016—2030）》提出到 2020 年质子交换膜燃料电池系统额定输出功率达到 50—100kW，电堆功率密度达到 3.0 kW/L、使用寿命 5000 小时以上。《2017 新能源汽车试点专项申报指南》提出到 2020 年燃料电池铂载量不高于 0.25g/kW，系统实现零下 30℃储存与启动。当前国内燃料电池企业纷纷加大投入，开展高功率密度、高系统功率、长寿命的燃料电池技术攻关并取得了阶段性进展。国家电投正在进行新一代质子交换膜、金属双极板燃料电池开发，目标实现关键技术自主化、高性能、低成本。在研产品目标功率密度为 3.0kW/L、系统输出功率为 90—120kW，预期寿命 10000 小时。目前已完成催化剂、扩散层、膜电极、双极板等核心部件的自主开发和电堆样机开发，实现了燃料电池关键原材料和核心零部件的国产化，预计 2020 年前实现电堆中试生产。

二、我国氢能产业发展态势

近年来，在社会各方力量的推动下，我国氢能产业发展迎来战略机遇期，进入了"氢能发展元年"。国家逐步加大对氢能与燃料电池产业的政策支持，众多央企、地方国企、民企以及社会资本纷纷布局氢能产业，氢燃料电池汽车已投入示范运行并实现小规模商业应用，加氢站等基础设施建设加速，初步形成京津冀、华东、华南和华中地区四大氢能产业集群。

（一）政策规划

近年来，为应对气候变化压力，氢能在世界范围内得到越来越多的关注。氢能也一直是我国优化能源消费结构和保障国家能源供应安全的探索方向，自 2001 年以来，国家各部委相继制定了多项推动氢能及燃料电池产业发展的重要规划以及具体实施政策。从 2006 年《国家中长期科学和技术发展规划纲要（2006—2020）》中的重点发展技术，到 2014 年《能源发展战略行动计划（2014—2020）》，再到 2016 年《能源技术革命创新行动计划（2016—2030 年）》与《"十三五"国家科技创新规划》，以及 2017 年《战略性新兴产业重点产品和服务指导目录》，国家从技术路线、发展目标以及财政补贴等方面，逐渐加大对氢能及燃料电池的支持力度。近五年来国家针对氢能与燃料电池制定的主要的政策引导文件如表1所示。

表1 我国氢能及燃料电池相关主要支持政策

政策名称	文号	氢能及燃料电池相关重点内容
能源发展战略行动计划（2014—2020年）	国办发〔2014〕31号	能源科技创新战略方向和重点
国家创新驱动发展战略纲要	中发〔2016〕4号	新一代能源技术，引领产业变革的颠覆性技术
中国制造2025—能源装备实施方案	发改能源〔2016〕1274号	百千瓦级质子交换膜燃料电池（PEMFC），百千万至兆瓦级固体氧化物燃料电池（SOFC）发电分布式能源系统是装备开发的目标
能源发展"十三五"规划	发改能源〔2016〕2744号	能源科技创新重点任务中的集中攻关关键技术
"十三五"国家战略性新兴产业发展规划	国发〔2016〕67号	规划到2020年，实现燃料电池汽车批量生产和规模化示范应用
关于调整完善新能源汽车推广应用财政补贴政策的通知	财建〔2018〕18号	2020年前，中央政府对燃料电池汽车的补贴力度不退坡
能源技术革命创新行动计划（2016—2030年）	发改能源〔2016〕513号	实现大规模、低成本氢气的制取、存储、运输、应用一体化，实现燃料电池分布式发电技术示范应用并推广
战略性新兴产业重点产品和服务指导目录	发改委公告〔2017〕1号	氢能与燃料电池产品列入目录

在国家政策的引导下，各级地方政府因地制宜，陆续出台了地方性的氢能产业相关支持政策。广东、上海、武汉、苏州、张家口等省市出台了氢能产业发展专项支持政策，将氢能产业作为地方未来发展的支撑产业来考虑。其中，上海、武汉和苏州发布了氢能与燃料电池相关的产业发展规划，武汉经济技术

开发区（汉南区）制定了《加氢站审批及管理办法》，佛山南海出台了加氢站建设和运营补贴政策。典型的地方政策情况见表2。

表2 我国典型地区氢能产业政策规划情况

政策名称	文号	政策规划重点内容
上海市燃料电池汽车发展规划	沪科合〔2017〕23号	2020年建设加氢站5—10座，燃料电池汽车规模达3000辆，燃料电池汽车全产业链产值150亿；2025年建成加氢站50座，燃料电池车推广不少于3万辆，燃料电池汽车全产业链产值1000亿
武汉氢能与燃料电池产业发展规划	—	2020年建设加氢站5—20座，燃料电池车规模达到2000—3000辆，燃料电池汽车全产业链产值100亿；2025年建成加氢站30—100座，燃料电池车推广1万—3万辆，燃料电池汽车全产业链产值突破1000亿
苏州市氢能产业发展指导意见（试行）	苏府办〔2018〕60号	2020年建设加氢站10座，燃料电池车汽规模达到800辆，燃料电池汽车全产业链产值100亿；2025年建成加氢站40座，燃料电池车推广不少于1万辆，燃料电池汽车全产业链产值500亿
佛山市南海区促进加氢站建设运营及氢能源车辆运行扶持办法（暂行）	南府办〔2018〕16号	为固定式加氢站和2020年前建成的撬装式加氢站提供建设补贴。在2018到2022年度为满足售价条件的加氢站提供运营补贴

目前，我国各级政府对氢能与燃料电池产业发展都给予了大力支持。然而，目前我国氢能产业的发展还缺少顶层设计，还没有形成国家层面对氢能产业发展的整体规划。

（二）企业参与度

自2016年以来，国内氢能相关企业数量出现爆发性增长，部分国有企业、民营企业、外资企业陆续布局氢能产业，加速市场布局。其中，国家电投、国家能投、中石油、中石化等能源央企纷纷将构建氢能源供给体系上升为集团战略，国家能投、中石化、中石油等企业已开始着手建设加氢站。中石油、中石化可将加油站快速改造成为加油加氢站，在加氢设施建设方面具有明显优势。搭载东方电气自主开发的燃料电池的氢能汽车已投入运营。国家能投牵头，国家电网、东方电气、航天科技、中船重工、宝武钢铁、中国中车、三峡集团、中国一汽、东风汽车、中国钢研等央企参与成立了中国氢能源及燃料电池产业创新战略联盟。氢能交通成为我国氢能产业发展的突破点，上汽、北汽、东风、宇通等国内各大车企已经将商业化燃料电池汽车产品推向市场。此外，国家电投、中广核等企业发起成立了氢能产业基金，开展产业链关键环节和薄弱环节布局，支持我国氢能产业发展。

（三）基础设施

截至 2018 年 9 月，我国在运营的加氢站有 17 座，在建的加氢站 38 座。广东、上海、江苏是目前在运营和在建加氢站数量最多的三个省级地区。然而，与未来氢能产业发展规模相比，当前基础设施建设仍相对滞后，加氢站数量缺口巨大。目前，众多氢能产业链上下游企业早已意识到这一点，能源央企已介入，正在与地方政府一起推动加氢站规划与建设。另外，不同于日本、美国等国家，在我国氢气被当作危化品管理且国家层面的加氢站审批管理办法的缺位也是制约加氢基础设施发展的因素之一，但当前我国基础设施未成规模的主要原因还是下游应用市场规模较小。

（四）地方产业发展态势

氢能产业布局已遍布全国大部分地区，产业集群效应初步显现。

我国已有 20 余省、市、自治区开始布局氢能产业，多个示范与产业化项目落地。例如，广东建成了佛山云浮产业转移工业园、佛山南海新能源汽车工业园，膜电极、电堆系统、燃料电池汽车等产业链上下游企业落户；亿华通在河北张家口落地了燃料电池发动机项目；山东正在打造"中国氢谷"；雄韬股份、大洋电机等企业在湖北落地了燃料电池发动机项目等。

目前，我国正在形成京津冀、华东、华南、华中四大产业集群地带。京津冀地区围绕氢能关键技术与装备研发、冬奥会应用示范打造氢能产业创新与示范基地；华东地区发挥汽车产业优势，以氢能交通应用为牵引积极打造氢燃料电池汽车产业；华南地区以广东佛山、云浮为中心正在构建氢能产业链；华中地区围绕燃料电池关键部件开发、燃料电池汽车制造积极布局氢能产业。未来，四大板块的带动效应将继续辐射到全国多个地区，推动我国氢能与燃料电池产业的进程。

三、我国氢能产业发展展望

（一）当前我国产业现状分析

在政策的引导、技术进步的促进和市场的吸引下，我国氢能产业正蓬勃发展，越来越多的企业正在进入氢能产业，业务布局已经覆盖了全国大部分省区市，氢能产业已形成一定基础。然而，与其他产业一样，氢能产业在发展初期也不可避免地存在着薄弱环节需要加强。下面，本文从技术成熟度、制造成熟度、市场成熟度三方面对我国氢能产业成熟度进行分析。

技术成熟度。我国氢能产业相关技术与国际技术水平还存在一定差距。我国化石能源制氢和碱性电解水制氢技术、低压气态储氢技术已成熟，燃料电池实现了在商用车上的示范。然而，我国氢能产业链还尚不完整，燃料电池技术与国外差距较大，关键材料及核心部件还依赖进口，核心技术成熟度和自主化程度较低，氢能产业发展需要健全产业链、加强核心技术自主开发。

制造成熟度。国内目前化石能源制氢设备、碱性电解水制氢设备和低压气态储氢设备的制造技术都已成熟，拥有定制化生产的能力但产能不足。国内从事 SPE 制氢设备、液态储运氢设备、高压储氢设备企业数量较少，可选的产品规格少、产能低。国内燃料电池的产品性能和质量还较低，引进的燃料电池生产线生产成本过高，规模化应用存在瓶颈。另外，国内针对燃料电池及其关键部件的检验标准体系尚不完善，缺少权威的产品质量评价机构。燃料电池系统关键设备如高压比空气压缩机、氢循环装置等缺少国内供货商，量产能力不足。国内燃料电池及系统的技术开发不充分、产品实现能力不足、缺乏批量生产能力。产业链相关装备的制造能力和制造水平亟待提升。

市场成熟度。我国氢能应用处于小规模示范阶段，主要在交通领域。国内汽车企业相继推出氢燃料电池商用车，在政府的支持下开展公交、物流等应用示范。由于氢能产业链的关键设备价格过高，加氢站等基础设施缺少这两个因素严重制约了市场规模的扩大。氢能应用在分布式供能、应急电源等领域市场规模很小。

综上所述，我国氢能产业还处于发展起步阶段。为了推动氢能产业发展，还需要鼓励企业自主研发核心技术，健全配套技术检测标准和体系，建立健全配套的政策和法规，超前规划和建设氢能基础设施，一定期限内继续实施引导性的补贴措施，培育我国处于萌芽期的氢能产业向完全商业化过渡。

（二）我国产业发展趋势及路线图

目前，国家层面还没有正式发布我国氢能产业发展路线图，但相关政策和研究对氢能产业发展提出了发展目标。例如，国家发改委、能源局发布的《能源技术革命创新行动计划（2016—2030 年）》明确提出了到 2020 年、2030 年和 2050 年我国氢能产业相关技术开发与应用的目标。目标到 2030 年，实现大规模氢的制取、存储、运输、应用一体化，实现加氢站现场储氢、制氢模式的标准化和推广应用；完全掌握燃料电池核心关键技术，建立完备的燃料电池材料、部件、系统的制备与生产产业链，实现燃料电池和氢能的大规模推广应用。到 2050 年，实现氢能和燃料电池的普及应用，实现氢能制取利用新探索的突破性进展。

另《中国氢能产业基础设施发展蓝皮书（2016）》预测，到 2020 年时，我国以能源形式利用的氢气产能规模将达到 720 亿 m^3/年，加氢站数量达到 100 座，燃料电池车辆达到 10000 辆。到 2030 年，我国以能源形式利用的氢气产能规模将达到 1000 亿 m^3/年，加氢站数量达到 1000 座，燃料电池车辆保有量达到 200 万辆。到 2050 年，加氢站服务区覆盖全国氢能产业发达地区，参照加油站分布状况及要求，完成高速公路加氢站布局，燃料电池车辆保有量达到 1000 万辆。

本文认为，2020 年前是我国氢能产业的起步期，产业链将逐渐完善，氢能基础设施建设起步，氢能应用以示范为主，主要应用方向为氢能交通。各环节技术上下游初步贯通，各环节技术通过示范得到验证，形成支撑产业初期发展的产能。随着政府、企业及资本的介入，氢能产业发展提速。2020年到2030年是氢能产业快速发展期，多种制氢技术共同发展，液态储氢技术具备商业应用条件，氢气输运管网起步并发展，加氢站等基础设施建设快速推进，氢能交通应用得到商业化推广，氢分布式供能示范起步。产业链上下游形成集聚效应，各环节技术快速成熟，新型技术快速发展，产业规模快速增长。2030年到2050年是产业稳定发展期，以可再生能源制氢为主，氢能供应体系建设规模化，氢能终端应用普及，涉及氢能交通、分布式供能等方面，标准体系完善。产业链上下游形成稳定发展的格局，形成一批优势企业，技术成熟，产业规模稳定发展。2050年以后是氢能产业的成熟期，氢能社会将初步形成。

（三）产业发展蓝图及对社会的影响

1. 21世纪将进入氢能社会

未来能源是多元化的，而氢能将如今天的化石燃料一样，成为未来的主要能源之一。氢是一种二次能源，可由太阳能、风能等各类可再生能源制得。太阳能和风能受天气影响而存在发电不稳定的问题，可通过将不稳定的可再生能源转换为氢来解决此问题，所制得氢气可被压缩存储后运输至终端用户。

未来将建成氢能供应网络，氢网将会与电网协同发展，渗透未来社会的各个角落，包括工业用和民用热电联供、氢能交通、分布式发电等。

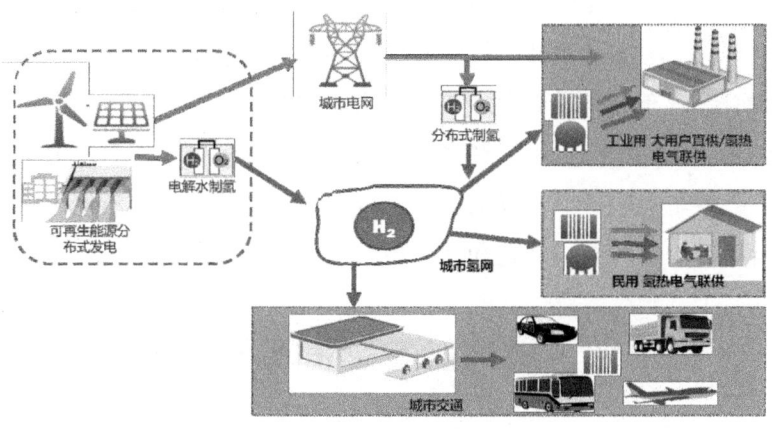

图1　产业发展蓝图

在氢气供应网络建立的同时，氢能产业相关技术也将得到大力发展，未来将构建为一个拥有氢能源生产与供给、氢燃料电池、氢能技术应用与验证及氢安全标准体系的全新氢能社会。

2. 氢能发展对未来社会的影响

能源是人类社会赖以生存和发展的重要物质基础，可再生能源与储能、氢能的发展被认为是逐步代替化石能源的革命，而能源革命又往往推动工业革命。因此，氢能的发展将对社会各方面产生深远影响，主要体现在以下三方面。

对能源结构的影响。氢能作为动力燃料可以取代石油，作为分布式供能燃料可以取代或部分取代天然气和煤。通过可再生能源制得的氢能成为人类直接使用的终端能源形式，逐步取代化石能源，有助于推动能源结构向清洁和低碳方向发展。降低化石能源在我国能源结构中的占比，不仅可以有效减少化石能源带来的温室气体排放问题，更重要的是减少我国对石油和天然气的进口依赖，提升我国的能源战略安全。

对装备制造业的影响。氢能的发展将带动制氢、储氢、运输氢等氢能产业链环节相关装备制造业的发展。作为一个新兴产业，氢能的发展将带来各种技术路线的制氢装备、氢气存储运输装备、加氢站相关装备及部件、燃料电池及系统装备及相关部件制造业的快速发展。

对终端应用的影响。氢能的发展将带来汽车、船舶、军工等领域动力系统革命及分布式供能、应急电源等变革。能源供给的变化，直接导致上层工业应用的技术革命。在交通领域，氢能替代石油将引发汽车、船舶等动力系统的革命，继而引起汽车工业的革命。在分布式供能领域，燃料电池的高效发电可促进局部区域的热电联供发展。在军工领域，由氢燃料电池作为动力系统应用到无人机、装甲车等装备上可以引发军工装备的一次革命。应急电源使用氢能源作为燃料可以提供清洁、低碳和高品质的电力供应。

四、对氢能产业发展的建议

针对目前氢能产业的发展现状及发展阶段判断，本文对推动我国氢能产业发展的建议如下：

（一）国家层面加强顶层设计

建议国家将氢能提升至国家能源战略高度，明确氢能在我国能源结构体系中的定位，结合我国国情和实际需求，逐步规划、细化我国氢能产业总体布局，明确我国氢能产业发展路径，将氢能与风、光等可再生能源发展相结合，充分发挥氢能在能源体系建设中的作用。从国家层面，加强国家对氢能产业发展的引导和对氢能技术研发创新、应用推广的支持。

（二）加强核心技术自主研发支持力度

建议国家引导和扶持企业、科研院所开展氢能全产业链核心技术和关键设备的开发，补齐产业关键环节和薄弱环节存在的技术短板，从补贴和项目审批等政策方面对大规模低成本制氢、储运氢、燃料电池等技术自主研发给予支持，加快氢能技术自主化和国产化步伐，加快培育具有核心竞争力的一流企业，支持我国氢能产业可持续发展。

（三）支持氢能技术和产品应用示范

建议国家支持自主氢能技术和自主化产品实现应用示范，给予科技示范项目政策上和资金上的支持，促进自主技术和自主化产品尽快成熟。同时，引导氢能技术在电网调峰、氢储能、分布式供能、天然气混氢、热电联供等方面示范与推广，通过应用示范实现相关技术验证及运营经验积累，并探索形成可复制的商业模式，为我国氢安全标准建立及完善提供数据支撑，为氢能产业实现规模推广打好基础。

（四）推动基础设施建设

氢能产业的发展离不开氢能供给基础设施的建设，氢能基础设施建设需要国家层面推动。建议国家层面出台氢能输运和加氢站布局与建设规划，明确国家级加氢站审批流程并细化相关标准，鼓励中石油、中石化、国家电投、国家能投等企业承担起能源央企的责任，在全国范围内有规划、有序地开展氢能基础设施建设。

(五) 健全氢能政策、法规、标准体系

氢能产业是战略性新兴产业，当前我国相关政策和法规还不够完善，缺乏相关技术、工程规范和标准。建议国家及地方政府尽快出台适用于全国范围或地方区域的产业政策和发展指导意见，完善相关氢能源法规，结合不断丰富的示范经验建立健全覆盖产业链的技术和设备标准体系，引导氢能产业有序发展。

中国甲醇替代能源产业发展现状与展望

赵凯 崔大鹏*

摘　要：

甲醇是化学工业中最为常见的大宗化学品。随着生产技术的进步，我国甲醇产能增长迅速，目前其产能、产量和消费量均为世界第一。由于甲醇分子简单，且含氧，使用过程排放清洁，甲醇的应用有逐渐从化学原料向能源产业发展的趋势。在汽车领域，随着国家工信部试点工作的开展，甲醇在人体健康和节能环保等领域的优势获得了验证，并在应用规模上取得较为快速的发展。甲醇作为锅炉和灶用燃料在直接燃烧方面发展迅速，相当经济地替代煤炭、天然气等燃料。甲醇还可以利用可再生资源通过一系列的低碳方法生产，无疑是面向未来的替代燃料之一。甲醇符合我国当前的能源实际国情，目前从生产到应用的各项技术可以满足安全、经济、高效、环保的要求。尤其作为氢能的载体，甲醇具有广阔的发展空间。

关键词：

甲醇　能源　燃料　清洁　替代

---

* 赵凯，理学硕士，北京大学世界新能源战略研究中心副秘书长，国际甲醇协会（Methanol Institute）驻中国首席代表。崔大鹏，经济学博士，国际清洁能源论坛（澳门）理事，东西智库主任，中国可持续发展研究会低碳学组主任。

甲醇是含有碳、氢、氧三种元素的化学物质，化学式为 CH_3OH，常温常压下为无色液体。甲醇传统上被用于生产甲醛、醋酸等下游化学品的原料，但随着甲醇生产技术、应用技术的发展，甲醇的产量规模逐年提高，甲醇价格长期保持稳定。甲醇的液体化工品的特点使得甲醇的仓储和物流便捷，应用逐渐扩大特别是甲醇在替代石油产品领域发展迅速。

1994年诺贝尔化学奖得主乔治·奥拉及其团队提出以甲醇为核心的C1化工概念，从甲醇的生产到应用，都可以实现低碳化和可持续，从而构建出一幅"万物生甲醇，甲醇生万物"的"甲醇经济"新型物质和能源循环，从而能够帮助人类减少对石油资源的依赖，甚至实现对"油气时代"的跨越。[1]

目前中国是甲醇生产量和消费量最大的国家，其中甲醇制烯烃（Methanol to Olefin, MTO），用于生产聚乙烯、聚丙烯塑料产品；甲醇制二甲醚（DME），作为燃料用于替代液化石油气；甲醇制甲基叔丁基醚（MTBE），用于提高汽油的辛烷值；不一而足，这些甲醇应用的产业在中国都取得了巨大的发展。本文将重点介绍甲醇作为直接燃料的应用，包括甲醇作为内燃机燃料用于汽车、船舶等领域；甲醇作为动力燃烧燃料用于锅炉和灶具的情况，并提出相关建议。

一、中国甲醇产业发展的总体现状

（一）中国甲醇产业基本情况

近十年来，中国甲醇产业在生产规模、技术水平、管理能力、融资环境、下游应用开发等方面都有了很大的发展，甲醇的产能和产量逐渐增高，进口规模保持稳定。根据中国氮肥工业协会统计，截至2017年底，中国甲醇产能8351万吨，甲醇产量6146.5万吨，消费量6948万吨。1999—2017年中国甲醇生产规模、生产量、进口量（如图1）与10年前相比，中国甲醇的产量和

---

[1] 奥拉（Olah, G. A.），戈佩特（Goeppert, A.），普拉卡什（Prakash, G. K. S.）：《跨越油气时代：甲醇经济》（胡金波等译），北京：化学工业出版社2011年版，第268—272页。

消费量增长了4倍；由于进口量基数很低，看上去进口也显著增加，但近五年保持稳定，以2017年为例，中国进口甲醇量占全年消费量的11.7%。

根据国际咨询机构阿格斯（Argus）统计，全球甲醇年消费量7700万吨，中国甲醇消费量（排除煤经甲醇制烯烃工艺）4300万吨，中国的甲醇消费占全球消费量的55%。

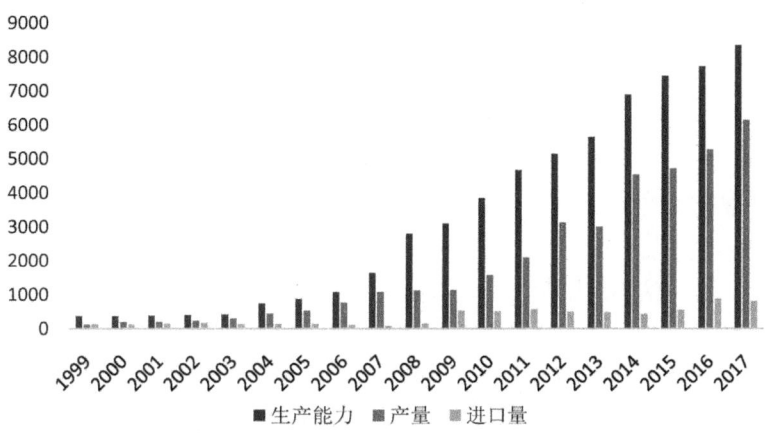

图1　1999—2017中国甲醇产业产能、产量、进口量

资料来源：中国氮肥工业协会。

甲醇在自然界中天然存在，现代甲醇生产主要是以化石能源为主的碳氢化合物中获得合成气，经合成和精馏获得。从技术角度分析，中国甲醇生产从过去甲醇—氨合成联合法（以下简称"联醇"）逐步发展到单一生产甲醇（以下简称"单醇"）的工艺路线，如图2，装置生产规模扩大、生产效率提升、环境影响逐渐降低，目前形成大型化、集约化的主要发展路线，如图3。

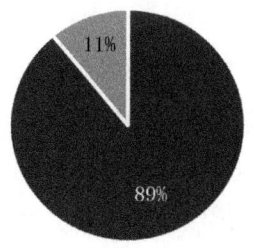

图2　2017年中国甲醇产业主要技术路径

资料来源：中国氮肥工业协会。

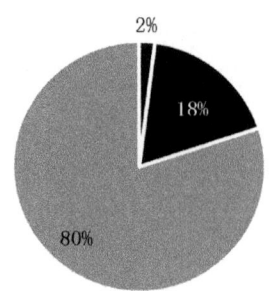

■ 10万吨以下　　■ 10万吨（含）—30万吨
■ 30万吨及以上

图 3　2017 中国甲醇产业生产规模分布

资料来源：中国氮肥工业协会。

（二）甲醇消费和替代能源的发展

甲醇的消费主要分为传统消费领域和新兴消费领域两类，传统消费领域包括甲醛、醋酸、有机溶剂（DMF）、甲基丙烯酸甲酯（MMA）等，这主要是受人口规模、居民生活水平、制造业发达程度等因素影响，其增长幅度往往同地区的 GDP 增长存在正相关性。由于中国的石油消费快速增加，石油价格的波动，对能源和原料安全以及环境保护的考虑和相关技术的进步，在中国出现了甲醇的新兴消费领域，其中以甲醇替代石油用于制造塑料产品的甲醇制烯烃和甲醇在各种燃烧设备中用于燃料进展最为显著。在这方面，其他国家虽有一定规模的应用，但都无法达到中国的总体规模和应用水平。如图 4 所示，烯烃、二甲醚、燃料（直接燃烧）、MTBE 这四类石油替代产品合计占中国甲醇消费的 71%，合计共 4933 万吨。

甲醇制烯烃是将甲醇作为原料，制成以乙烯和丙烯为主的化工产品，用于生产塑料等产品。在我国包括从原料煤开始，经甲醇（也可以理解为一种中间物，国外统计通常不包括这类甲醇产量）获得终端产品，在我国西北地区的煤化工产业上多采用，也叫煤制烯烃工艺；也包括从外部进口甲醇，获得烯烃等产品，在我国东南沿海的新型化工企业采用，原料来源包括国产甲醇和进口甲醇，并逐步形成了重要的区域消费市场，对世界甲醇的定价起着重要的作用。

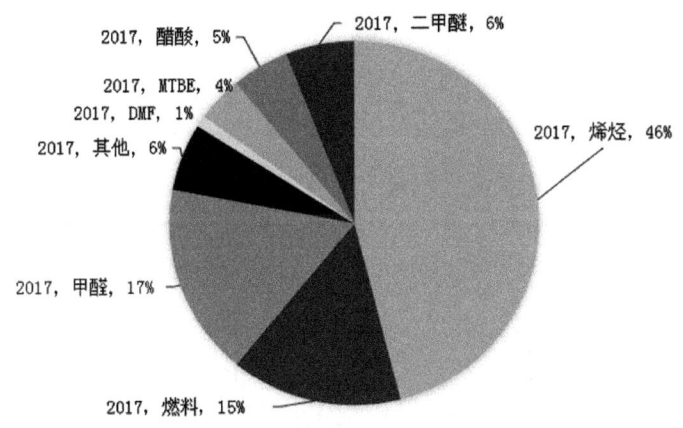

图 4　2017 中国甲醇下游产业分布

资料来源：中国氮肥工业协会。

甲醇作为燃料，可以直接在燃烧设备中燃烧，如内燃机和各种热力设备，如锅炉和灶具。甲醇也可以进一步合成为汽油、二甲醚等产品，用于替代汽油、液化石油气等成品油，作为燃料的各种类型的应用在 2017 年合计占比为 25%，约 1700 万吨。

二、中国甲醇替代能源产业发展的现状

（一）甲醇作为内燃机燃料

交通领域是石油产品消费中最大、最重要的领域，占总消费量的 60% 以上。中国已经成为世界第一大石油进口国，石油供需矛盾体现在 70% 的对外依存度，缺乏定价能力以及石油产业带来的环境影响等方面，对国家能源安全构成重大挑战。交通燃料主要是通过内燃机燃烧，甲醇具有辛烷值高、燃烧清洁、热值适中、液体储运等特点，目前在内燃机的利用方式主要包括低比例汽油掺混和高比例用于配合专用车辆和船舶两个方向。甲醇对交通行业内燃机节能减排，保障能源安全具有重要意义。

1. 甲醇低比例汽油掺混

甲醇与汽油的理化和燃烧特性相似，部分特点甚至优于汽油，因此甲醇在

一定范围内以不同的比例与汽油混合后直接作为汽油车燃料,如欧洲的汽油标准 EN228 中允许添加体积比例为 3% 的甲醇（M3）,目前英国、荷兰、新西兰等国家都采用这个比例。在我国,山西、陕西、贵州等地区通过制定地方标准、建设调配中心等方式推广使用添加体积比例 15% 的甲醇汽油（M15）,标准的颁布时间和地区如表 1。截至 2015 年,"中国已经建成和在建的甲醇汽油调配中心 50 余座,调配能力达到 2000 余万吨,其中山西 14 座,调配能力 240 万吨；陕西 10 座,调配能力 200 万吨；浙江 6 座,调配能力 100 万吨；贵州 5 座,调配能力 120 万吨；甘肃 3 座,调配能力 90 万吨[①]"（笔者考证甘肃有相当大量的 M20 在推广使用）。据不完全统计,2015 年中国用于低比例汽油掺混

表 1　各地区甲醇汽油标准和生效时间

省份	地方甲醇汽油标准	生效时间
甘肃	M15 + M30	2009
贵州	M15	2010
河北	M15 + M30	2010
黑龙江	M15	2005
江苏	M45	2009
辽宁	M15	2006
陕西	M15 + M25	2004
山东	M15	2012
上海	M100	2013
陕西	M5, M15, M85 + M100	2008
四川	M10	2004
新疆	M15 + M30	2007
浙江	M15, M30 + M50	2009
宁夏	M15 + M30	2014

① 中国石油和化学工业联合会醇醚燃料及醇醚清洁汽车专委会、北京大学世界新能源战略研究中心:《中国甲醇燃料及甲醇汽车发展报告》,2016 年 12 月,北京,第 45 页。

消费量超过150万吨①。除中国外，以色列、埃及等国也采用M15的比例推广甲醇汽油。

2. 甲醇高比例燃料应用

甲醇的辛烷值高、汽化潜热高、燃烧清洁等特点有利于内燃机提高压缩比，小型化，并节省昂贵的后处理设施，通过对内燃机的改造使其更适应甲醇的特点，提高甲醇替代的比例，甚至能达到完全替代汽柴油的水平，例如体积添加比例达到85%的M85甲醇汽油和完全采用甲醇和少量添加剂的M100甲醇燃料。这样的能够使用高比例甲醇燃料的汽车，被称作甲醇汽车。

两次石油危机后，国际上率先开展甲醇内燃机、甲醇汽车的研究、试点、示范和推广，这部分工作在20世纪90年代的美国加州取得很大成果，当时加州建成甲醇燃料加注站超过100座，运行的甲醇汽车超过2万辆。

中国的高比例甲醇燃料和甲醇汽车研究工作起步于20世纪80年代，陆续在山西省完成甲醇汽车试点示范项目。2012年中国国家工信部启动甲醇汽车国家试点项目，在山西省、陕西省、上海市采用限定地区、燃料（M85和M100）和车型的方式验证甲醇汽车在实际应用中的可靠性、适应性、安全性、环保性、经济性等特点。2015年试点范围扩大至甘肃省和贵州省，试点车辆明显增加，部分地区在试点基础上增加了应用规模，目前正在运营的甲醇汽车地区、车型和数量如表2。

中国国家工信部于2018年初完成各省市甲醇汽车试点的验收工作，整个试点期间内甲醇汽车运行规模达1024辆，运行时间超过两年，总运行里程超过1.84亿公里，累计消耗甲醇燃料2.4万吨，10个试点城市共建成甲醇燃料加注站20座②。甲醇汽车试点工作验证了甲醇汽车使用可靠，故障率同汽油车相当；在南北地区适应性好，没有出现气候等自然条件、生产应用等技术条件的制约；车辆安全性、人员健康方面无不良影响；车辆尾气检测均满足并超

---

① 中国石油和化学工业联合会醇醚燃料及醇醚清洁汽车专委会：《创新驱动 协同发展 扎实推进醇醚燃料及醇醚汽车产业可持续发展》报告，2016中国醇醚燃料及汽车发展大会，2016年12月，厦门。
② 中国石油和化学工业联合会醇醚燃料及醇醚清洁汽车专委会：《凝神聚力 继往开来 创建我国醇醚燃料及醇醚汽车发展的新局面》报告，2018中国醇醚燃料及汽车发展大会，2018年9月，合肥。

过国家现行标准，具有降低车辆排放污染的优势；由于甲醇价格低，在车辆发动机上燃烧效率高，甲醇汽车的经济效益明显；基于验收结论，甲醇汽车试点工作获得了国家认可。目前工信部正在以"因地制宜，统筹协调；企业主体，政府引导；创新驱动，绿色发展"的原则制定甲醇汽车的推广政策。西安市、贵阳市等地区正在积极安排扩大甲醇汽车应用规模。

表2 2017年甲醇汽车试点运营城市和车辆

试点省市	试点城市	试点车辆类型	投入试点运营车辆（辆）
山西	晋中	出租车	150
	长治	大型客车	96
上海	闵行	出租车	18
陕西	西安	出租车	20
	宝鸡	出租车	200
		微型面包车	15
	榆林	重型自卸货车	5
	汉中	出租车	20
贵州	贵阳	出租车	3300
甘肃	兰州	出租车	150
	平凉	出租车	50
合　计			4024

甲醇汽车是通过工信部汽车产品公告的专门的汽车产品，但在实际应用中，尽管各地方政府政策不同，但社会上存在大量的经改装后使用甲醇燃料的汽油车。通常的改装包括对汽油发动机控制系统（ECU）的改装、更换油路系统等。由于改装价格低廉，甲醇改装在中国甲醇产能丰富的地区有一定的规模，地方政府如山西省也出台相关政策鼓励。这种类型的车辆估计在中国已达16万辆[1]，

---

[1] 中国石油和化学工业联合会醇醚燃料及醇醚清洁汽车专委会：《凝神聚力 继往开来 创建我国醇醚燃料及醇醚汽车发展的新局面》报告，2018中国醇醚燃料及汽车发展大会，2018年9月，合肥。

年消耗甲醇约 120 万吨①。

高比例甲醇燃料除在汽车应用外,在船舶燃料的清洁化替代上也进展迅速。甲醇作为船舶燃料具有燃烧清洁、成本可控、全球可供性高、具备低碳潜力的特点,目前瑞典、德国等国家都在积极进行试点②。国际海事组织(IMO)货物与集装箱运输分委会第 5 次会议(CCC 5)在 2018 年 9 月通过了《甲醇/乙醇燃料船舶安全临时导则》草案③,这是国际海事组织自 2011 年启动甲醇作为船舶燃料相关工作以来取得的最重大进展。中国船级社已于 2017 年 12 月发布《船舶应用替代燃料指南》,其中包括甲醇作为船舶燃料的相关章节。在国内,天津大学同淄博柴油机厂合作,率先在国内渔船用发动机上开展了研究,并获得了国家渔检局(后并入国家交通部)的认可④。中国国内发动机开发企业,东莞传动电喷科技公司,参与到瑞典的"绿色领航项目",为瑞典海事局的一艘领航船提供了甲醇发动机,在发动机功率和排放上都取得了令人满意的效果。

(二)甲醇作为热力燃烧燃料

我国是世界上最大的煤炭消费国,约占一次能源消费总量的 70%,利用形式包括燃煤发电(通常都有脱硫脱硝设备)、燃煤供热(脱硫和烟气回收)、直接燃煤取暖和炊事等。散煤用于锅炉和炊事领域由于数量多,分布广,且煤质差,设备效率难以保证,是造成中国、特别是中国北方地区空气污染,形成雾霾天气的主要原因之一。由于近年来,政府对燃煤取暖、燃煤小锅炉的控制,甲醇直接作为热力燃烧燃料,在锅炉、窑炉、灶具等方面发展迅速。甲醇作为热力燃烧燃料,对国家治理空气污染,保障正常的生产生活都具有重要意义。

---

① 中国石油和化学工业联合会醇醚燃料及醇醚清洁汽车专委会:《创新驱动 协同发展 扎实推进醇醚燃料及醇醚汽车产业可持续发展》报告。

② FCBI Energy, "*Methanol as a Marine Fuel*, Report Prepared for Methanol Institute," Methanol Institute Document, October 2015.

③ 《IMO 货物与集装箱运输分委会第 5 次会议(CCC 5)要点快报》,中国船级社,2018 年 9 月 19 日。

④ 《农业部船检局探索渔船绿色发展》,《中国渔业报》2018 年 1 月 8 日,第 04 版。

1. 甲醇作为锅炉燃料

同其他锅炉用气体和液体燃料一样，甲醇可以与空气混合后在锅炉燃烧器中燃烧，相比于柴油、重油等液态锅炉燃料，甲醇不含硫且分子简单，燃烧清洁；与天然气相比，甲醇虽热值低，但甲醇的燃烧温度低，不利于氮气燃烧，使有害的氮氧化物难以形成，且不需要天然气管网或 LNG 储运设施等设备，因而综合成本更为低廉，目前在我国北方地区取暖和其他地区的生产锅炉中发展迅速。

甲醇用于锅炉是在燃煤/燃油锅炉本体的基础上，将燃烧器进行改造的创新。相应的甲醇燃料可以是纯甲醇，也可将甲醇同乙醇、丙醇和其他轻烃类物质复配，在市场上多叫作醇基燃料。目前甲醇用于锅炉主要在低于 20t/h[①] 的功率范围。

在排放上，原国家环保部（现生态环境部）在《关于醇基燃料锅炉执行标准有关问题的复函（环函〔2015〕319 号)[②]，指出"欧盟、德国等国外锅炉排放标准中，均将甲醇、乙醇、沥青、燃料油归类为液体燃料类，执行统一的标准限值，建议醇基燃料的锅炉参照《锅炉大气污染物排放标准》（GB 13271—2014）中燃油锅炉的排放控制要求执行。"某甲醇锅炉的烟气排放效果如表 3。甲醇不含硫，所以纯甲醇燃烧没有硫氧化物，醇基燃料若与其他烃类物质复配，如柴油，可能存在硫氧化物排放，但排放效果仍有改善。甲醇本身燃烧清洁，含氧，减少了空气的混入（减少空气中氮气的混入）且燃烧温度低，因此氮氧化物排放低。

部分地方政府对燃用甲醇燃料锅炉持积极和鼓励的态度。西安市在《西安市治污减霾工作实施方案（2015 年）》中提出，"建成区外 20 蒸吨以下燃煤锅炉"能拆尽拆"，不具备拆除条件的鼓励采用电、醇基燃料、燃油、地源热泵等清洁能源进行替代，确需保留的须达到《关中地区重点行业大气污染物排放限值》（DB61/941—2014）排放标准要求。"

---

① t/h，即蒸吨每小时，是衡量锅炉出力大小的单位，1t/h 为 0.6MW（兆瓦）。
② 国家环保部关于《关于醇基燃料锅炉执行标准有关问题的复函》，原国家环保部，索引号 000014672/2015-01507，http：//www.mee.gov.cn/gkml/hbb/bh/201512/t20151228_320576.htm。

表3　《锅炉大气污染物排放标准》（GB 13271—2014）限值和甲醇锅炉排放

单位：mg/m³

污染物项目	在用锅炉自2016年7月1日起执行			新建锅炉自2014年7月1日起执行			重点地区执行排放限值			某甲醇锅炉
	燃煤锅炉	燃油锅炉	燃气锅炉	燃煤锅炉	燃油锅炉	燃气锅炉	燃煤锅炉	燃油锅炉	燃气锅炉	
颗粒物	80	60	30	50	30	20	30	30	20	14
二氧化硫	400	300	100	300	200	50	200	100	50	0
氮氧化物	400	400	400	300	250	200	200	200	150	31

说明：

1. 重点地区：根据环境保护工作的要求，在国土开发密度较高，环境承载能力开始减弱，或大气环境容量较小、生态环境脆弱，容易发生严重大气环境污染问题而需要严格控制大气污染物排放的地区。

2. 执行大气污染物特别排放限值的地域范围、时间，由国务院环境保护主管部门或省级人民政府决定。

3. 燃煤、燃油和燃气锅炉的排放限值都列入表内。依据甲醇的液体物理性质，及《关于醇基燃料锅炉执行标准有关问题的复函（环函〔2015〕319号）》建议将甲醇锅炉归入燃油锅炉。

厦门市在《厦门市锅炉及工业窑炉整治工作方案》中提出"全市10蒸吨（含）以下高污染燃料锅炉逐步实施集中供热、清洁能源替代或关停和全市高污染燃料工业窑炉推行清洁能源替代。对因特殊情况无法实施清洁能源替代的，必须开展技改并确保废气稳定达标排放"，对清洁能源的定义中明确了"醇基燃料"。上海市燃煤（重油）锅炉清洁能源替代推进工作小组将符合《醇基液体燃料》产品要求的甲醇燃料纳入清洁能源范畴，享受上海市清洁能源替代补贴相关政策。

从使用经济性考虑，甲醇用于锅炉燃料是在中国全社会加大空气污染治理力度下的现实选择。纯甲醇与天然气在热值当量的价格相当。2017年冬季天然气供应无法保证时，甲醇在传统淡季价格出现了上涨，据了解正是由于甲醇被大量用于替代天然气作为锅炉清洁燃料。在安装与建设成本上，甲醇类似于柴油等液体燃料，仅需要安装具有一定容积的储罐，由于甲醇为常温常压液态物质，没有额外的压力要求，设备成本较低。在同为清洁燃料的基础上，甲醇需要同天然气锅炉做比较：这两种燃料的安装与建设成本相近，但是大量使用锅炉地区天然气管网建设滞后，或新建LNG储运设施，都提高了天然气锅炉的初始投资建设成本。特别是集体或者企业用户的天然气锅炉还需投入少则几十万元多则上百万元的天然气管网建设费（也叫作入网费等），这种由客户负担的管网建设费现象在中国普遍存在，主要原因是中国的天然气供应企业在连通终端客户的管网方面的投入不足且存在一定的垄断经营，而甲醇作为液体燃料省去了这部分成本。

目前，甲醇作为锅炉燃料已有山西、陕西、上海、天津、重庆、北京等数十家企业从事相关工作，产品功率范围主要覆盖1—20蒸吨的中小型锅炉及窑炉，应用领域包括工业供热系统、食品加工行业、农业加温、制药行业、医疗消毒洗涤行业、饲料加工行业、烟草烘烤、冬季建筑物供暖、桑拿洗浴、沥青拌合站、工业热处理等行业等，经过长期使用证明，甲醇燃料在使用过程中安全可靠，排放清洁，对锅炉等供热设备没有损害。部分企业完成了中国特种设备检测研究院的相关检测，取得了产品资质和质量验证和型式核准证书。据估计，截至2017年，中国有超过1000台各型锅炉燃用甲醇燃料，消费甲醇超过200万吨。

2. 甲醇作为炊事燃料

同各种类型的炊事燃料一样，甲醇同样可以同空气混合在炉灶中燃烧，相比煤等传统炊事燃料，甲醇燃烧清洁，特别是没有烟尘，硫氧化物等主要由炊事活动产生的室内污染物（炒菜锅底都是干净的）；甲醇与天然气、液化石油气相比，能够利用其液体燃料的优势，节约管网或高压储运设施设备，在集中式、大规模炊事领域具有较低的综合成本，是天然气和液化石油气的有效补充，在中国各个地区都有应用。

甲醇应用在灶具上，是在传统燃油、燃气灶具的基础上，对灶心进行改造，通过加热、鼓风等方式，将甲醇气化，气态甲醇随后同空气混合燃烧，常见的甲醇灶如图5。配合甲醇灶，甲醇一般存储在常温常压的液体罐内，更推荐的方法是使用类似于液化石油气采用的钢瓶中，如图6。

图 5　常见的甲醇灶　　　　　　　图 6　甲醇灶使用的钢瓶

目前，我国主要的炊事燃料包括天然气、液化石油气、甲醇、煤、电、柴薪、秸秆和沼气等。我国大多数城市纷纷出台相关政策禁止餐饮业直接燃煤，家庭使用也逐步淘汰燃煤、薪柴、秸秆等生物质能源。沼气仅限于农村地区使用，且对于普通农户来说面临较大的日常沼气池管理维护工作以及秸秆等送料问题，目前在农村的普及度不高。管道天然气，虽然居民用成本比甲醇燃料低，但受限于城市管网的建设和用户的活动场所，难以完全满足需求。甲醇燃料的价格同液化石油气相当，尽管甲醇燃料在热值上比液化石油气低，但厨师反馈认为并不影响其在炊事中的应用。液化石油气采用钢瓶进行储运，也存在覆盖范围有限等问题。

从地方政策看，部分省市已经开始支持甲醇作为炊事燃料。《天津市甲醇燃料及专用燃烧器使用安全管理暂行规定》（津安监管二〔2010〕61号）要求"天津市禁止使用50公斤液化石油气钢瓶作为餐饮热源的目标任务，积极推广应用甲醇燃料及专用燃烧器作为替代产品，凡燃气管道未覆盖区域及覆盖区域内未连接使用的餐饮经营单位（含建筑工地、学校、企业、机关食堂），要求安装使用甲醇燃料及专用燃烧器。"甘肃省《关于做好甲醇燃料推广试点工作的通知》也提出，将"积极研究出台相关优惠政策，加快发展若干家甲醇灶具生产企业，并在机关和企业食堂以及饭店、餐馆推广示范，实现甲醇灶具、家用甲醇存储罐、配送罐体包装的标准化和规模化生产"。

中国能源行业研究者普遍关注电力、石油等宏观领域，炊事行业有着量小、点散、面广的特点，关于炊事用燃料的研究统计非常少见。笔者从实地调研情况看，目前甲醇燃料作为炊事燃料已经覆盖了全国绝大多数地区，特别是在餐饮业和大型食堂，成为天然气和液化石油气的有效补充。估计年消费甲醇量超过500万吨。笔者听到不少反映，使用甲醇比使用液化石油气钢瓶安全，液化石油气钢瓶使用不当或设备不良容易发生爆燃事故。而且万一发生甲醇火灾，可以浇水扑灭，这比燃油火灾易于扑灭。但甲醇有一定毒性（毒性与汽油相当），由于其嗅觉和味觉及视觉与酒精相似，应与人和动植物保持隔离，避免误食。

三、目前存在的问题和建议

（一）缺少国家层面的统一认识

尽管国家有关部门和某些地方政府，在不同层面和在不同时期对甲醇燃料和甲醇汽车等甲醇替代能源工作给予过支持，但在国家领导层尚未达成统一的认识。除中国国家工信部推动甲醇汽车外，国家发改委在2007年印发了《关于发展替代能源的指导意见（征求意见稿）》，国务院各部门尚没有关于甲醇作为替代能源的总体指导和政策，导致一些产业发展的问题，如地方政府的相关政策难以达成一致并落实；部分产业标准进展缓慢等。主要的认识分歧包括：甲醇具有毒性，作为燃料推广可能会发生中毒等事故；甲醇排放甲醛，二甲醛是致癌物；甲醇是煤炭和天然气的中间产品，并不低碳，仅仅是一种过渡，有各种各样的问题，不必深入研究并推广使用；甲醇被美国、西欧等发达国家放弃，中国也不应推广等。

即使在宏观层面缺少足够支持的情况下，甲醇替代能源产业依然发展迅速，相关分歧也正在被逐一解决。甲醇毒性本身与汽油相当，用于燃料本身是低风险的。国家工信部组织甲醇汽车试点工作中，专门为国家疾病预防与控制中心开展甲醇燃料对人体健康影响的研究，通过在不同试点地区，对不同职业接触人员的健康追踪和甲醇职业暴露浓度测量，未发现人体健康病例，相关场所的甲醇浓度也低于国家要求限值①。与普通汽油相比，甲醇汽油的甲醛排放没有升高，甚至有所降低；甲醇汽车中甲醛排放未超过工信部规定限值的7.4%②。石油、天然气等化石燃料终有枯竭之时，而甲醇可由可再生资源制取，是一种面向未来的燃料。中国特有的能源资源国情也决定了甲醇是一种切实可行，资源有保障，潜力巨大的燃料，欧洲国家已经重新开始利用甲醇，美国页岩气革命也带来了美国甲醇产业的复兴。

建议政府有关部门在深入调研的基础上，形成专门意见，确定甲醇在能源领域的重要意义、管理原则和发展方向，明确责任分工，并给予相应的支持。

（二）相关产业标准发展滞后

尽管甲醇替代能源行业取得了巨大的进展，国家颁布了包括《车用燃料甲醇》《甲醇汽油M85》《醇基液体燃料》等国家标准；农业部《醇基民用燃料灶具》行业标准；国家工信部《车用甲醇燃料加注站建设规范》和《车用甲醇燃料作业安全规范》及一系列地方标准，但与庞大的应用规模和多样化的应用行业相比，标准化工作依然不尽如人意，相关标准缺位，标准更新升级滞后，影响了安全规范使用、产业推广和产业升级进步。如《车用甲醇汽油（M15）》国家标准在立项15年后，仍然没有进行标准的颁布；甲醇在锅炉、窑炉等新兴行业依然缺少标准，甲醇在灶用领域的标准老化，新技术的使用没有规范。

甲醇在这些领域的应用范围已经具有一定的规模，由于甲醇应用中不可避免的涉及人身财产安全等重要问题，建议相关部门能够加快相关标准的立项，制定和颁布工作。

（三）煤化工甲醇的问题

中国甲醇主要由煤作为原料，煤炭开采和煤化工的资源环境问题，也同样

---

① 谢振华：《甲醇毒性问题不应成为甲醇汽车推广障碍》，《中国汽车报》专家讲堂，2018年7月24日。
② 中国石油和化学工业联合会醇醚燃料及醇醚清洁汽车专委会、北京大学世界新能源战略研究中心：《中国甲醇燃料及甲醇汽车发展报告》，第65—67页。

制约了甲醇的发展。从全生命周期来看，甲醇各种应用的碳排放若以煤炭为原料，将显著高于石油产品和天然气。但天然气制甲醇的碳排放并不高，焦炉煤气制甲醇在焦化行业是一种节能减排的技术。中国煤制甲醇的大型化和集约化，一方面有利于新技术的应用和生产效率的提升，如煤耗和水耗都在逐年下降，另一方面有利于污染物综合治理和碳捕集与封存技术的利用。

建议国家有关部门能够加大煤化工企业的环保治理力度，加快淘汰落后产能，择机将甲醇行业纳入全国碳交易系统，约束甲醇生产行业不断降低碳排放水平。

四、甲醇作为替代能源的展望

在当前阶段，甲醇已经成为中国重要的替代能源之一；从环境保护和能源技术的进步角度看，未来即使化石能源再多，人类仍将选择其他更加清洁的能源。面向未来的能源需要满足安全、高效、环保、可再生、经济可承受和区域可供等多种因素的要求。

甲醇是清洁低碳高效的能源，甲醇比传统燃料更为优异。甲醇能够显著提升内燃机燃烧效率，降低内燃机的尾气排放污染。甲醇内燃机，甲醇增程式混合动力等新技术，能够帮助在内燃机节能减排日益困难的状态下获得更长的产品生命周期。

此外，甲醇是常温常压液态物质中含氢最多的，是一种优秀的氢能载体。甲醇作为燃料电池燃料，能够在"大规模制氢—储氢—运输氢—加注氢—氢燃料电池"的产业道路上增加新的产业路线，即"制甲醇—加注甲醇—车载制氢—氢燃料电池"，"制甲醇—运输甲醇到制氢加注站—甲醇制氢—加注氢—氢燃料电池"，甲醇直接燃料电池等几条技术路线，从而减少原油产业链上氢的逃逸和由此带来的设施设备成本。

可再生资源制甲醇可满足未来的能源的低碳化需求，国际上出现了以可再生资源为原料的甲醇生产工艺和技术，目前在冰岛、荷兰、瑞典、英国等国家使用，对当地的可再生能源的发展，降低温室气体效应起到了重要的作用。国际海事组织（IMO）也是基于甲醇在减少碳排放方面的巨大潜力，推动甲醇作为船舶燃料的相关工作。

中国科学院院长白春礼院士等也在近期的国际权威杂志上提出利用阳光、二氧化碳和水生成醇类燃料的"液态阳光"战略①。这个理念的核心就是将太阳能转变为性质稳定、可存储、高能量的醇类燃料,即甲醇。笔者2018年春节期间曾拜访清华大学化工系金涌院士,金院士为研究和推广甲醇已经奋斗了二十多年了,他坚信甲醇的前途光明。

因此,我们有理由相信,甲醇不应只被视为一种能源替代品,而更应该被视为一种更为优越的液体燃料获得更为广阔的发展空间。

---

① 丁佳、卜叶、姜天海:《"液态阳光"有望驱动未来世界》,《中国科学报》2018年9月20日,第1版。

B.15

中国核电产业发展现状与未来*

徐玉明**

摘　要： 截至2018年9月21日，中国大陆投入商业运行的核电机组数量达到40台，总装机容量36219兆瓦电力（MWe），其中有3台机组是2018年新投入运行的，投入商业运行的机组数量、装机容量和发电量达到历史新高。同期在建的核电机组17台，总装机容量约18000兆瓦电力，在建机组数量连续多年保持世界第一。

2017年1—12月，中国核电机组的总发电量达到247.5太瓦时（TWh），比2016年同期增长17.55%，核电发电量位列世界第三，占全国总发电量的3.94%。

2018年，中国核电机组建设取得里程碑意义的重大突破。6月底，EPR全球首堆和AP1000全球首堆在中国广东台山和浙江三门并网发电。9月21日，AP1000全球首堆三门1号机组具备商运条件，结束了长达113个月的建设历程。中国自主开发的第三代核电机组"华龙一号"建设进展良好，各项工程按计划节点顺利推进。预期2020年以前还将有一大批新的核电项目开工。2035年，中国核电装机容量有望超过180000兆瓦电力，成为全球核电机组最多的国家。

关键词： 中国　核电　第三代　机遇　挑战

---

* 文中涉及的中国核电行业信息均不包括中国台湾地区。
** 徐玉明，国际清洁能源论坛（澳门）理事，中国核能行业协会专家委副主任，研究员级高级工程师，研究方向为核能发展重大问题及行业管理。

核能的和平利用是 20 世纪人类的伟大创造之一。从 20 世纪 50 年代开始，核能发电陆续在世界一些发达经济体登堂入室。1997 年，全球核能发电量占全球电力供应的比例达到 17.6%，为全球电力的清洁、低碳、绿色发展做出了重要贡献。近年来，核电发电量占比有所下降，但一直保持在 10% 以上。2017 年，美国核能发电量 847.3 太瓦时（TWh），占全部发电量的 19.79%；欧盟核能发电量 830.5 太瓦时，占全部发电量的 25.27%；法国等 5 个欧洲国家核能发电的比例超过 50%。

2011 年 3 月发生的日本福岛核事故对全球核电发展带来巨大冲击，核电发展的市场环境变差。福岛事故后，绝大多数核电国家仍然坚持发展核电，核电的主要市场由欧美等发达国家向亚洲等发展中国家转移。作为全球核电反应堆的主要建设者，中国的核电发展吸引了全球的目光。本文就 2017 年以来中国核电发展的现状及未来预期进行概述，为关心中国核电发展的朋友们提供参考。

一、中国核电机组运行概况

（一）2017 年核电机组的电力生产情况

截至 2017 年 12 月 31 日，中国投入商业运行的核电机组 37 台，核电总装机容量 35807 兆瓦（MW）。37 台机组 2017 年的电力生产情况见表 1。

表 1 2017 年中国商运核电机组电力生产情况

核电厂/机组		装机容量（兆瓦）	发电量（太瓦时）	上网电量（太瓦时）	设备平均利用小时数	设备平均利用率
秦山核电厂		310.00	2.814	2.616	9077.42	103.62%
大亚湾核电厂	1 号机组	984.00	8.726	8.343	8867.89	101.23%
	2 号机组	984.00	7.707	7.377	7832.32	89.41%
秦山第二核电厂	1 号机组	650.00	5.730	5.385	8815.38	100.63%
	2 号机组	650.00	5.717	4.803	7872.31	89.87%

续表

核电厂/机组		装机容量（兆瓦）	发电量（太瓦时）	上网电量（太瓦时）	设备平均利用小时数	设备平均利用率
秦山第二核电厂	3号机组	660.00	5.086	4.768	7706.06	87.97%
	4号机组	660.00	5.226	4.899	7918.18	90.39%
岭澳核电厂	1号机组	990.00	7.336	7.020	7410.10	84.59%
	2号机组	990.00	8.084	7.721	8165.66	93.22%
	3号机组	1086.00	8.010	7.520	7375.69	84.20%
	4号机组	1086.00	8.179	7.677	7531.31	85.79%
秦山第三核电厂	1号机组	728.00	4.908	4.543	6741.76	76.96%
	2号机组	728.00	6.068	5.599	8335.16	95.15%
田湾核电厂	1号机组	1060.00	8.459	7.869	7980.19	91.10%
	2号机组	1060.00	8.821	8.202	8321.70	95.00%
红沿河核电厂	1号机组	1118.79	7.783	7.184	6956.62	79.41%
	2号机组	1118.79	6.250	5.812	5586.39	63.77%
	3号机组	1118.79	6.024	5.594	5384.39	61.47%
	4号机组	1118.79	3.542	3.272	3165.92	36.14%
宁德核电厂	1号机组	1089.00	7.619	7.158	6996.33	79.87%
	2号机组	1089.00	8.691	8.084	7980.72	91.10%
	3号机组	1089.00	8.414	7.876	7726.35	88.20%
	4号机组	1089.00	5.784	5.352	5311.29	60.63%
福清核电厂	1号机组	1089.00	7.984	7.455	7331.50	83.69%
	2号机组	1089.00	7.842	7.317	7201.10	82.20%
	3号机组	1089.00	6.330	5,902	5812.67	66.35%
	4号机组	1089.00	2.743	2.571	2518.82	99.60%
阳江核电厂	1号机组	1086.00	9.237	8.700	8505.52	97.10%
	2号机组	1086.00	8.008	7.497	7375.85	84.18%
	3号机组	1086.00	7.896	7.396	7270.72	83.00%
	4号机组	1086.00	6.804	6.369	6265.19	89.41%

续表

核电厂/机组		装机容量（兆瓦）	发电量（太瓦时）	上网电量（太瓦时）	设备平均利用小时数	设备平均利用率
方家山核电厂	1号机组	1089.00	8.107	7.629	7444.44	84.98%
	2号机组	1089.00	8.000	7.522	7346.19	83.86%
昌江核电厂	1号机组	650.00	3.712	3.417	5710.77	65.19%
	2号机组	650.00	3.747	3.411	5764.62	65.81%
防城港核电厂	1号机组	1086.00	5.617	5.213	5172.19	59.04%
	2号机组	1086.00	7.064	6.569	6504.60	74.25%
37台机组合计		35807.16	247.469	231.642	7108.05	81.14%

资料来源：中国核能行业协会网站。

2017年1—12月，核电机组总发电量247.5太瓦时，比2016年同期增长17.55%，是1994年有核电以来的历史最高水平。核能发电量占全国总发电量（6275.8太瓦时）的比例为3.94%。

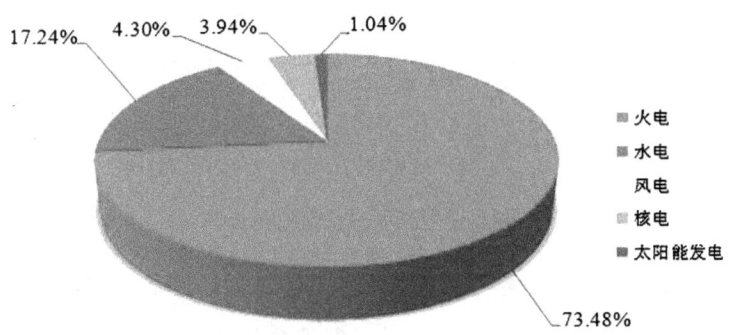

图1 2017年1—12月全国发电量统计分布图（不含台湾地区）

2017年，中国的核能发电相当于少燃烧标准煤约7646.79万吨，减少了二氧化碳排放2亿吨、二氧化硫排放65万吨、氮氧化物排放56万吨，相当于植树造林约860万公顷。1994年以来，中国核能发电量累计1673太瓦时，相当于少燃烧标准煤5.22亿吨。

2018年2月，江苏田湾核电厂3号机组具备商运条件，投入商运的核电机组达到38台。2018年上半年核电机组累计发电量129.9太瓦时，比2017年同期上升12.52%，占全国同期全部发电量的4.07%。

（二）核电机组运行情况

截至2017年12月31日，中国37台核电机组的累计运行时间达到259堆年，平均运行时间为7.0年。时间最长的机组已经运行了23年，时间最短的还不到1年（图2）。

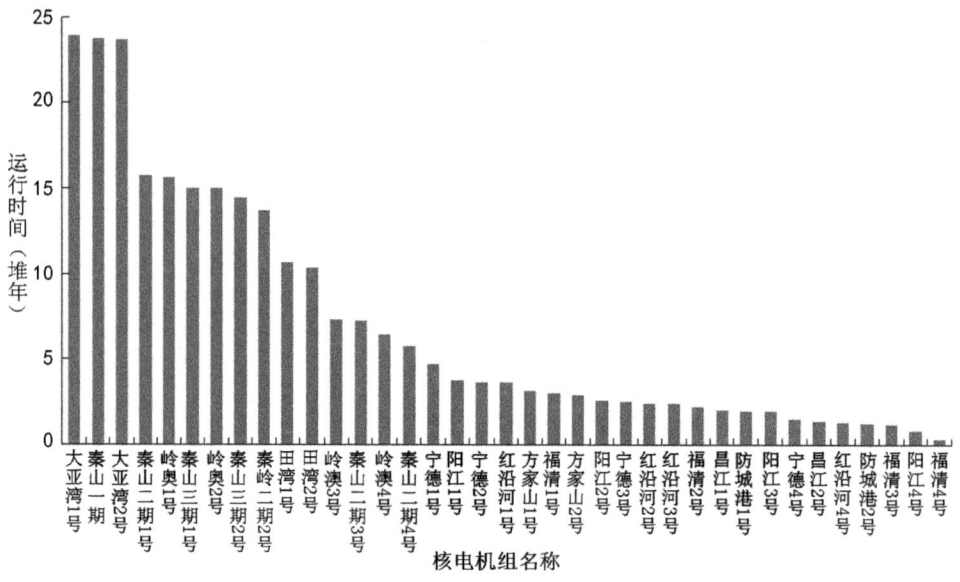

图2 中国核电机组运行年限

机组投运以来，始终保持良好的安全状态。2017年，核电机组设备平均利用小时数7108.5，全年共发生国际核事件分级表（INES）界定的运行事件71起，其中0级运行事件70起，1级运行事件1起，未发生2级及2级以上的运行事件。与世界核电运行协会（WANO）业绩指标对照，在全球448台核电运行机组中，中国核电机组总体处于中等偏上水平，部分机组达到世界先进水平。

核电厂工作人员的个人剂量和集体剂量一直保持较低水平。放射性流出物排放量低于国家监管部门批准的排放年限值，环境空气吸收剂量率在当地本底辐射水平正常涨落范围之内，没有发生影响环境与公众健康的事件。

核电企业坚持"安全第一，质量第一"方针，从技术、设备、质量管理和人才保障等方面不断加强核安全管理，重点加强了对操纵员、核安全技术顾问等关键岗位的培训考核，进一步提升了安全管理水平。

国家核安全监管体系持续加强，法规体系不断完善。2017年9月，全国人大常委会通过《中华人民共和国核安全法》，自2018年1月1日起施行，进一步加强了核安全监管的法律地位，为核电安全提供了法律保障。

在政府指导下，中国核能行业成立了行业自律性的核电厂运行评估与经验交流委员会，组织同行专家先后对大亚湾、秦山、田湾、海阳、阳江、昌江、福清、石岛湾等核电基地的运行机组及在建项目实施各类评估活动50多场，查找并发现了一批待改进的问题，为核电厂运行和核电工程建设改进工作、提升能力、消除隐患、堵塞漏洞提供了重要支持。2018年5月，该委员会改组为中国核能行业协会运行分会，主要职责仍然是围绕核电安全问题开展同行评估和经验交流，促进核电厂运行业绩提升和核电工程建设管理水平提高。

对照世界核电运营者协会（WANO）压水堆核电机组业绩评价指标，2017年，37台机组达到WANO指标先进值水平的有360项，占72%；介于先进值、中值水平之间的有58项，占11.5%；未达到中值指标的有84项，占16.5%（表2），中国核电机组运行水平总体上达到国际先进水平。

表2 2017年运行核电机组WANO业绩指标达标情况

核电厂/机组		达到先进值水平指标数量	介于先进值、中值水平之间指标数量	未达到中值指标数量（名称）
秦山核电厂		9	3	2
大亚湾核电厂	1号机组	10	0	4
	2号机组	13	0	1
秦山第二核电厂	1号机组	7	5	2
	2号机组	11	3	0
	3号机组	8	5	1
	4号机组	12	2	0

续表

核电厂/机组		达到先进值水平指标数量	介于先进值、中值水平之间指标数量	未达到中值指标数量（名称）
岭澳核电厂	1号机组	11	1	2
	2号机组	9	3	2
	3号机组	12	1	1
	4号机组	14	0	0
秦山第三核电厂	1号机组	9	0	5
	2号机组	13	0	1
田湾核电厂	1号机组	12	2	0
	2号机组	11	2	1
红沿河核电厂	1号机组	10	1	3
	2号机组	9	1	4
	3号机组	6	2	6
	4号机组	7	3	3
宁德核电厂	1号机组	9	1	4
	2号机组	8	1	5
	3号机组	12	1	1
	4号机组	9	4	1
福清核电厂	1号机组	11	1	2
	2号机组	6	2	6
	3号机组	10	0	4
	4号机组	NA	NA	NA
阳江核电厂	1号机组	13	0	1
	2号机组	13	0	1
	3号机组	11	0	3
	4号机组	10	0	4
方家山核电厂	1号机组	11	4	0
	2号机组	12	2	0

续表

核电厂/机组		达到先进值水平指标数量	介于先进值、中值水平之间指标数量	未达到中值指标数量（名称）
昌江核电厂	1号机组	6	3	5
	2号机组	9	1	3
防城港核电厂	1号机组	9	2	3
	2号机组	9	2	3
达标指标数量		360	58	84

资料来源：中国核能行业协会网站。

（三）核电设备利用率和平均利用小时数

2017年，中国37台机组设备平均利用小时数7108.5，平均利用率81.14%。统计数据表明，不同机组的设备利用率相差较大。有的达到100%甚至更高，说明该机组在统计期内一直处于额定功率或超额定功率状态运行。有的还不到70%，主要原因是机组所在地区电网要求核电机组降功率运行或者季节性停运，造成核电机组不能满发、多发。

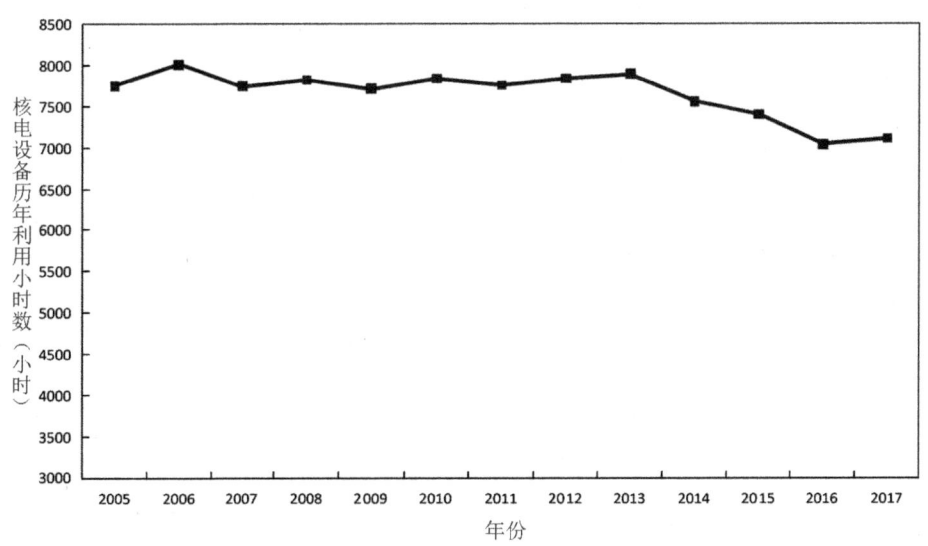

图3　2005—2017年中国核电设备利用小时

图 3 是 2005—2017 年中国核电设备利用小时数的变化情况。2005—2013 年，核电机组设备利用小时数一直在 7600 小时以上。2014 年以后，由于电力供应宽松，风电、光伏发电等可再生能源增多，电网消纳压力增加，核电平均利用小时数明显下降，2016 年仅为 6987 小时。2017 年，核电平均利用小时数上升到 7108 小时，但是仍低于 2014 年以前的水平。2018 年 1—6 月，核电设备平均利用小时数（3546.59）和设备平均利用率（81.64%）比 2017 年同期有所增加。

二、核电工程建设

（一）在建核电工程情况

中国是全球在建核电机组最多的国家，在建机型包括二代改进型压水堆、三种第三代压水堆和高温气冷堆等。截至 2017 年底，中国在建核电机组 20 台，总装机容量约 22090 千兆瓦（GW）（见表 3）。

表 3　国内在建核电项目（截至 2017 年 12 月 31 日）

序号	核电机组	堆型	额定容量兆瓦电力	开工时间	备注
1	辽宁红沿河二期 5 号	ACPR1000	1080	2015.03.29	二代改进
2	辽宁红沿河二期 6 号	ACPR1000	1080	2015.07.24	二代改进
3	福建福清三期 5 号	华龙一号	1150	2015.05.08	华龙技术示范
4	福建福清三期 6 号	华龙一号	1150	2015.12.22	华龙技术示范
5	广东阳江核电厂 5 号	CPR1000	1080	2012.11.	二代改进
6	广东阳江核电厂 6 号	CPR1000	1080	2013.12.23	二代改进
7	浙江三门一期 1 号	AP1000	1250	2009.04.19	AP1000 自主化依托项目
8	浙江三门一期 2 号	AP1000	1250	2009.12.15	AP1000 自主化依托项目

续表

序号	核电机组	堆型	额定容量兆瓦电力	开工时间	备注
9	山东海阳一期1号	AP1000	1250	2009.09.24	AP1000自主化依托项目
10	山东海阳一期2号	AP1000	1250	2010.06.20	
11	广东台山一期1号	EPR	1750	2009.11.18	引进法国
12	广东台山一期2号	EPR	1750	2010.04.15	
13	广西防城港二期3号	华龙一号	1180	2015.12.23	华龙技术示范
14	广西防城港二期4号	华龙一号	1180	2016.12.24	
15	江苏田湾二期3号	VVER	1120	2012.12.24	引进俄罗斯
16	江苏田湾二期4号	VVER	1120	2013.09.27	
17	江苏田湾三期5号	M310改进	1080	2015.12.27	二代改进
18	江苏田湾三期6号	M310改进	1080	2016.09.07	
19	山东石岛湾1号	高温气冷堆	210	2012.12.09	
20	福建霞浦示范快堆	钠冷快堆	600	2017.12.29	快堆示范工程
合计	20台机组，22090兆瓦电力				

资料来源：中国核能行业协会网站。

2018年，中国核电建设取得了具有里程碑意义的重大突破。

2018年2月，江苏田湾核电3号机组具备商运条件，2018年7月，广东阳江核电5号机组具备商运条件，投入商运的机组数量达到19台。2018年6月以后，在建的第三代核电机组捷报频传。6月29日，广东台山1号机组并网发电，成为EPR全球首堆。6月30日，浙江三门1号机组并网发电，成为AP1000的全球首堆。9月21日，浙江三门1号机组顺利完成168小时满功率连续运行考核，具备了商运条件。与此同时，浙江三门2号机组、山东海阳1号机组也已经并网发电，山东海阳2号机组完成首次装料，AP1000示范工程的建设取得比较完满的结果。中国自主设计建造的第三代核电机组"华龙一号"的所有项目（福清二期5/6号机组、防城港二期3/4号机组、巴基斯坦卡拉奇项目）均按计划节点顺利推进，有的已经进入核岛主设备安装阶段。

在建核电项目的具体进展情况如下：

1. 红沿河二期 5 号、6 号机组

辽宁红沿河核电站位于辽宁省大连市瓦房店红沿河镇，厂址规划容量 6 台百万千瓦（kW）级核电机组。一期工程建设 4 台 CPR1000 型核电机组，于 2007 年 8 月开工建设，目前已全部投入商运。二期工程（5 号、6 号机组）扩建两台电功率为 111.8 万千瓦的 ACPR1000 机组，目前处于核岛主设备安装高峰期，计划 5 号机组 2020 年具备商运条件，6 号机组 2021 年具备商运条件。

2. 福清二期 5 号、6 号机组

福清核电厂位于福建省福清市三山镇，项目规划建设 6 台百万千瓦级机组。其中，1 号、2 号、3 号、4 号机组采用二代改进型核电机组，目前已经全部建成投产。5 号、6 号机组采用第三代核电技术"华龙一号"，设计电功率为 115 万千瓦。福清 5 号、6 号机组分别于 2015 年 5 月和 12 月开工，目前进展情况良好，各项工作按照计划节点顺利推进。5 号机组已经进入核岛主设备安装阶段，计划于 2020 年 7 月投入商业运行；6 号机组计划 2021 年 4 月投入商业运行。

3. 阳江核电厂 5 号、6 号机组

广东阳江核电厂位于广东省阳江市东平镇，采用二代改进型技术，设计电功率 108.6 万千瓦，建设 6 台百万千瓦级 CPR1000 核电机组。阳江 1 号、2 号、3 号、4 号机组 2017 年前陆续建成并投入商业运行。2018 年 7 月，阳江 5 号机组具备商运条件。目前在建的仅剩下阳江 6 号机组，计划 2019 年 7 月投入商运。

4. 三门一期 1 号、2 号机组

三门核电项目位于浙江省三门县，是引进美国西屋公司 AP1000 技术的国产化依托项目，计划建设 2 台 AP1000 机组，设计电功率 125 万千瓦。

1 号机组于 2009 年 4 月开工，原计划 2013 年 11 月投入商业运行。由于外方设计变更、关键设备供货拖期等原因，实际建成时间比合同规定的完工日期晚了近 5 年。2018 年 9 月 21 日，三门 1 号机组顺利完成 168 小时满功率连续运行考核，具备了商运条件。2 号机组也已经并网发电，预期 2018 年底之前可以具备商业运行条件。

5. 海阳一期1号、2号机组

海阳核电站位于山东省海阳市留格庄镇，项目规划建设6台百万千瓦级核电机组，一期工程（1号、2机组）为设计电功率125万千瓦的AP1000机组，也是AP1000国产化依托项目。海阳1号机组于2009年9月开工，原计划于2014年5月完工。实际工期拖延了4年多。目前，海阳1号机组已经并网发电，2号机组完成了首次装料，预期2018年底前后可以投入商业运行。

6. 台山一期1号、2号机组

广东台山核电站位于广东省台山市赤溪镇，一期工程采用法国AREVA开发的第三代压水堆核电站EPR技术，建设两台单机容量为175万千瓦的核电机组，是继芬兰OL3（奥基洛托3）和法国FA3（弗拉芒维尔3）项目之后，全球第三个开工建设的EPR项目。台山1号机组于2009年11月开工，计划2017年6月建成，实际建造工期有所拖延。2018年6月29日，台山1号机组并网发电，预期2018年底之前具备商业运行条件。台山1号机组的建设进度快于早于它开工的芬兰OL3和法国FA3机组，已经成为EPR全球首堆。台山2号机组于2010年4月开工，计划2019年建成。

7. 防城港二期3号、4号机组

广西防城港核电站位于广西壮族自治区防城港市光坡镇，规划建设6台百万千瓦级核电机组，一期工程2台机组采用二代改进型技术（CPR1000），单机容量108万千瓦，目前已经投入运行。二期工程（3号、4号机组）采用华龙一号技术，设计功率118万千瓦。防城港3号机组于2015年12月正式开工，2018年5月完成穹顶吊装，计划于2021年10月建成投产。防城港4号机组于2016年12月开工，计划2022年6月建成投产，目前各项工作按计划顺利进行。

8. 田湾二期工程

江苏田湾核电站位于江苏省连云港市田湾，厂址规划建设8台百万千瓦级压水堆核电机组。一期工程1号、2号机组（单机容量106万千瓦）采用俄罗斯AES-91型核电机组，已经于2007年投入商业运行。二期工程（3号、4号机组）也采用俄罗斯AES-91技术，单机容量112.6万千瓦。3号机组已经于2018年2月投入商业运行，4号机组有望于2018年底之前建成运行。

9. 田湾三期5号、6号机组

田湾核电站三期工程5号、6号机组采用中核集团设计的二代改进型技术，额定电功率为111.8万千瓦。5号、6号机组分别于2015年12月、2016年9月开工，计划2020年12月（5号机组）、2021年10月（6号机组）投入运行，目前工程进展情况良好。

10. 石岛湾高温气冷堆核电站示范工程

石岛湾高温气冷堆核电站示范工程位于山东省荣成市石岛管理区，机组采用高温气冷堆，设计电功率21万千瓦，属于国家科技重大专项，于2012年12月开工，原计划2017年12月完工，由于关键设备制造等方面原因，工期有所拖延，预期将于2020年建成。

11. 福建霞浦示范快堆工程

霞浦示范快堆项目位于福建省宁德市霞浦县，采用单机容量60万千瓦的快中子反应堆。工程于2017年12月土建开工，计划于2023年建成。

（二）先进反应堆研发

1. 小型反应堆

中国多家核电企业和高校从事先进小型反应堆的研究开发工作，大部分处于技术研发和初步设计阶段，有些设计方案已经接受了国家核安全局的设计审查和国际原子能机构通用设计审查。

中核集团开发的先进小型堆ACP100（玲珑一号）是一种多用途的模块式小型压水堆，目前正在开展初步设计和关键技术试验研究。ACP100堆芯燃料组件57组，热功率31万千瓦，电功率10万千瓦，设计寿命60年，堆芯出口温度323.4℃，设计抗震加速度0.30g。中核集团还开展海上浮动核电站ACP100S的初步设计、泳池式低温供热堆"燕龙"（DHR-400）的研发等。

中广核研发的先进小型堆ACPR 50S堆芯额定热功率20万千瓦，额定电功率5万千瓦，设计采用非能动安全系统，事故情况下不需要厂外电力，7天内不需要人员干预，可有效避免由于冷源损失造成类似福岛事故的严重后果。

国家电投集团研发的先进小型堆HAPPY 200是200兆瓦（MW）的闭式回路小型供热堆，目前已经通过了概念设计评审，具备开展厂址可行性研究及推广应用的条件。该反应堆采用大水池作为常设安全设施，具备完全非能动安全特性，适用于集中供热、海水淡化、制冷等多种用途。

2. 熔盐堆

中国科学院开展钍基熔盐堆核能系统（TMSR）研究，已经完成10兆瓦固态燃料熔盐实验堆的概念设计和工程设计，正在开展2兆瓦液态燃料熔盐实验堆的概念设计，计划用20年左右的时间，实现钍基熔盐堆的应用，。2017年11月7日，中国科学院与甘肃省人民政府签署协议，在甘肃省武威市民勤县建造固态燃料的钍基熔盐堆核能系统，计划2020年建成热功率为2兆瓦的两回路液态燃料实验堆TMSR-LF1，项目总投资220亿元。TMSR-LF1设计采用回路式液态燃料钍基熔盐堆，热功率2兆瓦，反应堆进口、出口温度分别为630℃、650℃。

3. 超临界水冷堆

中国核动力研究设计院研发的中国超临界水冷堆（SCWR）已经完成了第一阶段研究，提出了百万千瓦级超临界水冷堆（CSR1000）总体设计方案，计划于2021年以前开展工程技术研发，2025年以前开展百万千瓦级SCWR标准设计研究。

4. 行波堆（TWR-300）

2017年9月，中国核电、神华集团等共同出资7.5亿元，成立中核行波堆科技投资（天津）有限公司，作为TWR-300行波堆示范工程的业主，负责示范项目的前期开发、建造和运行。2017年9月30日，中核行波堆投资有限公司和美国泰拉能源行波堆开发有限公司共同投资成立行波堆中美合资公司环球创新核能技术有限公司。在未来20年内，环球创新核能技术有限公司将分阶段实施小中大型商业化行波堆电站的建造和运行计划，使商业行波堆的经济性比现有三代技术提高20%左右。

（三）核燃料产业

中国初步查清了铀资源的"家底"，发现了一批优质铀矿资源，落实了多个万吨以上的铀矿资源基地。2017年，在松辽盆地西南部初步控制了一条长度超过10千米的砂岩铀矿带，为建设千吨级绿色铀矿山奠定了基础。

为了确保天然铀的长期稳定供应，在加快建设国内铀矿大基地的同时，中国积极推进海外铀资源开发。2017年，中广核集团控股的纳米比亚湖山铀矿铀产量1141吨铀，运回国内471吨铀。中广核集团参股的哈萨克斯坦谢米兹拜伊合伙企业铀产量1149吨铀，运回国内588吨铀。有关核电集团通过旗下子公司与哈萨克斯坦国家原子能公司、加拿大卡梅科公司和法国阿海珐集团分别签订了长期采购合同，保障核燃料的长期稳定供应。

核电发展带动了中国核燃料加工产业发展，铀纯化转化、铀浓缩、压水堆组件生产能力成倍增长，形成了南北两个核燃料制造基地。其中，四川宜宾建中核燃料元件公司拥有年产800吨压水堆核燃料组件的制造能力；内蒙古包头北方核燃料元件公司拥有200吨CANDU-6型铀燃料棒束制造能力和200吨AFA3G燃料组件制造能力。包头北方核燃料元件公司AP1000核燃料组件生产线全面建成，获得美国西屋公司颁发的合格性鉴定证书，具备正式生产AP1000燃料组件的能力。1997年，全球首条工业规模高温气冷堆燃料元件生产线第20万个球形燃料在包头北方核燃料元件公司成功下线。

（四）核电装备制造

近年来，中国核电关键设备和材料自主化、国产化取得重大突破，形成了年供10台套以上百万千瓦级压水堆核电主要设备的能力。目前，华龙一号主要设备国产化能力达到87%以上，燃料组件、蒸汽发生器、数字化仪控系统（DCS）等关键设备均实现了国内自主设计与制造，批量化建设后国产化率可达90%。AP系列主要设备平均国产化率达到55%，超大型锻件、核级锆材、核级电缆、690U形管、部分核级焊材、安全壳钢板、双向不锈钢板等一批关键材料研制取得成功，后续项目核岛设备国产化率可达到80%以上。

三、中国核电产业的未来发展

（一）核电发展的机遇

中国核电发展正处于重要的战略机遇期。社会经济发展对电力供应不断增长的需求,能源安全,绿色发展,是中国核电持续发展的主要动力。

中国是世界第一能源生产和消费大国。2017年,全国能源消费总量约47.0亿吨标准煤,其中电力消费总量(发电量)达到64951太瓦时,但是人均发电量仅4850千瓦时,人均生活用电约700千瓦时。与美国(人均生活用电4486千瓦时)、加拿大(人均生活用电4617千瓦时)和其他发达国家(人均生活用电1000—4000千瓦时)相比,差距仍然很大。随着中国社会经济的进一步发展,中国的能源消费水平,特别是人均生活用电水平将有大幅度增长。

2017年,中国全国发电量达到6133.2太瓦时,比2016年增加5.9%。2017年,煤炭的发电占比为67.1%,与2016年基本持平。水力发电居第二位,占18.8%,但增长的幅度很小,仅为0.05%。可再生能源发电的增长最快,达到30.7%,但是发电量的绝对值不高,2017年的发电量仅为471.7太瓦时,发电量占比从2016年的5.9%提高到2017年的7.3%。核电增长16.4%,在电力生产中的比例为3.8%,远低于世界平均水平10.4%(表4)。中国的核电发展有较大的增长空间。

表4 2016年、2017年中国电力生产情况

发电量数据 [太瓦时(TWh)]	2016年(占比)	2017年(占比)	2017与2016比较
总发电量	6133.2(100%)	6495.1(100%)	+5.9%
石油发电	10.4(0.2%)	14.9(0.2%)	+43.2%
天然气发电	188.3(3.0%)	196.2(3.0%)	+4.2%
煤炭发电	4163.6(67.9%)	4360.9(67.1%)	+4.7%
水电	1153.3(18.8%)	1158.8(17.8%)	+0.05%
核电	213.3(3.5%)	248.3(3.8%)	+16.4%
可再生能源发电	360.8(5.9%)	471.7(7.3%)	+30.7%
其他	43.5(0.7%)	47.4(0.8%)	+8.9%

资料来源:《BP世界能源展望(2018版)报告》。

过量消费化石能源带来两个突出的问题:一是生态环境劣化。煤炭大量燃

烧产生的 SO_2、NO_x、CO_2、烟尘等污染物，形成酸雨和温室效应，损害了生态环境和人民健康。二是中国的石油、天然气资源缺口较大，大量进口威胁到中国的能源安全。2016 年中国石油进口依存度达到 65.4%，预计 2020 年将超过 70%；天然气进口依存度 40% 以上。进口依存度大幅上升，对能源供应的安全性和可持续性构成威胁。因此，加快建设绿色低碳能的现代能源体系，实现能源结构的多元化和低碳化，大力发展非化石能源，是中国能源供给侧结构性改革的重要内容。

在中国政府制定的《能源生产和消费革命战略（2016—2030）》中，提出"2020 年非化石能源消费占比达到 15%；2030 年非化石能源消费占比达到 20% 左右；2050 年非化石能源占比超过一半"的目标。

在非化石能源中，水电开发受环境、地域及经济性等诸多因素影响，进一步开发受到较大制约。近年来，可再生能源发展很快，2017 年，全国电力总装机 17.8 亿千瓦，其中可再生能源装机 4.44 亿千瓦（光热发电装机 2.8 亿千瓦，风电装机 1.64 亿千瓦），可再生能源装机占全国电力总装机的比例达到 25.17%，但发电量只占全国总发电量的 7.3%，可再生能源发电设备的平均利用小时数为 1062，不到核电机组平均利用小时数的 15%。由于光伏、风电"间歇式"能源的特点，容易受到地域、季节影响，在储能问题根本解决之前，难以成为电网的基荷能源。而核电正好可以弥补它们的不足，可以作为电网的基荷能源，为电网的稳定高效运行提供有力支持。

核电是资金密集、技术高端的产业，以建设 2 台百万千瓦级核电机组为例，一个项目的投资就高达 200 多亿人民币，对于带动国家科技创新、促进核电装备制造业高端发展，拉动投资和地方经济发展具有不可替代作用。经过 30 多年的发展，中国核电产业已经形成一个完整的产业链，先进核电技术的研发、设计和建造能力有了显著进步，有一批核心关键技术和逾万名高素质人才队伍，形成了年供 10 套以上核电主设备制造的能力，可以为核电的批量化规模化发展提供强大的支撑。

（二）核电产业发展面临的挑战

面临历史性机遇，核电产业的未来发展也面临诸多挑战。

一是国家对于核电产业的战略定位及发展路线图还不够清晰。就目前实际执行情况来看，无论是规模还是进度，要实现《国家电力发展"十三五"规划》中提出的"2020年全国核电装机达到5800万千瓦，在建规模3000万千瓦以上"的目标有较大难度。中国2035年核电产业的发展目标还在研究和制定过程中，对核电发展的预期有一定的不确定性。核电发展的战略定位及发展路线图是影响核电产业可持续发展最重要的因素。

二是中国经济进入新常态以后，电力供需形势由偏紧转为宽松。在市场化交易背景下，核电定价机制发生变化，设备利用小时数下降，预期收益的下行压力加大。特别是第三代核电机组示范工程建设工期延误，建造成本增加，发电成本上升，核电企业还本付息的压力增加，经济性面临较大挑战。

三是核电发展的舆论环境尚待进一步改善。中国核电发展具有后发优势，在机型选择、厂址条件论证、严重事故预防缓解等方面汲取了国际同行的经验教训，采用国际最先进的安全标准，不存在发生苏联切尔诺贝利和日本福岛那样极端事故发生的条件。需要进一步加强与公众的沟通，提高公众对核电安全的科学认知和接受度，克服邻避效应、恐核心理对核电建设的不利影响。

（三）中国核电发展的前景展望

《国家电力发展"十三五"规划》要求，2020年中国全国核电装机达到5800万千瓦，在建规模3000万千瓦以上。根据目前实际执行情况，2020年全国核电装机将达到5230万千瓦，比规划要求少570万千瓦，规划的完成率为90%。原先计划的"2020年全国核电装机达到5800万千瓦"的目标有望于2022年实现，比原计划推迟2年。

根据2020年"在建规模3000万千瓦以上"的要求，2020年以前还需要新开工建设3000万千瓦以上的核电机组。由于2016年以来国务院没有新的核电项目核准，在剩下的2年多时间里，每年要核准1000万千瓦以上的核电新项目，看来不大可能，实现这个目标会面临较大挑战。

预期，2020年以前新开工的项目主要是第三代压水堆机组，包括华龙一号（福建漳州，广东惠州，福建宁德二期，浙江苍南等）、CAP1400（山东石岛湾压水堆示范项目）、CAP1000（山东海阳二期，浙江三门二期，辽宁徐大堡，广东陆丰等）、VVER-1200（江苏田湾7、8号机组；辽宁徐大堡3、4号机组）。此外，包括高温气冷堆在内的模块化、多用途小型反应堆，特别是一些热电联供项目也有望得到核准并进入示范工程建设阶段。

2035年，随着中国核电科技创新的深入开展和先进堆示范工程建设的不断推进，中国将成为全球核电机组最多、核科技创新最活跃的国家，核电装机可达15000万千瓦以上，核电发电量占全国用电量比例达到10%左右。从技术发展的视角看，2035年，中国具有自主知识产权的核电技术将进入成熟可靠的阶段，运行机组的可靠性、安全性进一步提高，可全面实现"实际消除放射性大规模释放"的目标。核电机组建造工期也将比现在明显缩短，建造成本大幅度降低，经济性进一步改善。核电成为中国电力绿色低碳发展的重要支柱。

第三篇

国际篇

 16

全球可再生能源发展现状及展望

李勇　汪灿[*]

摘　要：

全球能源面临发展的"十字路口"，在气候变化、资源约束、技术进步等多重因素叠加推动下，全球能源转型加快，绿色低碳、智能高效成为发展的必然选择。但近年，可再生能源作为全球能源转型的重要基础，面临着低价化石能源、政策不确定风险加大、投资增长趋

---

[*] 李勇，中国广核集团研究中心主任。汪灿，中国广核新能源控股有限公司新能源研究院研究员。

缓的严峻考验。如何推进可再生能源高质量、可持续发展，实现全球2℃，乃至1.5℃气候控制目标，已成为摆在国际社会面前的难题。本文阐述了全球可再生能源在发电、供暖制冷、交通领域的应用现状，梳理了全球可再生能源政策发展现状及走势，分析了可再生能源利用关键技术及其对行业发展影响，指出了行业发展面临的机遇与挑战。最后，根据上述研究，就全球可再生能源产业发展提出了相关建议。

关键词：

能源转型　可再生能源　绿色低碳　机遇与挑战

一、前言

能源是人类文明社会进步的基础。绿色、低碳的清洁能源逐步取代高污染、高排放的传统化石能源已成为全球能源发展的共识。在2015年巴黎气候大会上，196个缔约方做出了承诺，希望在本国进一步提升可再生能源占比，降低经济增长对传统化石能源供应的依赖，进而大幅减少温室气体排放。随着《巴黎协定》的正式生效，全球气候治理开启新的篇章，可再生能源发展进入新阶段。

但是，2017年以来，全球能源转型的发展进程、战略导向出现了深刻转变。美国提出以页岩油气革命、清洁煤炭利用为核心的"美国能源优先计划"，强调能源安全，主张放松对传统能源管制，降低相关税费，大力推进传统化石能源清洁利用，突出多元、清洁、廉价能源体系，并退出《巴黎协定》，为全球可再生能源发展蒙上严重阴影[①]。德国作为全球能源转型的"灯塔"，可再生能源高速发展，2000到2017年相关补贴总额约2220亿美元，由于补贴基本来源于居民电费，导致电价翻番，但温室气体排放却连续三年回

---

① 徐东：《美国能源新实现主义影响世界能源转型进程》，《石油商报》2018年3月28日。

升[①]。高昂的减排成本与不断削弱的成果，使"德国模式"颇受国际社会质疑。我国作为全球可再生能源发展的引擎，也面临着可再生能源快速扩张所产生的诸多问题，并于近期发布了新的产业发展政策，降低发电补贴、控制装机规模，调整行业发展节奏。

虽然可再生能源发展面临着诸多难题，但其作为能源转型的基础地位仍未改变，未来需妥善处理好能源安全、经济增长和环境保护之间关系，稳步构建全球绿色低碳能源体系。

二、全球可再生能源发展现状

2017年以前，得益于能源效率提升、可再生能源发展及能源结构优化，全球能源消费三年几乎没有增长。2017年后，随着全球经济增长复苏、能源强度改善逐渐乏力，全球能源消费增长2.1%，这是2013年以来最大涨幅，而碳排放也在四年后首次上升[②]。按照目前发展趋势，国际社会很难实现将平均全球温升限制在工业化前2℃以下的气候控制目标。

虽然，可再生能源近期内虽然面临着诸多不确定因素影响，但整体呈现出积极发展态势，在曲折中不断前行。

（一）可再生能源整体发展仍不充分

可再生能源发展程度不充分，体现在全球能源消费结构中占比依然很低。2005—2015年，全球能源消费保持了年均1.7%的增长速度，虽然在此期间可再生能源处于高速增长阶段，但实际占比仅提高3个百分点。截至2016年，非化石能源在全球能源消费中占比约20.5%，其中核能占2.2%，现代可再生能源占10.4%（如图1所示）[③]，水电、风电、太阳能等发电领域是重要组成，占比5.4%。从整体能源消费结构来看，化石能源在相当长时间内仍是全球能

[①] 杨娟、刘树杰、王丹：《英、德可再生能源政策转型及其对我国的启示》，《中国电力企业管理》2018年第16期，第36—41页。

[②] REN21, "Renewables 2018 Status Global Report," June 3, 2018.

[③] REN21, "Renewables 2018 Status Global Report," June 3, 2018.

源体系的主要组成,能源绿色低碳转型任重道远。

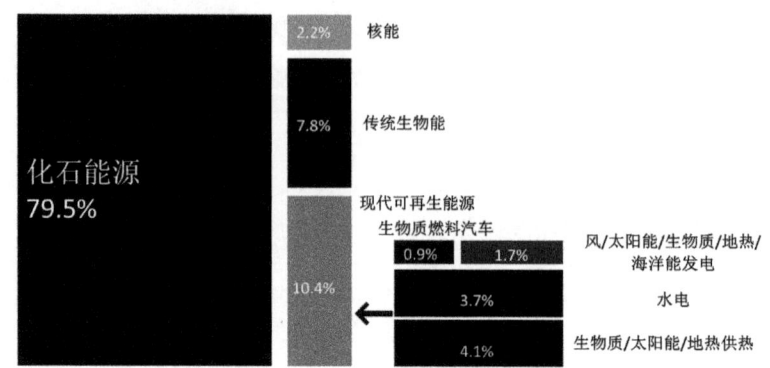

图1　2016年可再生能源在能源消费中的占比

即便如此,近年随着全球风能、太阳能、生物能等非水可再生能源补贴普遍削减,行业发展速度整体放缓。在诸多因素影响下,全球可再生能源投资已由2004—2011年的年均增长26.7%,大幅降低至2011—2017年均增长0.7%(如图1所示)。2017年,美国可再生能源投资增长仅1%,印度降低20%,日本降低16%,德国降低26%,英国降低56%,而我国保持了30%的高速增长,成为全球可再生能源市场为数不多的亮点。随着全球贸易保护主义抬头及我国新能源产业政策调整,预计全球可再生能源投资将进一步放缓甚至短期下滑。

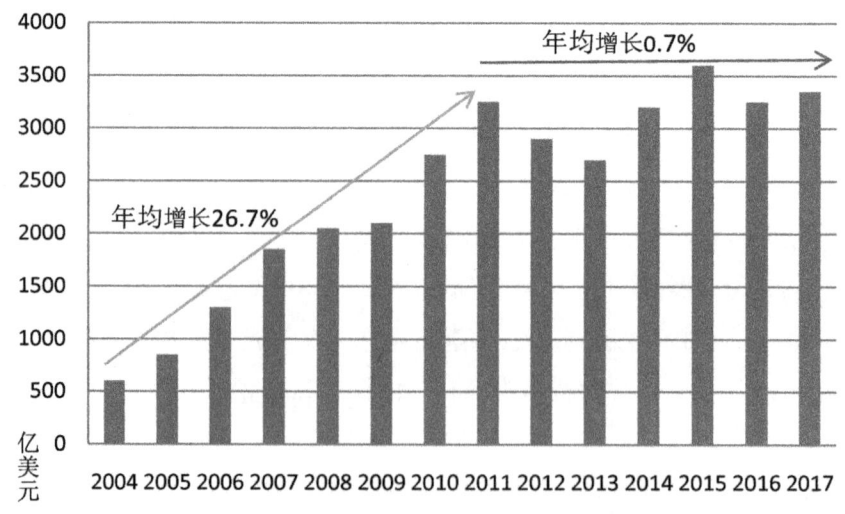

图2　2004—2017年全球可再生能源投资

资料来源:彭博新能源财经。

(二) 可再生能源在不同用能行业发展间不平衡

2015年,供热制冷、交通、电力分占全球能源消费的48%、32%、20%(如图3所示)①。三大领域中,供热制冷耗能最大,其可再生能源渗透率已达27%,但主要以薪柴、秸秆等传统生物质为主,而现代可再生能源供热制冷因区域资源禀赋、经济性等原因发展仍显滞后;交通行业是全球能源消费增长最快的领域,2000—2015年增长了39%,但可再生能源占比仅为3%,成为全球可再生能源替代、节能减排的重点、难点部门;可再生能源在电力领域取得了较大的发展成就,2015年已在全球电力消费中占比已达25%,并保持了较为稳定的增长态势,成为可再生能源发展的最大动力。

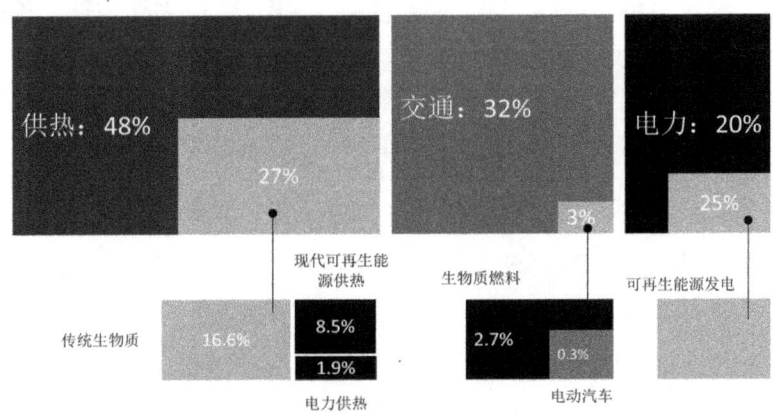

图3 2015年可再生能源在各能源消费部门的发展情况

1. 可再生能源在电力行业方面应用进步最大

在政策支持、技术进步及成本快速下降的驱动下,可再生能源发电发展相对较好,已逐步确定全球新增主力电源地位。2015年,全球可再生能源新增装机容量首次超过化石能源。2017年可再生能源新增装机容量178GW(如图4),占全球新增装机70%,比2016年提升7%,累计装机已达2195GW②,发电量占比上升至26.5%。全球已有17个国家可再生能源电力占比已超过90%。

---

① REN21, "Renewables 2018 Status Global Report," June 3, 2018.
② REN21, "Renewables 2018 Status Global Report," June 3, 2018.

但从过去20年看,全球发电结构没有取得实质性突破,2017年和1998年的燃煤发电所占比例一样,仍为38%[1],可再生能源在发电领域的高速发展未能抵消核电机组停运造成的影响。各种可再生能源电力也呈现出不同的发展趋势。

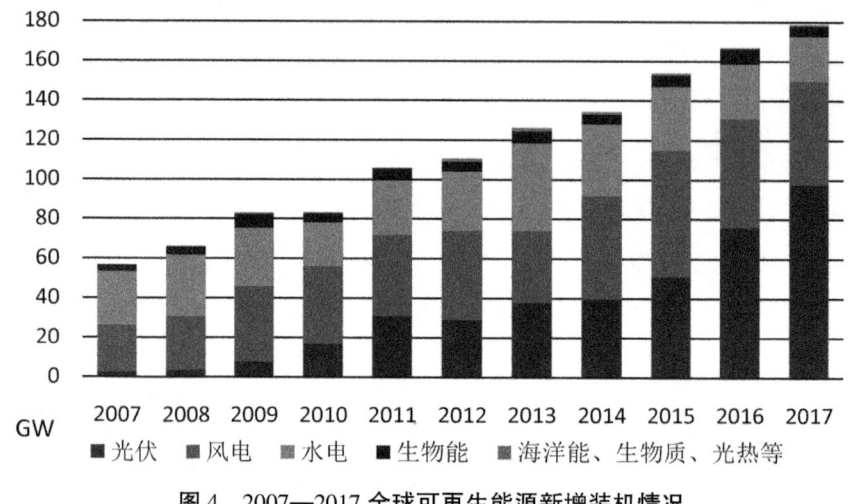

图4 2007—2017全球可再生能源新增装机情况

光伏发电成为增长最快的发电方式。2017年,全球光伏新增装机98GW,占可再生能源新增装机的55%,超过化石电源与核电新增装机之和,继2016年再次位居新增电源首位,累计装机容量已达402GW[2]。光伏发电成本的持续快速下降与发展中国家不断增长的电力需求,是产业高速发展的关键因素。2010—2017年,全球集中式光伏电站度电成本下降73%,是成本下降最快的发电方式。多个国家和地区实施了光伏竞价上网政策,进一步推动了成本的快速下降。2017年德国光伏发电最低拍卖电价降到60USD/MWh以下,比两年前降低了50%,部分国家光伏竞拍电价降至30USD/MWh,低于当地燃煤、燃气电价,已成为最具竞争力的发电形式之一。在不发达国家,尤其是电网难以覆盖的偏远地区,光伏发电成为解决电力供应问题的重要选择。在撒哈拉沙漠以南非洲农村地区分布式光伏得到了广泛应用,有效改善了当地民众的基本生活。

---

[1] BP, "BP Energy Outlook 2018," 2018, https://www.bp.com/.
[2] REN21, "Renewables 2018 Status Global Report," June 3, 2018.

风力发电已逐步具备了与燃煤、燃气等传统化石能源电力竞争的实力，在某些国家开始参与市场化销售。2017年，全球风力发电新增装机52GW，累计装机容量539GW①。陆上风电和海上风电价格的持续下降成为产业稳步发展的重要动力。在摩洛哥、印度、加拿大、墨西哥和加拿大等国，风电上网电价降至30美元/MWh，最低低至20美元/MWh。德国出现了全球首个"无须补贴"的海上风电项目，项目装机容量达到1GW。

与光伏发电、风力发电相比，其他可再生能源电力进展相对缓慢。2015年，水力发电占全球可再生能源发电量68.9%②，但受限于环境约束及过高的项目投资，近年装机增长日趋平缓。光热发电技术（CSP）项目投资仍居高不下，产业商业化进程不及预期，随着西班牙、美国两大传统市场调整产业政策，大幅削减项目补贴，行业发展逐渐步入平淡期。地热发电以高温地热发电最为成熟，中低温地热发电的技术成熟度、经济性还有待进一步提高，干热岩发电系统仍处于研发示范阶段③，因此地热资源是地热发电的关键因素。全球地热发电整体发展缓慢，但在印度尼西亚、菲律宾、肯尼亚等缺电但地热资源丰富的国家，已将地热发电作为解决当地电力供应的重要方式。生物质发电在欧洲取得较为良好的发展，但全球整体平稳。

2. 现代可再生能源在供热制冷领域应用进展有限

传统生物质供能是可再生能源供热制冷的主要方式，占比约为61.4%，主要在发展中国家用于烹饪、取暖，这种简单、非常低效的燃烧利用，造成了极大的浪费，给环境带来污染，严重影响居民的身体健康。

现代可再生能源供热制冷包括地热能供热、生物质能供热、太阳能热利用、清洁电力供热等多种技术，是替代化石燃料，实现可持续发展的有效途径。当前，现代可再生能源供热制冷，仅占全球供热制冷能源消费量的10.3%，并呈现出极大的区域差异性。北欧地区可再生能源供热制冷发展已十分成熟，占瑞典全部供热制冷能源消费的70%左右，在区域集中供热制冷占比已高达90%，丹麦在传统生物质、废弃物供热基础上大力发展太阳能供热，占

---

① REN21, "Renewables 2018 Status Global Report," June 3, 2018.
② IEA, "RENEWABLE ENERGY Medium-Term Market Report 2016," October 2016.
③ 国家发展和改革委员会：《地热能开发利用"十三五"规划》（公开发布版），2017年1月。

比已达40%以上①。全球其他区域可再生能源供热制冷还处于起步阶段，占比依然很低。

与同等化石燃料供热制冷相比，可再生能源技术投资成本过高，技术经济性有待进一步提升，迫切需要政策支持来改变行业发展现状。从各国政策来看，可再生能源供热制冷与电力领域相比优先级低很多，重视度相对有限。随着全球对生态环境保护日益重视，空气污染防治也逐渐成为社会关注的重点对象。我国于2017年发布了《北方地区冬季清洁取暖规划（2017—2021年）》，力图通过统一规划、政策支持及强化标准，大力推动清洁取暖进程。

3. 可再生能源在交通领域应用进展最缓

交通是可再生能源利用占比最低，发展最慢的领域。全球90%以上的交通能源消费仍是化石燃料，生物燃料和电力所占份额十分有限。交通已经被认为是亟须改善能源消费结构的领域，全球各国纷纷制定相关政策，积极推动可再生能源在交通领域应用。

电动汽车被认为是减少化石燃料消费的重要方式。在政策激励及技术进步驱动下，电动汽车市场呈爆发式增长态势，2013—2017年全球电动乘用汽车年均增幅超过60%，2017年销量首次突破百万，达到120.12万辆②。各国大力加码电动汽车，力图在这一领域占领战略制高点。政策方面，美国部分州政府强制要求电动汽车必须在新车销售中占一定比例；我国提供电动汽车购买补贴，并推出电动汽车"双积分制"，倒逼传统汽车企业加快电动汽车发展，已成为全球最大的电动汽车市场；在欧洲，荷兰、斯洛文尼亚宣布在2030年禁售新的柴油车和汽油车，英国和法国则将时间定为2040年。在以特斯拉为代表的电动汽车新势力挑战下，丰田、大众、宝马、通用等传统汽车企业纷纷将电动汽车作为研发重点，以保持市场份额。随着电动汽车对内燃机车在成本方面逐渐建立起领先优势，未来将逐步占据主导地位。与电动汽车相比，生物燃料汽车发展缓慢，主要集中在欧盟、美国、巴西等少数国家，全球推广较为

---

① 高慧、杨艳等：《全球可再生能源发展态势分析》，《国际石油经济》2016年第24卷，第4期，第1—5页。

② IEA, "Global EV outlook 2018," May 30, 2018, http://www.iea.org/t&c/.

缓慢。

近年，氢燃料电池汽车也成为社会关注的热点。氢燃料电池汽车，在经过 2000 年第一波热潮后，由于技术进展缓慢，2005 年转入低谷。但是，日本坚持将氢能提升为国家战略，2015 年，丰田公司推出全球首款量产型燃料电池乘用车 Mirai，该车一次加氢 3 分钟，行驶 650 千米，售价约 30 万元，已具备商用价值，引发全球第二波氢能热。在日本的推动下，美国、中国、欧盟纷纷制订战略发展计划，再次掀起全球氢燃料汽车发展热潮。虽然氢燃料汽车规模化应用还为时尚早，但其低碳、清洁、高效、来源丰富的属性，有望成为绿色交通的重要组成。

（三）可再生能源在全球不同地区间也不平衡

欧洲大力推动风力发电、光伏发电、生物质发展，可再生能源占其能源消费总量 15%，其中挪威等部分北欧国家已超过 60%；中南美洲地区因其水力资源充沛，水电占其能源总消费的 22.4%；亚洲地区可再生能源占比相对偏低，但增长速度全球领先；中东地区石油、天然气约占其能源消费量的 98.2%[1]，可再生能源可以忽略不计；非洲除南非、埃及等少数国家外，大部分国家可再生能源开发尚处于起步阶段。

三、全球可再生能源发展前景光明

（一）发展可再生能源成为全球政策重点，财税支持政策退坡成为趋势

政策对再生能源发展具有重要意义，越来越多国家将可再生能源政策作为国家能源战略的重要组成。截至 2017 年底，全球已有 179 个国家制订了可再生能源规划目标，57 个国家提出 100%可再生能源电力供应。

可再生能源政策大致可分为四大类。第一类是战略规划类，包括能源发展

---

[1] BP, "BP Energy statistics 2018," 2018, https://www.bp.com/.

目标、框架政策等，如我国《可再生能源"十三五"规划》。第二类是财政支持类，包括公共投资或研发支持等。第三类是金融税收支持，包括金融手段，以及减免相关税收，如美国抵扣投资设备税的《能源政策法案》。第四类是调控监管，指国家综合运用法律、行政、经济等手段对能源进行调控管理，如可再生能源配额制。全球主要经济体根据自身国情，制定相关政策。

1. 美国

美国是较早通过税收推动可再生能源发展的国家，已建立较为完善的法律、税收体系，贯穿研发、投资、生产、交易等各个环节。联邦层面，不仅有直接减免税措施，也有加速折旧等间接减税措施[①]。美国可再生能源发电税收抵免政策（PTC）在推动可再生能源发展中发挥了重要作用。2012年由于国内政治分歧，PTC 未能如市场预期获得延期，导致可再生能源发展受到重挫。2015年12月，经过多轮博弈，美国国会通过 PTC 延长五年的决议，使可再生能源发展重回正轨。但是随着 PTC 政策逐步取消，2021—2025年可再生能源发电发展再生变数。因此税收优惠的周期性，及到期后延续的不确定性，给投资带来一定风险。

美国也是全球第一个实施可再生能源配额制的国家，是实行较为成功的一个国家。它并未建立联邦统一制度，而由各州根据本州资源、市场、政策背景制定。美国配额制政策，首先设定一个可再生能源增长总目标，然后对各可再生能源种类及其对应目标做出规定，再将这一目标分配给各供电商，要求供电商提供含特定可再生能源比例的电力。供电商可以自己拥有可再生能源发电设施，也可以选择从别的发电商购买可再生能源发电量以完成配额指标，指标未完成则面临处罚。

2. 中国

自2005年《可再生能源法》发布以来，我国推出了一系列可再生能源政策法规，体系初步完善。"十一五"期间，我国出台了完善风力发电、光伏发电上网电价措施，建立了以标杆电价、规模规划为核心体系，收益相对清晰，

[①] 王晨晨、杜秋平等：《可再生能源国外政策综述》，《华北电力技术》2017年第2期，第65—70页。

降低了投资风险,极大地推动了可再生能源快速发展。

随着产业高速发展,风电、光伏装机过快产生了诸多问题。2015年,我国华北、西北、东北"三北"地区出现了严重的弃风、弃光现象,引起了社会的高度关注。国家出台多项政策,着力解决可再生能源消纳问题,限电得到初步好转,但2017年,新疆、甘肃地区的弃风、弃光率仍分别为30%、20%左右。与此同时,可再生能源补贴总额节节攀升,累计缺口已达1200亿元,并呈进一步扩大趋势。鉴于可再生能源可持续发展面临的严峻挑战,今年,我国出台风电、光伏竞价上网政策,加快实现平价上网,推动从规模化增长到提质增效、推进技术进步,行业进入新的发展阶段。

3. 德国

德国可再生能源政策大致可以分为两个阶段,其演变过程也成为全球可再生能源政策发展的代表[①]。

第一阶段,以固定电价和保障收购为核心。该机制下,投资者可获得较为理想电价收益,损失电量也可以获得经济补偿,极大激发了投资热情。由于装机容量越小,固定电价越高,小型生产与电力消费者合一的"产销者"大幅增加,成为德国可再生能源市场特色。但可再生能源的快速增长带来的巨额补贴,使社会用电成本的快速上升,成为政策让人诟病之处。2015年,可再生能源附加费征收标准已上升为61.7欧分/MWh,占居民电费的21.2%,使德国成为欧洲电价最高的国家之一。

第二阶段,是2014年开始试点,2017年全面铺开的以"市场电价+固定溢价补贴"为核心的竞价上网模式。新政策要求新建可再生能源进入电力市场,与传统电源同台竞争,取消固定电价,通过竞争决定市场价格之外的溢价补贴。竞价上网有力推动了去补贴进程。2017年,4个海上风电项目拍卖,其中3个于2024—2025年投入运行的项目中标价为0,意味着实现平价上网。

---

① 杨娟、刘树杰、王丹:《英、德可再生能源政策转型及其对我国的启示》,《中国电力企业管理》2018年16期,第36—41页。

4. 英国

英国可再生能源政策可分为"可再生能源配额制+绿证"和差价合约两个阶段[①]。

英国可再生能源配额制+绿证阶段（2002—2017年），与美国可再生能源配额制类似。满足条件的可再生能源发电商向监管机构申报可再生能源发电量，获得对应数量的绿证，其收入由电力市场化交易收入+绿证收入组成。供电商必须采购一定比例的可再生能源比例，并通过绿证（ROC）来证明履行相关义务，若未履行则面临经济惩罚，相应收入将按比例分给拥有绿证的供电商。"可再生能源配额制+绿证"政策有效的推进了可再生能源的快速发展，但是也加大了社会经济负担。

低碳能源差价合约阶段（CFD）（2017年全面实施），与德国竞价政策有所类似。差价合约是由可再生能源发电商之间竞标产生，差价指的是中标价与电力批发市场参考价的差额，项目实际执行电价高于参考价时，发电商可获得补偿，反之需退还政府。

5. 日本

日本政策借鉴欧洲发展模式，逐步从固定电价转变为"市场电价+固定溢价补贴"的竞价模式，进而推动风电、光伏产业可持续发展。与其他国家相比，日本对氢能尤为重视，将其上升为国家战略，摆到与电力、热能同等重要的位置。日本大力推进"氢能社会"，希望加快实现氢能在电力、家庭、工业甚至全社会的广泛应用，进而保障能源供应体系安全[②]。

总而言之，全球可再生能源政策已逐渐步入新阶段。初期政策侧重于促进产业成熟，降低投资风险，以推动产业规模化发展为核心。随着技术的快速发展及成本的不断下降，降低成本、推进行业健康、可持续发展已成为着力解决的重点问题。未来如何构建与竞争性电力市场、基础设施相适应的可再生能源发展模式，提高支持资金的使用效率，实现与传统化石能源良性竞争，已成为

[①] 杨娟、刘树杰、王丹：《英、德可再生能源政策转型及其对我国的启示》，《中国电力企业管理》2018年16期，第36—41页。

[②] 张欢欢：《日本"氢能社会"发展战略与现状梳理》，2018年，http://www.escn.com.cn/。

政策制定者所需关注的重点问题。

(二) 全球可再生能源利用关键技术创新受到重视

科学技术进步为推动可再生能源发展发挥了关键作用。世界主要能源国家竞相制订发展计划[①]，以通过技术突破带动产业发展。2015 年，欧盟公布了以可再生能源、智慧能源系统、能效和可持续交通为核心《欧盟战略能源技术计划》。2017 年，美国发布的《美国优先能源计划》，虽然油气等传统能源地位突出，但强调保持可再生能源产业和技术的世界领先地位。日本在新的《能源基本计划》中提出，推进节能和可再生能源技术发展，大力发展先进储能技术。我国在《能源技术革命创新计划 (2016—2030)》中对可再生能源、先进储能、智能电网等技术都制订了发展路线图。

1. 降低可再生能源投资和运维成本成为创新重点

通过技术进步推动成本快速下降，是此轮可再生能源快速发展的重要原因。但与化石能源相比，可再生能源整体经济性仍存在差距，某种程度上增加了消费者的用能成本。因此，还需深入研究更高效、更低成本、更适应环境的先进可再生能源利用技术，提升综合竞争力，实现经济发展和绿色低碳的统一。

(1) 太阳能发电技术创新重在提升转换效率

高效太阳能晶体硅技术 (≥25%) 与薄膜太阳能电池技术 (≥20%) 是高效太阳能的重点。目前高效 PERC 单晶硅电池效率在 20.4% 左右，实验室水平可达 23% 左右。预计技术领先企业将较快实现新建项目产品转化率达到 22% 水平，但还需加快对高效率晶硅电池的关键技术和工艺的研究，加快推动成本降低。薄膜太阳能电池技术正以化合物半导体材料和钙钛矿材料为重点发展。全球正加快相关技术研发，以实现高效 (≥20%) 低成本的薄膜电池产业化。

(2) 风力发电技术创新重在降低投资成本

风力发电技术发展的关键是降低平准化度电成本，技术方面主要涉及风资

[①] 国家能源局：《能源发展"十三五"规划》（辅导读本），北京：中国电力出版社 2017 年版，第 213—215 页。

源评估选址、风力发电机技术突破、海上风电的设计建设技术、精益化维护等。

精确的风资源评估是风电场选址和风机选型的关键基础，其精确度取决于长期准确的风资源策略及有效的模型分析。据统计，更精确的风资源评估和选址可降低度电成本 0.4 分—0.6 分/kWh，而在山地等更为地形更为复杂地区，甚至达到了 0.5 分—0.7 分/kWh[①]。

风力发电机技术突破是推动度电成本的关键，2006 年美国主流风电机型额定功率为 1.5MW，度电成本约 8.5 美分/kWh，2016 年主流机型额定功率为 2.3MW，大幅提升了输出功率及容量因子，使度电成本降至 4.5 美分/kWh。目前，欧洲 6MW 先进风机技术已逐步成熟，三菱、GE 等公司也正大力开展 10MW+ 型风机的研发及测试，度电成本有望进一步下降。

精益化维护不仅是保障风电发电稳定运行的基础，也是提升全寿命周期价值的基础。通过改变原有的粗放型的运维模式，改为数字化、智能化的管理，将为风电场带来发电量的提升，同时减少非计划停机运维成本，预计可降低度电成本达 0.6 分—1.2 分/kWh。

投资控制成为海上风电技术研发的新方向。风机制造商加大了大型风机设计和制造、设计和建造商重点加大了风机基础选型优化、风机工程建设、深海电缆铺设等关键技术提升，多个国家和地区开始推进远海海上大容量风机基础制造技术研发，如提升满足海洋环境需要的漂浮式基础的制造水平。

2. 发展智能电网技术推进可再生能源大规模应用

风力发电、光伏发电的随机性与波动性，发电基地与负荷中心的不匹配，对电网的安全稳定运行产生影响，亟须建立适应可再生能源大规模发展的智能电网。

先进输电技术成为大规模可再生能源电力远距离优化配置的关键。先进输电技术包括特高压输电技术和柔性输电技术。特高压输电技术具有输送距离远、容量大、损耗少、占地少等优点，难点是解决电压大幅提升后的电源放电、外绝缘放电、内绝缘放电的三大放电问题。目前我国特高压已经建成

---

① GE：《GE 2025 中国风电度电成本白皮书》，2018 年。

"三交四直"工程，正在建设"五交八直"工程，对我国"西电东送"具有重要意义。柔性输电技术包括柔性交流输电技术和柔性直流输电技术，可以提高电网安全性、灵活性，满足大规模可再生能源并网需要，提升输电线路的输送能力。

智能配用电技术助力分布式可再生能源电力发展。随着分布式能源和电动汽车的兴起，对配电网提出了新的要求，要大力提高配电网的自愈能力，适应新型发电方式、负荷发展需求，满足用户的双向互动要求。以智能电表技术为基础的智能用电技术与消费者息息相关。目前主要发达国家基本完成或将要完成的智能电表的升级，发展中国家市场也逐渐兴起，为电力消费新模式、节能等智能用电提供了重要基础。

3. 加快研发先进储能技术，助力改善非水可再生能源的电网友好性

先进储能技术已逐渐成为再生能源高占比电力系统的关键支撑。储能技术按储存介质可分为五大类。第一类是抽水蓄能、压缩空气、飞轮储能等机械类储能；第二类是超导储能、超级电容器等电气类储能；第三类是锂电池、铅炭电池、液流电池等电化学储能；第四类是显热、潜热、储冷技术等热储能；第五类是氢储能。储能技术在发电侧，可以平抑间歇性电源波动、提高发电设备利用率；在电网侧，可以为电网提供调峰、调频等多种服务，提升电网灵活性调节能力；在用户侧，可以提升用能质量及生产消费灵活性。先进储能技术已逐步从示范阶段进入商业化应用，成为各国研究的重点。

电化学储能是当前最具前景的储能技术。2012年以来，电化学储能累计装机年复合增长率超过30%，2017年全球新增装机914MW，累计总装机达3GW。锂离子电池由于循环寿命长、综合性能优异、成本快速下降（2009—2017年，成本下降80%）、成长空间大，在2017年电化学储能新增装机中占93%，已占据绝对领先地位。低成本（≤1000元/kWh）、长寿命（≥1万次）、大容量（≥100MW）是电化学储能技术大规模应用的前提和发展方向。

氢能成为最具想象空间的储能方式。氢能在交通领域应用是最主要驱动力量，产业发展取决于燃料电池技术的进步。氢能产业主要分为三个环节，上游的氢气生产、中游的氢气储运与加注、下游的燃料电池应用。上游领域，主流制氢技术仍是化石能源制氢，但纯度低、环保价值低，不符合燃料电池高纯氢

需求。电解制氢虽然耗电大、成本高，但可为燃料电池提供高纯度氢，符合清洁制氢大方向，具有很大的发展空间。中游领域，氢气储运和加氢站建设面临政策、投资运营成本过高、城市用地紧张、商业模式不清、标准体系尚未完全建立等诸多限制，成为氢能发展的重要制约。下游领域，燃料电池的寿命、成本还需要进一步提高，以满足大规模发展需要。

4. 发展新型电动汽车技术，助力改善交通清洁用能程度

电动汽车技术是绿色交通的关键。动力电池技术与电驱技术是电动汽车发展的关键技术。动力电池方面的研发重点在推进电池向更高能量密度迈进，进而大幅提升汽车续航里程；降低电池成本，增强与传统汽车的经济竞争力；大力发展快速充电技术，提高用户使用便利性。电驱技术方面，还需进一步提升电机功率密度与转矩密度。

目前各国政府也大力推动充电桩等配套基础设施建设，为电动汽车发展创造良好条件。但是近期全球已发生多起电动汽车自燃事件，引起全球的广泛关注，使行业受到公众质疑，因此安全性的提升仍是产业需要着力解决的重要课题。

5. 发展综合智慧能源技术推动清洁能源利用效率提升

综合智慧能源技术是提升能源利用效率的重要支撑。随着互联网、物联网、大数据、云计算等信息技术的爆发，能源技术与信息技术的深入融合已是大势所趋，为传统的能源产业带来新的活力，区块链等新技术的应用也催生了新的商业模式。如何优化能源系统，实现各种能源的优化配置，构建安全、稳定、智慧等新型能源体系，是综合智慧能源技术发展的重要方向。

（三）全球可再生能源规模化发展可期

由于对经济发展、人口增长、能源成本、技术进步、环境容量约束等关键要素的分析和假设有所差异，全球主要组织机构对可再生规模预测存在较大分歧，但都对规模化应用总体看好。

可再生能源发展规模预测大致可以归为三类，第一类是以英国石油（BP）、埃克森美孚为代表的以传统能源业务为主的保守派，预测2040年占比约15%，第二类是以国家能源署为代表的温和派，预测2040占比30%以上；

第三类绿色和平组织等激进派,预测2040年达50%以上①(如表1)。

表1 全球可再生能源发展规模预测

类别	公司/组织机构	来源	年份	可再生能源占比
保守预测	英国石油公司(BP)	Energy Outlook(2018)	2040	14%
	埃克森美孚(ExxonMobil)	Outlook for Energy: A View to 2040(2015)	2040	15%
	中国石油	2050年世界与中国能源展望2018	2050	22%
温和预测	国际能源署(IEA)	World Energy Outlook(2014)	2050	16%
		"450 Scenario", World Energy Out(2016)	2040	31%
激进预测	国际可再生能源署(IRENA)	REMap-Case 1	2030	33%
	(联合国政府间气候变化专门委员会)IPCC	"REMIND 1.1", Assessment Report(2014)	2050	88%
	绿色和平组织(Green Peace)	Energy Revolution 2015	2050	76%

资料来源:IPCC, Intergovernmental Panel on Climate Change(联合国政府间气候变化专门委员会)。

四、全球可再生能源发展的机遇与挑战并存

(一)可再生能源面临重大发展机遇

在多重因素的叠加影响下,全球可再生能源仍处于快速发展期。

---

① REN21, "Renewables Global Futures Report," 2017.

1. 全球经济和人口的持续增长对能源稳定供应的需求

据预测，到2040年世界生产总值将增加一倍，能源需求仍将增长三分之一，人口将新增17亿元，总人口将达92亿[①]。能源在全球经济增长中发挥基础作用，发达国家由于能源强度的日益提升，能源需求总量已逐步平稳，发展中国家和地区的日益繁荣将成为能源需求增长的主要推动力量。2017年，中国人均能源消费为2.25吨标准油，约为美国能源消费（6.68吨标准油）的32.7%，印度低于美国能源消费的15%。随着中国、印度等新兴国家的快速发展，其能源消费仍有巨大成长空间，未来将带动全球增长。

2. 全球能源绿色、低碳转型推动可再生能源加速发展

全球主要经济体都提出了以可再生能源的核心能源转型目标。我国在《能源发展"十三五"规划》中提出，到2020年非化石能源在能源消费占比达到15%，2030年达到20%。欧盟提出，到2020年可再生能源发电在发电中占比21%，到2030年达到45%。德国目标更为积极，2020年可再生能源占电力消费的35%，2030年达到50%，到2050则达到80%。国际社会对可再生能源在能源转型中的作用预期越来越积极。可再生能源发展实践也证明，通过技术的不断进步和成本的快速下降，可以为社会提供清洁、低碳、经济的能源消费。

3. 可再生能源产业的不断成熟奠定坚实基础

众多国家将可再生能源作为国家的战略新兴产业，通过政策、经济等多种方式推动产业发展。可再生能源从规模、产业链、商业模式、资本运作等各方面成熟度不断提升。在促进能源转型的同时，可再生能源产业也创造了大量就业机会。据统计，2017年全球可再生能源提供就业机会已达1030万，已成为各国政府低碳经济增长的支柱，预计到2050年前将创造多达2800万个就业机会，将为全球经济发展和稳定就业做出更大贡献。

（二）可再生能源发展还面临诸多挑战

能源转型不是一蹴而就的，而是一个长期、复杂、艰巨的过程，伴随着经

[①] BP, "BP Energy Outlook 2018," 2018, https://www.bp.com/.

济发展模式转变、消费结构调整、能源体系变革等系列重大变化,也必将面临许多困难与挑战。

1. 可再生能源政策仍存不确定性

相比传统化石能源,可再生能源综合竞争力较为薄弱,仍依赖于政策支持。2017年以来,美国"美国能源优先计划"取得了一定成就,得到了部分国家认可与支持,化石能源退出能源主体地位时间可能会推后。我国、欧洲、日本等国家在补贴压力大幅增加的情况下,加快补贴退坡,控制可再生能源发展规模。全球相关政策的调整对发展产生了重大影响,可再生能源战略实施和发展节奏存在极大不确定性。

2. 化石能源技术创新及其应用同步影响可再生能源发展

20世纪70年代,由于化石能源价格的大幅上涨,引发了第一次可再生能源热潮,但价格在80年代价格大跌后,可再生能源发展陷入停滞[①]。此轮可再生能源发展热潮,也饱受全球化石能源价格变化影响。而化石能源清洁利用技术的发展状况,也将对可再生能源发展产生重大影响。

3. 可再生能源自身发展存在一定不确定性

与化石能源相比,可再生能源在资源获取及环保上具有优势,但在经济性和利用效率等方面仍存在不足。从世界能源发展历史看,能源转型是一个漫长的过程,而可再生能源相对不成熟,技术路线多样化,使产业发展具有较多不确定因素,需要技术层面的进一步突破。

4. 传统能源体系还不适应大规模可再生能源应用需要

电力领域,传统的电力系统还难以满足风力发电、光伏发电等间歇性可再生能源的并网需求,部分国家电力市场价格机制仍不完善,电力系统灵活性还未能充分发挥,与传统电源性协调的管理体系尚未建立,成为高比例可再生能源并网的重要制约因素。交通领域,充电桩等基础设施的不完善成为限制电动汽车推广的重要因素,部分国家对传统化石能源的交叉补贴降低电动汽车的竞争能力。供热、制冷领域,传统分散式供暖方式在发展中国家仍占据重要地位,可再生能源供热、制冷的标准体系尚未建立,推广缓慢。

---

① 赵宏图:《国际能源转型现状与前景》,《现代国际关系》2009年第2期,第35—42页。

五、结论和建议

绿色、低碳转型是能源发展的必然方向,是人类应对气候变化的必然要求,是经济高质量、可持续发展的必然选择。可再生能源是能源转型的重要组成。大力发展可再生能源,已成为全球众多国家推进能源转型的核心组成和应对环境变化的重要举措。可再生能源技术快速进步与成本的迅速下降,成为其规模化发展的重要支撑。在多方条件的刺激下,可再生能源已成为全球增长最快的能源,但仍难以满足2℃气候控制目标,而部分国家政策的稳定性进一步加剧了投资风险。根据全球可再生能源发展现状和需求,提出如下建议。

(一)根据经济、能源新形势、新要求,完善发展政策

可再生能源政策是现阶段行业发展的重要基础。在行业发展新阶段,需进一步明确可再生能源发展目标,推动相关立法,完善激励发展机制,推出配套发展措施,大力降低行业非技术成本。从行业可持续发展角度出发,需推进合理竞争性市场建设,积极稳妥推动可再生能源参与市场化竞争,优化发展规模和结构,提升相关补贴资金使用效率,切实减轻公众的消费负担。

(二)因地制宜,合理规划,着力能源系统优化

各国资源禀赋、经济结构、政策体系、市场环境、行业发展千差万别,可再生能源发展应结合发展国情,以合理布局为前提,大力提升可再生能源综合利用效率。

(三)充分发挥技术创新在行业发展中的关键驱动作用

可再生能源技术、先进储能技术、智能电网技术、信息技术等技术创新是推动可再生能源发展的引擎。需要加大对技术创新的支持,提供全面、可持续的保障措施,发挥技术在产业发展中的关键作用。

(四）加强可再生能源跨部门发展协同

可再生能源跨部门协同利用可以有效提升利用效率，降低用能成本。未来需进一步推动可再生能源从电力向供热、制冷及交通领域延伸，提升可再生能源利用占比，构建清洁、高效的综合能源体系。

（五）加强国际交流合作，推动产业发展

可再生能源合作不仅包括技术合作，还包括人才、资本、机制、标准等全方位合作。深入开展这些合作，有利于产业链在全球的高效配置，降低成本，加快商业化进程；有利于推动技术进步，提升发展水平；有利于加快发展中国家能源转型，建立绿色、低碳、高效的全球能源体系。

B.17 2018世界核能产业现状报告

［法］麦克·施耐德（Mycle Schneider）　余文敏译*

摘　要：

《世界核能产业现状报告》（WNISR）每年都会对全球核电的规划、投资、建设和运营状况进行全面总结。过去10年，中国一直主导着核电建设。2017年是连续第三年全球核电发电量小幅增长（+1%）完全归功于中国（+25%）的显著增长。换言之，如果没有中国的贡献，核电发电量将连续第三年下降。2017年，全球共有4台机组并网，3台位于中国，1台位于巴基斯坦（由中国公司建造），总新增装机容量为330万千瓦，而中国同期太阳能新增装机容量约为5300万千瓦。中国的风电装机容量继续超过全球官方开始建设的五个反应堆的装机容量之和，这五座反应堆，两座位于印度，各有一座分别位于孟加拉国、韩国和中国。中国正在建设示范快堆CFR-600。中国最近一次商业核电站的开工项目于2016年12月启动。经合组织（OECD）的国际能源机构（IEA）在其最新的《世界能源投资报告》（*World Energy Investment report*）中证实了全球核电项目投资的放缓，对新建工程的投资下降了70%，至170亿美元，其中美洲国家80亿

---

* 麦克·施耐德（Mycle Schneider），法国能源、核电政策国际独立咨询顾问。WNISR从1992年开始以年度报告的形式对全球核电的规划、投资、建设和运营提供全面的总结，是核电领域最具权威性的报告之一。译者，余文敏，博士研究生，核动力运行研究所工程师。

美元，中国 80 亿美元。相比之下，全球可再生能源投资近 3000 亿美元，其中仅中国就占三分之一。

关键词：

核电可再生能源　反应堆　装机容量　堆年

一、核电的角色

截至 2018 年年中，有 31 个国家在运营核反应堆。自伊朗于 2011 年启动其第一座反应堆以来，这一数字一直保持稳定。

2017 年，世界核反应堆发电量为 2503 万亿瓦时（TWh 或 10 亿）千瓦时[1]，增长 1%，但仍低于 2001 年，比 2006 年的历史峰值低 4%（见图 1）。如果没有中国——其核电发电量增加了 35 万亿瓦时（+18%），超过了全球 26 万亿瓦时的增长——2017 年全球核电发电量将会再次略有下降。这是中国连续第三年避免全球核电发电量下滑。事实上，在过去的十年中，如果没有中国，全球核电发电量只有三年增长，2010 年、2013 年和 2014 年，即福岛灾难开始的前一年以及 2011—2012 年 284 万亿瓦时（11%）发电量下降的后两年。

核电在全球商业总发电量中的份额在过去五年保持相对稳定（-0.5 个百分点），在 2012 年下降到 11% 以下，这是三十多年来的第一次。核电在电力生产中的份额缓慢但稳定地下降，从 1996 年的 17.5% 的峰值下降到 2017 年的 10.3%。核电对商用一次能源的贡献相当稳定，为 4.4%。自 2014 年以来一直处于这一水平，是 30 年来的最低水平[2]。

2017 年，13 个国家的核电发电量增加，11 个国家减少，7 个国家保持稳

---

[1] If not otherwise noted, all nuclear capacity and electricity generation figures based on International Atomic Energy Agency (IAEA), Power Reactor Information System (PRIS) online database, see http://pris.iaea.org/public/. Production figures are net of the plant's own consumption unless otherwise noted.

[2] BP, "Statistical Review of World Energy 2017—67th Edition," June 2018, see https://www.bp.com/content/dam/bp/en/corporate/pdf/energy-economics/statistical-review/bp-stats-review-2018-full-report.pdf, accessed on July28, 2018.

定①。5个国家（中国、匈牙利、伊朗、巴基斯坦、俄罗斯）在2017年实现了有史以来最大的核电发电量。

2016—2017年期间发生了一些显著变化：

- 阿根廷的发电量下降了25%以上，这是由于一台机组长期停机，另一台机组负荷系数低。
- 中国的发电量增加了近18%，增加了新反应堆的发电量。
- 日本在2017年重新启动两座反应堆后增加了发电量，到年底，总发电量的机组数达到5台（2018年再增加4台）。然而，核电发电量仍然较低，不到12万亿瓦时（TWh），几乎不超过墨西哥或罗马尼亚（各有两台机组）。
- 巴基斯坦的发电量显著增加49%。
- 瑞士的发电量下降29%以上。

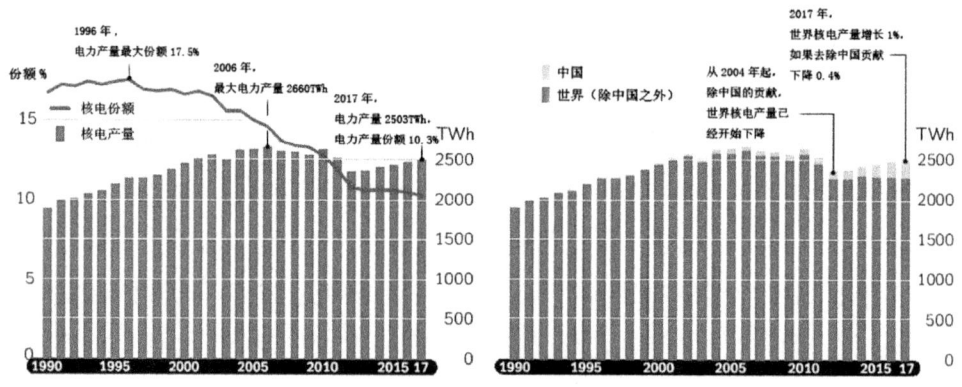

图1 世界以及中国核电发电②

资料来源：WNISR, BP, IAEA-PRIS, 2018。

与前几年一样，2017年，"五大"核电生产国——美国、法国、中国、俄罗斯和韩国（按发电量排名）——生产了世界上70%的核电。2002年，中国排名第十五，2007年排名第十，2016年排名第三。美国和法国这两个国家在

---

① Less than 1 percentage point variation from the previous year.——作者注
② BP stands for BP plc; WNISR for World Nuclear Industry Status Report.——作者注

2017 年占全球核电发电量的 47.5%。

二、运行、发电与堆年分布

自从 1954 年 6 月 27 日第一座核电反应堆并入苏联的奥布宁斯克电网，已有两波反应堆启动热潮。第一次在 1974 年达到峰值，当年有 26 座反应堆并网。第二次在切尔诺贝利事故发生之前的 1984 年和 1985 年达到历史最高点，每年达到 33 座反应堆并网。到 20 世纪 80 年代末，运行机组的不间断净增长已经停止，并且在 1990 年，反应堆关闭数量首次超过了反应堆启动的数量。1991—2000 年的十年反应堆启动的数量多于关闭的数量（52/30），而在 2001—2010 年，反应堆启动的数量低于关闭的数量（32/35）。此外，在 2000 年之后整十年的并网机组数量为 20 世纪 80 年代中期一年并网的数量。2011—2018 年中期，48 座反应堆启动——其中仅中国就有 29 座（60%）——超过同期反应堆关闭数量（42 座）6 座（参见图 2）。

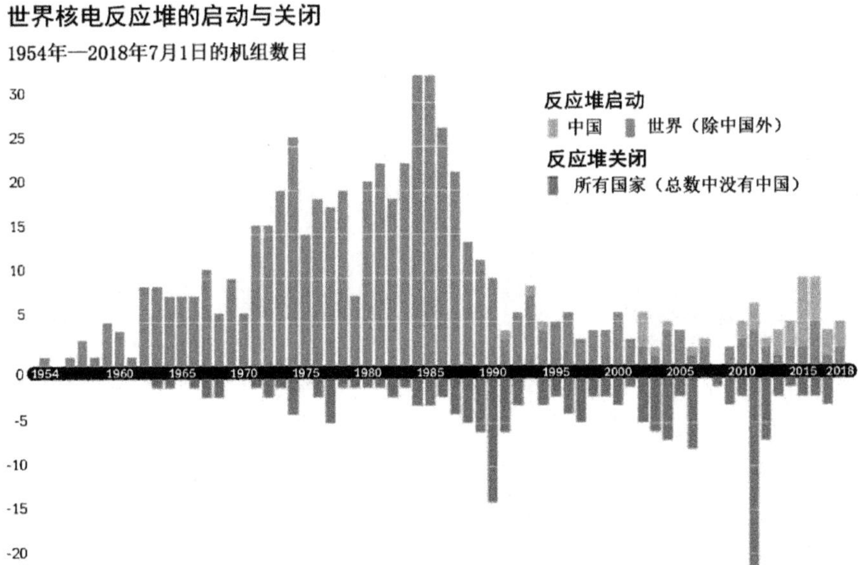

图 2 核电反应堆的并网和关闭——中国效应

资料来源：WNISR，IAEA-PRIS，2018 年。

2015年和2016年每年启动10座反应堆，2017年仅启动了4座反应堆，其中3座位于中国，1座位于巴基斯坦（由中国公司建造）。

2017年关闭了三座反应堆，分别是德国最古老的机组（GundremmingenB，33.5年），韩国（Kori1，40年）和瑞典（Oskarshamn-1，46年)[①]。

2018年上半年，世界上有5座反应堆开工，比2017年全年都要多，但没有反应堆关闭。中国有三台机组并网，包括第一座EPR（台山-1）全球首堆和第一座AP1000（三门-1）全球首堆。俄罗斯有两座反应堆启动，分别是Leninggrad 2-1和35年前开始建设的Rostov 4[②]。

截至2018年7月1日，共有413座核反应堆在31个国家运行，比2017年7月的情况增加了10台机组[③]。目前世界反应堆的总标称电网容量为363.4千兆瓦（或吉瓦），比一年前增加1200万千瓦（+3.4%）（见图3）。

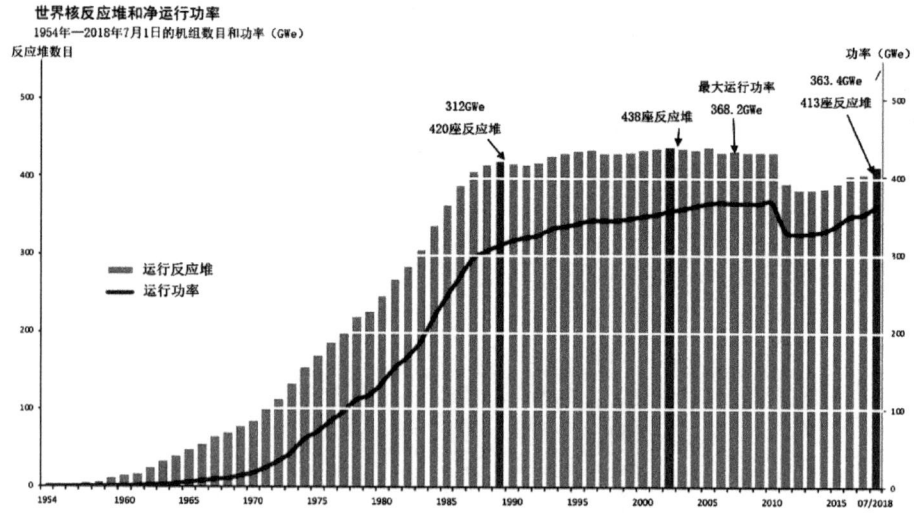

图3　世界核反应堆1954—2018

资料来源：WNISR, IAEA-PRIS, 2018年。

[①] WNISR considers shutdowns from the moment of grid disconnection—and not from the moment of the industrial, political or economic decision—and as the units have not generated power for several years, in WNISR statistics, they are closed in the year of the latest power generation. ——作者注

[②] WNISR, "35 Years After Construction Start Rostov-4 Connected to Russian Electricity Grid," February 8, 2018, see https://www.worldnuclearreport.org/35-Years-After-Construction-Start-Rostov-4-Reactor-Connected-to-Russian.html, August 13, 2018.

[③] +7 startups, +6 restarts, -2 new LTOs, -1 shutdown. ——作者注

多年来,净装机容量持续增加,超过运行反应堆数量的净增长。这是大功率机组取代较小功率机组的综合影响的结果,主要通过对现有机组进行技术改造实现,这一过程称为扩容①。仅在美国,核管理委员会(NRC)自 1977 年以来已经批准了 164 座反应堆扩容。美国累计批准的扩容的功率总量为 7900 万千瓦,相当于 8 座大型反应堆②。

鉴于现有反应堆的寿命延长,欧洲已出现类似的扩容和大修的趋势。机组延寿的主要动机是经济性,但随着替代品变得更便宜,这一观点正日益受到挑战。

核电的使用仅限于少数几个国家,只有 31 个国家(即联合国 193 个成员国中的 16%)拥有运行的核电站。世界上近一半拥有核电的国家为欧盟(EU)国家,2017 年,它们占世界核电发电量的 31.5%,其中欧盟国家一半的核电发电量在法国。

三、当前新建反应堆的概述

截至 2018 年 7 月 1 日,50 座反应堆(按照)WNISR 计算规则被认为正在建设中,是十年来最低的数字,比 WNISR 一年前的报告少 3 座,比 2013 年少 18 座(此后已经放弃了五个建设项目)。亚洲和东欧建造了五分之四的反应堆,仅中国就有近三分之一的反应堆在建(50 座中有 16 座);共有 15 个国家正在建设核电站,比 WNISR2017 报告的数量多两座(孟加拉国和土耳其)(见表 1)。

2017 年五个核设施建设项目启动,其中两座位于印度,各一座分别位于孟加拉、中国和韩国。截至 2018 年 7 月 1 日,到目前为止,2018 年世界上有两座反应堆开工,一座位于俄罗斯(Kursk21),另一座位于土耳其(一座俄

---

① Increasing the capacity of nuclear reactors by equipment upgrades e. g. more powerful steam generators or turbines. ——作者注

② U. S. NRC, "Approved Applications for Power Uprates," U. S. Nuclear Regulatory Commission, Updated May 4, 2018, see http://www.nrc.gov/reactors/operating/licensing/power-uprates/status-power-apps/approved-applications. html, accessed on July 28, 2018.

罗斯公司建设的反应堆)。但在正式建设开始之前,土耳其投资者撤离。值得注意的是,自2016年12月以来,中国尚未启动任何一座商业核电站的建设。

与1979年在建234座反应堆总功率超过2亿千瓦的峰值相比,50座反应堆的功率是相对较小的数字。然而,其中许多项目(48个)一直没有完成(见图4)。2005年,有26台在建机组,自20世纪50年代早期核反应堆老化以来创下核反应堆总功率的历史新低。与一年前描述的情况相比,目前在建的机组总功率再次下降380万千瓦至4900万千瓦,平均机组规模为970兆瓦。

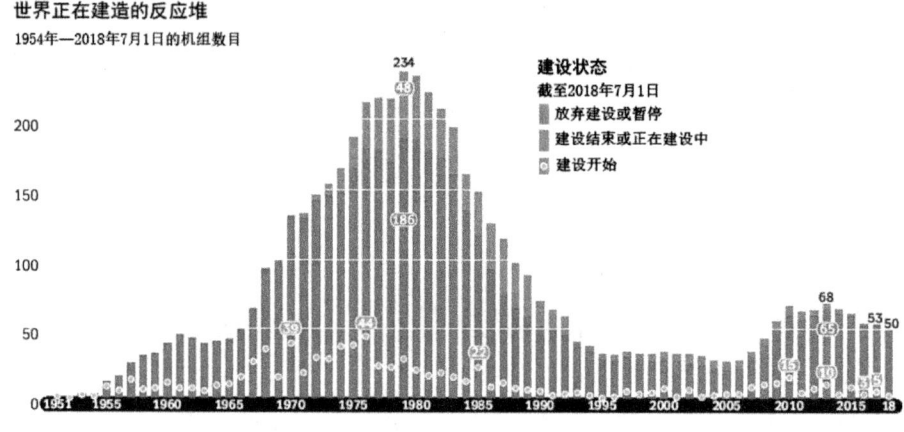

图4 正在建造的核反应堆

资料来源:WNISR, IAEA-PRIS, 2018年。

表1 "正在建设之中"的核反应堆(截至2018年7月1日)

国家/地区	机组	净功率(MW)	建设启动	并网时间	比计划延迟年数
中国	16	15450	2009—2017	2018—2023	8—9?
印度	7	4824	2004—2017	2018—2023	5
俄罗斯	5	3378	2007—2018	2019—2022	4
韩国	4	5360	2009—2017	2018—2022	4
阿联酋	4	5380	2012—2015	2020—2021?	3—4?
白俄罗斯	2	2218	2013—2014	2019—2020	1—2?
巴基斯坦	2	2028	2015—2016	2020—2021	—
斯洛伐克	2	880	1985—1985	2018—2019	2

续表

国家/地区	机组	净功率 MW	建设启动	并网时间	比计划延迟年数
美国	2	2234	2013—2013	2021—2022	2
阿根廷	1	25	2014—2014	2020	1
孟加拉国	1	1080	2017—2017	2023	—
芬兰	1	1600	2005—2005	2019	1
法国	1	1600	2007—2007	2020	1
日本	1	1325	2007—2007	?	1
土耳其	1	1114	2018—2018	2023	—
世界	50	48496	1985—2018	2018—2023	33—36

注意：此表不包含已暂停或已放弃的建设项目。

资料来源：由WNISR编制，2018年。

四、目前正在建设中的反应堆的建设时间

仔细研究列为"正在建设中"的项目，尤其是考虑到大多数建设公司假设项目建设期为5年，可以反映这其中的许多项目存在不确定性和问题：

● 截至2018年7月1日，正在建造的50座反应堆平均建造时间为6.5年，其中许多项目仍远未完工。

● 15个国家中至少有7座（可能是9座）正在建造的反应堆都经历了长于一年的延误。至少有三分之二（33-36台机组）的建设项目被推迟。世界上正在建设的大部分机组都是在过去三年内开始的，或者尚未达到预计的启动日期，因此很难评估它们是否按计划进行。两个巴基斯坦建设项目仍存在不确定性。

● 33座反应的建设进度堆落后于计划，自WNISR2017发布以来，至少有14座反应堆在过去一年报告了扩大延误。

● 2018年年初，计划在2017年启动的16座反应堆，只有4座反应堆成功启动。计划在2017年下半年启动四座反应堆，其中只有一座启动，其他三座反应堆在2018年上半年并网。

- WNISR2017 注意到 2018 年共计 19 座反应堆计划启动。截至 2018 年中期，其中三座反应堆并网（其中一座已于 2017 年并网），七座已正式推迟至 2019 年启动。
- 两个项目已被列为"正在建设中"超过 30 年，分别是斯洛伐克的 Mochovce-3 和 Mochovce-4。建设开始 35 年后，俄罗斯的 Rostov4 终于并网。
- 四座反应堆被列为"正在建设中"超过十年或更久，包括印度的原型快速增殖反应堆（PFBR），芬兰的 Olkiluoto-3 反应堆项目，日本的 Shimane-3 和法国的 Flamanville-3。

应该强调的是，核电站项目的实际提前期不仅包括土建本身，还包括大多数国家监管机构冗长的许可程序、复杂的融资谈判，厂址准备和其他基础设施的建设。正如英国的欣克利角 C 所示，在进入正式建设阶段之前，大量的投资和工作可以开展。

五、施工开始和取消

世界每年开始建设①的数目在 1976 年达到峰值 44 个，其中 12 个项目后来被废弃。2010 年，有 15 个建设项目开工——仅中国有 10 个——自 1985 年以来的最高水平。这个数字在 2013 年降至 10 个，2015 年为 8 个，2017 年为 5 个，2018 年为 2 个。

受到福岛事件的严重影响，中国在 2011 年和 2014 年没有开始任何建设项目。虽然中国国有企业在 2015 年开始再建造 6 座反应堆，但 2016 年这个数字减少到 2 座，2017 年只有一座示范快堆，2018 年中期没有。换言之，自 2016 年 12 月以来，中国尚未开始建造任何新的商业反应堆。

在 2008—2017 年十年间，世界上有 76 座反应堆开始建造（其中 5 座已经取消），这比 1998—2007 年的十年还要多，当时有 38 座反应堆开始建造（其中 3 座已经废弃）。然而，在过去二十年里，114 座建设开工项目中有 51 座

---

① Generally, a reactor is considered under construction, when the base slab of the reactor building is being concreted. Site preparation work, excavation and other infrastructure developments are not included. ——作者注

(几乎一半)是在中国。

在自1951年启动的762座反应堆建设项目中,截至2018年7月1日,20个国家至少有94座反应堆(12%)被废弃。过时10年的数据显示,在此期间正式开工的建设项目中,76个建设项目中的5个在不同的发展阶段被废弃,这一比例约为历史建设项目废弃率(八分之一)的约一半。

仅在四个国家,占历史废弃的近四分之三(66个机组)的项目被取消(美国42个、俄罗斯12个,德国和乌克兰各6个)。在决定不运营这些核设施之前,一些核设施实际上已经100%完工——包括德国的Kalkar和奥地利的Zwentendorf。

六、运行堆年

由于多年来没有重要的新建和并网项目,运行中的核电站的平均堆年(从并网开始)一直在稳步增长,2017年年中为29.9年,高于一年前的29.3年(见图5)[①]。共有254座反应堆(61.5%)运行了31年或更长时间,其中77座(18.5%)达到41年或更长时间。

一些核电公司设想反应堆平均寿命超过40—60年甚至80年。在美国,反应堆最初获得许可运营40年,但核电运营商可以向核管理委员会(NRC)申请再延寿20年。

截至2018年5月4日,99座美国运行机组中有87座已经获得延寿许可,另有4份对5座反应堆的延寿申请,正处于核管理委员会审查之中。自WNISR2017发布以来,两座反应堆(South Texas-1和South Texas-2)的一份延寿申请被批准,并且没有提交额外申请要求的文件。Diablo Canyon-1和Diablo Canyon-2的申请于2018年3月7日被申请者撤回。这两个机组可以继

---

① WNISR calculates reactor age from grid connection to final disconnection from the grid. In WNISR statistics, "startup" is synonymous with grid connection and "shutdown" with withdrawal from the grid. In previous editions of the WNISR, the reactor age was automatically rounded to the year. In order to have a better image of the fleet and ease calculations, the age of a reactor is considered to be 1 between the first and second grid connection anniversaries. For some calculations, we also use operating years: the reactor is in its first operating year until the first grid connection anniversary, when it enters the second operating year. ——作者注

续运行，直到它们当前的许可证到期（对于1号机组，2024年11月2日；对于2号机组，2025年8月20日）①。

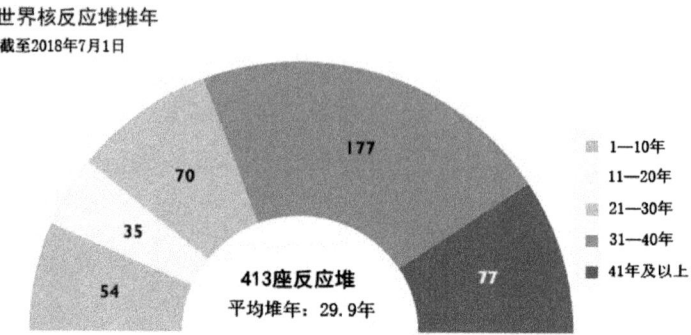

图5 世界运行反应堆的堆年分布

资料来源：WNISR，IAEA-PRIS，2018年。

七、聚焦中国

在过去的几年里，中国已经拥有第三多的运行反应堆，仅次于美国和法国。截至2018年7月1日，中国有41座运行反应堆，总装机容量为3800万千瓦。这包括最近运行的两座西方设计的第三代+反应堆：2018年6月29日并网的台山EPR反应堆和2018年6月30日并网的三门AP1000反应堆。中国的反应堆非常年轻，平均堆年为7.1年。

2017年，核电贡献了232.8万亿瓦时，比2016年的197.8万亿瓦时增长了18%，占中国发电量的3.9%。核电的份额比2016年的3.6%上升了0.3%②。可再生能源也大大增加了其贡献。2017年，风能贡献了306万亿瓦时，比2016年的242万亿瓦时增加了26%，而太阳能贡献了118万亿瓦时，比2016年的67.4万亿瓦时增加了75%③。风能产生的电力早已超过了核电的

---

① U. S. NRC, "Status of License Renewal Applications and Industry Activities," Updated May 4, 2018, see http://www.nrc.gov/reactors/operating/licensing/renewal/applications.html, accessed on July 29, 2018.

② IAEA, "Nuclear Power Reactors in the World: 2017 Edition," International Atomic Energy Agency, 2017.

③ China Energy Portal, "2017 electricity & other energy statistics," February 6, 2018, see https://chinaenergyportal.org/2017-electricity-energy-statistics/, accessed on May 14, 2018.

贡献，太阳能正在迅速赶上，目前已有核电近一半的产能。然而，"限电"，即太阳能电池板和风机发电与传输这些电厂输出电力的能力之间的不匹配，仍然是一个挑战。

中国正在建设的核反应堆数量最多——16座，总容量为1540万千瓦。就像几年前的情况一样，至少有一半的项目被推迟了。这包括在台山、三门和海阳建造的所有西方设计的三代+反应堆，分别于2018年6月29日和30日在台山和三门并网的反应堆也是被推迟的。

2009年，主管国家发展和改革委员会的副部长兼国家能源管理局局长张国宝宣布三门项目是"中美之间最大的能源合作项目"①。当时，第一台发电机组将"于2013年投入运行，第二台将于2014年投入运行"；总的来说，该厂址将有六个机组②。在多次宣布即将启动后，第一台三门机组终于在2018年4月开始了装料的过程③。据设计AP1000的西屋电气公司称，该工厂的建设"已经完成了一年多"，但是"由于监管机构提出的新问题④，装料……自去年夏天以来被暂停"。三门和海阳正在建造的AP1000机组的安全问题历史可以追溯到大约五年前⑤。施工也有问题。

自西屋公司申请破产保护以来，更为明显的是，延迟的一项关键原因是西

---

① Xinhua, "China starts building 3rd-generation nuclear power reactors using Westinghouse technologies," *People's Daily Online*, April 20, 2009, see http：//en.people.cn/90001/90778/90857/90860/6640730.html, accessed on May 14, 2018.

② Xinhua, "China starts building 3rd-generation nuclear power reactors using Westinghouse technologies," *People's Daily Online*, April 20, 2009, see http：//en.people.cn/90001/90778/90857/90860/6640730.html, accessed on May 14, 2018.

③ Bloomberg, "Westinghouse's Marquee Reactor in China Begins Fuel Loading," April 25, 2018, see https：//www.bloomberg.com/news/articles/2018-04-25/westinghouse-s-marquee-reactor-in-china-begins-fuel-loading, accessed on April 25, 2018.

④ William Freebairn, "Chinese nuclear reactor starts loading fuel after delay：Westinghouse," *Platts*, April 25, 2018, see https：//www.platts.com/latest-news/electric-power/washington/chinese-nuclear-reactor-starts-loading-fuel-after-21888129, accessed on April 26, 2018.

⑤ Eric Ng, "China nuclear plant delay raises safety concern," *South China Morning Post*, October 7, 2013, see http：//www.scmp.com/business/china-business/article/1325973/china-nuclear-plant-delay-raises-safety-concern, accessed on April 4, 2015; and David Stanway, "China nuclear reactor delayed again on 'safety concerns'：China Daily =," *Reuters*, February 13, 2018, see https：//www.reuters.com/article/us-china-nuclear/china-nuclear-reactor-delayed-again-on-safety-concerns-china-daily-idUSKBN1FX02P, accessed on April 9, 2018.

屋公司的设计在项目开始时远未完成。事实上，据报道，在中国，施工"已经进展到建造结构的地步，但设计还没有完成"[1]。开始建设设计不完整的项目并不是核电历史上的新发现，而三门和台山的经验（以及美国的 Vogtle 和 V. C. Summer）仅作为核工业不断重复项目管理中的错误的提醒。

对 AP1000 反应堆成本的预测自然会上升。在 2017 年 8 月对三门项目的环境影响评估中，中国国家核安全局"预计项目总价格为 525 亿元人民币（约 83 亿美元）——比 2 台机组 250 亿元人民币的原始预算高出一倍"[2]。该项目的成本估算可能进一步增加。

这种增加的成本在中国电力价格变化的背景下必然不可忽视。今年 4 月，三门"清除了浙江省的年度电力交易所拍卖，使其有资格在 2018 年以每小时 0.385 元（约 0.061 美元/千瓦时）的价格出售 766 千兆瓦时的电量，大约低于标准核电价 0.43 元/千瓦时的 10%[3]"。换言之，该项目可能无利可图。值得注意的是，假设一台 AP1000 机组全年满负荷运行，766 千兆瓦时不到其总发电量的 9%。

2018 年 4 月早些时候，中国正在建设中的其他进口反应堆设计堆型，即在台山建造的 EPR 机组，也获得了装料许可[4]，该反应堆于 2018 年 6 月 29 日并网。台山 1 号机原计划于 2013 年完工，由于施工问题和安全问题，它也被推迟。根据中国广核电力股份有限公司（CGN-Power）的说法，台山 2 号机组预计将于 2019 年开始商业运营[5]。台山核电站的成本估算也有所上升；今年早些时候，中广核报告称"到目前为止，台山 1 号和 2 号的总资本成本为人民币

---

[1] Anya Litvak, "Westinghouse sold an unfinished product, then the problems snowballed," *Pittsburgh Post-Gazette*, October 23, 2017, see http://www.post-gazette.com/powersource/companies/2017/10/23/Westinghouse-sold-an-unfinished-product-then-the-problems-snowballed/stories/201710290008, accessed on May 15, 2018.

[2] C. F. Yu, "First AP1000 Moves to Commercialization," April 27, 2018.

[3] NIW, "Weekly Roundup," April 20, 2018.

[4] David Stanway, "China begins fuel loading at long-delayed EPR nuclear project," *Reuters*, April 11, 2018, see https://www.reuters.com/article/china-nuclear-cgn/corrected-china-begins-fuel-loading-at-long-delayed-epr-nuclear-project-idUSL3N1RO1Z8, accessed on April 11, 2018.

[5] CGN, "Inside Information: Construction Progress of Taishan Nuclear Power Generating Units," December 29, 2017, see http://en.cgnp.com.cn/encgnp/c100884/201712/883ae364eec7473fb27158348af7c13a/files/37c9323477e249f2baab22c63df65dd7.pdf, accessed on April 11, 2018.

713.8亿元（约合110亿美元）或每千瓦2万元——比最初的估计高出40%"①。

虽然据报道有4座AP1000项目在中国等待批准②，毫无疑问，这些延误和安全问题已经大大削弱了西方核供应商向中国出售更多反应堆的前景。

国内设计的反应堆的建设表现得更好一些。从中国国家能源局（NEA）发布的名为《能源工作指导意见》的年度文件中可以清楚地看出这一点。2017年2月，该文件宣称，年内三门-1和海阳-1 AP1000机组，台山-1 EPR和福清-4、阳江-4 CPR-1000机组的建设将完成。这些以及"其他项目"将增加6410万千瓦的核电功率③。将该声明与2018年3月发布的相应预测相比较："今年共有600万千瓦功率的核电反应堆启动，其中有三门-1和海阳-1 AP1000机组，台山-1 EPR机组，田湾-3 VVER-1000机组和阳江-5 ACPR1000机组④，中国的核电装机容量将得到提升。"综上所述，很明显，国家能源局唯一实现的预测是在2017年9月17日和3月15日分别宣布投入商业运营的福清-4和阳江-4 CPR-1000机组。

在计划于2018年完工的反应堆中，除了已经讨论过的台山-1和三门-1外，田湾-3已经宣布投入使用。这是一个从俄罗斯进口的VVER1000压水堆，其起源可追溯到"1992年中俄合作协议"⑤。1号机和2号机的建设于1999年10月开始，这些机组分别于2007年6月和2007年9月投入使用，"3号机的第一罐混凝土于2012年12月浇筑，而4号机的建造于2013年9月开始"⑥。但是，3号机和4号机可能是中国进口的最后的VVER机组。该厂址的其他机

---

① C. F. Yu, "Taishan-1 Approval — Shifting Priorities On Newbuild?" *NIW*, April 13, 2018.
② Yu, "First AP1000 Moves to Commercialization".
③ WNN, "China sets out nuclear plans for 2017," March 2, 2017, see http：//www.world-nuclear-news. org/NP-China-sets-out-nuclear-plans-for-2017-0203174.html, accessed on May 15, 2018.
④ WNN, "China to start building up to eight reactors in 2018," March 7, 2018, see http：//www.world-nuclear-news. org/NP-China-to-start-building-up-to-eight-reactors-in-2018-0703185.html, accessed on May 15, 2018.
⑤ WNN, "Dome installed on Tianwan 6 containment building," May 8, 2018, see http：//www.world-nuclear-news. org/NN-Dome-installed-on-Tianwan-6-containment-building-0805184.html, accessed on May 15, 2018.
⑥ WNN, "Dome installed on Tianwan 6 containment building," May 8, 2018, see http：//www.world-nuclear-news. org/NN-Dome-installed-on-Tianwan-6-containment-building-0805184.html, accessed on May 15, 2018.

组,田湾-5 和田湾-6,是国内设计的 1080 兆瓦的 ACPR1000 反应堆。

由于新建项目的延迟和放缓——自 2016 年 12 月以来没有启动新的商业反应堆建设项目,2017 年 12 月只有示范快堆(CFR-600)启动建设——现在很明显,中国将无法实现其宣布的 2020 年核电装机容量达到 5800 万千瓦的目标。即使是高级官员也开始对此持开放态度。例如,在 2017 年 11 月的中国电机工程学会会议上,国家能源局核电部副主任史立山承认,"实现过去设定的目标现在看来是不确定的,已经建成并准备装料和投入运行的反应堆也被搁置"[1]。这与中国太阳能和风能的加速发展形成了鲜明对比。核电发展减速的原因是多方面的,而且随着可再生能源成本的下降,这种减速状态可能会持续下去。

中国核反应堆的出口市场也不是特别光明。尽管中国在去年与柬埔寨、巴西和乌干达等国家签署了多项合作协议,但只有一个具体的销售前景——与巴基斯坦的合作,巴基斯坦也是中国早期出口的唯一目的地。中国一直指望的国家之一是阿根廷,但是在 2018 年 5 月,阿根廷政府宣布"暂停两座中国提供的反应堆的计划"[2]。2017 年 11 月,中国核工业集团公司与巴基斯坦原子能委员会(PAEC)"签署了在恰希玛核电站建造 HPR1000 华龙一号反应堆的合作协议"[3]。英国核监管办公室继续对华龙一号设计进行通用设计评估(GDA),但这一过程可能还需要很多年。这是中广核在布拉德韦尔厂址共同开发核电站的提议的先决条件。

八、核电与可再生能源部署

全球对可再生能源主导的能源转型的支持很高。在 14 个国家对绿色转型

---

[1] Feng Hao, "Is China losing interest in nuclear power?" *China Dialogue*, March 19, 2018, see https://www.chinadialogue.net/article/show/single/en/10506-Is-China-losing-interest-in-nuclear-power-, accessed on May 15, 2018.

[2] NIW, "Argentina Puts Newbuilds on Ice," May 18, 2018.

[3] WNN, "Pakistan, China agree to build Chashma 5," November 23, 2017, see http://www.world-nuclear-news.org/NN-Pakistan-China-agree-to-build-Chashma-5-2311177.html, accessed on May 4, 2018.

的态度进行的"有史以来最大的研究"发现，82%的受访者认为创建一个完全由可再生能源驱动的世界非常重要，在中国拥有最高的全国份额，支持率为93%，日本最低，为73%。

投资。据全球媒体报道，2017年开始建设的四个商业核反应堆项目（不包括中国的CFR600示范项目）的投资约为160亿美元，约400万千瓦。相比之下，可再生能源投资为2800亿美元，其中风能投资超过1000亿美元，太阳能光伏投资超过1600亿美元（见图6）。仅中国就投资了1260亿美元，是2004年的40多倍。墨西哥和瑞典首次跻身前十。澳大利亚（x1.6）和墨西哥（x9）的可再生能源投资也大幅增长。关于新的商业核电站的全球投资约为160亿美元，仍比仅在中国的可再生能源投资低8倍。

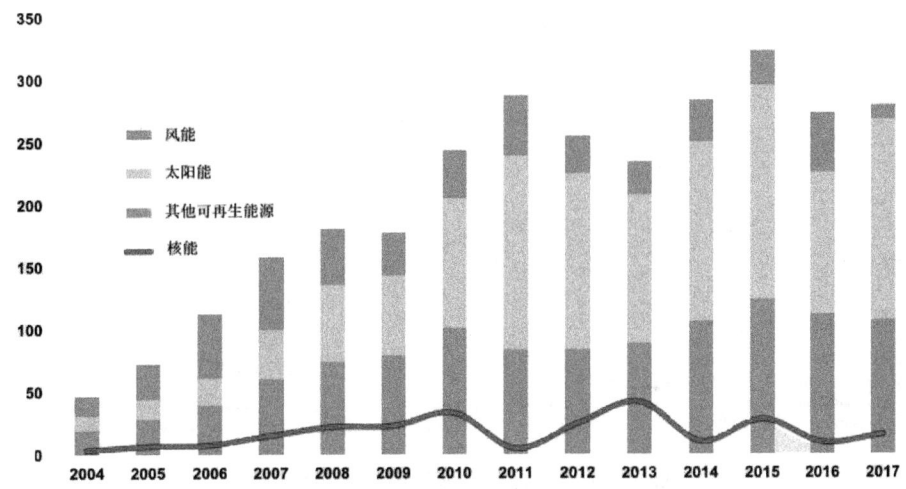

图6　2014—2017年全球在可再生能源和核能的投资决策

资料来源：FS-UNEP／BNEF 2018 和 WNISR 原创研究。

装机容量。2017年，全球新增可再生能源装机容量为1.57亿千瓦，高于上年的1.43亿千瓦，是有史以来最大的增幅。这一增长占全球发电能力净增加量的61%以上。风能增加了5200万千瓦，太阳能光伏则创纪录地增加了9700万千瓦。相比之下，核电装机容量增加了330万千瓦。

发电。31个拥有核电的国家中有9个，巴西、中国、德国、印度、日本、墨西哥、荷兰、西班牙和英国，其中包括世界四大经济体中的三个——2017

年非水电可再生能源发电量超过核电。

2017年,全球太阳能发电年增长率超过35%,风电增长超过17%,核电增长为1%,仅有中国实现增长。

与1997年签署《京都议定书》(Kyoto Protocol)时相比,2017年全球新增风力发电量1100万亿瓦时,太阳能光伏发电量442万亿瓦时,而核电发电量则增加了239万亿瓦时,如图7所示。

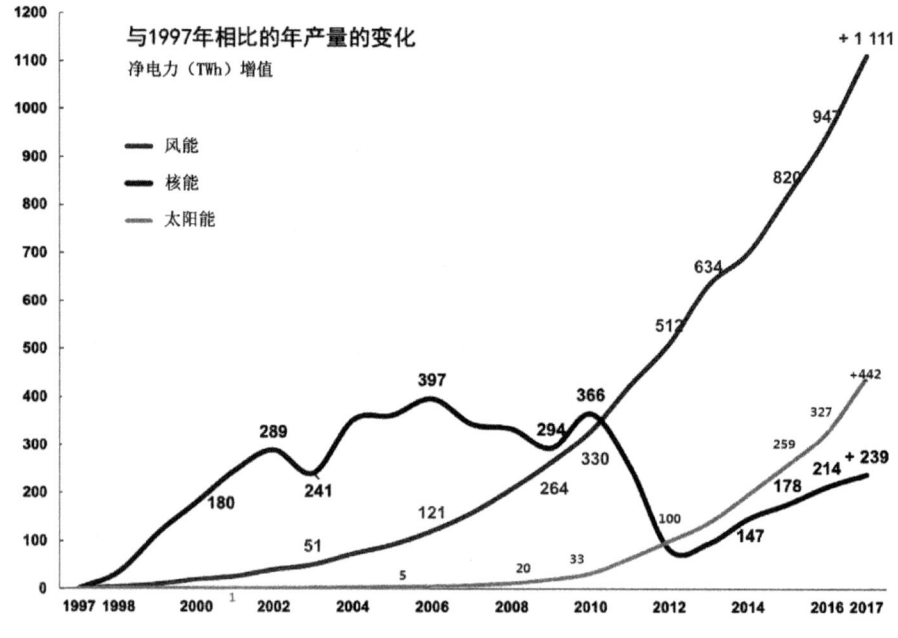

图7 世界风能、太阳能和核能发电量

资料来源:WNISR,IAEA-PRIS,BP统计审查,2018。

在中国,与过去5年一样,2017年仅风能发电量(286万亿瓦时)就远远超过了核电发电量(233万亿瓦时)。同样的现象也出现在印度,那里的风能发电量(53万亿瓦时)连续第二年超过核能,达到35万亿瓦时。

欧盟的数据表明,核电的作用正在迅速下降。与1997年相比,20年后的2017年,风能发电量增加了355万亿瓦时,太阳能发电量增加了120万亿瓦时,而核电发电量减少了91万亿瓦时。

九、世界核电现状

表2 世界核电状况（截至2018年7月1日）

国家/地区	核反应堆					电力	能源
	运行		长期停堆（LTO）	平均堆年[a]	建设中	电力份额[b]	商业一次能源的份额[c]
	机组数目	功率（MW）	机组数目	堆年	机组数目		
阿根廷	2	1033	1	27.8/24.1	1	4.5%（-）	1.7%（=）
亚美尼亚	1	375	—	38.5	—	32.5%（+）	?
孟加拉国	—	—	—	—	1	—	—
白俄罗斯	—	—	—	—	2	—	—
比利时	7	5918	—	38.3	—	49.9%（-）	15.3（=）
巴西	2	1884	—	27.1	—	2.7%（=）	1.2（=）
保加利亚	2	1926	—	28.8	—	34.3%（=）	—
加拿大	19	13554	—	35	—	14.6%（=）	6.25（=）
中国	41	38154	1	7.1	18	3.9%（=）	1.8%（=）
捷克	6	3930	—	27	—	33.1%（+）	15.4%（+）
芬兰	4	2769	—	39.3	1	33.2%（=）	18.6%（=）
法国	57	61800	1	33.4	1	71.6%（=）	37.9%（=）
德国	7	9515	—	31.8	—	11.6%（-）	5.1%（=）
匈牙利	4	1889	—	33.0	—	50%（-）	15.7%（=）
印度	19	5761	2	21.3/21	7	3.2%（=）	1.1%（=）
伊朗	1	915	—	6.8	—	2.2%（=）	0.6%（=）
日本	9	8706	26	28/28.9	1	3.6%（+）	1.4%（=）
墨西哥	2	1552	—	26.4	—	6%（=）	1.3%（=）
荷兰	1	482	—	45.0	—	2.9%（=）	1.4%（=）

357

续表

国家/地区	核反应堆 运行 机组数目	核反应堆 运行 功率(MW)	核反应堆 长期停堆(LTO) 机组数目	核反应堆 平均堆年[a] 堆年	建设中 机组数目	电力 电力份额[b]	能源 商业一次能源的份额[c]
巴基斯坦	5	1320	—	14.9	2	6.2%（+）	2.3%（=）
罗马尼亚	2	1300	—	16.5	—	17.6%（=）	7.7%（=）
俄罗斯	37	28238	—	29.7	5	17.8%（=）	6.6%（=）
斯洛伐克	4	1814	—	26.3	2	54%（=）	—
斯洛文尼亚	1	688	—	36.7	—	39.1%（+）	—
南非	2	1860	—	33.6	—	6.7%（=）	3%（=）
韩国	24	22494	—	20.6	4	27.1%（-）	11.3%（-）
西班牙	7	7121	—	33.4	—	21.2%（=）	9.5%（=）
瑞典	8	8629	—	37.9	—	39.6%（=）	27.3%（=）
瑞士	5	3333	—	43.3	—	33.4%（=）	17.3%（=）
台湾地区	5	4448	1	36.8/36	—	9.3%（-）	4.4%（-）
土耳其	—	—	—	—	1	—	—
阿联酋	—	—	—	—	4	—	—
英国	15	8918	—	34.3	—	19.3%（=）	8.3%（=）
乌克兰	15	13107	—	29.4	—	55.1%（+）	23.7%（+）
美国	99	99979	—	38.1	2	20%（=）	8.6%（=）
欧盟	125	116699	1	33.4	4	25.3%（=）[c]	11.1%（=）
世界	413	363412	32	29.7/29.9	50	10.3%（=）[c]	4.4%（=）

注：

a：在长期停堆（LTO）中包括反应堆/在长期停堆（LTO）中排除反应堆（当不同时）

b：来自IAEA-PRIS，《2017年核电发电份额》，截至2018年7月1日

c：来自BP，《世界能源统计评论》，2018年

资料来源：WNISR2018，IAEA-PRIS，BP，2018。

美国可再生能源政策创新与市场发展

陈明灼 张春宇*

摘 要：

为促进可再生能源技术研发和市场应用，自20世纪70年代以来，美国联邦和州政府通过一系列立法建立起了可再生能源扶持政策措施，这些措施主要包括税收抵免、直接补贴或赠款、债券和贷款担保、可再生能源配额制、净计量电价等。联邦政府、州政府还利用联邦级、州级项目和计划支持可再生能源设备的制造。2017年1月特朗普新政府上台后，提出立足美国本土化石能源开发利用的能源安全政策，并宣布退出《巴黎协定》，引发国际社会争议。但同时，美国各州均表态会继续支持清洁能源的发展，顺应世界大势和未来能源发展的潮流。本文梳理了美国联邦层面和各州层面主要的可再生能源政策措施，概述了美国当前的可再生能源产业发展状况，基于此厘清美国可再生能源产业发展的政策因素。

关键词：

美国 可再生能源 激励政策 法案

---

* 陈明灼，中国社会科学院研究生院亚洲太平洋研究系在读博士。张春宇，博士，中国社会科学院能源安全中心研究员。

作为世界上最大的经济体，美国的能源消费总量曾一度位居世界首位。据美国能源信息署统计，2017年美国一次能源消费量为35.215亿吨标准煤（97.735千兆英热单位）[①]，其中化石能源约占79.9%，核能约占8.7%，可再生能源约占11.4%（见图1所示）。与2016年相比，美国的化石能源消费比例继续下降，可再生能源占比稳步上升。尽管特朗普执政以来，对可再生能源产业的支持力度略有下降，但可再生能源在美国能源结构中的地位和作用仍稳中有升，这符合世界能源发展大趋势。

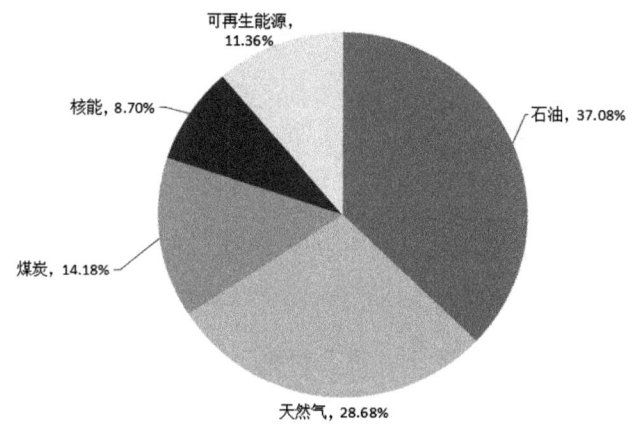

图1　2017年美国一次能源消费构成

资料来源：EIA数据库，https://www.eia.gov/totalenergy/data/annual/index.php。

一、美国可再生能源发展的政策体系

美国通过政策干预可再生能源发展始于20世纪70年代；彼时，世界第一次石油危机爆发，让美国真正意识到能源安全的重要性，"能源独立"开始成为美国历届政府长期坚持的能源战略。为降低对石油进口的依赖，美国开始积极投入能效提高、节能环保以及可再生能源技术研发，尤其是可再生能源技术。美国政府确信发展可再生能源技术对未来维护美国在经济、军事以及科技

---

① EIA，数据库，https://www.eia.gov/totalenergy/data/browser/#/?f=A&start=1949&end=2017&charted=4-6-7-14。

领域的霸主地位有着极为重要的意义。

自20世纪70年代起,美国联邦及各州政府相继颁布了多项旨在促进可再生能源发展的法案及激励措施,大力资助太阳能、风能、生物质能、地热能等相关行业的基础研究及产业投资。历经四十多年的发展,美国已形成相对完备的政策体系,许多激励措施与法规具有创新性,可资其他国家学习与借鉴。

(一) 美国联邦政府颁布的相关法律法规

自20世纪70年代,美国联邦政府制定和颁布了多项重要的可再生能源相关的法律法规。2000年以前最重要的三部可再生能源相关法律法规包括《1978年国家能源法案》《1980年能源安全法案》和《1992国家能源政策法》。

作为美国国内最早的能源法律之一,《1978年国家能源法案》的主要目的是增加美国国内的能源供应,提高国家的能源安全级别;它由五个单一的法案构成,分别是:《国家节能政策法》《1978年天然气政策法》《1978年发电厂和工业燃料使用法》《1978年公用事业监管政策法》及《1978年能源税收法》[①]。其中,《1978年公用事业监管政策法》对可再生能源的发展具有里程碑式的意义,它规定各地电力公用事业单位有义务以"可回避成本"购买独立发电商生产的清洁电力,此举为采用可再生能源发电技术的公司与化石燃料发电技术的公司竞争创造了条件,同时也为可再生能源发展提供了广阔的市场。《1978年能源税收法》提出了一系列措施来推动可再生能源的开发与使用。例如,对于使用太阳能与风能等可再生能源的家庭,其相关设备采购费用的30%可以申请个人税收减免;对于企业和商户,规定可分别申请减免一定的税额;此外,对乙醇混合燃料的汽车也可以进行一定税额的减免。

经历两次石油危机的美国再次对传统化石能源的未来产生疑虑,希望探索出一种全新的能源政策思路,以应对越发严重的能源安全问题,《1980年能源安全法案》就是在这样的背景之下应运而生的。该法案包括《1980年美国合成燃料公司法》《1980年防务生产法修正案》《1980年生物能源和酒精燃料

---

① 侯佳儒:《美国可再生能源立法及其启示》,《郑州大学学报》(哲学社会科学版) 2009年总第42期,第6期,第79—84页。

法》《1980年可再生能源资源法》《1980年地热能法》及《1980年太阳能和节能法》。该法案主要鼓励积极利用可再生能源，减少美国对石油进口的依赖；推动可再生能源技术研究，为可再生能源研发提供资金支持，总金额达13亿美元。

《1992年国家能源政策法》的推出有力地促进了90年代美国可再生能源的发展。该法案有多项针对可再生能源产业的激励措施，如对风能与生物质能发电实行为期10年的产品减税，每发一度电减免1.5美分。之后，减免范围逐步扩大到整个可再生能源领域；对太阳能与地热能项目给予永久免税10%，对符合条件的可再生能源发电企业给予经济补贴。

21世纪头十年美国联邦政府颁布的最重要四部可再生能源相关的法律法规包括《2005年国家能源政策法》《2007年能源独立与安全法案》《2009年美国复兴与再投资法案》和《2009年美国清洁能源与安全法案》。

2005年，美国政府在《1992年国家能源政策法》的基础上，制定并通过了《2005年国家能源政策法》，该法案鼓励可再生能源产业的重要措施是规定了投资税收抵税的适用范围，私人购买和使用可再生能源设备，购买费用的30%可用于抵减税费[①]。同时，授权政府机构及企业组织发行"清洁可再生能源债券"。该法案要求联邦政府各部门必须使用可再生能源，并规定了各个部门的最低使用量。同时要求汽车生产商必须逐步加大对乙醇等生物燃料的使用量。此外，该法案还规定，对于可再生能源的研发，政府将给予贷款方面的支持和优惠。

《2007年能源独立与安全法案》重点关注节能、能效及可再生能源使用，具体措施包括：鼓励购买电动汽车及混合电动汽车，用10年的时间减少20%的汽油消费量。该法案制定了新的可再生能源发展目标，规定联邦政府所属的建筑中，生活热水的30%须来自太阳能热水。此外，该法案还同时规定了，政府将提供资金用以支持可再生能源的技术研究和相关的培训工作。

《2009年美国复兴与再投资法案》制定了更为宽泛的贷款计划，并批准了

---

① 洪峡：《美国可再生能源政策研究》，《全球科技经济瞭望》2008年总第23期，第2期，第20—26页。

总额为 7870 亿美元的资助金额，大幅增加了可再生能源领域的财政拨款金额。该法案要求所有的电力公司到 2020 年能效改进和来自可再生能源的电力要占其电力供应总量中的 20% 以上；为电动汽车的电池研发提供资金支持；扩大可再生能源的税收减免；为各州和地方政府的可再生能源项目融资。《2009 年美国清洁能源与安全法案》则制定了更加广泛的约束性指标，提出了美国应对全球气候变化的一系列方案，同时还推行电网的现代化，要求各类建筑及家电要显著的提高设备能效，大力推动电动汽车的发展。

21 世纪第二个十年，美国联邦政府在可再生能源领域一件值得关注的大事是 2015 年奥巴马政府宣布了《清洁电力计划》的最终方案，但 2017 年被特朗普政府废除。

2015 年 8 月，时任美国总统奥巴马在华盛顿宣布了《清洁电力计划》的最终方案，该计划宣称气候变化是人类面临的最大威胁之一，该计划的实施将对美国的温室气体排放施加更加严格的限制。根据该计划，至 2030 年，美国发电企业的碳排放目标将在 2005 年的基础上减少 32%，并设立了一个清洁能源促进项目，对在 2020—2021 年发电的且在州政府备案的清洁能源项目给予一定的奖励。这个计划的实施意味着美国大量的燃煤电厂将被关闭，太阳能以及风能等可再生能源将获得全新的发展动力。但 2016 年 2 月，美国联邦最高法院做出裁定，暂停执行清洁电力计划。2017 年 10 月，《清洁电力计划》被特朗普政府正式废除，这意味着美国可再生能源的发展方向有所变化。

（二）美国各州政府制定的激励政策

美国各州政府制定的关于可再生能源的相关激励政策主要包括可再生能源配额制、净计量电价政策、公共效益基金和碳交易市场。

可再生能源配额制（RPS）是一个国家或地区对电力公司的一种强制性政策，它以法律的形式要求可再生能源发电在总发电量中占一定的比例，并要求电网公司全额收购，对不能满足政策要求的电力公司给予一定的处罚[1]。RPS

---

[1] 罗承先：《世界可再生能源支持政策变迁与趋势》，《中外能源》2016 年总第 21 期，第 9 期，第 20—27 页。

制度通常采用可再生能源证书（REC）来进行市场的监管与交易，电力公司可以通过购买"证书"来满足配额的需求，购买 RECS 是实现 RPS 的一种手段，同时也是实现 RPS 的一种证明。美国是世界上第一个推行 RPS 的国家，自 20 世纪 90 年代开始，美国就在许多州相继开始实施可再生能源配额制度；其中，得克萨斯州、加利福尼亚州和新墨西哥州是 RPS 实施相对成功的地区。如图 2 所示，截至 2017 年 2 月，美国共有 29 个州、华盛顿特区以及 3 个附属地区实施了强制的可再生能源配额制，另外还有 8 个州和 1 个附属地区设定了可再生能源配额的目标。目前有 4 个州和华盛顿特区的可再生能源配额制的目标超过了 50%，俄勒冈州通过立法要求到 2040 年可再生能源占比达 50%，加利福尼亚州要求到 2030 年达 50%，纽约州要求到 2030 年占比达 50%，佛蒙特州要求到 2032 年占比达 75%，华盛顿特区要求到 2032 年占比达 50%。

图 2　美国各州实施 RPS 的汇总图（可再生能源配额制政策，截至 2017 年 2 月）

资料来源：NC Clean Energy TechnologyCenter 网站，http://www.dsireusa.org/resources/detailed-summary-maps/。

"净计量电价"是指对拥有分布式发电设备的房屋计算电费的一种方法，它允许消费者将自己家中分布式发电设备生产的可再生能源电力上网和计量，电表是双向计量，既可以向前走，也可以向后走，每个月向电网结算的实际电费是按最终平衡后的净电量进行结算的；如果当月的发电量减去用电量后还有剩余电力，这部分电量可以上网，电力公司将按照零售电价付费，即所谓的"自发自用，余电上网"。净计量电价政策是美国《2005年国家能源政策法》一部分，截至2013年底，美国共有43个州、华盛顿特区以及4个附属地区采用了该政策①。该政策对分布式的可再生能源具有巨大的推动作用，一些居民甚至每月可以从电网公司获取可观的经济收益。在一些州，该政策在实施的过程中也遇到一些障碍。有反对者认为，该政策对非分布式发电的客户不公平，净计量客户把电网的使用成本有效地摊到非净计量客户身上，他们主张对净计量客户征收电网使用费，降低剩余电力的购买价格或给他们的上网电量设置上限。2015年底，加利福尼亚州公益事业委员会对净计量电价制度做出了相应的调整。

公共效益基金是美国各州政府为发展可再生能源而成立的基金，通常按照电力销售的1%—3%的标准提取，也有部分资金来自企业的捐款。该基金通过定额补助、低息贷款、电费补贴等形式，对可再生能源的研发、教育培训、项目实施等活动提供资金支持。该基金的成立旨在帮助那些无法通过市场手段融资的项目或为企业提供启动资金，从而保障那些高风险、回报周期长的技术也能顺利开展研究与应用。设立公共效益基金已成为国际上一种通用的政策手段，美国多个州都相继成立了公共效益基金，对促进可再生能源的发展产生了积极的效果；当然，公共效益基金也存在短期融资压力较大等问题。

奥巴马执政时期，温室气体减排得到了空前的重视。2015年，美国签署加入《巴黎协定》，承诺在2025年前降低2005年温室气体排放量的26%—28%。尽管该承诺已被特朗普政府否定，美国也已宣布退出《巴黎协定》，但以美国各州为主导的区域性减排市场体系早已确定。2005年，美国东北部及大西洋沿岸中部的10个州组成了美国第一个强制性区域温室气候减排组织，同时发出倡议，以该区域内电力行业中装机容量超过25MW的发电设施为交易主体，要求到2018年，在2009年排放量的基础上再减排10%，这些交易完全

---

① 林绿、吴亚男、董战峰、耿海清：《德国和美国能源转型政策创新及对我国的启示》，《环境保护》2017年总第45期，第19期，第64—70页。

以市场为基础。2007年,美国西部的5个州发起气候倡议;同年,美国中西部的9个州成立了中西部温室气体减排协定,目标是到2020年,区域内各州将碳排放量在2005年排放量的基础上再降低20%,至2050年再降低50%。2012年,加利福尼亚州推出了碳交易市场,为跨区域的碳交易提供了可能。美国碳交易市场的建立增加了可再生能源的经济性,让环境属性在能源的生产中得以体现。

(三) 财税政策和激励措施

美国政府注重利用财税政策来鼓励可再生能源发展,主要采取的政策类型包括税收抵免政策,财政直接补贴,加速折旧政策,基金、贷款担保以及绿色能源债券,绿色电价等。

税收抵免政策。美国是世界上较早发展可再生能源产业的国家,也是较早在可再生能源领域实施税收激励措施的国家,美国采取的税收激励措施种类多样,例如生产税减免,美国于1992年7月出台的《国家能源政策法》对生产税抵扣政策(PTC)做出了规定,对实施特定技术的企业给予每度电1.5美分的补贴,补贴可以根据实际通货膨胀率进行调整;这项政策的时效性通常为2年,有效期满后需再次提请国会批准。2015年12月,美国国会投票同意延长一系列已经过期或者即将过期的PTC,但自2016年起逐步降低这项生产税减免额度,2020年将完全取消[①]。再例如消费税抵免。为鼓励使用生物燃料,美国《1978年能源税收法案》规定,免除乙醇汽油每加仑4美分的消费税。此后,乙醇汽油的消费税每加仑一直在4美分至6美分之间浮动。《2004年美国就业创造法案》提出,从2005年开始,使用非农业生产的生物柴油,可以享受消费税减免——每加仑柴油1美元的额度抵免;对于使用非农业原料,如再生油脂制成的生物柴油可享受每加仑0.5美元的额度。《2005年能源政策法案》又把生物柴油消费税抵免政策由2006年底延长至2008年底。消费税抵免对生物燃料有着较大的推动作用,政策实施后的两年时间,美国生物柴油生产

---

① 国务院发展研究中心课题组:陈清泰、吴敬琏、张永伟:《美国支持可再生能源发展的政策体系及启示》,《发展研究》2010年第4期,第57—59页。

量翻了两倍。又例如投资税抵免（ITC）。为促进可再生能源的投资，美国《2005年能源政策法案》对投资税抵免政策做了规定，居民或企业可再生能源项目投资额的30%可在所得税中抵扣。2009年颁布的《美国复苏和再投资法案》增加了投资现金补助，允许纳税人的新建项目可在生产税抵扣、投资税抵税和现金补助之间任选一项。同时还规定对符合条件的可再生能源设备制造、新建或者扩建的生产设施，其投资的30%可以进行投资税的抵免。2015年，美国国会通过法案，规定投资税抵免从2016年起开始下调，2020年调至26%，2021年降至22%，2022年起保持10%不变。投资税抵免政策对推动户用分布式光伏以及工商业分布式光伏起到了重要的作用。

财政直接补贴。现金直接补贴旨是为可再生能源项目，包括生物质能、太阳能、风能以及地热能等提供现金补贴，从而起到促进此类项目发展的目的。《2009年美国清洁能源与安全法案》对此类政策做了详细的规定，授权美国财政部成立可再生能源基金，基金项目由纳税主体申请，对符合条件的可再生能源项目的设备投资给予一次性30%的现金补贴。为鼓励新能源汽车的使用和新能源汽车产业的推广，在税收抵免的基础上，美国政府还给予部分购车者一定的现金资助。此现金直接补贴应用于包括生物质能、太阳能、风能、地热能等可再生能源项目在内的近5000个项目；截至2011年12月，已帮助美国实施了超过240亿美元投资额的可再生能源项目；直接促进了可再生能源技术的创新，实现了可再生能源价格的大幅下降，例如美国的风电价格在电力市场领域已具有较强的市场竞争力。2011年，奥巴马政府再次向国会递交预算申请，据此预算，美国政府将向农业部拨款65亿美元，用于可再生能源发展，创造就业机会，减少化石能源依赖，提升美国可再生能源产业在全球的竞争力；向能源部拨款63亿美元，用于可再生能源的研究、开发、示范和部署等活动；向美国高级能源研究计划署拨款5.5亿美元，能效优化经费增加1倍。但2014年之后，美国政府对可再生能源产业的现金直接补贴开始逐步下降。

加速折旧政策。实施加速折旧政策，企业的初期成本相对较大，抵扣前期费用后，剩余利润相对较少，需缴纳的税费就相对较低，从货币的时间价值上看，企业间接达到节税的目的；加速折旧政策可以保证投资人较快的收回成本，一定程度上减缓了企业的资金压力，是美国鼓励与促进可再生能源发展政策体系重要的组成部分。美国政府在《1978年能源税收法案》中规定了对可再生能源项目的加速折旧政策，太阳能、风能、地热、燃料电池等可再生能源设备可纳入加速折旧的范畴。《2008年联邦经济刺激法案》进一步规定可以对符合条件的可再生能源项目给予一次性50%的额外折旧，将相关的费用一次计提，其余部分按正常程序折旧[①]。

基金、贷款担保及绿色能源债券。美国与可再生能源相关的基金主要有农业部美国农村能源基金、财政部可再生能源基金及能源部部落能源基金会，其中可再生能源基金主要提供现金补贴。此外，各州为促进可再生能源发展建立了公共效益基金及诸多风险投资基金，这些基金在可再生能源的技术研发、融资方面可以提供资金来源。贷款担保项目主要有能效抵押贷款担保、能源部贷款担保和农村能源贷款担保。能效抵押贷款担保政策主要为推动分布式光伏的利用，私人户主可利用该贷款对房屋进行能效改进或安装分布式光伏系统；能源部贷款担保主要用于支持可再生能源、能效系统、分布式能源、微网系统的技术开发；农村能源贷款担保主要用于促进农村可再生能源的推广。美国的绿色能源债券主要有清洁可再生能源债券和节能债券，其收益主要用于可再生能源的项目支出，债券发行企业只需支付本金，债券持有人可以根据联邦政府的规定享受税收抵免。

绿色电价。由太阳能和风能等可再生能源所产生的电力价格比常规电价高，高出的那部分就是绿色电力价格。绿色电价通常通过对绿证的交易得到实现，绿证的交易分两部分，一部分是强制性市场，如可再生能源配额制（RPS），另一部分是自愿认购市场，自愿消费者通常对可再生能源有特殊的偏好。基于绿色电价的绿证有力地推动了美国可再生能源的发展，一方面，可再生能源发电用户或企业可以增加收入（他们的收入由三个部分组成：售电、绿证及补贴），另一方面，通过绿证的交易可以促进绿色电力的消费与使用，美国自愿认购市场一直非常活跃，超过8万多个商家和超过百万个人认购了绿证，每年均以两位数的速度增长；苹果公司在2016年初表示，其在全球93%

---

① 廖奎、贾政翔：《美国支持可再生能源发展的财税政策》，《中国财政》2011年第2期，第73—74页。

的设施用电完全使用可再生能源,即通过自愿认购绿色证书得以实现。

二、美国可再生能源市场与产业发展

美国政府一直在积极倡导与鼓励可再生能源的开发与应用,在联邦政府及各州政府的政策激励之下,美国可再生能源产业实现了快速发展。到2017年底,美国可再生能源生产总量达4.01亿吨标准煤(11.140千兆英热单位)[①],约为美国一次能源生产总量的12.71%;可再生能源发电中,水电和风能是最重要的电力来源,占比分别达到44.08%和37.53%,其他主要的可再生能源发电类型还有生物质能发电,占比为8.30%;太阳能发电,占比为7.73%;地热发电,占比为2.36%(如图3所示)。2017年,美国的可再生能源消费总量为3.97亿吨标准煤,生产量与消费量基本相当。[②]

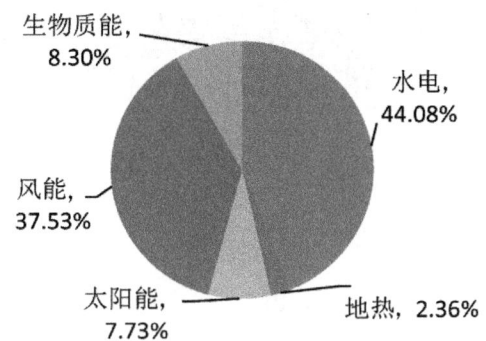

图3 2017年美国可再生能源发电构成

资料来源:EIA 数据库,https://www.eia.gov/totalenergy/data/browser/? tbl = T10.01#/? f=A。

(一)风力发电产业

2017年美国风力发电投资总额高达110亿美元,新增装机容量7.017吉

---

① EIA, Total Energy, https://www.eia.gov/totalenergy/data/browser/#/? f = A&start = 1949&end = 2017&charted = 4-6-7-14.

② EIA, Total Energy, https://www.eia.gov/totalenergy/data/browser/? tbl =T10.01#/? f=A.

瓦①。在过去的5年时间里,风电新增装机容量占美国新增发电装机容量的25%,仅次于天然气发电和光伏发电。2017年,全球风电新增装机容量52吉瓦,其中13%的新增装机发生在美国。美国的风力发电装机容量和发电量均居于全球第二位,仅次于中国。2017年,美国风力发电量总计2540亿度,占美国总发电量的6.3%,在一些州,如艾奥瓦州、堪萨斯州、俄克拉荷马州、南达科他州,风力发电占全州电力供应的30%以上,另有14个州的风力发电占其全部电力供应的10%以上(如图4所示)。②

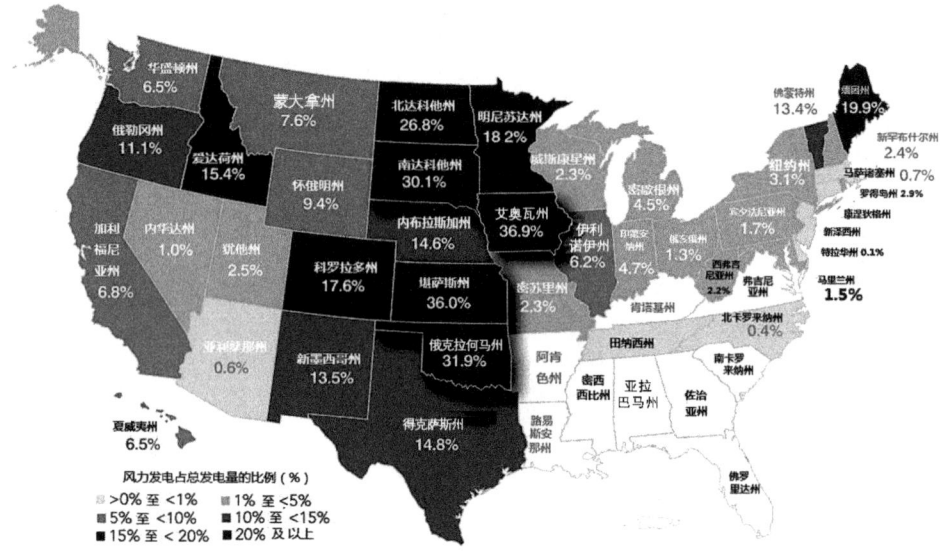

图4 美国各州风力发电的占比情况

资料来源:美国风能协会,"AWEA, Annual Market Report 2017 Executive Summary," https://www.awea.org/resources/publications-and-reports/market-reports。

美国的风力发电相关产业的企业超过500家,遍布50个州,就业人数超过10万人。全美共有54000个风电机组,总装机容量为88.973吉瓦,分布在41个州及关岛和波多黎各地区,为超过2700万个家庭供应电力,而在1990

---

① AWEA, Annual Market Report 2017 Executive Summary, https://www.awea.org/resources/publications-and-reports/market-reports.

② AWEA, Annual Market Report 2017 Executive Summary, https://www.awea.org/resources/publications-and-reports/market-reports.

年，风电只能维持 50 万个家庭的供电需求。①

近年来，美国的公用事业单位加大风能的投资，投资力度空前，签署了超过 3.3 吉瓦的风力发电合同，计划 2017 年拥有和运营 5.5 吉瓦的风力发电装机。当前，全美公用事业单位旗下共有 8.4 吉瓦的风电在开发或建造当中。②

一些大型公司也纷纷加入风电投资行业。2017 年，全美私营公司签署了 23 份风能投资协议，装机容量超过 2 吉瓦；截至 2017 年，私营公司已投资了超 9.1 吉瓦的风力发电；私营资本的大量涌入是美国风电成本不断下降的关键因素。③

过去的十年时间，美风电行业吸引了 1450 亿美元投资④，风电项目多分别在美国的农村及边远地区，这些投资为边远地区带来大量的现代化厂房、就业机会和税收，为美国经济发展做出了贡献。

（二）太阳能产业

太阳能产业是美国可再生能源产业重要的组成部分。2017 年，美国太阳能发电量首次超过生物质能发电量，仅次于水利和风力发电。美国的太阳能发电大致可分为光热发电、大型光伏发电和 1 兆瓦及以下的小型光伏发电三种。近年来，美国光热发电能力保持相对平稳，光伏系统近年来一直在增长；2014 年，大型太阳能光伏发电量达 1500 万千瓦时，小型光伏发电量达 1100 万千瓦时；2017 年，分别增加到 5000 万千瓦时和 2400 万千瓦时。到 2020 年，美国预计将有 28 个州每年都有超过 100 兆瓦装机容量的市场，而在 2010 年，仅有两个州达到这一水平。

美国太阳能产业协会最新数据显示，2018 年第 1 季度，美国屋顶太阳能

---

① AWEA, Annual Market Report 2017 Executive Summary, https://www.awea.org/resources/publications-and-reports/market-reports.
② AWEA, Annual Market Report 2017 Executive Summary, https://www.awea.org/resources/publications-and-reports/market-reports.
③ AWEA, Annual Market Report 2017 Executive Summary, https://www.awea.org/resources/publications-and-reports/market-reports.
④ AWEA, Annual Market Report 2017 Executive Summary, https://www.awea.org/resources/publications-and-reports/market-reports.

光伏市场经过 2017 年的回调后开始回暖，但市场前景仍有不确定性。一些州的市场表现强劲，内华达州和佛罗里达州等新兴市场持续增长；在佛罗里达州，受益于该州屋顶光伏租赁供应商提供更具竞争力的太阳能光伏租赁服务，该州屋顶光伏市场增长迅猛，已跻身于全美五大市场行列[①]。2018 年 5 月 9 日，加州能源委员会通过了一项决议，要求所有新的低层住宅建筑（包括不到三层的多户住宅）将从 2020 年开始建造光伏系统，这一规则的实施将在 2020—2023 年间为新住房增加超过 800 兆瓦的装机需求。而 2018 年第 1 季度，美国非住宅光伏（商业和工业）略有下降，该季度共安装 509 兆瓦装机容量，同比增长 23%，环比下降 35%。新泽西州通过了《可再生能源强制配额制（RPS）法案》，这将为 2019 年开始的绿证交易市场带来信心，该州同时还将新的太阳能社区项目纳入法案，也将有助于推动非住宅太阳能的快速发展。[②]

美国的公共事业机构是太阳能产业的最大参与者。2018 年第 1 季度，美国公共事业机构共安装太阳能 1.406 吉瓦，占本季度美国新增市场容量的 54%，此外还有 1.9 吉瓦的太阳能项目正在建设当中，这些项目都将在本年度建设完成。由于 2018 年第 1 季度已经是连续第 10 个季度新增装机容量超过 1 吉瓦，因而有理由认为，尽管太阳能光伏设备的关税已经提高，但公共事业太阳能市场的增长势头仍然没有减缓。[③]

（三）生物质能产业

在美国农业部政策以及联邦可再生燃料标准（RFS）的支持下，美国成为世界上最大的生物燃料生产国和使用国。

美国和巴西是世界最重要的乙醇生产大国，两个国家的乙醇生产总量占世界生产总量的 84%。由于玉米的丰收，2017 年美国的乙醇生产量同比增长 2.8%，至 600 亿升，产量的 90% 在美国本土市场消化；10% 左右销往世界 60

---

① "Solar Market Insight Report 2018 Q2," https://www.seia.org/research-resources/solar-market-insight-report-2018-q2.
② "Solar Market Insight Report 2018 Q2," https://www.seia.org/research-resources/solar-market-insight-report-2018-q2.
③ "Solar Market Insight Report 2018 Q2," https://www.seia.org/research-resources/solar-market-insight-report-2018-q2.

多个国家。美国本土市场较大的重要原因之一是美国环境署的最终可再生燃料标准（RFS2）分配下的年度排放量要求导致乙醇燃料需求量增加。2015年起，中国成为美国乙醇的最大出口国，但2017年随着中国关税的提高及来自巴西的强力竞争，美国出口至中国的份额大量缩小。美国是世界上最大的以生物甲烷作为交通燃料的市场，2014—2016年，美国生物甲烷的产量翻了六倍，2017年继续增长15%。美国还是世界上第三大电动汽车区域市场，仅次于欧洲和中国。①

美国是世界上生物质供热的主要应用地区。美国在生物质发电领域的装机量仅次于中国；由于缺乏针对性政策的推动及受到其他可再生能源的竞争，美国生物质发电在过去的十年间没有明显增长，但2017年，生物质能发电量同比小幅增长2%，从68太瓦时增长到69太瓦时。尽管新增268兆瓦装机容量，但随着一些机组的退役，美国生物质装机容量有小幅的下降。在生物柴油领域，美国生产量占世界总产量的16%，2017年的产量同比增长1.6%，至60亿升；紧随其后的是巴西，生产力占比达11%。美国是世界最大的木材生产国和出口国，全国共有87个工程，2017年产能1070万吨，实际产量为530万吨，其中470万吨出口至国外，主要是欧洲地区。②

（四）地热能产业

美国的地热资源非常丰富，美国也是地热能发电的全球领导者，截至2017年底，地热能发电的总装机容量为2.5吉瓦，地热能发电量为16太瓦，占美国总发电的0.4%。近年来，美国的地热直接利用（用于供暖与制冷）以年均6%的速度增长，其中作为热能直接利用的每年增长3.5%；2017年美国地热直接利用预计新增1.4吉瓦（热）。③

美国政府一直积极倡导开展地热技术研究，希望通过技术的突破使地热成

---

① "RENEWABLES 2018 GLOBAL STATUS REPORT," http://www.ren21.net/wp-content/uploads/2018/06/17-8652_GSR2018_FullReport_web_final_.pdf.

② "RENEWABLES 2018 GLOBAL STATUS REPORT," http://www.ren21.net/wp-content/uploads/2018/06/17-8652_GSR2018_FullReport_web_final_.pdf.

③ "RENEWABLES 2018 GLOBAL STATUS REPORT," http://www.ren21.net/wp-content/uploads/2018/06/17-8652_GSR2018_FullReport_web_final_.pdf.

为国内能源供应的重要组成部分。2016年，美国政府投入500万美元用于发展地图工具，以期对地热能资源更好地进行预估。深直接利用（DDU）是美国地热能的新兴研究领域，它设想只要深度足够深，一些地热资源不够丰富的地区也能用上相对低温的地热。2017年，美国能源部为6个DDU研究项目提供了支持资金，开展低温深井地热系统的可行性研究，强调DDU是高温发电和燃料组合用于供暖与制冷的潜在有效和具有成本效益的替代品。美国政府也资助工程化地热系统（EGS）研究，这项技术是多个国家实验室和大学共同合作、致力推动的新技术。美国持续进行技术创新，使得一些原本不可开采的地热能成为利用经济利用的地热能，未来地热能的应用仍具有不小的潜力。

三、小结

美国是世界上最大的经济体，主张能源独立一直是历届政府的首要能源战略。美国政府坚信，发展可再生能源可以确保美国在能源领域继续保持世界霸主地位。因而，自20世纪起，美国政府就不遗余力地致力于可再生能源发展，不仅从法律政策层面给予支持，还在财政支持措施方面屡有创新，其中的投资税抵免、生产税抵免等政策对于可再生能源发展的作用更加直接。美国联邦政府在可再生能源支持政策上具有一定连贯性，政策可操作性强，一些政策规定细致入微；各州政府政策又是对联邦政府政策的有益补充，诸如可再生能源强制配额制政策对于促进可再生能源的上网，尤其是太阳能发电上网就起到了显著的推动作用，一些旨在鼓励技术研发的基金推动着美国的可再生能源技术一直处于国际领先位置。

尽管随着特朗普政府的上台，美国的可再生能源发展步伐稍有放缓，一些化石能源相关产业略有抬头。但同时，美国各州依然处于可再生能源的快速发展期，一些相关的促进措施层出不穷，加利福尼亚州甚至要求所有的低层建筑加装太阳能发电设施。虽然特朗普政府已宣布退出《巴黎协定》，但各州仍然在研究与推进碳税的征收，推进碳捕集技术研究，探索建立对温室气体的监管体系。在生物质产业方面，美国仍然是世界上最大的生物质燃料生产国与消费国。在可预见的未来，美国依然是世界上主要的可再生能源生产与消费国家，在世界可再生能源发展的过程中依然会发挥关键性的作用。

近几年随着能源领域的深化改革，中国的可再生能源行业取得了飞速发展，在部分领域甚至达到了世界领先的水平，但仍存在许多不足。比如，尽管近几年中国也出台了大量的可再生能源促进政策与措施，但是这些政策多数过于宏观，缺乏细则，也尚未体现出政策的连贯性；我国政策的协调性也不如美国，"九龙治水"的尴尬局面在短期内还无法消除；一些在美国发挥了重要作用的政策，中国并未给予足够的重视，比如税收抵免政策在美国可再生能源发展过程中发挥了重要的作用，但中国的税收抵免政策力度薄弱，大多数可再生能源项目税收的实际水平与常规能源接近，难以体现出对可再生能源发展的优惠。研究美国的可再生能源的政策体系和产业发展，可以给中国的可再生能源发展提供政策上的参考，中国还可以"以邻为鉴"，最大限度地避免美国走过的弯路。

B.19 欧盟可再生能源产业发展及对中国的影响

曹 慧*

摘 要:

受欧债危机和新政的影响,欧盟可再生能源产业一方面遭遇投资不足、去补贴化的趋势,但另一方面,加快立法,向清洁能源转型。探究其因,本文认为,第一,可再生能源发电补贴使欧盟成员国面临日益严重的财政困难;第二,欧盟希望通过去补贴措施,增加可再生能源产业的市场竞争力;第三,可再生能源成为欧盟内部政治博弈的关注点。欧盟可再生能源产业的变化将对中国在欧投资、国内政策制定方面产生影响,应予以高度重视。

关键词:

欧盟 可再生能源 去补贴化 竞争力

---

* 曹慧,国际政治专业博士,副研究员,供职于中国社会科学院欧洲研究所。

可再生能源，无论是在欧盟的"2020战略"（2007）、"2030战略"（2014）还是在我国的《国家应对气候变化规划（2014—2020年）》里都占据着重要的地位。绿色、清洁能源的发展不仅决定着双方能否实现既定的减排目标，也决定双方未来十年里能否通过低碳经济、增长就业、提高产业竞争力的重要途径。可以说，谁在可再生能源占得先机，谁将在全球气候治理中拥有更多的话语权。探析欧盟在该领域的发展趋势，或许可以为我国气候、能源决策者提供一个参考。

一、欧盟可再生能源发展面临的困境

1990—2014年期间，欧盟在可再生能源领域进展迅猛。据欧盟统计局数据。[①] 在能源产出方面，可再生能源产出增长了174%，年均增速为4%。截至2014年底，欧盟28国可再生能源发电量占总发电量的28%，可再生能源消耗占总能源消耗的16%。总体而言，欧盟正朝着2020目标逼近。[②]

尽管如此，欧盟可再生能源的发展依然滞后于计划。欧盟在"2030能源与气候变化战略"中表示，到2030年，可再生能源在能源消费市场中的份额提高到至少27%。截至2014年底，该比例仅为16%。[③] 显然，可再生能源发展在欧盟遇到瓶颈。问题主要来自两个方面，首先，发电并网难问题严重制约着欧洲可再生能源电力运输和大规模生产。以德国为例，由于缺少充足的输电高压线等基础设施，该国面临着无法将北部的电力输送到工业集中的西部地区和人口密度较高的南部地区的问题。西部工业区的北莱茵-威斯特法利亚，南部的巴登-符腾堡和巴伐利亚等地人口稠密、工业集中，稳定而充足的电力供应是保证当地经济发展的重要基础。以前，电力的来源主要是煤为主的火力发电和核发电。自德国2000年启动"能源革命"计划后，上述地区将需要增加

---

① Eurostat, *Energy from renewable sources* [EB/OL], March 2015, http://epp.eurostat.ec.europa.eu/statistics_explained/mobile/index.php#Page?title=renewable%20energy%20statistics&lg=en.

② 即在2020年实现可再生能源消耗占总能源消耗的20%。

③ Eurostat, *Energy from renewable sources*, February 2016, http://ec.europa.eu/eurostat/statistics-explained/index.php/Energy_from_renewable_sources.

约 4500 公里的高压电力传输线，才能满足欧盟 2030 战略中"27%"绿色发电的需要。① 而实际上，在过去的十余年里，德国已完成的电网铺设距离还不足 1000 公里。

其次，欧债危机引发的资金短缺使欧盟可再生能源计划在实施过程中困难重重。据联合国环境计划署和法兰克福研究中心数据，② 2015 年，全球在可再生能源领域的投资达到 2860 亿美元，同比增长 3%。由于中国和印度的贡献突出，发展中国家首次超越在该领域的投资规模超越发达国家，发展中国家同比上升 19%，发达国家则下降 8%。2015 年全球可再生能源投资增长部分的 36% 来自中国，规模达到 1300 亿美元。相比之下，欧洲的可再生能源投资极度萎缩。即使作为欧洲最大的投资国，德国 2015 年的投资规模也仅为 85 亿美元，是过去 12 年以来投资幅度最低的一年。法国可再生能源领域的投资同比下降了 63%，总额不足 20 亿美元。③

发展可再生能源缺乏必要的资金是欧盟面临的一大挑战。以法国为例，据法国电力联合会统计，从 2013 年到 2030 年，法国"能源过渡"大约需要 5900 亿欧元的投资，其中核能发电占比由 75% 降至 50% 就需要 1000 亿欧元。法国已提出发展可再生能源的目标，即到 2020 年将可再生能源占总能源消耗的比例由 2005 年的 10.3% 提高至 23%。然而，到 2015 年，法国的可再生能源在总消耗能量中的比例仅为 15%。若照此速度发展，法国的可再生能源产业将拖住整个欧盟的后腿。④ 为此，法国政府近年来不断推出支持能源过渡、增加可再生能源投资的新举措，其中包括：在 2014 年财政法中引进气候—能源税（碳税），开源节流，为能源过渡提供财政资金；计划到 2017 年每年实现 50 万套住房节能翻修工程，以鼓励家庭节能，推动可再生能源利用等。

---

① European Commission, *2030 Energy Strategy*, http：//ec. europa. eu/energy/en/topics/energy-strategy/2030-energy-strategy.

② Frankfurt School-UNEP Centre/BNEF, *Global Trends in Renewable Energy Investment 2016*, March 24, 2016, pp. 12-19, http：//fs-unep-centre. org/pblicaitons/global-trends-renewable-energy-investment-2015.

③ Frankfurt School-UNEP Centre/BNEF, *Global Trends in Renewable Energy Investment 2016*, March 24, 2016, pp. 12-19, http：//fs-unep-centre. org/pblicaitons/global-trends-renewable-energy-investment-2015.

④ European Commission, *Renewable energy progress report* [EB/OL]. Brussels, June 15, 2015, COM (2015) 293 final, p. 3.

二、欧盟可再生能源产业市场化转型

（一）欧盟新政引发的可再生能源产业呈现去补贴化趋势

欧盟的能源政策，到目前为止，并未完全统一在联盟层面上。但2009年《里斯本条约》的出台为欧盟能源政策进一步整合提供了契机。经《里斯本条约》修订后的《欧洲联盟运行条约》第194条明确地将能源划为欧盟与成员国共享管辖权能。条约规定，决定开发新能源与可再生能源的权利保留在欧洲议会和欧盟部长理事会。但同时，成员国拥有制定能源组合和能源供应战略的管辖权。因此，欧盟成员国可再生能源的立法、出台政策都是在欧盟"可再生能源指令"下转化为具体的国家法规或政策的。

从2014起，部分成员国陆续开始在欧盟新政的指导下，将可再生能源发电补贴制度逐渐改为"竞价上网"制度，培养可再生能源产业竞争力。欧盟的新政是指2014年出台的《关于成员国对环境保护和能源资助指南办法2014—2020年》（*Guidelines on State Aid for Environmental Protection and Energy 2014-2020*，以下简称《国家资助指南》）文件。该文件第三部分明确指出，"从2016年1月起，为鼓励可再生能源发电市场的统一，所有（接受可再生能源发电补贴的）受益方都应将所发电力直接售卖到市场，参与市场（竞争）。"①

根据欧盟的新政，德国下决心调整可再生能源政策，取消对企业的发电补贴，逐步"断奶"，适应市场竞争。德国政府于2016年6月8日通过《可再生能源法》修正案，目的是削减可再生能源发电设施扩建及入网补贴，降低发电成本，鼓励行业竞争，防止可再生能源投资过热。② 按照目前的入网补贴政策，德国电网运营商必须以较高的指定价格收购可再生能源所发的绿色电力，

---

① European Commission, *Communication from the Commission Guidelines on State Aid for Environmental Protection and Energy 2014-2020*, Brussels, June 28, 2014, 2014/C 200/01.
② 《德国政府调整可再生能源入网补贴政策》，新华网，2016年6月9日，http://news.xinhuanet.com/fortune/2016-06/09/c_1119017285.htm。

而多出的成本则由终端消费者埋单。这一做法虽然鼓励了可再生能源产业的发展，但也不可避免地推高了电价。新修改案规定，从2017年起，德国将不再以政府指定价格收购绿色电力，转而通过市场竞价，将补贴发放给中标的可再生能源发电企业，即谁出价最低，谁就可以按此价格获得新建可再生能源发电设施入网补贴。不过，为鼓励家庭安装自用型太阳能电池板，装机容量小于750千瓦的小型太阳能发电设施将不必参与竞价，依然遵循原来的补贴办法。

在意大利，该国现行的可再生能源补贴制度将于2016年底到期。届时，意大利将和其他欧盟成员国一样，逐渐取消可再生能源产业的补贴制度，转而采取鼓励竞争的竞价体系。但由于国内因素，原计划于2016年春季推出的、包含竞标体系在内的能源改革计划被伦齐政府推迟执行。该计划主要包括一个新的立法框架，旨在针对可再生能源、能效和环境问题，使意大利的清洁能源政策与欧盟的《国家资助指南》原则相符。

西班牙政府对可再生能源行业持忽冷忽热的态度。自2011年公布回溯性削减补贴政策以来，很多可再生能源项目进入停顿、观望状态，因为投资者不知道他们是否应被纳入竞价体系。西政府认为，新立项目都应进入竞价体系，但当地行业协会却认为竞价体系无法达到预期的功能。整个行业需要更多的时间从回溯性削减政策所带来的信心受挫中恢复过来。比如，在竞价体系下，政府补贴应在竞拍后迅速跟进，才有可能实现其预定的2020战略目标。

在英国，原能源与气候变化部（DECC）[①] 2015年7月出台了一系列减免可再生能源补贴措施。措施主要包括两个领域，生物电解产业和光伏产业。在英格兰和威尔士，新批准的生物电解发电项目将不再享受原有、固定不变的补贴标准。从本质上来说，大量涌现的生物发电、光伏产业使英政府不堪"补贴"重负，是导致该领域补贴遭到削减的主要原因。此外，英国还展开"可再生能源义务证书框架下补贴"的咨询议案。该议案的中心内容是如何将现行的可再生能源政策逐步从"可再生能源义务证书框架"补贴政策（Renewable Obligation）过渡到"竞标合约框架"（Bidding Contract for

---

① 2016年7月，该部已遭到特蕾莎·梅新政府撤销，与其他部门合并成立商务、能源与工业战略部。

Difference)。该政策转型的背后逻辑是：削减政府可再生能源发电补贴开支。根据该咨询方案，原来对陆上风能和 5 兆瓦及以下光伏项目发电补贴计划应于 2016 年 4 月 1 日终止。仅此一项，英国 2015—2016 财政年度在可再生能源财政补贴上将减少 4500 万英镑支出。预计在 2020—2021 财政年度，补贴削减力度将达到 9100 万英镑。[1] 尽管如此，有数据表明，英国 2020—2021 年的可再生能源补贴仍将高达 91 亿英镑，超出预算 15 亿英镑。[2]

此外，英国可再生能源行业也将面临被征收气候变化税（Climate Change Levy）。英国前财政大臣乔治·奥斯本（George Osborne）2015 年 7 月宣布，政府不再免除可再生能源发电的气候变化税。这是英国首次迎来可再生能源补贴的回溯性削减。[3] 对于可再生能源发电商，这意味着他们将不能继续获得免税证书（Levy Exemption Certificates），从而无法通过出售这些证书给售电公司来获得利润。这项政策已经对某些电力企业产生了重大影响，如英国一家大型的发电商 Drax，其股价在该政策宣布的当天狂跌 28%。由此看来，由于陆地风电、光伏等行业补贴政策遭到削减、可再生能源气候变化税的启动，以及整体政策环境的不确定性等因素的影响，英国可再生能源项目的投资吸引力大幅下跌。

（二）欧盟取消可再生能源发电补贴政策的原因

欧盟在可再生能源领域出现补贴力度和投资规模大幅双降态势的原因主要有二。

其一，可再生能源发电补贴政策出现巨大变化，使投资者呈观望态势。为

---

[1] The Department of Energy and Climate Change of the UK, *Renewable energy subsidies revised to ensure consumers are protected from higher energy bills*, July 22, 2015. https：//www.gov.uk/government/news/controlling-the-cost-of-renewable-energy, 2016-6-20.

[2] Ernst & Young Global Limited, *Renewable Energy Country Attractiveness Index 2016*, No. 47, 2016, pp. 43-46；Ernst & Young Global Limited, *Renewable Energy Country Attractiveness Index 2015*, No. 46, 2015, pp. 35-37.

[3] 从 2015 年 8 月 1 日起，对征收气候税的可再生能源企业实施过渡期政策。在过渡期内，可再生能源发电企业仍可以有条件地享受免税。其条件是：它们需要拥有足够的、当期所发电力的免税证书，并且再将这些电力提供给具备条件的用户。为落实该项政策，英国于 2015 年 7 月颁布的 2015—2016 "夏季财政法案"（Summer Finance Bill 2015-2016）中包含了相应的措施。英政府意欲在 2016 年秋季，与监管机构以及受影响的行业部门讨论过渡期的长度。

符合欧盟《国家资助指南》等相关指令，欧盟主要成员国以及英国陆续采取逐渐削减可再生能源产业补贴措施，个别国家甚至干脆取消对可再生能源产业的补贴，目的是减少政府干预、促进市场竞争。但短时期内政策出现反复，使该产业进入"繁荣—泡沫破裂"的周期。如在西班牙和意大利，政府取消了"入网回购电价"（Feed-in tariff）的补贴政策，尤其是对太阳能行业。据欧洲环境署数据统计，截至2015年底，就整体而言，欧洲正在逼近2020目标，即可再生能源在能源消费中占20%。不过，取消或削减补贴的意大利、西班牙、英国等国离目标还有相当大的差距。

其二，国内政治影响着欧洲可再生能源行业的发展。以西班牙为例，该国的第三大政党"我们能"（Podemos，极左翼）党在2015年初的大选中宣布，如果该党执政的话，将推出一个激进的能源计划，即在未来20年内投资184亿欧元使该国能源完全独立。重点投资领域包括提高能效，发展低成本的太阳能、生物质能和小型水力发电项目。[①] 而执政的人民党也曾在2015年考虑将零售电价下调5%，以挽回回落的选民支持度。

在意大利，该国政府已于2014年发布《光伏电厂补贴削减法》。该法令旨在试图通过三种途径削减光伏发电补贴，增强可再生能源产业的市场竞争力：其一，通过降低补贴比例，补贴期从20年延长至24年；其二，不延长补贴期，在近期削减补贴比例，后期再提高补贴比例；其三，针对不同规模电站，按比例削减光伏发电补贴。不过，意国光伏产业界对该法令表示强烈不满，并认为其影响了市场资本的投入，不利于产业的规模发展。国际能源署也认为该法令为光伏产业的支持机制带来了不确定性，对投资者信心产生消极影响。2018年6月，五星运动党和联盟党成立新一届联合政府。尤其是，五星运动党在短短的数年中，该党已发展成为意大利第二大政党。在以绿色、环保为主要政治纲领推动下，五星运动党将在新政府中出台更"绿"的能源政策，以兑现其竞选诺言，迎合选民。由此可见，能源政策，尤其是可再生能源政策已成为欧洲政党拉选票的重要"利器"。

---

① "Podemos party's plan to 'stimulate consumption' needs more ambition," *The Guardian*, January 15, 2015, https://www.theguardian.com/sustainable-business/2015/jan/15/spain-podemos-should-further.

三、欧盟加快清洁能源转型

目前，欧盟不遗余力地加快清洁能源转型。2018 年是欧盟进入能源、气候变化立法快车道的一年。欧盟加速立法进程的目的是为了推进能源市场一体化，实施"欧洲清洁能源计划"（Clean Energy Plan for All Europeans）、更有效地执行《巴黎协定》。欧洲清洁能源计划于 2016 年 11 月底由欧盟委员会提出。[1] 为实施该计划，欧盟需新建或修订 8 部相关法律，范围涉及可再生能源、能效、能源联盟、建筑物能源表现、能源市场跨境监管、规制协调等。

欧盟近期通过具有法律效力的可再生能源目标。2018 年 6 月 14 日，欧盟通过一项旨在提高可再生能源目标的法规。根据新规，到 2030 年，欧盟可再生能源在总能源消费中占比从非强制性的 27% 上调至法定的 32%，进一步提高可再生能源并网力度，保障电力供应安全。[2] 欧盟委员会认为，该法案的通过将有助于欧盟在抗击气候变化、清洁能源转型及执行巴黎协定方面继续发挥领导作用。欧盟能源与气候行动委员卡内特强调，该法案的通过是欧盟在欧洲清洁能源转型努力的结果。[3]

欧盟欲进一步从欧盟层面加强市场监管、政策协调能力。[4] 6 月 11 日，欧盟部长理事会通过"建立欧盟能源合作局（ACER）修订案"文本。按欧盟普通立法程序，该修订案将交欧洲议会审议。欧盟能源合作局成立于 2011 年，总部位于斯洛文尼亚的卢布尔雅娜市。该局的最初定位是监管欧盟电力批发市场以及跨境能源基础设施。此修订案旨在扩大欧盟能源合作局的权能，加强各成员国的能源监管政策协调性。如该法案获得通过的话，则意味着跨境电力和

---

[1] The European Commission, *Clean Energy for All Europeans-Unlocking Europe's Growth Potential*, press release, November 30, 2016, Brussels.

[2] "EU agrees on further renewable energy development," *New Europe Journal*, June 15, 2018. https://www.neweurope.eu/article/eu-agrees-renewable-energy-development/.

[3] Cañete, "EU clean energy transition must remain beneficial for consumers," *New Europe Journal*, September 21, 2018.

[4] "EU agrees on new rules for improving Energy Union governance," *New Europe Journal*, June 20, 2018, https://www.neweurope.eu/article/eu-agrees-new-rules-improving-energy-efficiency.

天然气市场将被纳入欧盟层面予以监管；而且，今后凡按普通立法程序通过的能源指令、决定或规定均由欧盟能源合作局予以执行，无须在成员国层面进行审议和转化。

欧盟进一步加大立法机构间的协调。欧盟部长理事会认为，随着市场融合度不断增高，以及因电力产品多样性带来的新变化，各成员国能源管理当局与邻国之间需进行广泛的规制协调、更频繁的跨境电力贸易。该修订案有利于欧盟成员国共同应对突发性能源供应危机、保障电力供应安全。此外，加强欧盟电网互联性意味着需要保障电网稳定性，使大批量的可再生能源电力能够并入电网。保加利亚能源部长佩特科娃（Temenuzhka Petkova）强调，ACER修订案是涉及"欧洲清洁能源一揽子计划"（Clean Energy for All Europeans Package）的最后一部法律。截至2018年6月底，欧洲清洁能源计划已在欧盟部长理事会基本达成共识。

四、对中国的影响

欧盟可再生能源领域政策变化带来的不确定性，势必对我国产生影响。

首先，短期内，欧盟对可再生能源发电补贴的削减和逐步取消将直接影响我国在欧投资项目的收益。由"入网回购电价"补贴政策改为"市场竞价体系"政策的内在逻辑是：通过逐渐取消对可再生能源产业的政策性补贴，旨在提高产业竞争力。不过，如此一来，新批准的可再生能源投资项目的利润将遭到挤压，企业投资效益成为未知数。有鉴于此，中国企业应重新评估在欧的现有和新建能源投资项目，尤其是在中东欧地区的可再生能源项目。

其次，从长期看，欧盟取消可再生能源发电补贴、征收气候税的做法将进一步助推其对进口产品征收气候，或能源税的诉求。近年来，欧洲议会曾多次敦促修改WTO规则，将气候变化领域纳入WTO管辖范围。这样，各国可以将与温室气体排放相关的关税纳入贸易政策中。如在2010年11月通过的不具法律效力的"与气候变化相关的国际贸易政策"决议中，欧洲议会强调，"碳边境调节税不应当被视为贸易保护主义的工具，而是减少碳排放的一种途径。"①

长期以来，欧盟极力想扭转对华贸易逆差的局面，并多次指出，在目前的双边贸易体系中，中欧企业不具有可比性。其中一个原因是，欧方企业背负着沉重的限制排放、降低能耗的"气候成本"，而中国企业则大多没有此负担，因此，价格上的优势导致其贸易出现长期逆差。为提高产品的可比性，欧盟希望将能源纳入 WTO 框架，对没有履行减排、降耗的进口产品征收碳排放税或碳边境调节关税。无疑，从外贸规模看，在没有建立覆盖全国的碳排放交易市场之前，中国出口产品将成为欧盟"WTO 改革倡议"的最大假想目标。

针对欧盟可再生能源产业的去补贴化发展，我国决策者应予以高度重视。实际上，我国各级财政对可再生能源电价的补贴附加资金已入不敷出。2010 年度，财政资金缺口 20 亿元左右；2011 年缺口 100 亿元左右。尽管国家对可再生能源发电企业不断上调补贴电价，即由最初的征收标准 2 厘/千瓦时上调至 4 厘/千瓦时（2009 年），再度上调至 8 厘/千瓦时（2011 年）。但长此以往，按照这样的电价补贴调整速度和可再生能源发电产业的速度发展下去，未来我国将背上沉重的财政负担。另外，从长期看，这种补贴方式也不利于我国在气候变化减排方面的制度安排，如覆盖全国的碳排放交易市场。随着 2016 年 9 月在二十国集团峰会上习近平主席批准《巴黎协定》，发展可再生能源注定将成为我国实现"国家自主决定贡献"目标不可或缺的重要途径。或许，借鉴欧盟，多渠道开辟公私合作机制、大力发展电网基础设施建设、提高能耗、鼓励可再生能源企业参与市场竞争才是一条真正的低碳、绿色、可持续性的经济增长之路。

---

① 欧洲议会曾多次敦促 WTO 修改规则，建议将气候变化领域纳入其管辖范围。欧洲议会 2010 年 11 月 25 日通过"与气候变化相关的国际贸易政策"决议［2010/2013（INI）］。决议要点包括：（1）WTO 规则应适用于支持已达成的多边国际环境协议所做出的承诺；（2）敦促欧盟委员会应以观察员身份参与 WTO 会议，特别在与环境议题有关的纠纷解决程序中，发挥权能，扮演咨询角色。它强调，应在（WTO 下）建立新的国际规则，以消除因使用廉价二氧化碳排放量所赋予的比较优势；（3）敦促欧盟委员会和 WTO 召开联合会议，进行世贸规则改革，直接将气候变化、食品安全问题等纳入规则中。并根据生产和加工方法，对贸易产品与以区分，以确保在执行《京都议定书》的承诺和多边环境协议（MEA）上保持连贯性和一致性；（4）特别强调，碳边境调节税不应当视为贸易保护主义的工具，而是减少碳排放的一种途径。

20 日本可再生能源政策创新与市场发展

周　杰*

摘　要： 日本政府2018年7月3日公布的"第5次能源基本计划"，首次将可再生能源确定为到2050年实现经济自立的脱碳化"主力电源"。但是，当前日本可再生能源发展仍面临发电成本过高、市场环境欠优、并网接入容量受限、电力调节能力不足四大瓶颈。为此，新修订的能源基本计划决定采用降低发电成本、改善市场环境、优化电网运行、提升调节能力等措施破解上述四大政策难题，以期未来实现可再生能源成为主力电源的目标。

关键词： 可再生能源　上网电价　政策创新　主力电源　电力市场

---

* 周杰，国际清洁能源论坛（澳门）副理事长兼秘书长，中国经济社会理事会理事，武汉新能源研究院研究员。

日本政府 2018 年 7 月 3 日公布的"第 5 次能源基本计划",首次将可再生能源确定为到 2050 年实现经济自立的脱碳化"主力电源"。但 2030 年可再生能源发展目标仍维持 22%—24% 的占比,因目标偏低而备受社会舆论诟病,日本外相河野太郎就曾公开表示日本发展可再生能源产业的计划落后于世界大部分国家。本文将针对日本可再生能源市场发展现状以及存在的难题,探讨日本如何破解发电成本过高、市场环境欠优、并网接入容量受限、电力调节能力等可再生能源发展的四大政策瓶颈问题。

一、市场发展现状

日本早在 2003 年就开始推广可再生能源发电配额制(RPS),可再生能源装机容量年均增长率达到 5%。2009 年日本又开始实行剩余电力收购制度,以光伏为主的可再生能源装机容量年均增长率达到 9%。2012 年 7 月,日本实施可再生能源固定价格收购制度(FIT),到 2017 年 3 月可再生能源装机容量年均增长率达到 26%,近 5 年来增长了 2.7 倍。可再生能源发电量占比由 2011 年度的 10.8% 增加到 2016 年度的 15.3%[1]。其中非水可再生能源占比由 2011 年度的 2.7% 一举增加到 2016 年度的 7.8%,取得了长足的进步[2]。

如图 2 所示(保留整数),2017 年日本可再生能源占电力消费总量的 15.8%(含水电),从全球来看,与同期德国的 36.5%、意大利的 31.7%、英国的 28.6%、西班牙的 31.4% 不可相提并论,更不可与葡萄牙的 44.3%、丹麦的 45.7%、瑞典的 57.9% 同日而语,基本与美国的 17.2%、法国的 18.1%、印度的 17.4% 占比水平保持相当。

---

[1] 資源エネルギー庁「エネルギー白書」、2018 年 6 月 8 日。
[2] 日本"年"和"年度"的统计口径截止日期有所不同,"年"截至当年的 12 月 31 日,"年度"则截至次年的 3 月 31 日。

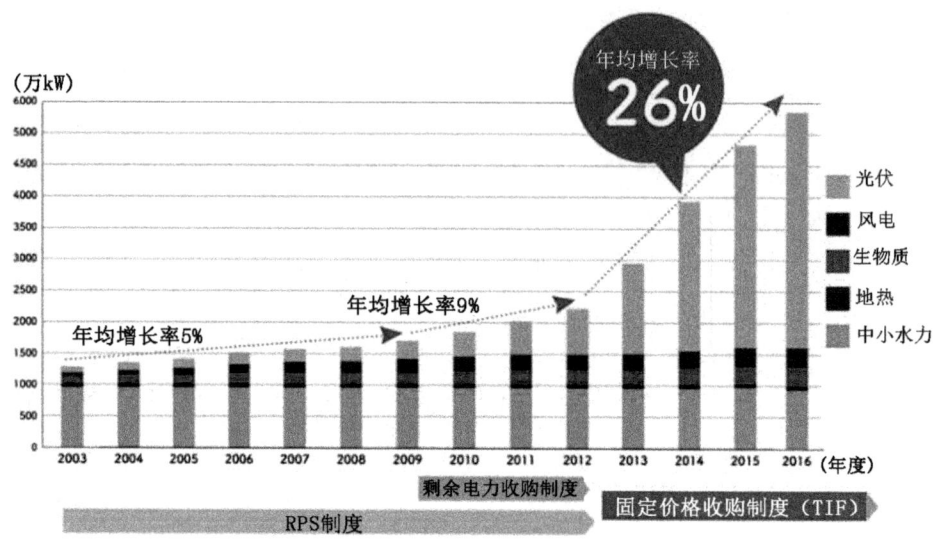

图1 日本可再生能源装机容量增长率（2003—2016）

资料来源：資源エネルギー庁「再生可能エネルギー固定価格買取制度ガイドブック」、2018年。

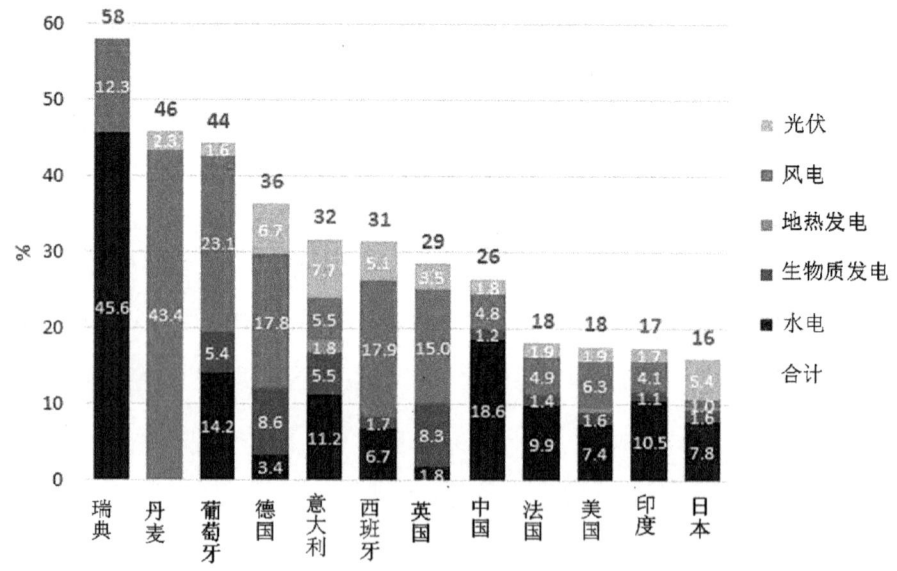

图2 2017年各国可再生能源占本国电力消费量之比

资料来源：日本自然エネルギー財団「統計資料」、2018年5月11日。

日本FIT制度对可再生能源的范围限定为光伏、风电、地热发电、中小水电、生物质发电 5 种电源。如表 1 所示，截至 2018 年 3 月，日本可再生能源装机总量约 4148 万 kW，FIT 认证总量约 8524 万 kW，实际装机量占认证量的 48.7%。

表 1 日本可再生能源装机量及 FIT 认证量

可再生能源发电装机种类	FIT制度实施前 截至2012年6月的累计装机容量	装机容量（实际投运）						认证装机容量 FIT制度实施后 2012年7月—2018年3月末
		FIT制度实施后装机容量						
		2012年度装机容量（7月—3月末）	2013年度装机容量	2014年度装机容量	2015年度装机容量	2016年度装机容量	2017年度装机容量	FIT制度实施后累计装机容量
光伏（户用）	约470万kW	96.9万kW (211005件)	130.7万kW (288118件)	82.1万kW (206921件)	85.4万kW (178721件)	79.4万kW (161273件)	44.3万kW (89353件)	540.8万kW (1179211件)	575.4万kW (1245908件)
光伏（商用）	约90万kW	70.4万kW (17407件)	573.5万kW (103062件)	857.2万kW (154986件)	830.6万kW (116700件)	543.7万kW (72656件)	387.5万kW (42836件)	3350.8万kW (518260件)	6433.1万kW (684727件)
风电	约260万kW	6.3万kW (5件)	4.7万kW (14件)	22.1万kW (26件)	14.8万kW (61件)	31.0万kW (157件)	5.6万kW (239件)	96.5万kW (585件)	653.0万kW (6163件)
地热发电	约50万kW	0.1万kW (1件)	0万kW (1件)	0.4万kW (9件)	0.5万kW (10件)	0.5万kW (8件)	0.2万kW (20件)	2.1万kW (51件)	8.2万kW (78件)
中小水电	约960万kW	0.2万kW (13件)	0.4万kW (27件)	8.3万kW (55件)	7.1万kW (90件)	7.9万kW (100件)	6.4万kW (73件)	31.4万kW (371件)	116.8万kW (580件)
生物质发电	约230万kW	1.7万kW (9件)	4.9万kW (38件)	15.8万kW (48件)	29.4万kW (56件)	33.3万kW (67件)	30.0万kW (59件)	126.0万kW (295件)	737.7万kW (591件)
合计	约2060万kW	175.6万kW (228440件)	714.2万kW (391260件)	986.0万kW (362045件)	967.7万kW (295638件)	695.8万kW (234261件)	474.1万kW (132580件)	4147.5万kW (1698773件)	8524.3万kW (1938047件)

资料来源：資源エネルギー庁「国内外の再生可能エネルギーの現状と今年度の調達価格等算定委員会の論点案」、2018 年 10 月会议资料。

（一）光伏

光伏是实施 FIT 制度以来发展最快的电源，一般分为 10kW 以下的户用光伏和 10kW 以上的商用光伏。截至 2018 年 3 月，光伏投运装机量累计为 4450 万 kW，FIT 实施前的装机量及 FIT 认证装机量累计已达 7810 万 kW，其中 10—50kW 项目占据多数，商用光伏占比高达 95%。总体来说，目前实际装机量已完成 2030 年目标 6400 万 kW 的约 70%。

如图 3 所示，实施 FIT 制度以来，户用光伏 FIT 认证装机量每年都在 100 万 kW 上下，2016 年度累计达到 545 万 kW，但实际投运装机量一般为认证量的 85%左右，2016 年度累计装机量为 475 万 kW，包括 FIT 制度前的装机量已达到 945 万 kW，已超额完成了 2030 年 900 万 kW 的指标。2012 年度上网电价为 42 日元/kWh，2016 年度下降为 31 日元/kWh，2017 年度、2018 年度进一步下降为 28 日元/kWh 和 24 日元/kWh。

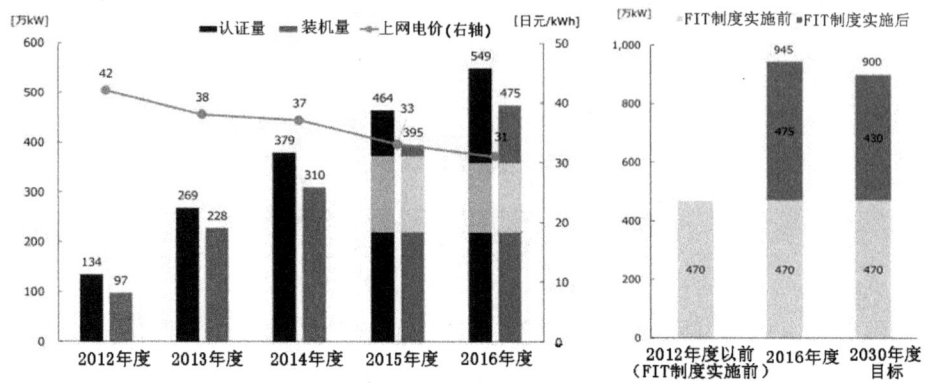

图 3　10kW 以下户用光伏 FIT 认证量、装机量和上网电价

资料来源:「みずほ情報総研レポート」、第 15 期、2018 年。

10kW 以上商用光伏的认证量、装机量和上网电价如图 4 所示,FIT 认证量 2012 年度为 1868 万 kW,2013 年度就达到 6304 万 kW,超额完成了 2030 年要达到的 5500 万 kW 指标。2016 年度更扩大到 7905 万 kW,但实际装机量为 2965 万 kW,约完成了 2030 年指标的 54%。上网电价由 2012 年度的 40 日元/kWh 下降到 2016 年度的 24 日元/kWh。2017 年度、2018 年度进一步下降为 21 日元/kWh、18 日元/kWh。

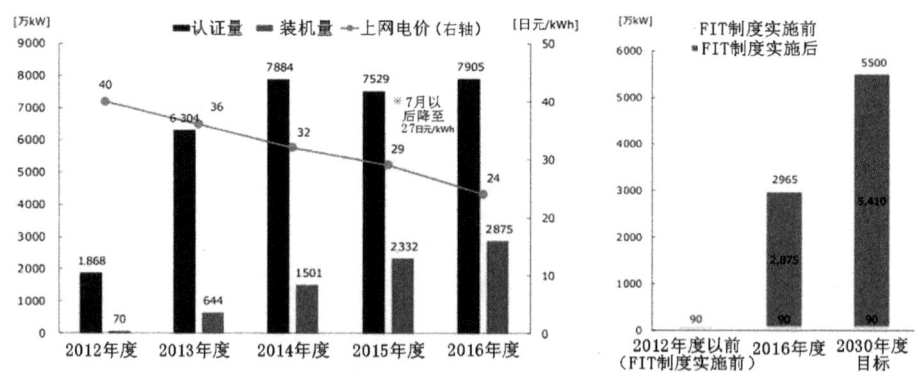

图 4　10kW 以上商用光伏 FIT 认证量、装机量和上网电价

资料来源:「みずほ情報総研レポート」、第 15 期、2018 年。

(二) 风电

日本风电发展比光伏要缓慢得多,FIT 制度将陆上风电一般分为 20kW 以下和20kW以上两类，2014年又增加了海上风电，总共三类。原则上7500kW以上的装机须进行环评。风电FIT认证量、装机量和上网电价见图5，实施FIT制度以来，FIT认证量年平均增加50万kW，2015年度达到283万kW，2016年度一举增加了400万kW，累计达到685万kW。实际投运装机量每年增加10万kW，2016年度达到79万kW，累计339万kW，完成了2030年1000万kW目标的34%。如表1所示，截至2018年3月，FIT认证量1030万kW，投运装机量350万kW，发电量占比不到1%。目前实际装机量已完成2030年目标1000万kW的35%。20kW以下和20kW以上风电上网电价一直稳定在55日元/kWh和22日元/kWh，海上风电则为36日元/kWh，今后将重点发展海上风电。

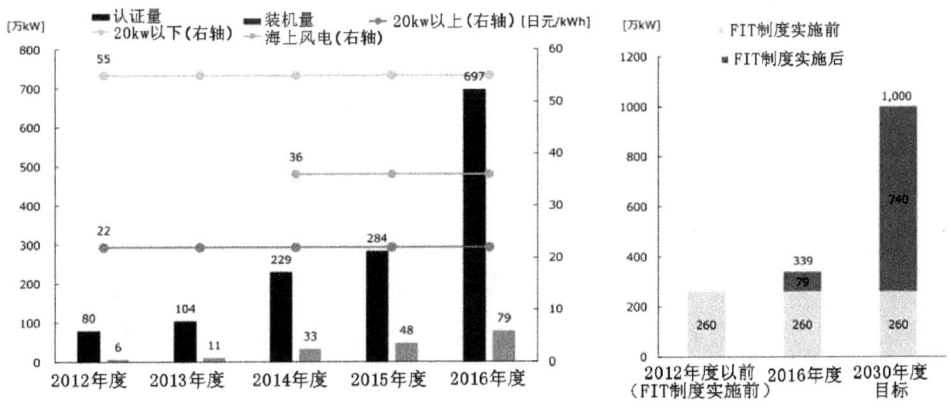

图5　风电FIT认证量、装机量和上网电价

资料来源：「みずほ情報総研レポート」、第15期、2018年。

（三）地热发电

地热发电一般分为15000kW以下和15000kW以上两类。如图6所示，实施FIT制度以来，大型地热发电项目仅1个，其余均为小型温泉发电项目，5年认证量不足10万kW，2016年度实际投运装机量为1.5万kW，包括FIT之前的装机容量为51.5万kW。如表1所示，截至2018年3月，FIT认证量为60万kW，投运装机量为54万kW。目前实际装机量已完成2030年目标140万—155万kW的37%。上网电价15000kW以下为40日元/kWh，15000kW以上为26日元/kWh。地热发电由于投资周期长,地下资源勘探难,环评手续复杂,开发工程量大,且须与当地达成开发协议,因此发展缓慢,目前仅完成2030年目标的1%左右。

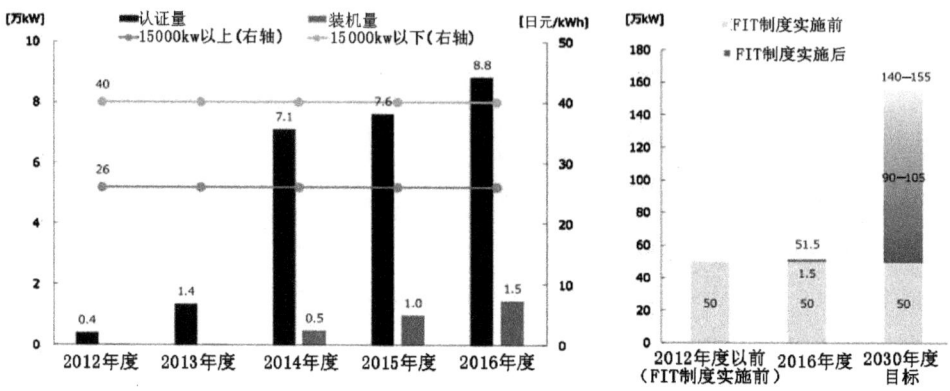

图6 地热发电FIT认证量、装机量和上网电价

资料来源:「みずほ情報総研レポート」、第15期、2018年。

(四)中小水电

FIT制度将中小水电分为三级:200kW以下、200—1000kW以下、1000kW以上。如图7所示,实施FIT制度以来,FIT认证量每年平均增加25万kW,2016年度为112万kW,而实际投运装机量为24万kW,包括FIT之前的累计装机容量为984万kW,完成了2030年1090万—1161万kW的85%—90%。如表1所示,截至2018年3月,FIT认证量990万kW,投运装机量970万kW,目前实际装机量已完成2030年目标1090万—1170万kW的86%。三类中小水电的上网电价到2016年为止分别为34、29、24日元/kWh。从2017年度开始,中小水电又进一步细分,新增加1000kW以上5000kW以下;5000kW以上30000kW以下两类,上网电价分别为27、20日元/kWh。

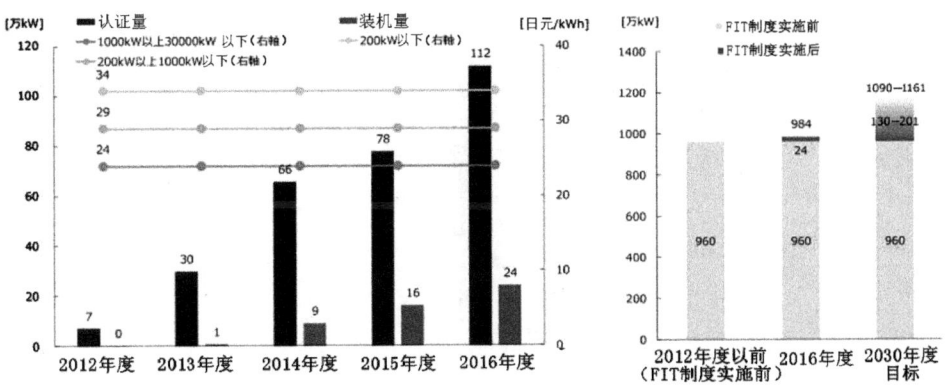

图 7　中小水电 FIT 认证量、装机量和上网电价

资料来源：「みずほ情報総研レポート」、第 15 期、2018 年。

（五）生物质发电

FIT 制度对于生物质发电根据燃料类别分为 5 种：（1）沼气发酵气体；（2）间伐木材；（3）一般木材和农作物残渣；（4）建筑废弃物；（5）一般废弃物及其他。上网电价分别为 39、32、24、17、13 日元/kWh，价格一直持续稳定，其中 2015 年度新增加 2000kW 间伐木材燃料发电的一档，收购价格为 40 日元/kWh。总体来看（图 8），5 年来生物质发电 FIT 认证量年均增加 90 万 kW，2015 年度仅为 370 万 kW，因受 2017 年度一般木材和农作物残渣 20000kW 以上发电项目上网电价从 24 日元/kWh 降至 21 日元/kWh 的影响，2016 年度开始大量进口一般木材（木片、木屑颗粒、棕榈壳等），一举增加到 1242 万 kW，相当于风电的一倍，增长量仅次于光伏。2016 年度实际投运装机量为 52 万 kW，包括 FIT 制度之前的装机量累计为 315 万 kW，完成了 2030 年度 602 万—728 万 kW 目标的 43%—52%。2017 年度继续增加了一般木材进口，10000kW 以下一般木材至今仍保持 24 日元/kWh。如表 1 所示，截至 2018 年 3 月，FIT 认证量 1520 万 kW，投运装机量 360 万 kW，目前实际装机量已完成 2030 年目标 602 万—728 万 kW 的 54%。

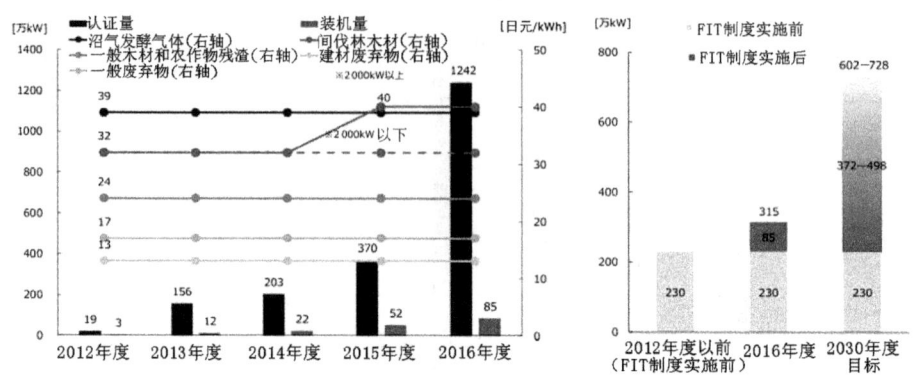

图8 生物质发电 FIT 认证量、装机量和上网电价

资料来源:「みずほ情報総研レポート」、第15期、2018年。

二、降低发电成本政策

可再生能源成本高是市场推广的第一大难题。如图9所示,日本2012年实行 FIT 制度的补贴总额为2500亿日元,2016年突破2万亿日元,其中1.3万亿日元用于10kW 以上的光伏发电项目的补贴,占67%。2030年度可再生能源补贴总额将达到3.7万—4万亿日元,相当于增加了2%的消费税。其中,2016年度征收可再生能源电价附加总额为1.8万亿日元,2017年度已增至2.1万亿日元,2018年度预计将达到2.4万亿日元。由此可见,可再生能源附加费必然会推高电价的涨幅。电价附加费已从2012年的0.22日元/kWh 上涨到2018年的2.90日元/kWh。因此,若要实现2030年占比目标,至少须征收3.1万亿日元的可再生能源电价附加费。若按现有的价格水平扩大可再生能源市场,势必加重民众负担。

另外,全球可再生能源价格则不断创新低,发电成本甚至低于传统火电的水平。如图10所示,日本光伏上网电价从2012年的40日元/kWh 降至2017年的19.6日元/kWh,2018年进一步降至18日元/kWh。日本陆上风电上网电价从2012年的22日元/kWh 降至2018年的20日元/kWh,但与其他国家价格相比仍偏高。如德国光伏上网价从2012年的22日元/kWh 减少到2018年的8.3日元/kWh,德国陆上风电上网电价降至2018年的8.8日元/kWh。德日两国价格竟相差一倍多。

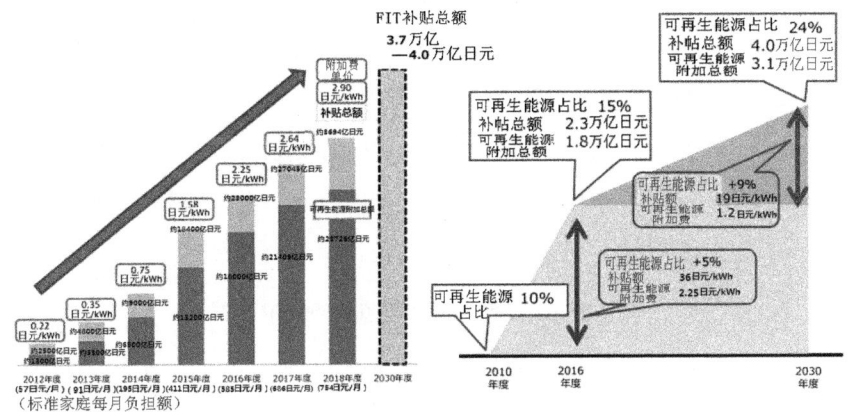

图 9 可再生能源附加与 FIT 补贴额

资料来源：資源エネルギー庁「エネルギー白書」、2018 年 6 月 8 日。

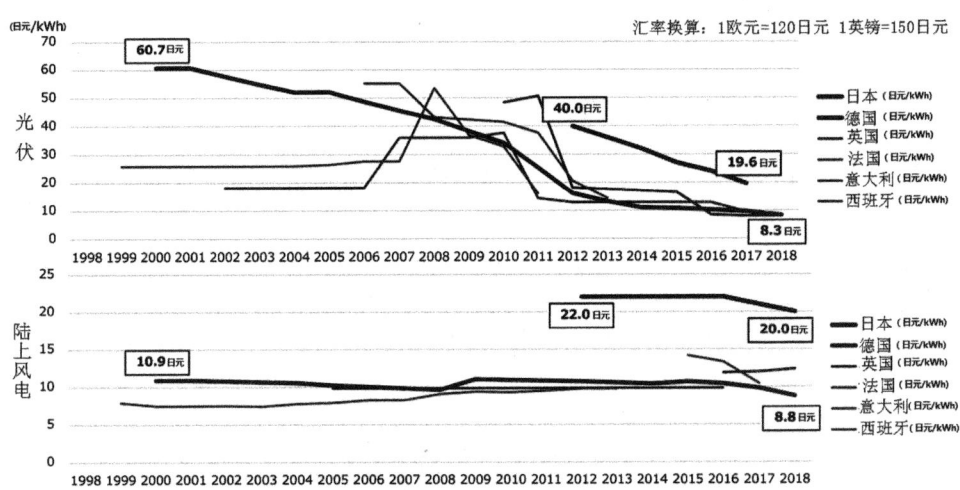

图 10 世界主要国家光伏与风电的上网电价格比较

资料来源：資源エネルギー庁「コストダウンの加速化について」、2018 年 9 月 12 日会议资料。

因此，如何降低发电成本，减轻税金负担是今后日本普及可再生能源急需解决的重大政策课题。降低发电成本的总体目标是与现有国际市场价格保持同等水平，以强化可再生能源的国际市场竞争力。具体目标如表 2 所示：到 2020 年商用光伏发电成本控制在 14 日元/kWh，2030 年控制在 7 日元/kWh；

户用光伏销售电价到2019年控制在24日元/kWh，尽可能早期实现11日元/kWh的目标。20kW以上风电发电成本控制在8—9日元/kWh。基本思路是借鉴欧洲国家普遍采用的根据发电量价格递减的浮动价格制（Sliding-scale），以市场价格交易为基础的差额补贴制（Feed-in Premium）、可再生能源直接在电力批发市场交易等做法，改革可再生能源发电补贴机制，把可再生能源固定上网电价（FIT）转变为"市场电价+溢价补贴（FIP）"，推行市场竞争机制与政府扶持相结合的政策。

表2 日本可再生能源上网电价　　　　单位：日元

电源【收购期限】	2012年度	2013年度	2014年度	2015年度	2016年度	2017年度	2018年度	2019年度	2020年度	2030年价格目标
商用光伏（10kW以上）【20年】	40	36	32	29/27	24	转为招标制（2000kW以上） 21（10kW-2000kW）	18（10kW-2000kW）			7
户用光伏（10kW以下）【10年】	42	38	37	33/35	31/33	28/30	26/28	24/26		2020年以后目标
风电【20年】		22（20kW以上）				21（20kW以上）	20	19	18	8—9
		55（20kW以下）								
					36（海上风电）		36（固定式）			8—9
							36（浮体式）		36（浮体式）	
地热发电【15年】			26（15000kW以上）						26	
			40（15000kW以上）						40	
水电【20年】		24（1000kW-3000kW）				24	20（5000kW-30000kW）		20	
						27（1000kW-5000kW）			27	
			29（200kW-1000kW）						29	
			34（200kW以下）						34	
生物质发电【20年】			39（沼气等发酵气体）						39	实现中长期经济自立
						40（2000kW以下）			40	
		32（间伐林木材）				32（2000kW以上）			32	
		24（一般木材）				24	21	转为招标制（10000kW以上）		
						24（20000kW以下）	24（10000kW以下）			
		24（生物质液体燃料）				24	21	转为招标制		
						24（20000kW以下）				
					13（建材废弃物）				13	
					17（一般废弃物及其他）				17	

资料来源：资源エネルギー庁「エネルギー白書」、2018年6月8日。

（一）推广竞价招标制促进市场竞争

2017年11月公布首次光伏招标结果，2MW以上光伏招标最低成交价为17.20日元/kWh，比底价21日元/kWh低了18%，共有9个项目中标，合计容量为 141.4MW，低于计划 500MW 的招标容量①。2018 年 9 月公布的第二次光伏招标结果，最低报价为 16.47 日元/kWh，高于 15.50 日元/kWh 的上限价格，250MW 的招标计划最终流标②。由此可见，底价若急于设定过低不仅会影响投资者的意愿，也违背扩大可再生能源发展的初衷。与其他国家招标成效相比，日本的降幅仍偏小，例如 2016 年 11 月瑞典海上风电招标价格低至 6.2 日元/kWh，2017 年 10 月沙特光伏招标价格已低至 2—3 日元/kWh。但招标制从 2018 年起日本还将继续扩大至大型生物质发电和海上风电项目，政府将根据项目条件和环境的不同有区别、有步骤地开展此项工作。

（二）推行领跑者制促进市场降价

据统计目前已低至 10 日元/kWh 以下的光伏领跑者项目已有 119 个（占 0.1%），陆上风电领跑者项目已有 7 个（占 14%）。日本将以效率高、成本低的领跑者企业价格为上网标杆价格，进一步加快可再生能源发电电价退坡速度，进一步降低可再生能源发电补贴依赖。随着电力体制改革的深入，到 2020 年要彻底改革 FIT 制度，最终将取消补贴制度。如表 2 所示，10kW 以下的光伏上网电价由 2017 年的 28 日元下降到 2018 年的 26 日元，2019 年将降至 24 日元；20kW 以上的陆上风电从 2017—2019 年将每年下降 1 日元。

（三）引导企业更加依靠技术创新和科学管理开发市场和促进投资

鼓励开发多用途、低成本的钙钛矿太阳能电池，推广固定式和悬浮式海上风电的低成本施工法、加强智能逆变器等能改变现行商业模式的创新技术开发；同时有效利用一般海域、四荒地以及其他有潜力的土地资源，采用最新的技术设备提高发电效率，促进可再生能源的多元化开发投资。

---

① 一般社団法人低炭素投資促進機構「第 1 回入札（平成 29 年度）の結果について」、2017 年 11 月 21 日。

② 一般社団法人低炭素投資促進機構「太陽光第 2 回入札（平成 30 年度上期）の結果について」、2018 年 9 月 4 日。

三、改善市场环境政策

日本实施 FIT 制度 6 年以来，取得了一些积极的成效，也存在很多问题。特别是在可再生能源高比例大规模普及的新形势下，必须重新审视 FIT 制度，更多地通过市场手段来推动可再生能源经济自立。因此，如何改善市场环境，过渡到平价上网是当前日本可再生能源发展所面临的重大政策课题。2017 年 4 月重新修订了 FIT 法。

（一）规范 FIT 认证和运用制度

FIT 制度初创期，由于光伏收购价格优惠吸引了大批业主申请，但限于当时条件准备不足，有些业主取得 FIT 认证而长期未能实际发电。2017 年 4 月，日本实施新修订的 FIT 法，对未能与送配电方签订并网合约的业主将取消其认证资格。截至 2018 年 1 月，累计 16GW 认证量被取消[1]。与此同时，对 2018 年以后取得认证的项目限定投运发电期限，户用光伏限 1 年、商用光伏限 3 年、风电、地热和生物质发电限 4 年，中小水电限 7 年，须环评项目则可延长至 8 年[2]；对于增发电量实行随行就市的收购价格政策，但发电设备安装场所的土地证明文件则放宽至在取得认证后提交。

（二）探索建立新的商业模式

FIT 制度完结之后，要引导业主探索建立新的商业模式。2009 年开始的剩余电力收购制度所认证的户用光伏项目（10kW 以下）将于 2019 年以后陆续到期，如图 11 所示，仅 2019 年 11—12 月就有 53 个项目到期，到 2023 年将有 165 万个项目，670 万 kW 到期。政府将鼓励业主转型为自家消费模式或通过电力零售商将剩余电力直接进入市场交易。2012 年开始的固定价格收购制度所认证的商用光伏项目（10—2MW）也将于 2032 年以后陆续期满，政府将鼓

---

[1] 資源エネルギー庁「エネルギー白書」、2018 年 6 月 8 日。
[2] 資源エネルギー庁「電気事業者による再生可能エネルギー電気の調達に関する特別措置法施行規則の一部を改正する省令案等の概要」、2018 年 2 月。

励业主采用"光伏+蓄电池"模式继续供电,并可将社区内的发电、储电和负荷设备连接在一起,建立起分布式能源的新商业模型。今后,随着发电成本降低,零能耗建筑推广、家用热电联产系统和电动汽车的普及,将会有更多用户选择自家消费的新模式,与此同时剩余电力如何与需求侧融通,如何构建离网式可再生能源商业模式,如何利用非化石能源的附加价值,如何利用可再生能源电转气技术等,政府将尽早制定相关配套鼓励措施。此外,太阳能板寿命一般为25—30年,预计2040年将出现太阳能板大量报废的高峰,由于报废处理将面临费用和场地问题,若处理不好有可能出现违法丢弃现象,将会严重污染环境,因此政府将制定政策积极做好光伏组件报废回收工作。必须建立报废预提基金,要求FIT业主报告报废处理计划和结果。

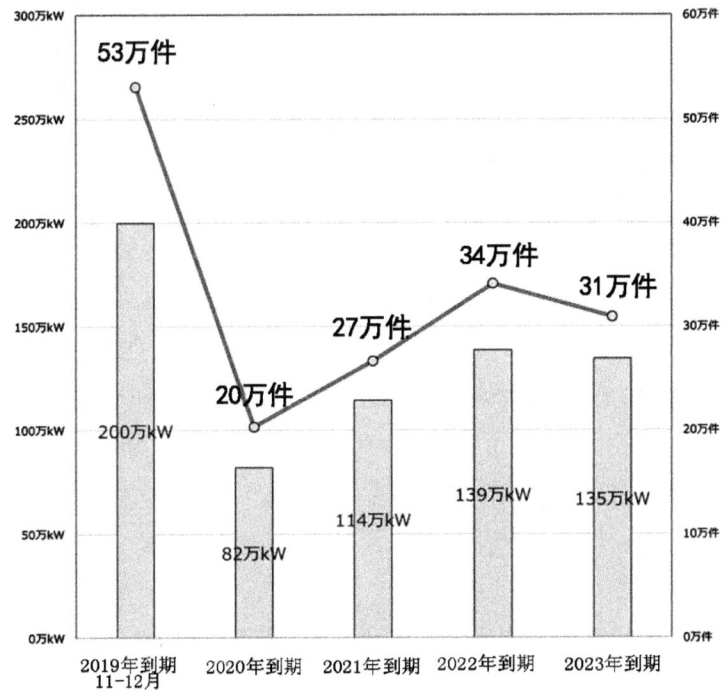

图 11　FIT 到期光伏项目数量

资料来源:資源エネルギー庁「住宅用太陽光発電設備のFIT買取期間終了に向けた対応」、2018 年 9 月 12 日会议资料。

(三) 降低投资准入门槛

欧洲海上风电发展的成功经验表明，政府放宽环境评估和并网管理将有效促进产业大发展。日本可再生能源投资过于集中太阳能领域，近5年新增装机容量90%以上集中在光伏发电。而风电和地热发电则增长缓慢。特别是海上风电、地热发电项目等因用地受限，成本回收期长，投资风险较高，成为阻碍其大规模发展的重要壁垒。因此，日本通过立法改变普通海域只允许3—5年的短期占用规定，海上风电海域可长期占用达30年，同时加快环评审批手续，以优化平衡可再生能源结构，保证可再生能源成为稳定可持续的电源。与此同时，积极利用《农村渔村可再生能源法》，促进地方的地热、水力、生物质能等资源利用和开发，建立再生能源的分布式能源系统，振兴地方经济。

四、优化电网运行政策

风电和光伏发电具有的波动性和间歇性特点，对电网的安全稳定运行造成很大影响，直接关系到可再生能源的并网消纳。很多大电力公司以电网容量不足为由拒绝可再生能源电力接入并网。当前日本可再生能源并网面临三大难题：一是"并网困难"，系统消纳空间有限；二是"并网不公"，可再生能源不能获得优先甚至平等的调度机会；三是"并网昂贵"，可再生能源不得不承担高额的电网增扩容等配套费用。综合来看，电网灵活性不足是造成三难问题的根源。

(一) 针对"并网困难"的问题

如图12所示，日本将最大限度挖掘既有电网的潜力，推行新的输配电管理制度，其首要目标是最大限度释放已有电网的灵活性。

1. 优化系统运行方式

原有的基于全电源、满负荷条件的潮流计算方式，往往过高地估计了线路使用空间，导致整个系统的利用率降低。根据京都大学安田阳和山家公雄教授计算和分析，日本基干电网平均利用率不足20%，有些地方甚至不足10%[①]。因此，从2018年4月起日本开始按实际运行方式计算线路使用情况，有助于进一步挖掘已有电网线路的利用空间，提升线路的灵活性。

2. 调整输电模式

日本目前对于电网线路的安全校核要求双回线路必须保留一回线路作为紧急备用，实际上占用了50%输电通道容量。因此，2020年以后日本将改变原有的线路安全校核模式，调整为"N-1"方式，即电力系统N个元件中的任一独立元件发生故障，不会造成整个系统的崩溃而导致停电，并能维持一定输电质量，从而可以在一定程度上释放线路的紧急备用容量。

3. 放开部分并网约束

日本当前为维持部分电压薄弱地区供电的稳定性，原则上禁止新电源的并网接入，但今后将在一定条件下放开这种约束，以充分挖掘输电通道的可利用容量。

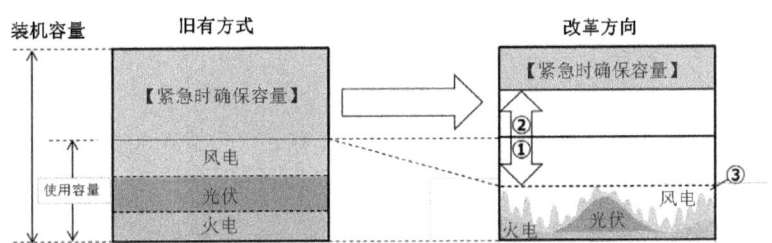

图12　输配电管理制度改革方向示意图

资料来源：再生可能エネルギー大量導入・次世代電力ネットワーク小委員会「中間整理」、2018年5月。

（二）针对"并网不公"的问题，日本将加强可再生能源发电的经济调度

电网调度的主要目的是要实现电力供需平衡，日本过去实行"先到先上"的并网规则，而且为了保证各发电厂及机组出力的公平性和效率性，一般将配

---

① 「基幹送電線、利用率2割大手電力10社の平均」、『朝日新聞』、2018年1月29日。

送电部门划分为若干个管区,根据年度计划轮流调用,但对于中小规模的可再生能源发电尚未建立起一套行之有效的调度机制。因此,今后日本电力调度将扩大调度范围,涵盖各类再生能源,向全社会公开电力调度信息,简化并网手续,开放系统容量市场,在满足电网安全和供电质量的前提下,优先调度可再生能源发电,以实现最低发电成本的经济调度。因此,自2018年10月1日起区域电网电力调度实施间接竞标制度,即通过电力期货市场调度。改变了过去"先到先得"(first-come-first-served),"过期作废"(use-it-or-lose-it)的区域电网电力调度规则。在公平竞争的环境下更加有效利用电网,从而促进电力市场发展。

(三)针对"并网昂贵"的问题,在降低发电侧成本的基础上,进一步减少既有电网成本,同时确保对新一代电网的投资

可再生能源发电站往往距实际需求地较远,因需要增强或建立新的电网,因而导致电力成本增加。而且,可再生能源发电所固有的不确定性要求其大规模并网往往需要对输电容量进行增容或扩容,以加强电网的输送能力。因此,在全面降低可再生能源发电成本的基础上,一方面必须对现有的输电线路进行改造,增加输电容量,电网增扩容实行公开招标,工程费用将由相关企业共同负担,要建立公平合理的电网成本分摊机制,与此同时,确保支撑可再生能源发展的新一代智能电网的建设投资,电力体制改革进入第三阶段之后,输配电业到2020年将完全从发电侧中分离独立出来,建立起充分竞争的市场机制。另一方面通过改革和提质增效有效削减现有电网利用成本,改革线路费用负担方式,降低过网费,统一征收发电侧基本接网费,防止电网成本转嫁给发电侧,并网工程费用由一次性付款改为分期支付,以压缩既有电网成本,减轻业主负担。

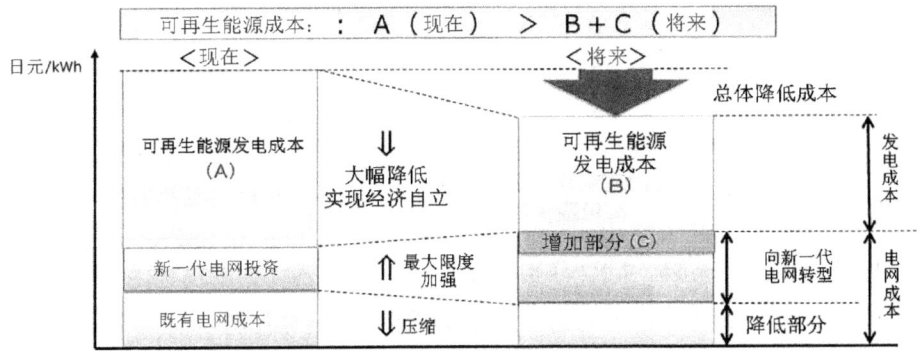

图 13 降低电网成本的三大改革举措

资料来源：再生可能エネルギー大量導入・次世代電力ネットワーク小委員会「中間整理」、2018 年 5 月。

五、提升调节能力政策

风电和光伏发电等不确定性可再生能源接入电网需要确保电力系统的调节能力，以平滑发电系统输出波动性，保持电力供需平衡。但既有电力系统灵活调节表现能力较弱，因而电源调峰调频能力受限。因此，当下最重要的是提高和释放电力系统灵活性，以保障可再生能源并网及其电能质量。

（一）精细优化运行计划，缩减调度间隔和关停机时间，以提高系统效率

一方面，充分发挥火力发电和生物质发电本身所具备的可调节性，包括统一电网编码规程、火电机组低功率保护机制、自动频率控制（AFC）、每日启停运行（DSS）等，确保电网运行的灵活性；另一方面，提高发电量预测和电网负荷预测精度。天气预报力争做到准确及时，尽可能实现当天预报发电量，减少预测值与实际值的误差，以减少电力调度频次和间隔。目前，为防止光伏和风电波动性对电网的冲击，日本设立了"FIT 电源非平衡特别条例制度"，这一制度要求输配电侧须在前两天的 16 时前通知售电侧用电计划，而售电侧则须在前一天 10 时前完成市场电力调配。此规定必定会因当日天气变化而产

生预报误差，造成电网供需不平衡的大半原因是光伏发电预报不准。因此，必须改革现有的制度，尽量做到当日预报，即时调配。

（二）增加储能系统参与市场调度，通过需求响应和智能电网提高负荷弹性

目前一般采取火力发电、抽水蓄能发电的弹性调度、利用风力发电等再生能源本身的调节机能、跨区电力的融通等进行供需平衡调整。未来将着重开发利用固定式蓄电池，热电联产和电动车等需求侧分布式能源的虚拟电厂技术（Virtual Power Plant，VPP）、电动车蓄存电力回流控制的车辆到电网技术（Vehicle-to-Grid，V2G）、稳定电力系统的蓄电池，以及利用氢气储电的电转气技术（Power-to-Gas，P2G）来增加电力调节能力。需求侧响应（DR）是增加电力灵活性的重要手段，日本今后将更多利用需求响应技术来调整电网供需平衡。大力利用上述低碳调峰的组合技术不仅有利于扩大可再生能源的利用，还有助于推动节能减排目标的实现。

（三）优化跨区电力调度，通过市场创新挖掘电源自身的调峰潜力

2017年4月，日本首开"负瓦特交易市场"，将消费者节约的电量作为输配电与电力零售的调节工具；2018年5月，日本又设立了"非化石能源市场"，开辟了以自家消费为主的可再生能源市场交易通道；2020年还将创建"供需调整市场"，实行跨区域的广域电力调配；今后还计划创设"容量市场"，通过供需实时调整确保足够的电力调节能力，同时积极探索基于区块链技术的P2P电力交易模式。如图14所示，这些新市场一旦形成后，富裕的可再生能源将会带动电力批发市场电价降低，同时反过来又会刺激电力需求，从而驱动电力需求进一步灵活化。

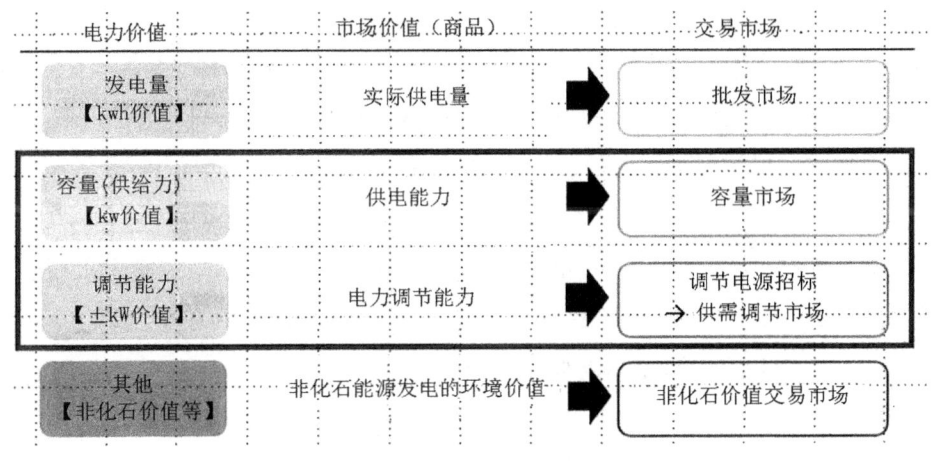

图 14　电力市场创建路线图

六、未来市场展望

2018 年 7 月，日本政府公布的"第 5 次能源基本计划"，提出了 2030 年和 2050 年的可再生能源政策方针。可再生能源因其可在国内生产，不排放温室气体，可减轻环境负担，且有助于能源安全保障，因此被定位为"重要的低碳国产能源"，为此要采取切实可行措施以为尽早实现主力电源奠定基础[①]。因此，2030 年的可再生能源目标仍沿用 3 年前制定的 22%—24% 占比目标，这一目标与德国的 50%（2030 年）、法国的 40%（2030 年）、西班牙的 40%（2020 年）、英国的 31%（2020 年）相比显著偏低。而且，这一目标包含本身已有水电 8.8%—9.2% 的占比，若除去水电部分，2030 年的目标为光伏发电 7.0%、风电 1.7%、生物质发电 3.7%—4.6%、地热发电 1.0%—1.1%。

目前，光伏投运装机量与 FIT 认证量合计已达 77GW，超额完成了 2030 年 64GW 的目标。为此，日本太阳能发电协会提出了 2030 年实现 100GW、2050 年实现 200GW 的更高目标[②]。届时发电量占比将分别达到 11% 和 18%。风电项目也接近了 2030 年目标水平，日本风力发电协会进一步提出了海上风电

---

① 「エネルギー基本計画」、2018 年 7 月。
② 太陽光発電協会「JPEA PV OUTLOOK 2050」、2017 年 6 月。

2030年实现10GW、2050年实现37GW的目标[①]，届时发电量占比将分别达到2.6%和3.3%。生物质发电两项合计亦达15GW，大大超过了2030年6—7GW的目标。唯地热发电发展最为缓慢。除30MW以上的大型水电之外，日本可再生能源实际装机容量预计2018年将增加6GW、2019年将增加5.5GW，2020年前累计装机容量可达到74GW，可再生能源发电量将达到1351亿kWh，发电量占比将由2012年的7%升至13%左右。预计到2025年左右实现可再生能源占比22%—24%的2030年目标已无悬念。但在新增可再生能源装机量中，光伏占90%以上的结构短期仍难以改变。

加速降低成本和扩大招标范围是当前日本可再生能源政策的核心。商用光伏预计可提前3—5年实现2030年发电成本7日元/kWh的目标，再加上一定的资金成本利率和内部收益率（IRR），估计上网电价约在8.5日元/kWh，这一价格为2017年度平均上网电价19.6日元/kWh的一半。户用光伏则以自家消费为主，但剩余电力预计在2025—2027年能够实现2030年11日元/kWh的市场价格目标。风力发电要实现2030年8—9日元/kWh发电成本的目标则很困难，实现12.1—12.9日元/kWh的上网电价前景并不乐观。继2017年10月对2MW以上的商用光伏首开招标以来，2018年12月起还计划对一般木材（10MW以上）和棕榈油等液体燃料生物质发电项目进行招标，但今后招标项目的重点还主要放在大规模的光伏和风电上，小规模的光伏、地热、中小水力，生物质能发电则以鼓励建立"就地自产自消"模式为主，并不一定适用于全国单一的价格竞标制度。

2050年的可再生能源发展目标尽管没有具体数值，但新计划明确提出可再生能源要成为"经济自立和脱碳化的主力电源"。实现这一目标，如何解决好财政补贴和并网消纳问题仍是日本可再生能源发展最大的挑战。一方面，2017年可再生能源补贴一年就高达2万亿日元，为期20年的FIT补贴预计将累计达到50万亿日元。过高的补贴实际上保护电力公司的利益，反而阻碍了技术创新的进步。因此，如何降低成本和减轻负担是可再生能源市场发展的最大政策课题。与此同时，日本一手将进一步扩大招标制范围，另一手则促进可

---

① 日本風力発電協会「洋上風力発電の導入推進に向けて」、2018年3月15日。

再生能源商业模式转型为自家消费模式，从而实现可再生能源经济自立的目标。另一方面，高比例可再生能源接入电力系统后，在管理体制、运行机制、电力市场空间、输电通道利用等方面与既有电力体系的矛盾冲突将不断加深，对可再生能源发展的制约作用亦日益突出。过去电力流向以单向送电为主，而在分布式能源大行其道的新形势下，输配电不仅要主动捕捉分散式电源并网，还须进行双向优化配置。因此，当前可再生能源发电所面临的并网消纳问题越趋复杂，日本实现可再生能源稳定持续发展的目标也将面临更多的挑战。

21 "一带一路"清洁能源合作进展

韩文科*

摘　要： 2013年，中国领导人提出了共建"一带一路"倡议。与沿线国家共建"一带一路"，顺应全球治理体系变革的内在要求，彰显同舟共济、权责共担的人类命运共同体意识，是完善全球治理体系变革的新思路新方案。共建能源基础设施和供应能力，深化能源领域国际合作，是"一带一路"沿线许多国家的共同需求，也是"一带一路"共建的重要内容。中国在共建"一带一路"中提出，要与沿线国家共同践行绿色发展理念，打造绿色丝绸之路。因此，"一带一路"共建中清洁能源合作是能源合作的重点和未来。本文旨在回顾和总结"一带一路"共建五年来中国与沿线国家开展清洁能源合作的进展和成就，分析存在的问题，提出扩大和深化合作的方向和建议。

关键词： "一带一路"　国际能源合作　清洁能源

---

* 韩文科，国际清洁能源论坛（澳门）副理事长，国家发展和改革委员会能源研究所研究员。

一、前言

自经济进入新常态以来,中国政府出台了一系列有关改革和开放的战略部署和政策措施。这些战略和政策措施也为中国的能源转型和国际能源合作增添了新的奋斗目标,注入了新的发展动力。

2014年,习近平主席提出了推动能源革命,随后中国制定了到2030年的"能源生产和消费革命战略",其主要目标是顺应世界能源发展大势,走有中国特色的绿色低碳化能源发展道路,破解能源资源和环境约束难题,建设现代化的能源体系,建立新型的全面的能源国际合作关系,与国际社会一起构建人类能源命运共同体。

近年来,世界能源供需格局和能源供需形势发生了重大变化。中国作为全球最大的能源生产国和消费国,以及全球最大的能源进口国和全球最大的能源市场,正在以自己的方式应对和影响世界能源格局变化。中国积极参与全球能源治理,积极参与全球重要地区和区域的能源合作,以保障自身的能源供应和安全,同时也为世界能源市场稳定和保持活力做贡献。

自改革开放以来,中国的能源市场从封闭走向全面开放,中国的国际能源合作也走过了以"引进来、促发展"和"走出去、加大利用国际资源",以及"积极参与全球能源治理"和"共建'一带一路'提出中国方案"为主要特征的几个不同阶段。过去,中国与他国开展国际能源合作,吸引国际企业进入中国能源市场,鼓励中国企业走出去,都取得了非凡的成就。但同时,中国的能源国际合作之门仍然开得不够大,开展国际能源合作的理念、能力依然有欠缺。中国国际能源合作的规模、深度和广度依然有很大的扩展空间。

在中国提出"一带一路"共建倡议以后,中国也提出了深化国际能源合作的新理念、新方案,其主要内容就是完善国际能源合作框架和区域能源合作框架,深化已有的多边机制和双边合作机制,积极推动能源基础设施互联互通,提升与沿线国家和地区的能源合作水平,建立能源利益命运共同体,保障沿线各国和地区的能源供应和安全,服务沿线各国的经济社会发展,造福沿线各国人民。

在"一带一路"能源合作中，在合作的内容上，主要是与沿线国家和区域组织共建能源合作和治理平台，与沿线国家的能源发展战略、规划和政策进行衔接和对接，与沿线国家结合各自国情所推进的能源市场化和能源体制机制方面的改革相结合，把能源产业之间的合作由以上游为主拓展到其他领域，尤其是清洁能源领域。中国在共建"一带一路"中也提出要建设"绿色'一带一路'"，主要是与沿线国家深化环境保护方面的合作，与沿线国家共同践行绿色发展理念，共同打造绿色丝绸之路。在与沿线一些国家共建"一带一路"中，中国也提出了在基础设施项目建设中要强化绿色低碳化建设和绿色低碳化运营管理，在投资贸易中要突出生态文明理念，加强生态环境、生物多样性和应对气候变化的合作。在"一带一路"能源合作中开展更多的清洁能源合作符合绿色"一带一路"理念，符合全球能源转型大势，也将为落实《巴黎协定》做出更多贡献。

二、"一带一路"清洁能源合作进展

2013年9月和10月，中国国家主席习近平在出访中亚和东南亚国家期间，先后提出了共建"丝绸之路经济带"和"21世纪海上丝绸之路"倡议。该倡议很快就得到了国际社会的高度关注，也得到了沿线有关国家的积极响应。其后，中国政府迅速将其扩展为共建"一带一路"倡议，并为推动其实施制定和发布了相应的政策文件。

共建"一带一路"，是在致力于维护开放型的世界经济体系背景下，推动中国和"一带一路"沿线国家在政治、经济、文化等各领域，加强合作，扩大合作，提升合作水平，共同应对在经济和社会发展中面临的困难和挑战，共谋发展，打造命运共同体。

深化与沿线国家和地区的能源合作是共建"一带一路"的重要内容。"一带一路"连接欧亚两大能源消费市场和中东、中亚、俄罗斯等主要能源供给区域，能源合作潜力巨大，前景光明。2015年3月，中国政府对外发布了《推动共建丝绸之路经济带和21世纪海上丝绸之路的愿景与行动》，提出了以

"政策沟通、设施联通、贸易畅通、资金融通、民心相通"为主要内容的"五通"。从共建"一带一路"近年来的实施过程和效果看,中国与"一带一路"沿线国家和地区的能源合作已经基本上全面纳入了"五通"为主的合作之中。"五通"的推进,对"一带一路"能源合作和中国的整体国际能源合作起到了非常大的推动作用。

在能源基础设施的互联互通方面,"一带一路"共建推动了中国与相关国家的能源互联互通合作,推进了油气、电力等能源基础设施的建设,推动了与相关国家共同维护跨境油气管网安全运营工作。

中俄原油管道、中国—中亚天然气管道 A/B/C 线在"一带一路"合作机制下输气量增加,运营更加稳定;中国—中亚天然气管道 D 线和中俄天然气管道东线相继开工;中巴经济走廊确定的 16 项能源领域优先项目已有 8 项启动建设。

天然气,对中国和"一带一路"沿线许多严重依赖煤炭的国家和地区来说,是属于清洁能源。水电、太阳能和风能是可再生能源,更属于清洁能源。中国与周边国家和"一带一路"沿线国家的天然气合作开发和油气管网输建设,对推动相关国家和区域使用更多的天然气起了非常重要的推动作用。而清洁电源建设和输电项目,则是把清洁的二次能源电力直接输送到用户,同时是许多原来不能用上电或者供电不足的地区增加了电力供应,有助于解决和提升相关国家和地区的电力普遍服务和电气化水平。

在电力合作方面,中国与俄罗斯、老挝、缅甸、越南等周边国家的电力合作以及与巴西、葡萄牙等国的电力合作在"一带一路"合作框架下得到了深化,中巴经济走廊、大湄公河次区域等电力合作取得了实质性进展,合作机制不断完善。一批中国企业参与了"一带一路"沿线一些国家电源建设和电网改造和建设。如中兴能源在巴基斯坦的 QA 光伏发电项目,是全球规模最大的单体光伏发电项目;吉尔吉斯斯坦达特卡—克明的输变电项目,老挝胡埃兰潘格雷河水电站项目,巴基斯坦卡洛特水电站项目等。[1] 中国的国家电网公司依

---

[1] 《共建"一带一路":理念、实践与中国的贡献》,推进"一带一路"建设工作领导小组办公室,2017 年 5 月。

托在特高压、智能电网、新能源等领域的领先技术,以及在大电网建设和运行管理等方面的丰富经验,发挥在技术、资金、人才、管理、装备等方面的综合优势,通过电力规划衔接和标准对接助力政策沟通,通过电力基础设施投资建设推进设施联通,通过电力国际产能合作促进贸易畅通,通过国际资本运作推动资金融通,通过境外项目本土化运营促进民心相通。截至2017年6月底,国家电网公司成功投资运营巴西、菲律宾、葡萄牙、澳大利亚、意大利、希腊和香港等七个国家和地区的骨干能源网,境外投资195亿美元,境外权益资产600亿美元。此外,国家电网公司还先后中标巴西美丽山±800千伏特高压直流送出一期和二期项目以及特里斯皮尔斯水电送出一期和二期项目等多个大型绿地输电特许权项目,并采用BOOT模式投资建设巴基斯坦默蒂亚里—拉合尔±660千伏直流输电项目。[①] 中国南方电网公司是大湄公河次区域电力合作中方执行单位,公司积极落实"一带一路"倡议,加强与大湄公河次区域国家、港澳地区的电力合作。2017年,通过南方电网向香港的送电量占其用电量的28.8%,向澳门的送电量占其用电量的73.5%。截至2017年底,公司累计向越南送电335.78亿千瓦时,向老挝送电10.55亿千瓦时,从缅甸进口电量155.47亿千瓦时。[②]

中国同"一带一路"沿线国家的能源贸易和投资尤其是清洁能源贸易和投资也在稳步上升。2016年,中国从"一带一路"国家和地区进口石油2.49亿吨,占进口总量的65%;进口天然气736亿立方米,其中的管道天然气380亿立方米全部来自于中亚国家和东盟地区的缅甸,其中的液化天然气355.69亿立方米主要来源于"一带一路"沿线的澳大利亚、卡塔尔和印尼。2016年,中国成品油(汽、煤、柴油)出口总量达到3820万吨,比上年增长50.3%;其中90%的汽油和60%的柴油都出口到了"一带一路"沿线的国家和地区。根据有关机构研究数据,截至2017年一季度,"一带一路"投资项目中,能源基础设施中的电力投资超过1700亿美元,油气投资超过900亿美元,其中

---

① 相关数据资料来源于国家电网公司网站:http://www.sgcc.com.cn/html/sgcc_main/col2017041848/column_2017041848_1.shtml?childColumnId=2017041848。
② 相关数据资料来源于南方电网公司网站:http://www.csg.cn/gywm/gsjs/。

天然气投资近 600 亿美元。① 在可再生能源领域，中国积极开展与东盟、欧盟、中东欧、非盟、阿盟以及 G20 和 APEC 框架下的双边和多边合作，推动"一带一路"沿线国家和地区以及全球可再生能源的发展。2017 年，中国在风电、太阳能光伏、储能等清洁能源方面的对外投资约 440 亿美元，比 2016 年增长 38%。

三、"一带一路"清洁能源合作机遇与挑战

2017 年 5 月，中国国家发展和改革委员会和国家能源局共同发布了《"一带一路"能源合作愿景与行动》，为深入推进"一带一路"能源合作提出了更加具体的实施路线图。近年来，中国国家能源主管部门积极行动，不断加强与各国能源部门和有关际组织的沟通磋商，推动与各国的务实合作，通过签署加强能源域合作的谅解备忘录、联合声明，以及开展联合规划研究，有序推动能源项目实施，帮助解决部分国家能源供应紧张状况，推动实施条件成熟的能源合作项目。特别是突出清洁能源合作，如积极推动中国—东盟清洁能源能力建设计划、中国—阿盟清洁能源中心、中国—中东欧能源项目对话与合作中心建设，完善国际能源变革论坛机制，主办二十国集团能源部长会议等。

但是，我们也看到，当今世界能源形势正发生深刻变化，全球面临着诸多能源和环境问题需要各国共同面对。中国希望通过"一带一路"能源合作与各国共同应对全球的能源和环境挑战。

从机遇看，加强"一带一路"能源合作旨在共同打造开放包容、普惠共享的能源利益共同体、责任共同体和命运共同体。这一理念高度契合了全球能源转型发展目标和沿线各国发展诉求。充分利用本国和本地区的能源资源优势，实行对外开放和合作的开发模式，促进本国本地区发展经济，已经成为沿线许多国家的普遍共识，一些国家已经在开展这方面的行动了。如在南亚、东南亚地区，包括巴基斯坦、马尔代夫、尼泊尔、印度、孟加拉国、斯里兰卡、不丹在内的南亚国家经济发展水平普遍较低，能源瓶颈成为阻碍该地区经济发

---

① 中国国际经济交流中心课题组：《加强能源国际合作研究》，2018 年 3 月。

展的重要因素。通过"一带一路"能源能合作，获得稳定的能源供给，提高区域能源特别是清洁能源开发利用水平，改善电力短缺状况，对促进区域发展可以雪中送炭。同时，中国与沿线国家在能源及相关产业方面互补性较强，合作的壁垒较低，可以在投资、贸易、技术、产能等方面建立良好的共赢合作关系，推动能源和清洁能源合作。

从风险和挑战来看，"一带一路"能源合作也面临着诸多风险和挑战。一是"一带一路"覆盖面广，沿线国家情况比较复杂，普遍存在能源发展理念相对落后，能源基础设施不足，能源规划能力欠缺等问题。二是一些国家还存在较高的政治风险和安全风险。三是中国与沿线国家仍未形成全面的较有成效的能源协作机制，比如在安全运行方面，众多国家的电网、油气网络连接在一起，随着环节的增多，如果没有有效的协调机制，将带来较大安全隐患。四是一些国家欠缺支撑市场化运作的环境和条件，企业是"一带一路"建设的主体，"一带一路"倡议能够深度推进、高效运行必须建立起规范化的市场环境，为企业提供平台和空间。但市场发育水平低，法制观念弱、法制不统一不健全，会大大阻碍各种市场主体之间的合作。法律保障机制欠缺也是一个问题。

同时，部分国家对于"一带一路"合作仍抱有曲解或误解。比如，有些国家对"一带一路"的目的存在担忧，怀疑中国借"一带一路"拉帮结派、划分势力范围，推新殖民主义。部分西方学者将"一带一路"看作中国版的"马歇尔计划"，将亚洲基础设施投资银行视为一种挑战。

推进"一带一路"倡议是一项长期、系统的工程，需要构建全方位的切实有效的协作机制，但目前来看，尚有较大差距。表现在文化理念、社会认知、协调机制、资金协作等各个层面的困难和挑战依然不少。

四、对推动"一带一路"清洁能源合作的建议

深化"一带一路"清洁能源合作，既要依赖以政府为主导的合作为平台，也要注重发挥企业特别是民营企业的自主作用。要避免出现两张皮的现象，即政府间热，民众间冷；政府间热，企业间冷的情况。同时，要大力倡导绿色低

碳理念，对传统能源项目加大创新力度和实施严格的生态环境监管；对清洁能源和风能、太阳能、生物质能等新能源项目，尽可能地考虑本地制造能力提升和本地资源利用等。在具体项目上，建立与相关利益方及当地民众和沟通和谐相处的渠道和机制。要避免仅重视经济利益，忽视环境保护的行为；避免仅与地方当局沟通，打通关节，忽视与地方民众沟通，忽视地方民众关切和利益的行为。贯彻绿色低碳发展理念，无疑会增加一些具体合作项目的建设难度和建设成本，但这是提升和拓展合作空间，适应国际化趋势和避免更大合作风险的必然要求。在这方面，近年来不断发展壮大之中的产业园区合作，应该是一个非常好的平台。依赖产业园区，可以使企业通过技术和资金的综合优势，在实现能源资源和产能合作的生产目标的同时，能够更加有效地处理好污染物排放控制和做好环境保护工作，也能够更好地与当地的发展相融合，实现互利共赢。在"一带一路"清洁能源合作中，特别是中国与东盟、中国与中东地区国家、中国与中东欧国家以及中国与非洲一些国家的能源资源和能源产业合作中，以可再生能源为主体的新能源产业是最有条件依托产业园区平台大力拓展的一个合作领域。新能源产业孕育着新的经济增长点，也是新一轮国际竞争的战略制高点。近年来，中国不断加强双边和多边新能源国际合作，重视并积极参与区域组织下的新能源合作。以亚太经济合作组织能源合作、东亚峰会能源合作、东盟"10+3"能源部长对话机制和上合组织能源合作为平台，加强了区域一体化框架下的新能源合作框架。但是，中国与"一带一路"沿线国家间新能源合作项目与相关国家的需求和合作的潜力相比，还有很大的提升空间。建议积极开拓新能源领域合作，策划和推动更多的项目实施，以此带动中国和"一带一路"沿线国家和地区间在新能源技术研发、设备制造和产业发展方面的全面合作。

依托"一带一路"深化能源领域的合作，需要打造全方位的双边和多边国际能源合作关系。为此，也需要实现五大方面的转变：

一是从单向双边低层次的能源合作向双向多边多层次的能源合作转变；二是从区域能源合作机制向区域能源治理机制转变；三是从以偏重传统化石能源合作向以绿色低碳为导向的能源经济产业链合作转变；四是从以各自为主规划推进合作项目向联合规划共同推进合作项目转变；五是从政府主导单一国企参

与向市场主导国企民企多种所有制企业共同参与转变。

深化"一带一路"清洁能源合作,需要相应的人文和政策环境的支持。应该进一步加强政策层面的沟通与协调,促进人文交流与合作,为推动清洁能源合作和其他"一带一路"合作提供动力和支持。

"一带一路"背景下的中非清洁能源合作

杨宝荣*

摘　要：

能源短缺是非洲国家普遍面临的问题。能源短缺严重制约了非洲的社会经济发展，也是影响联合国《2030年可持续发展议程》实现的重要内容。加大能源建设是非洲国家及国际对非合作的重要内容。目前非洲的电力结构仍以化石燃料发电为主，但在国际重视碳排放、非洲自身生态脆弱的背景下，非洲国家在能源发展方向上却有着明确的重视清洁能源发展的思路。能源合作是中国关注非洲发展，提升非洲自主发展能力的重要表现，也是"中非命运共同体"的重要内容。在中非合作论坛及"一带一路"倡议下，中国已成为非洲能源建设的重要参与者。非洲在清洁能源发展领域有着特殊的优势条件，如太阳能、水电等方面，因此依托非洲自身资源条件，加强在清洁能源领域的合作将是中非能源合作的重要方向。

关键词：

中国　非洲　"一带一路"倡议　清洁能源　"中非命运共同体"

---

* 杨宝荣，法学博士。中国社会科学院西亚非洲研究所研究员、非洲研究室副主任、南非研究中心秘书长、中国社会科学院青年人文社会科学研究中心理事，长期从事非洲发展问题研究。

国际原子能机构（IAEA）的数据显示，撒哈拉以南约 6.2 亿非洲人民无电可用，即使在有电可用地区，电力的可靠供应也长期严重制约着本地正常的生产、生活。非洲目前的电力主要是化石燃料发电，其中煤电占比约为 40%，油电占比约为 12%，但非洲政府普遍重视清洁能源的开发和利用。根据 BP 能源 2018 年展望，非洲目前是世界上能源需求增长最快的地区，很大程度上由当地的天然气和再生能源支撑。

一、非洲清洁能源的结构性特点

非洲清洁能源消费情况。从一次性能源的燃料消费量看，非洲清洁能源（包括核能、水电、可再生能源）在一次性能源消费中所占的比重仍很低，2017 年该比例约为 8.5%，其中水电占有绝对高比重，约为 6.5%。该年度一次性能源消费中核能占 3.6 百万吨油当量，水电约占 27.1 百万吨油当量，可再生能源占 5.2 百万吨油当量。从能源发展趋势看，尽管清洁能源目前在能源消费中的比重仍很低，但呈上升趋势。一方面，2016 年一次性非清洁能源（石油、天然气和煤炭）消费量占一次性能源消费总量的比重为 91.8%，2017 年该比例下降到 91.5%。另一方面，2016 年到 2017 年，清洁能源在一次性能源总消费中的比重由 8.2% 上升到 8.5%，其中增速最快的主要是水电，占能源总消费的比重由 6.2% 上升到 6.5%。

可再生能源消费量情况。从全球看，非洲可再生能源的消费占比仍然较低，2017 年为 5.5 百万吨油当量（见表 1）2017 年非洲地区可再生能源消耗仅仅占全球可再生能源消耗的 1.1%，仅高于中东地区国家和独联体国家，二者分别为 0.3%、0.2%，远低于亚太地区国家的 36%、欧洲国家的 33.2%，北美国家的 22.5%，中南美洲也达到 6.7%。但从年均增速看，非洲的再生能源消费年均增速却是全球增长较快的地区。2006 到 2016 年间，非洲年均增速是 17.8%，位列中东（40.6%）、亚太（21.9%）、独联体地区（20.1%）之后，期间中南美洲地区国家的比例为 17.7%，欧洲地区国家在比例为 13.8%，北美地区国家的比例为 13.6%。可再生能源结构的差异，既反映了非洲对再生能源的重视和快速发展，但同时也表明非洲在资金、技术和产业规模等方面距离其他地区国家的差距。

表1 非洲可再生能源消费量　　　　单位：百万吨油当量

2008	2009	2010	2011	2012	2013	2014	2015	2016	2017
0.9	1	1.3	1.4	1.6	1.8	2.7	4.3	5.2	5.5

资料来源：BP, "Regional insight－Africa," https：//www.bp.com/en/global/corporate/energy-economics/energy-outlook/country-and-regional-insights/africa-insights.html。

注：可再生能源包括风能、热能、太阳能、生物质能和垃圾发电。

非洲生物能源的生产特点。其一，非洲在过去10多年中，生物燃料产量增长之快成为全球范围内仅次于亚太地区的地区。2006到2016年间，非洲生物燃料产量年均增长率高达15.8%，由2006年的6千吨油当量，持续增长到2014年以来的年40千吨油当量。其间，亚太地区国家生物燃料产量年均增幅20.1%，世界年均增幅水平为11.4%，北美洲国家年均增幅13.1%、中南美洲年均增幅7.9%、欧洲增幅年均10%。2006年到2014年有大幅度提升，2014年到2017年均保持在40千吨当量水平，增长停滞。但同其他地区的生物燃料产量相比，已经保持了高速的增长。其二，发展规模整体仍很小。以2017年为例，非洲仍在全球各地区的生物能源产量规模中最小，其中北美洲国家生物能源产量45.4%、中南美洲占26.9%、欧洲占16.8%、亚太占10.7%，以上地区占99.8%。

表2 生物燃料产量　　　　单位：千吨油当量

2008	2009	2010	2011	2012	2013	2014	2015	2016	2017
11	18	8	8	23	32	40	40	40	40

资料来源：BP, "Regional insight－Africa," https：//www.bp.com/en/global/corporate/energy-economics/energy-outlook/country-and-regional-insights/africa-insights.html。

二、非洲清洁能源的发展趋势

解决非洲能源供应短缺长期以来受到非盟及非洲各国政府的高度重视。在"非洲发展新伙伴计划"下，2012年非盟委员会启动了"非洲基础设施计划"

（PIDA），其中能源供应是重要领域。2015年第二十四届非盟首脑会议正式通过《2063年议程》其第一个十年发展计划明确提出，要解决非洲的能源短缺问题，需要加强非盟层面、次区域组织层面和各国政府资源及企业、社会资本的广泛合作，促进能源的开发并满足社会经济发展的需要。

清洁能源已经成为非洲国家能源开发的重要目标。非洲大陆是最易受气候变化冲击的地区之一，非洲国家普遍缺乏应对气候变化的能力。由此，非洲国家重视气候问题，强调减少温室气体排放是各国都必须要承担的责任，能源部门首当其冲。非洲国家要实现千年发展目标，不仅要建立可持续的、多元化的能源供应体系，还要能够应对气候变化的冲击，为全球温室气体减排做出贡献。早在2007年的第八届非盟首脑峰会上，非盟就出台了有关加速太阳能、风能、地热能利用的法案与决议。2010年非盟第十四届首脑峰会则通过了开发撒哈拉沙漠地区太阳能的决议。为了贯彻非盟决议，非洲开发银行还设立了"非洲可持续发展能源基金"（Sustainable Energy Fund for Africa）[1]。2011年9月在南非召开的非洲能源部长会议上，就未来解决非洲电力进一步达成的共识中，强调未来发展水电的重要性，指出建设大型发电项目是有效降低发电成本、增加发电能力的最好途径之一，并列出了多项重点推进项目。在全非层面，非盟做出了"水电行动计划2020"，旨在开发非洲大陆主要流域的水电资源；在东非地区制订"东非地热开发计划"，并承诺出资1.4亿美元用以补贴和鼓励该地区的地热资源开发；全面评估了非洲地区的太阳能开发潜力。[2] 在地区区域组织方面，清洁能源的开发也受到高度重视。如西非国家经济共同体（ECOWAS）对本地区太阳能发展的规划是：2020年实现太阳能光伏装机容量686兆瓦，2030年继续增至1156兆瓦；聚光太阳能装机容量到2030年突破1000兆瓦，并将该目标分解至各成员国。西非国家经济共同体还计划到2020年，地区内25%的医疗中心、学校和军营都安装太阳能热水器；2030年这一比率将增至50%。南部非洲发展共同体（SADC）则于2011年就制订了一项"可再生能源发展战略和行动计划"（SADC Renewable Energy Strategy and Action

---

[1] 王涛、赵跃晨：《非洲太阳能开发利用与中非合作》，《国际展望》2016年第6期，第113页。
[2] E. M. 易卜拉欣：《非盟委员会关于非洲能源开发的行动计划》，《水利水电快报》2016年第37卷，第1期，第14页。

Plan，RESAP），提出到2020年南部非洲太阳能发电达到500兆瓦目标。北非国家也于2013年制订了具体的太阳能发展目标规划。①

国际减排议题推动非洲生物能源发展。整体上，非洲国家不同程度面临着粮食供应安全的问题，发展生物能源并不是首选项。但由于国际社会对碳排放的关注，特别是在一些发达国家在具体燃料使用方面的规定，使跨国公司近年来日益重视在非洲生物燃料的开发。如欧盟文件2009/28EC（2009年4月）就成员国使用清洁能源的规定，到2020年欧盟成员国使用清洁能源的比重至少达到交通能源消耗比重的10%，各国还应制定电力、制热、制冷等行业的再生能源使用的战略目标。根据减排要求，欧盟各国政府也制定了使用可再生能源的消费激励措施，包括燃料税收减免，在生产激励措施包括税收、贷款担保、直接补贴支付等。如法国、德国、英国对生物燃料使用减税。英国政府就再生交通燃料规定，燃料供应方应确保其销售燃料的一定比例的生物燃料，否则将面临每桶燃料15美分的罚款。瑞典政府设立了到2020年可再生能源使用达到40%的目标，到2030年彻底退出使用石化燃料。为达到此目标，政府通过财政手段鼓励企业在非洲购买土地进行生物燃料生产。由此，多家欧洲公司进入非洲进行生物燃料开发。其中10家英国公司佳洁士全球绿色能源（Crest Global Green Energy）、吉姆燃料公司（Gem Biofuels）、赤道生物燃料公司（Equatorial Biofuels plc）、卡凡格生物燃料公司（Kavango Bioenergy Ltd）、加达福非洲公司（Jatropha Africa）、卡姆集团（Cams Group）、普瑞能源（Principle energy）、太阳生物能源（Sun Biofuels）、德油（D1 Oils）、维瑞德（Viridesco）在非洲经营的生物燃料土地高达1610675公顷（见表3）。

日益关注核电的发展。目前，受技术水平等多种因素限制，非洲是核电利用水平较低的地区，核能仅占非洲所有能源中的一小部分。南非是非洲唯一运营核电厂的国家，核电项目主要是科布尔运营的2台930兆瓦电力压水堆机组，2017年南非核能消费3.6百万吨油当量。但作为清洁能源，核电重要的产出能力日益受到非洲国家的重视，并有多个国家在积极寻求国际合作。如近年来就有包括肯尼亚、赞比亚、加纳、尼日利亚、乌干达、赞比亚等国与俄罗

---

① 王涛、赵跃晨：《太阳能开发利用与中非合作》，《国际展望》2016年第6期，第118页。

表3 在非洲进行燃料种植的跨国公司

公司所属国	公司数量	获得土地经营权的国家
英国	11	加纳、几内亚、利比里亚、马达加斯加、马拉维、马里、莫桑比克、纳米比亚、塞内加尔、坦桑尼亚、赞比亚
意大利	7	刚果（布）、埃塞俄比亚、加纳、几内亚、肯尼亚、塞内加尔
德国	6	埃塞俄比亚、加纳、马达加斯加、马里、肯尼亚、坦桑尼亚、赞比亚
法国	6	贝宁、布基纳法索、喀麦隆、几内亚、马里、莫桑比克、塞内加尔、多哥
美国	4	布基纳法索、埃塞俄比亚、马里、莫桑比克、肯尼亚、坦桑尼亚、塞拉利昂、多哥、乌干达
加拿大	4	刚果（金）、马拉维、莫桑比克、肯尼亚、赞比亚
斯堪的纳维亚国家（北欧国家）	4	加纳、坦桑尼亚
比利时	3	喀麦隆、埃塞俄比亚、坦桑尼亚
瑞士	3	马拉维、肯尼亚、塞拉利昂
荷兰	2	坦桑尼亚
塞浦路斯	1	加纳、科特迪瓦

资料来源：Damian Carrington and Stefano Valentino, "Biofuels boom in Africa as British firms lead rush on land for plantations: Controversial fuel crops linked to rising food prices and hunger, as well as increased greenhouse gas emissions," *The Guardian*, Tuesday, May 31, 2011, http://www.theguardian.com/environment/2011/may/31/biofuel-plantations-africa-british-firms, 2014-07-06。

注：数据不包括未经证实的项目用地；获得土地经营包括所有经过谈判使用的土地，包括签约、租借及事实使用。

斯国家原子能公司（Rosatom）签署了核能合作协议，由俄方派遣技术专家对相关国家提供核基础设施建设及技术人员培训。根据瑞士AF咨询公司的研究，乌干达计划投资260亿美元到2040年建成4300兆瓦核电产能，坦桑尼亚政府计划投资 40 亿美元在 2025 年建成第一座核电站并给予了俄罗斯国家原子能公司铀矿开采许可，肯尼亚计划投资 200 亿美元、在 2023 年完工的 4000 兆瓦核电站项目。① 除此之外，北非国家阿尔及利亚、埃及、摩洛哥等也在考虑核能的开发。

三、非洲清洁能源开发潜力

非洲的太阳能开发潜力。非洲有着全球独特的太阳能资源开发潜力，95%的陆地都属于热带、亚热带地区，3/4 的土地能够受到太阳的垂直照射，太阳辐射量占地球陆地太阳辐射总量的 51%，80% 的陆地地表每年的日照强度可达每平方米 2000 千瓦时，撒哈拉沙漠周边地区年均日照时间超过 3000 小时。国际可再生能源署（IREA）数据，非洲太阳能年开发潜力高达 155000 万亿—170000 万亿瓦时，是可再生能源潜力最大的领域，除中部非洲外，各地区开发潜力巨大（见表 4）。

表 4　非洲可再生能源开发潜力　　　　　　　　单位：万亿瓦时/年

	风能	太阳能	生物能	地热能	水能
东非	2000—3000	30000	2074	1—16	578
中部非洲	—	—	49—86	—	1057
北非	3000—4000	50000—60000	8—5	—	78
南部非洲	16	25000—30000	3—101	—	26
西非	0—7	50000	2—96	—	105
非洲	5000—7000	155000—170000	82—372	1—16	1884

资料来源：AFDB, *African Development Report* 2012: *Toward Green Growth in Africa*, Tunis-Belvedere: African Development Bank Group, 2013, p.90。转引自王涛:《非洲太阳能开发利用与中非合作》，载《国际展望》2016 年第 6 期。

非洲风电资源开发潜力。非洲拥有丰富的风力资源（包括陆风和海风），

---

① 《俄罗斯计划开展与非洲国家的核能合作》，国际能源网，2016 年 11 月 8 日，http://www.cpnn.com.cn/sd/gj/201611/t20161107_933776.html。

风能年开发潜力为5000万亿—7000万亿瓦时,是仅次于太阳能的第二大可再生能源资源,许多国家的风力条件都良好,如埃及、苏丹、肯尼亚、乍得、马达加斯加等国陆上风力资源丰富,而莫桑比克、坦桑尼亚、安哥拉、南非、纳米比亚等国海风潜力巨大。但由于受资金、技术等条件开发条件限制,非洲风电发展相对滞后,许多风力资源十分优越的国家目前都依靠大型水电站来提供电力。2011年非洲风电装机总量为1.1吉瓦,仅为非洲电力装机总量的1%,且分布非常集中。如2012年底非洲三大风电大国埃及(550兆瓦)、摩洛哥(291兆瓦)、突尼斯(104兆瓦)装机容量就占非洲总装机容量的88%。[1] 据丹麦可再生能源研究与咨询机构(MAKE Consulting)2017年8月发布的《中东及北非风电展望》的报告预测,该地区风电在未来10年将有能力迅速发展,预计到2026年风电安装将达到40亿瓦特,年增长率为22%。[2]

非洲水电资源开发潜力。非洲部分地区水力资源丰富,地区可开发水电资源约占全球的12.2%,而目前水资源发电率仅为8%,远低于世界60%的平均水电利用率。以"南部非洲发展共同体"(SADC)区域为例,该区域的丰富水电资源主要集中在赞比西河流域,涵盖卡富埃(Kafue)河、希雷(Shire)河;安哥拉的库内内(Kunene)河流域;刚果(金)境内的刚果河流域,除博茨瓦纳以外,所有成员国都具有水电开发的潜能。而安哥拉、刚果(金)、马拉维、莫桑比克、赞比亚和津巴布韦等沿河国家现有的和正在开发项目的潜在水电总量为21580兆瓦,其中61%目前尚未开发。[3]

新能源材料开发潜力。储能业的发展是清洁能源的重要领域。新能源电池原材料的供应主要是钴和锂,其中锂的生产主要集中在智利和澳大利亚,已探明储量主要分布在智利,而钴的已探明储量和产量分别有49%和66%来自刚果民主共和国。而石墨(烯)作为绿色储能装置的重要超级材料,非洲相关国家的储量和开发也有着较大的潜力(见表5、表6)。

---

[1] 徐涛编译:《2012年全球风电统计报告》,《风能产业》2013年第6期,第47页。
[2] 《资讯:摩洛哥立法促本国风电产能发展》,《中国投资》2017年16期,第10页。
[3] 赵越译:《非洲水电开发现状与前景》,《水利水电快报》2017年第38卷,第1期,第10页。

表 5 非洲储能矿物产量　　　　　　　　　　　　单位：千吨

产量（千吨）	国别	2011	2012	2013	2014	2015	2016	2017	2006—2016年均增长率	2017年产量全球占比
钴矿石	刚果（金）	99.5	86.4	76.6	76.5	84.4	69	90.3	9.8	65.7
	马达加斯加	0.5	0.6	2.2	3.1	3.7	3.5	3.1	—	2.3
	摩洛哥	2.2	2	2	2.2	2.6	2.7	2.5	0.5	1.8
	南非	1.6	2.5	3	3	3	2.3	2.5	14.4	1.8
	津巴布韦	7.7	5.4	5.9	4.6	3	5	2.7	0.7	1.9
锂矿石	津巴布韦	0.5	1.1	1	0.9	0.9	1	1	5.2	2.2
天然石墨	马达加斯加	3.6	2.9	4.3	5.3	8.1	9.2	8.2	6.6	0.8
	莫桑比克	—	—	—	—	—	—	23	—	2.2
	津巴布韦	7	6	4	7	7	6	6	-0.9	0.6

资料来源：BP，世界能源统计，《2018.6 | 世界能源统计年鉴》（第67版），2018年6月，https：//www.bp.com/content/dam/bp-country/zh_cn/Publications/2018SRbook.pdf。

表 6 非洲储能矿物储量　　　　　　　　　　　　单位：千吨

钴矿石储量（千吨）	2017年底	占全球比	储产比	天然石墨储量（千吨）	2017年底	占全球比	储产比
刚果（金）	3500	49.30%	39	马达加斯加	1600	0.6	194
马达加斯加	150	2.1	48	莫桑比克	17000	6.3	739
摩洛哥	17	0.2	7	锂矿储量（千吨）	2017年底	占全球比	储产比
南非	29	0.4	12	津巴布韦	23	0.1	23
津巴布韦	270	3.8	102	—	—	—	—

资料来源：BP，世界能源统计，《2018.6 | 世界能源统计年鉴》（第67版），2018年6月，https：//www.bp.com/content/dam/bp-country/zh_cn/Publications/2018SRbook.pdf。

四、中非清洁能源的合作

中非论坛合作机制下中国高度重视非洲的清洁能源合作。中国不仅从自身发展经验出发高度关注非洲的能源建设，也从可持续发展角度高度重视对非合作中促进非洲新能源的发展。

2006年中非合作论坛北京峰会上通过的《中非合作论坛北京行动计划（2007—2009年）》中，强调中方高度重视在合作中帮助非洲国家将能源、资源优势转变为发展优势，保护当地生态环境，促进当地经济社会的可持续发展。

2009年在埃及举行的中非合作论坛第四届部长会议通过的《中非合作论坛—沙姆沙伊赫行动计划（2010—2012年）》在发展领域合作的援助项目中，承诺中国将重点加强的援助合作领域包括清洁能源和环境保护在内的民生领域。提出中方将鼓励和推动中国企业在清洁能源合作领域的技术转让。中国政府决定，今后3年内为非洲国家援助100个沼气、太阳能、小水电等小型清洁能源项目和小型打井供水项目。

2012年在北京举行的中非合作论坛第五届部长级会议通过的《北京宣言》中就当前人类共同面临的气候变化、环境恶化、能源资源安全、重大自然灾害等全球性问题表达了共同的关注，提出有关方应根据《联合国气候变化框架公约》，切实履行加强行动德班平台、《京都议定书》第二期承诺、绿色气候基金、技术机制和适应等方面的共识，并加强《联合国气候变化框架公约》及其《京都议定书》的全面、有效、持续实施，共同推动气候变化国际合作进程。会议确定的"北京行动计划（2013—2015年）"中，提出双方将根据互利互惠和可持续发展原则，积极推进清洁能源和可再生能源项目合作。

2015年中国在南非中非合作论坛第二次峰会上发布的《中国对非洲政策文件》（2006年中国政府曾发布第一份对非洲政策文件）中指出，中国支持非洲国家和区域电网建设，推进风能、太阳能、水电等可再生能源和低碳绿色能源开发合作，促进非洲可再生能源合理开发利用，服务非洲工业化。2015年中非合作论坛约翰内斯堡行动计划中，提出未来三年中方将支持非洲实施100个清洁能源和野生动植物保护项目、环境友好型农业项目和智慧型城市建设项目。

2018中非合作论坛北京峰会开幕式上，中国国家主席习近平发表主旨演讲，强调清洁能源领域是未来进一步夯实"中非命运共同体"中非"携手"

共同努力的一大领域。指出，地球是人类唯一的家园。中国愿同非洲一道，倡导绿色、低碳、循环、可持续的发展方式，共同保护青山绿水和万物生灵。中国愿同非洲加强在应对气候变化、应用清洁能源、防控荒漠化和水土流失、保护野生动植物等生态环保领域交流合作，让中国和非洲都成为人与自然和睦相处的美好家园。

中国已经成为非洲清洁能源开发的主要合作伙伴。2016年7月，国际能源署发布的《促进撒哈拉以南非洲电力发展：中国的参与》报告中指出，2010—2015年，中国企业作为主要承包商承建的发电装机容量占撒哈拉以南非洲总新增容量的30%。2010—2020年间，中企承建的电力项目将超过200个，装机总量达到约17吉瓦，相当于撒哈拉以南非洲现有装机容量的10%；中国企业锁定的项目在撒哈拉以南54个国家中至少占37个。2010—2020年间，在中国公司在撒哈拉以南非洲国家和地区承建的项目中，水电占中国承建项目总发电装机容量的49%，其他可再生能源占其中7%。煤电占20%份额，其余为天然气和燃油发电。目前中企尚未参与该地区核电项目。在输配电领域，中企将承建至少28000公里的输配电线路，项目覆盖整个电网产业链，从跨境输电线路到本地城市农村配电网。参与在非洲投资电力建设的中国企业当中，大型国有企业占据了72%的份额，地方国有企业占据18%的份额。民营企业占10%左右，主要集中在输配电领域。资金方面，2010—2015年间，中国为撒哈拉以南非洲电力行业发展提供的贷款、买卖方信贷和外商直接投资达到约130亿美元，占这些地区该部门全部投资的五分之一。从融资方式来看，中国公司承建的电力项目78%的融资来自本国国内。20%来自多边援助和混合融资。只有2%的融资来自项目所在地。中国进出口银行是中方承建项目的最大融资方，超过60%的项目由其融资，融资方式为基于由上至下的EPC合同和主权贷款。其余中国国有商业银行、中非基金和多边机构如世界银行亦有参与融资。

央企在对非清洁能源合作中发挥着主要作用。作为中国企业的排头兵，21世纪以来，在"中非合作论坛"的带动下，中国央企走进非洲，大力支持非洲的多领域基础设施建设，极大地改善了非洲的投资环境、提升了本地的社会生活条件，并带动了大量的中小企业开展与非洲的产能合作，成为夯实中非命运共同体的重要实践者和推动者。① 在能源领域，中国也是非洲近年来能源建设工程承包的最大海外市场，其中撒哈拉以南地区的所有大型能源项目及工程均由大型国企及央企承建，私有企业承建项目仅占10%。目前，中国在非洲能源市场的建设占比最大的五大国企分别是：中国水电建设集团、中国葛洲坝集团股份有限公司、中国电力工程有限公司、中国水利电力对外公司和山东电力建设公司。这五家企业所承建的能源项目是其他企业的三倍，占中国在非洲所有承建项目的3/4。②

五、"一带一路"倡议背景下的中非清洁能源合作方向

在非洲普遍存在电力能源短缺严重，在国际社会日益重视可持续发展背景下，清洁能源无疑是非洲未来能源发展的重要方向。

对接非洲发展需求，积极推广中非清洁能源合作经验。长期以来，中国同非洲在清洁能源领域的合作，更多以工程承包为主。但随着中国国内相关产业及技术水平的提升，特别是在"一带一路"倡议推动下，针对非洲发展需求，以多种方式参与非洲的清洁能源建设，日益受到政府和企业的重视。在政府层面，正如上文所指，历届中非合作论坛中，清洁能源的合作都成行动计划的重要内容。在企业层面，除参与承建外，以市场方式直接投资参与非洲的风电市场也日益受到企业的重视。如2017年11月17日，龙源电力南非德阿244.5兆瓦风电项目投产发电，这是中国在非洲第一个集投资、建设、运营为一体的风电项目，由龙源电力、南非穆利洛可再生能源公司及项目所在地黑人社区公司共同开发，每年将为南非提供6亿千瓦时的绿色电力。③ 着眼未来，由于西方国家和企业从投资能力和投资风险考虑，对非洲清洁能源的合作规模难以满足非洲的发展需求。

---

① 智宇琛：《中国中央企业走进非洲》，北京：社会科学文献出版社2016年版，第45页。
② 杜东：《"一带一路"下中国电力企业在非洲市场的机遇与挑战》，《现代商业》2018年第16期。
③ 徐占详：《南非风电中标背后》，《中国投资》2018年第6期，第79页。

电力基础设施合作中政府参与仍应发挥主导作用。一方面，国际发展经验表明，政府在公共能源方面所发挥的稳定性、长期性、积极性作用是无可替代的。而在基础设施建设带动产业发展实现增长和减贫方面，中国的成就是显著的，也是就是瞩目的。作为中国经验的重要内容，就是政府在基础实施发展中的主导作用。在当前西方发达国家对非投资能力下降背景下，中国的经验在对非清洁能源合作中应该发挥更加积极的作用。"一带一路"的推进，主要在于中国政府的积极支持，这对于迫切需要解决能源供应缺口的非洲国家是可行的方案。如近年来埃塞俄比亚清洁能源的快速发展，依靠的是政府强烈的政治意愿以及政府资源的调动和对项目的快速跟进。① 而埃塞俄比亚清洁能源的发展，很大程度上在于中国对项目的支持和建设参与，其中包括埃塞俄比亚投资3.45亿美元的由中国企业实施建设的埃塞俄比亚第一个风电厂——阿达玛（ADAMA）风电厂。另一方面，重视市场规律下的私营企业合作。从融资补充、市场活力等角度看，社会资本所发挥的作用是不可忽视的，也日益受到非洲国家政府的支持，如摩洛哥13—09号立法允许私人电力生产商通过购电协议，向电网或第三方提供电力在近年来产业发展方面的积极的作用。而从私营企业的单一投资看，电力基础设施投资本身存在的投资周期长，项目投资金额较高的风险，就非洲多数国家财政投资情况看，项目资金及尾款回收等因素被认为是影响投资的重要因素。因此，中国多融资模式组合下的投资方式也被认为是促进非洲清洁能源发展的重要有效途径。

对非清洁能源合作应积极开发新兴市场国家投资能力。一方面，长期以来，西方国家投资非洲的电力等基础设施基于自身利益而导致口惠而实不至。如2013年美国时任总统奥巴马为扩大非洲影响力，就非洲国家迫切需要改善的电力短缺问题提出了旨在为非洲增加超过3万兆瓦清洁能源的"电力非洲"合作计划，但时至今日项目仍难以有效落实。即使前些年欧洲多国的生物燃料公司大举投资非洲，但这很大程度上是基于西方国家自身对碳排放的限制。另一方面，研究表明（见表7），近年来巴西、俄罗斯、印度等新兴市场国家已

---

① ［美］L. 卡纳勒等：《非洲撒哈拉以南地区水电情况综述》，《水利水电快报》2018年第39卷，第1期，第2—4页。

经成为非洲清洁能源开发的重要参与方,如俄罗斯积极拓展非洲的核电市场。相比,传统西方双边金融机构和国际多边金融机构的对非项目融资没有显著增加,且私人投资的发展也没有达到预期。因此,在非洲清洁能源开发的具体领域,可重视与新兴市场国家的合作,形成优势互补并满足非洲的发展需要。

表7 2004—2014年撒哈拉以南非洲水电投资

来　源	投资额（亿美元）	投资占比（%）	已开发项目（个）	平均项目投资成本（百万美元）
各国政府	14	39	50	280
多边金融机构	3.7	10	24	150
中国进出口银行	11.1	31	24	460
双边金融机构（非中方）	5.2	14	28	190
私人投资	2.4	6	13	180

资料来源:[美] L. 卡纳勒等:非洲撒哈拉以南地区水电情况综述,《水利水电快报》2018年1月第39卷,第1期,第2—4页。

重视通过能源合作促进非洲的区域一体化进程。从提升非洲自主发展能力角度看,清洁能源项目的合作不仅要解决非洲的能源短缺和可持续发展需求,同时也应该促进非洲的一体化进程。这有助于解决单一非洲国家市场局限及提高资源禀赋合理配置。从现有研究看,近年来的非洲清洁能源项目开发仍集中在资源和地区大国,这符合"非盟"依托资源走廊实现发展走廊的地区规划。根据世界银行对非洲近年来在建或完成的218个水电项目考察,2004—2014年非洲实际投资或承诺投资的水电资金为360亿美元,涵盖东非、南非、西非和中非20多个非洲的大规模水电项目,新增装机容量20586兆瓦,修复装机容量4568兆瓦,新增装机容量仅尼日利亚、刚果(金)、安哥拉和埃塞俄比亚等国就集中了75%。这种区域能源中心的发展,对于次地区工业化的布局和经济火车头的形成具有积极作用。因此,对非能源合作中应结合中非工业合作,重视在分网、供配电系统中的功能性作用建设。

对非清洁能源合作要兼顾非洲发展需要及资金、技术水平和政策环境。电力作为重要的基础设施无疑对非洲实现联合国《2030年可持续发展议程》是至关重要的。但是,从企业投资风险及东道国资金技术水平看,对非清洁能源合作应稳妥推进,既要满足非洲发展的民生需要,但又要防止项目建设超出本地产业需要和政府承受能力。在非洲现有体制下,以市场为主要手段解决能源供应安全,将是一个较长的过程。此外,从技术层面看,一些国家发展特定的清洁能源也存在不确定性。以南非为例,根据南非2010年发布的《综合资源规划2010—2030》,南非拟在近20年内陆续建造960万千瓦核电站,并于2015年7月曾计划对7到8个核电项目筹备国际招标,竞争者包括俄罗斯、美国、法国、韩国与中国,其中法国公司包括阿海珐集团、法国电力集团。但项目遭到来自政府、非政府组织、反对党前所未有的阻挠,认为核电违反了经济合理性,政府经济能力不足以承受巨额核电建设费用。而南非电力公司提出的核电站建设地址为伊丽莎白港的赛思普顿(Thyspunt)也被认为地质结构并不适合建设核电。其间也爆出了南非能源部长(Tina Joemat-Pettersson)与俄罗斯签订秘密核电合作协议的丑闻(根据该协议,俄罗斯在未来20年内是南非核电发展的优先参与方)。拉马福萨上台后,为了体现与祖马路线的不同,公开强调要大力发展可再生能源。2018年8月27日南非能源部部长杰夫·拉德贝宣布,南非已取消在2030年前建设9600兆瓦电力核电装机容量的计划,未来将建设天然气及其他电力装机容量。

23

"一带一路"倡议背景下的中国与东南亚清洁能源合作

丛威 孙楚钰[*]

摘　要：

　　东南亚地处亚洲与大洋洲、太平洋与印度洋的交界处，是沟通印度洋和太平洋的咽喉地带，兼具海洋性与大陆性地缘特征，在"一带一路"能源合作中具有重要战略地位。中国与东南亚毗邻而居，历史渊源深厚，云南作为中国面向东南亚的"门户"，在与东南亚国家加强能源电力合作、谋求"一带一路"共同繁荣的道路上，更应充分发挥连接东南亚与国内腹地的纽带作用。

　　可持续发展是全球能源发展的趋势。近年来，随着印度尼西亚、越南、老挝、柬埔寨等国经济迅速发展，区域电网建设落后、电力供应不足、能源对外依存度高等问题越发凸显，严重阻碍区域能源合作和经济升级。当前，东南亚各国纷纷将可持续发展提升到国家议事日程，有意加强区域电力合作，推动地区电网互联。从东南亚和周边国家的自然资源禀赋、电网建设现状来看，清洁能源资源与需求呈现典

---

[*] 丛威，高级经济师，现任全球能源互联网发展合作组织中南美办公室主任，曾任东南亚办公室副主任，中国石油大学（北京）、泰国格乐大学硕士生导师。孙楚钰，中国石油大学（北京）工商管理学院在读博士研究生，主要研究领域为国际能源合作与清洁能源发展政策机制。

型的逆向分布特征，决定了东南亚与周边国家电网互联，是推动能源变革、实现清洁发展的必由之路。进行东南亚清洁能源开发、构建东南亚与中国电网互联、促进区域电力贸易，能够加快实现东南亚各国可持续发展目标，带动能源转型；通过清洁能源开发和中国电力输送，能够显著提高东南亚电力保障能力，保障人人享有可持续能源，减少无电人口，提高用能水平。

本研究报告结合东南亚区域能源电力组织、中南半岛各国、国际的已有规划研究成果，充分尊重各国发展需要。按照"一带一路"可持续发展理念，对东南亚与中国的清洁能源合作展开了深入研究，提出了东南亚清洁能源开发的开发路径，以及电力基础设施的跨国建设与互联互通工程，并开展了东南亚区域电力贸易分析。通过构建东南亚与中国政府间清洁能源合作框架、促进国际组织平台发挥作用、鼓励企业实际参与，为推动"一带一路"建设打下良好基础。

关键词：

"一带一路"倡议　能源转型　可持续发展　能源合作　东南亚

1. 经济社会与发展背景

东南亚，由中南半岛与马来群岛组成。位于亚洲东南部，地处亚洲与大洋洲、太平洋与印度洋的交叉地带，西临印度洋，东临太平洋，南邻大洋洲，北邻中国。东南亚包括越南、老挝、柬埔寨、泰国、缅甸、马来西亚、新加坡、印度尼西亚、文莱、菲律宾、东帝汶共11个国家，见图1，面积约457万平方千米。其中越南、老挝、缅甸与中国陆上接壤，仅东帝汶目前不是东盟成员。

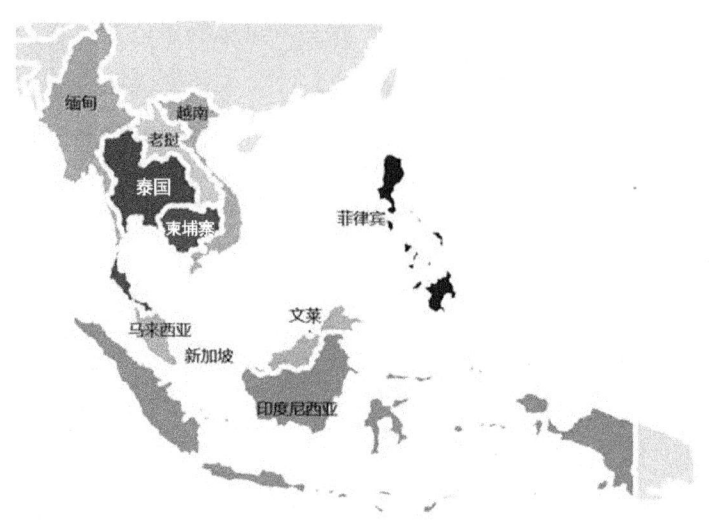

图 1 东南亚地理图

1.1 社会经济概况

1.1.1 人口发展

2017年东南亚总人口约6.49亿，占世界人口的8.62%。印度尼西亚、菲律宾、越南三国是东南亚人口大国，占比达71.6%。目前，东南亚人口年龄结构年轻，劳动力充足，人口红利明显。儿童（0—14岁）、成年（15—64岁）、老年（65岁及以上）人口占比分别为27%、67%、6%，如图2所示。未来随着人均寿命水平的提高，人口红利将延续相当长的一段时期。

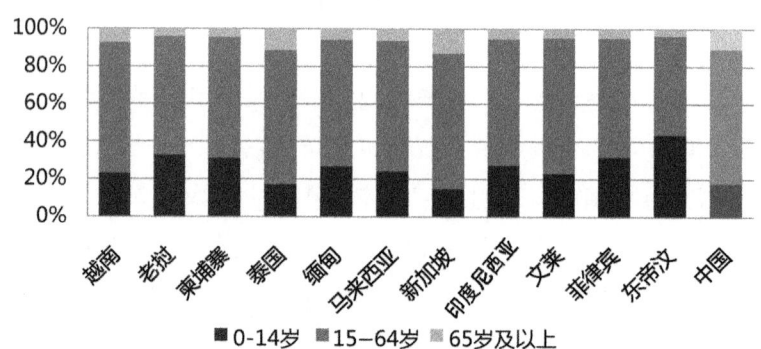

图 2 东南亚及周边国家人口年龄段分布

资料来源：世界银行，http://data.worldbank.org/。

1.1.2 经济发展

经济增速快，各国发展不均衡。东南亚各国经济发展明显不均衡，新加坡属于发达国家，人均 GDP 达 5.77 万美元；缅甸、柬埔寨属于典型的贫困国家，人均 GDP 不足 1400 美元，国民经济以农业为主，工业基础薄弱。2017 年东南亚 GDP 总量 2.77 万亿美元，占世界 GDP 总量 3.7%。各国人均 GDP 如图 3 所示。

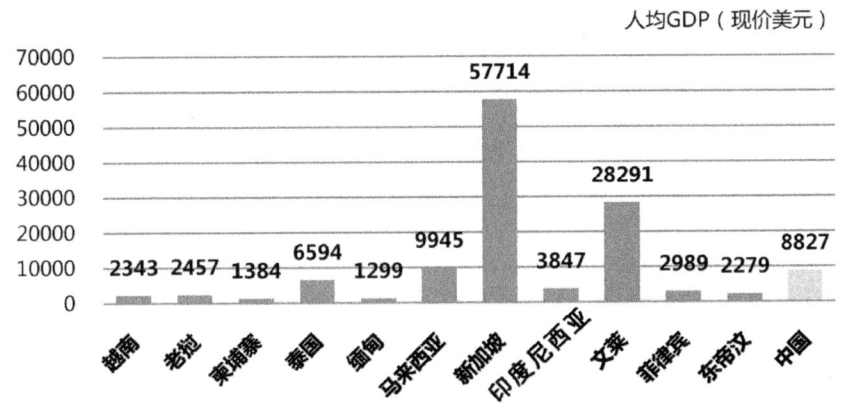

图 3　2017 年东南亚及周边国家人均 GDP 情况

资料来源：世界银行，http://data.worldbank.org/。

投资环境较为优良。东南亚自然资源丰富，人力资源充裕，政治环境较为稳定，具有经济发展的适宜基础。根据世界经济论坛《2016—2017 年全球竞争力报告》，新加坡、马来西亚、泰国、印度尼西亚、菲律宾和越南的竞争指数分别位居全球第 2、25、34、37、47、56 位。2016 年东南亚各国进出口总额达 2.8 万亿美元，外贸依存度①高达 110.24%，具体如图 4 所示。

经济发展潜力大。可持续发展经济已经成为东南亚各国的共同目标，各国纷纷进行经济体制改革，调整产业结构，扩大对外开放，对外贸易需求进一步提高，为经济发展奠定了较好的基础。根据亚开行预测，2015—2050 年，中南半岛部分国家的平均 GDP 增速分别为：缅甸 8.2%，越南 5.3%，马来西亚

---

① 外贸依存度，即外贸进出口总额与 GDP 的比值。

4.1%，泰国3.5%；汇丰银行则预测同期该区域经济将保持4%左右的平均增速。东盟将成为世界经济发展的一个重要增长极。

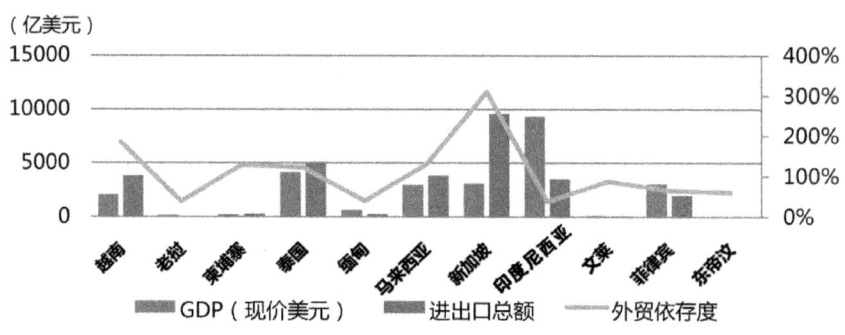

图4 2016年东南亚主要国家外贸情况

资料来源：世界银行，http：//data.worldbank.org/。①

1.2 人文地理现状

1.2.1 地理环境与气候特征

东南亚由中南半岛与马来群岛组成。中南半岛共有六个国家，分别是越南、老挝、柬埔寨、泰国、缅甸、马来西亚，老挝是唯一的内陆国；马来群岛是世界最大群岛，岛屿总数逾两万多，有印度尼西亚、菲律宾、新加坡、马来西亚、文莱和东帝汶六个国家。

中南半岛地势北高南低，山河相间。半岛北部多山地、高原，山川河流自北向南延伸，且山川相间排列，海拔1500—2000米，红河（元江）、湄公河（澜沧江）、伊洛瓦底江、萨尔温江（怒江）等河流并行排列。河流下游多为冲积平原和三角洲，多分布在东南部沿海地区。半岛气候为热带季风气候，旱雨两季分明。每年6—10月为雨季，11月至次年5月为旱季。大部分地区年降水量为1500—2000毫米。

马来群岛以山地、丘陵为主，平原狭小，河流短促。地处亚欧板块与印度洋、太平洋两大板块交界处，多火山和地震。群岛河流落差大，水流湍急，水

---

① 中华人民共和国商务部：《对外投资合作国别（地区）指南》，2016年。

能丰富,马来群岛大部属于热带雨林气候,终年高温多雨,全年降水量一般在1500毫米左右,因此河流径流量随季节变化小。

1.2.2 人文与政治

区域人文相通历史悠久。东南亚国家多为多民族国家,主要包括缅甸的缅族、泰国的泰族、越南的京族(越族)、老挝的老族、柬埔寨的高棉族、马来西亚的马来族及新加坡的华人等。东南亚各国民族众多、语言多样,在宗教、习俗等众多人文领域有着相通之处,总体受中国、印度两国文化影响较大。佛教、伊斯兰教是中南半岛最主要的宗教,印度尼西亚、马来西亚甚至将伊斯兰教定位国教,菲律宾则大多信仰天主教。

政治体制多样,政局总体稳定。东南亚由于各国历史背景、殖民程度、独立路径不同,各国政治体制存在显著差异,社会主义、君主立宪制和议会制并存。近年来,泰国、缅甸、柬埔寨政局都曾出现过不同程度的动荡。总体而言,东南亚各国政局大体稳定,小范围内不确定因素仍将存在。

建立东盟共同体。自20世纪末亚洲金融危机后,为增强国际竞争力,抵御外部威胁,稳定区域和国内安定环境,东南亚国家通过东盟及大湄公河次区域合作增强地区凝聚力和影响力,于2015年成立东盟共同体,进一步提升政治安全、经济和社会文化领域的一体化水平[①]。马六甲海峡处于东南亚的中心地带,具有重要的地缘战略地位,加之政治与经济转型带来了巨大的发展潜力,近年东南亚也成为大国之间博弈的重点区域。

1.3 东南亚清洁能源发展面临的问题

东南亚的经济发展面临资源、环境与环保的多重压力,清洁能源是东南亚能源行业的重要发展方向,电能替代是东南亚清洁能源发展的主要方式,电能替代将在化石能源系统向清洁能源系统过渡中发挥重要作用。在这一过程中,东南亚面临着基础硬件与国际合作两方面的问题。

---

① 全球能源互联网发展合作组织:《东南亚中南半岛能源互联网规划研究》,2017年7月,第3页。

1.3.1 基础设施建设

东南亚各国国内电力供需情况差异较大，许多国家甚至并未实现全国联网。各国电力发展不均衡，存在大量无电人口，除新加坡和马来西亚外，其他国家人均装机容量低于世界平均水平，缅甸、老挝、柬埔寨尚未建成覆盖全国的电网。

东南亚各国跨境电力合作处于初级阶段，跨国联网薄弱，电压等级低，跨境电力交易规模小，尚未实现同步联网。各国之间多以点对网送电或电网单带邻国部分负荷的方式进行双边跨境电力交换，交易容量较小，约600万千瓦，仅占总负荷的7%。其中，老挝依托水电开发，向泰国、柬埔寨和越南送电约450万千瓦。跨区域，中南半岛与中国云南、广西交换电力约150万千瓦。现有42回跨国联网线路中，仅有中国与缅甸1回、老挝与泰国6回共7回线路为500千伏，其他84%的线路为230、110千伏及以下低电压等级线路。跨国联网多为简单的进口端与出口端的"点对网"送电线路，第三方输变电系统无法接入，相关国家已建成的骨干电网也难以接驳受益。电网互联现状如图5所示，其中越南与老挝通过4回230千伏线路互联，越南与柬埔寨通过2回230千伏线路互联；泰国与老挝通过6回500千伏，4回230千伏和8回115千伏线路互联，与柬埔寨通过2回110千伏线路互联；中国与越南通过4回110千伏和3回220千伏互联，与老挝通过1回115千伏线路互联，与缅甸通过2回220千伏，1回500千伏和1回110千伏互联；马来西亚与泰国通过1回±300千伏直流线路及1回132千伏交流线路互联，与新加坡通过2回275千伏线路互联。[①]

[①] 全球能源互联网发展合作组织：《东南亚中南半岛能源互联网规划研究》，2017年7月，第15页。

23 "一带一路"倡议背景下的中国与东南亚清洁能源合作

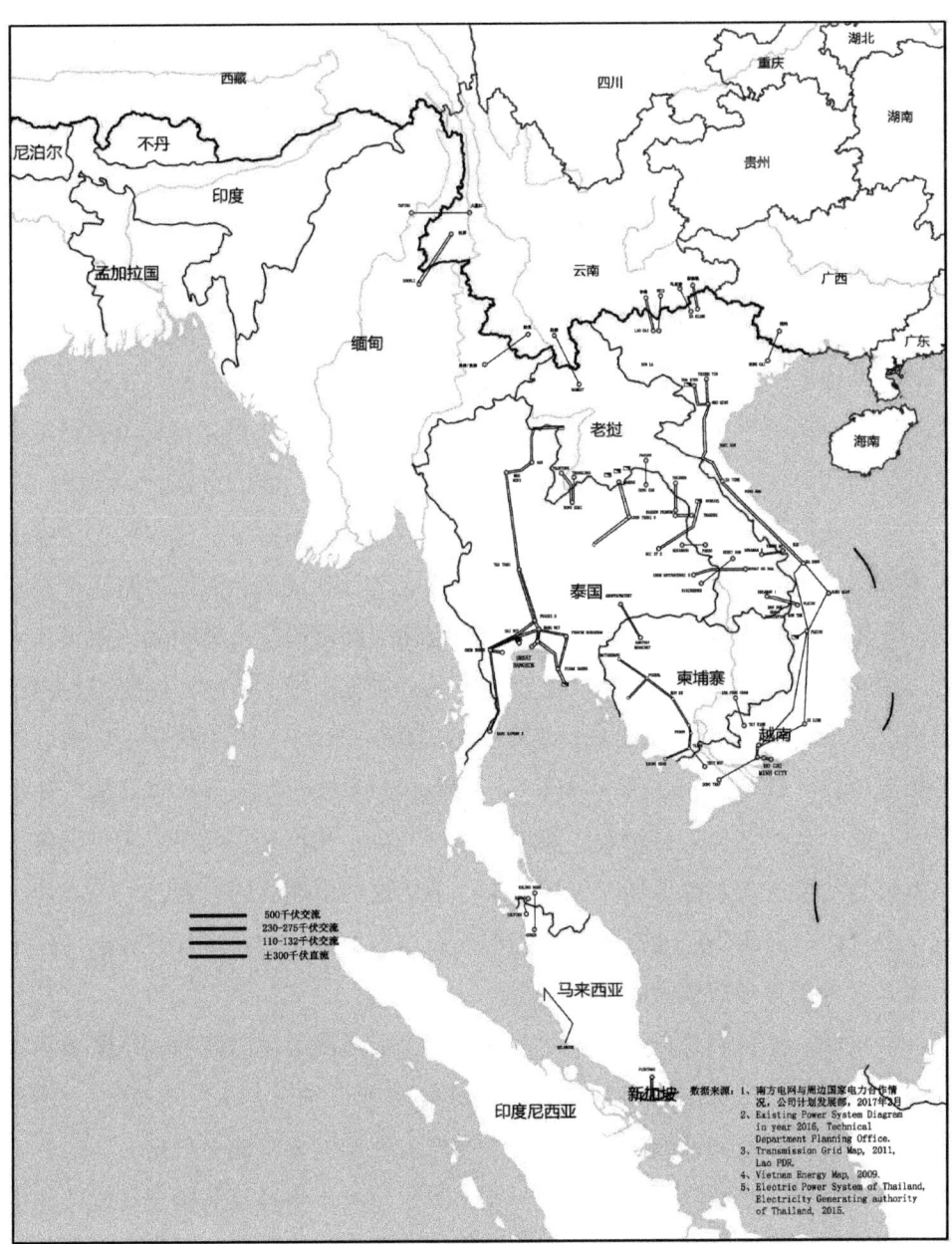

图 5 东南亚部分地区电网互联现状

1.3.2 区域内国际合作

东南亚进行区域合作能源发展,可以有效发挥中国特高压输电技术的优势,降低东南亚输电成本,提高能源安全,有利于东南亚大规模消纳清洁能源,达成区域减排目标。但是,东南亚形成统一的电力市场及电网互联互通方面,还存在政治、技术、法律方面的障碍。

政治壁垒。格法尔特等(Gephart et al.)(2016)[1]研究了欧盟成员国合作机制,发现当合作的利益没有明确概述和沟通以及政治风险似乎超过潜在优势时,欧盟成员国之间实施合作机制的政治意愿是有限的。因此,在东盟或其他地区的区域可再生能源工作中,合作的实际目标和与之相关的具体利益需要公开解释和讨论,以产生公众支持,并最终产生合作的政治意愿。

技术及金融短板。由于东南亚各国发展不均衡,东盟成员达成可再生能源发展的目标不同,导致了各国预期的合作形式选择和清洁能源发展路径选择不同,产生了可量化成本和收益的高度不确定性问题阻碍了市场一体化建设,对电力传输和交易产生不利影响。东盟领导人必须克服技术挑战,以便确保东盟电网(APG)工作的多边联系。例如,在老挝—泰国—马来西亚—新加坡电力集成项目(LTMS PIP)中,每个互连都有自己的双边协议,而不是总体协议。此外,市场结构差异很大,新加坡是一个自由化市场,而单一买家或完全垂直整合的模式在其他市场占主导地位。虽然这些市场的领导者已经齐心协力进一步合作,但工作层面需要逐步完善合作。更加统一的技术标准和电力规范的定义也将成为东盟电网发展的关键。

财政约束,特别是资金短缺。在东南亚投资建设可再生能源、东盟成员国双边协议制定、区域电力市场研究、能源效率和保护(EE&C)、可再生能源技术的转让等促进清洁能源发展的工作均需要大量资金来确保进行。

法律障碍。法律障碍包括合作形式与国家立法不相容及东盟成员国之间的不同立法。东盟成员国在能源和环境的立法中存在很大差异,同时,在某些东

---

[1] Gephart J. A., Davis K. F., Emery K. A., et al., "The environmental cost of subsistence: Optimizing diets to minimize footprints," *Science of the Total Environment*, No. 553, 2016, pp. 120-127.

盟成员国中,投资者资金的法律保护并未明确规定,因此私营部门不愿投资。而法律障碍被认为不仅会阻碍区域合作,还会影响可再生能源投资。

2. 东南亚清洁能源发展潜力

2.1 东南亚能源发展情况

2.1.1 化石能源发展情况

化石能源储量有限,分布不均。东南亚的中南半岛煤炭剩余探明储量68亿吨,占世界总储量的0.6%;石油剩余探明储量14亿吨,占世界总储量的0.6%;天然气剩余探明储量3.5万亿立方米,占世界总储量的1.9%。按目前开采强度,煤炭、石油、天然气分别可开采161年、24年、32年,主要分布在越南、缅甸、泰国(见表1)。

表1 东南亚中南半岛能源资源情况[1][2][3]

能源资源	剩余探明储量			技术可开发潜力
	煤炭(亿吨)	石油(亿吨)	天然气(万亿立方米)	水能(亿千瓦)
柬埔寨	0	0	0.28	0.1
老挝	5	0	0.1	0.3
马来西亚	0.17	3.2	1	0.02
缅甸	5.4	4.2	1.2	1.0
新加坡	0	0	0	0
泰国	12.4	0.2	0.35	0.15
越南	45	6.8	0.54	0.68
总计	68	14.4	3.47	2.25
世界	1.14万	2407	186.6	45.7

---

[1] Power Interconnection in ASEAN Region.
[2] Alternatives for Power Generation in the Greater Mekong Subregion, Volume1, April 5, 2016.
[3] "Study on effective investment of power infrastructure in east asia through power grid interconnection," *ERIA Research Project Report 2012*, No. 23.

越南探明煤炭、石油和天然气储量在东盟各国位居前三，但是由于工业基础薄弱、投资资金缺乏和开发技术滞后，越南在能源领域自主开发和利用方面远远落后于很多发达和发展中国家。缅甸石油、天然气储量十分丰富，主要分布在西南沿伊洛瓦底江地区以及沿海地区，已探明的剩余石油储量达4.2亿吨，天然气储量达1.2万亿立方米。

2.1.2 清洁能源资源

2.1.2.1 水能

东南亚清洁能源资源多样，水能资源储量丰富，开发潜力大。陆上风能资源条件一般，南部沿海地区风电资源较为集中。太阳能资源较为丰富，但由于热带雨林和农业活动等因素适宜分散开发。

中南半岛水能资源技术可开发潜力2.25亿千瓦。伊洛瓦底江、萨尔温江、湄公河（老挝部分）流域，适合规划大型水电外送基地。在满足自身负荷增长需要的前提下，具备大规模外送的条件。三个流域已开发和正在开发（及规划）的装机达到7300万千瓦。

伊洛瓦底江是缅甸第一大河，其河源有东西两支，东源恩梅开江发源于中国西藏（中国称独龙江），西源迈立开江发源于缅甸北部山区。全长2714千米，流域面积40多万平方千米。流量在一年中起伏很大，最低水位出现在2月份，最高水位出现在8月份。年平均流量13000立方米/秒。已正开发量[①]2445.2万千瓦，其中上游2419.1万千瓦、下游26.1万千瓦。规划到2030年装机规模达到1500万千瓦。在建及开展前期水电站18座，其中上游16座，下游2座，其中装机超过100万千瓦的电站包括：瑞丽江3号（Shweli-3）、奇皮威（Chipwi）、密松（Myitsone）、沃图索克（Wutsok）、克朗格兰皮（Khaunglangpyu）、雷纳姆（Renam）、哈比绍（Hpizaw）、拉扎（Laza）。

---

① 已正开发量，即已经开发和正在开发（及规划）容量之和。

图 6　伊洛瓦底江流域分布

表 2　伊洛瓦底江水能开发　　　　　　　　　　　　单位：万千瓦

伊洛瓦底江	已正开发量	已建	在建	2030 年
上游	2419.1	201.9	133	1481.7
下游	26.1	0	26.1	26.1
总计	2445.2	201.9	159.1	1507.8

萨尔温江（怒江）自中国西藏经云南流入缅甸，注入马达班海湾。全长1660 千米（不含中国境内 1540 千米），流域面积 20.5 万平方千米，每年 6—10 月为雨季，降水量约是年降水量的 80%，年均流量 8000 立方米/秒。已正开发量 1922.5 万千瓦，规划到 2030 年装机规模达到约 415 万千瓦。在建及开

展前期水电站14座，装机容量1638.3万千瓦。其中装机超过100万的电站包括：亨利上游（Upper Thanliwn）、滚龙（Kunlong）、瑙法（Naopha）、哈希（Hutgyi）、伊瓦斯特（Ywathit）。

图7　萨尔温江流域图

表3　萨尔温江水电开发　　　　　　　　　　　　单位：万千瓦

伊洛瓦底江	已正开发量	已建	在建	2030年
总计	1922.5	44.5	10.3	414.8

湄公河是东南亚第一大河，干流河谷较宽，多弯道。全长2749.1千米，南阿河河口至南腊河河口31千米为中国与缅甸界河；老挝，湄公河老挝境内干流为777.4千米；老挝与缅甸界河为234千米；老挝和泰国界河为976.3千米；柬埔寨境内为501.7千米；越南境内的湄公河三角洲为229.8千米。流域面积79.48万平方千米，平均流量2180立方米/秒，年降雨量的88%左右集中

于5—10月份。已正开发量3000万千瓦，规划到2030年装机规模达到1995万千瓦。湄公河干流可梯级开发12级站。在建及开展前期水电站36座。其中装机容量超过100万千瓦的电站有6座，分别是沙耶武里（Xayaburi）、琅勃拉邦（LuangPrabang）、巴莱（Pak Lay）、北春（Pak Chom）、班库姆（Ban Koum）、南屯河（Nam Theun）2级水电站。

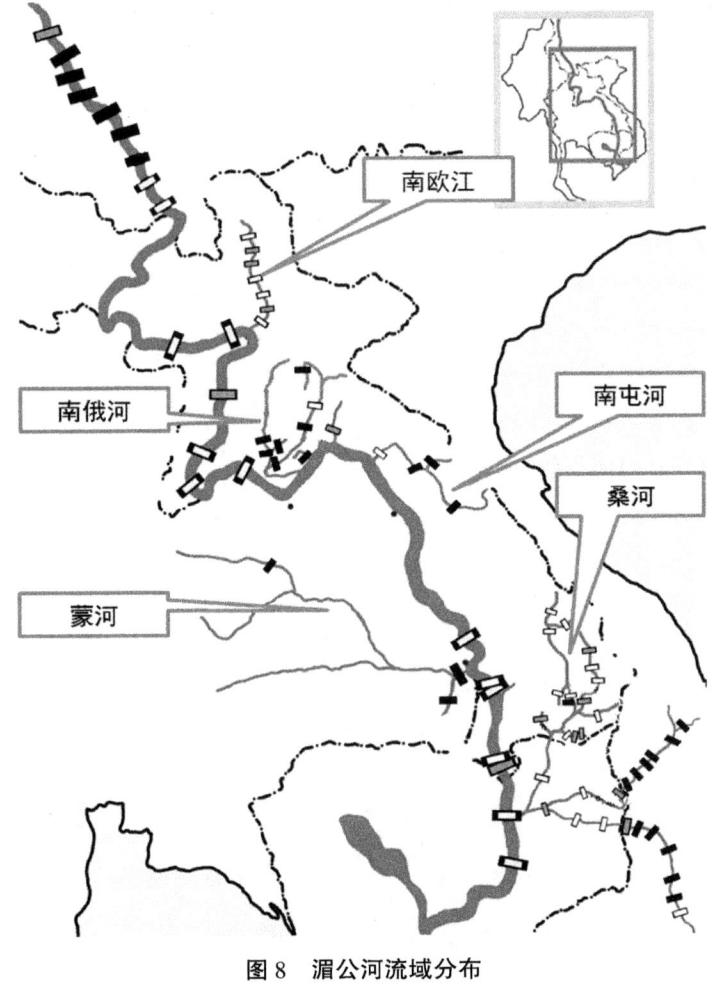

图8　湄公河流域分布

资料来源：www.geo-sys.net。①

---

①　广东电力设计院：《老挝国家电力规划》，2007年。

表4 湄公河流域水电开发概况　　　　　　　单位：万千瓦

湄公河（中南半岛）	已正开发量	已建	在建	2030年
总计	3000	733.9	418.2	1995.4

2.1.2.2 风能

东南亚属于赤道地区且濒临海洋，海岸线较长，海上风能资源比较丰富，风能资源量0.75万亿千瓦时/年。根据资源条件，缅甸、泰国、越南沿海地区平均风速均可以达8—11米/秒，具备开发大规模风电基地条件（如图9所示）。

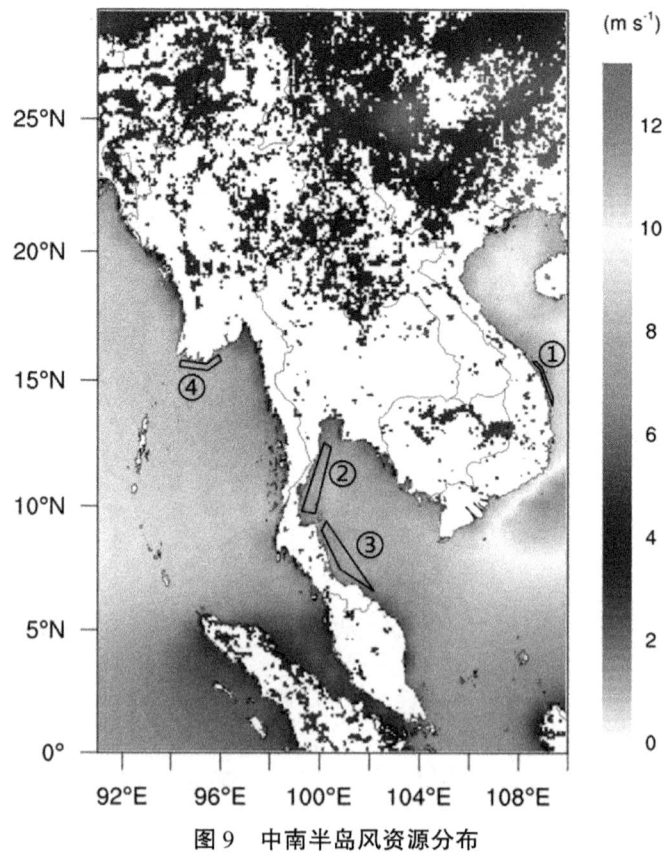

图9 中南半岛风资源分布

2.1.2.3 太阳能

中南半岛处于热带地区，日照充足，太阳能水平辐照度200—250瓦特/平方米,太阳能资源储量 11.7 万亿千瓦时①。受地理和气候条件限制,不适合大型太阳能发电基地开发,在人口密集的河口平原、三角洲等地区宜采用分布式开发方式,就地解决用电问题。

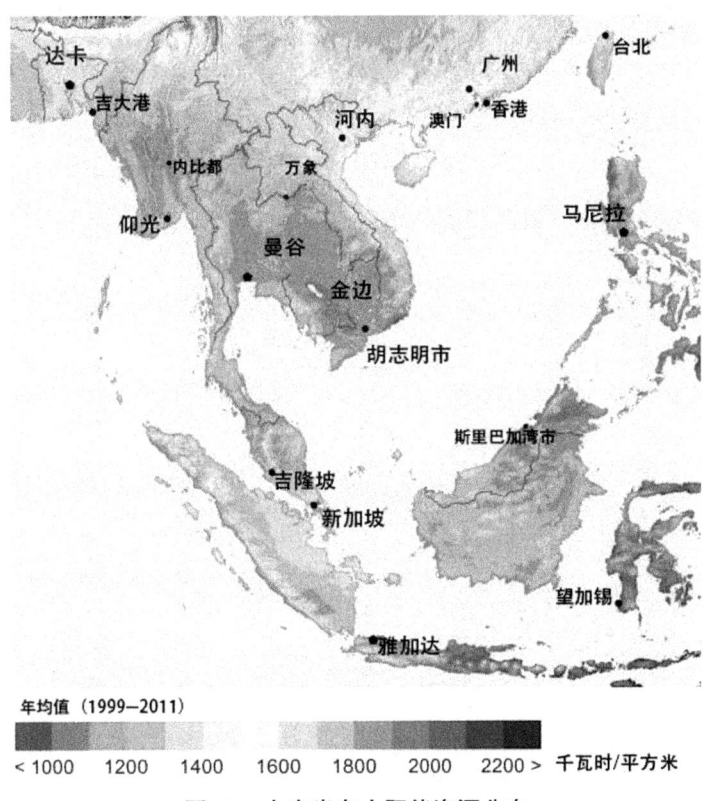

图 10　中南半岛太阳能资源分布

资料来源：http://solargis.info。

2.1.3 电力发展情况

目前,东南亚发电装机以化石能源装机为主,水电开发程度较低,新能源发电刚起步。各国电力发展不均衡,存在大量无电人口。除新加坡和马来西亚外,其他国家人均装机容量低于世界平均水平。区域内跨境电力合作处于初级阶段,跨国联网薄弱,电压等级低,跨境电力交易规模小。各国电网发展水平

---

① 全球能源互联网发展合作组织：《东南亚中南半岛能源互联网规划研究》,2017 年 7 月,第 49 页。转引自全球能源互联网发展合作组织：《东南亚远景规划报告》,2018 年 10 月。(备注：全球能源互联网发展合作组织内部发行的,没有公开出版,预计 2018 年 10 月第二周公开发布)。

差异较大，缅甸、老挝和柬埔寨尚未建成覆盖全国的电网。随着越南、老挝、柬埔寨、缅甸等国经济迅速发展，区域电网建设落后、电力供应不足等问题越发凸显。

2014年，区域内总装机容量约1.2亿千瓦，人均装机容量0.44千瓦/人，低于世界平均水平（0.83千瓦/人）。化石能源装机占比71%，其中燃气机组占比38%；水电等清洁能源占比约20%，其中风电、太阳能装机占比不足1%。水电装机2800万千瓦，仅占技术可开量12%，建成和在建水电多为25万千瓦及以下的中小型水电站。详细数据见表5。

表5 2014年电力发展情况①②③

2014年	最高电压等级（千伏）	用电量（亿千瓦时）			装机（万千瓦）							最大负荷（万千瓦）
		总量	占比	人均（千瓦时）	总量	火电	水电	太阳能	风电	其他	人均（千瓦）	
柬埔寨	230	41	0.9%	267	151	58	93	—	—	—	0.10	69
老挝	500	38④	0.8%	568	337	5	329	—	3	—	0.50	75
马来西亚[7]	500	1035	22.1%	4170	2071	1856	215	—	—	—	0.83	1490
缅甸	230	100	2.1%	187	429	146	283	—	—	—	0.08	224
新加坡	400	464	9.9%	8426	1252	1209	—	—	—	43	2.27	687
泰国	500	1688	36.1%	2492	4010	3122	350	130	22	386	0.59	2694
越南	500	1309	28.0%	1416	3408	1827	1571	—	约10	—	0.37	2210
东南亚总计	—	4675	100%	1758	11658	8223	2841	130	35	429	0.44	7448
孟加拉国	230	362	—	228	982	959	23	—	—	—	0.07	782
世界	1000	219000	—	3030	600000	391000	106000	19000	36000	48000	0.83	—

① 数据来源：U. S. Department of Energy，https：//www.eia.gov/beta/international/。
② 数据来源：Alternatives for Power Generation in the Greater Mekong Subregion, Volume1, April 5. 2016。
③ 数据来源：International Energy Agency，https：//www.iea.org/statistics/statisticssearch/。
④ 数据来源：Electricity Statistics Yearbook 2015 of Lao PDR。

2.2 东南亚清洁能源供需情况

能源供给以化石能源为主。2014年能源生产总量3.5亿吨标准煤,占世界总量1.8%。煤炭、石油、天然气、水能、生物质能占比分别为12%、24%、37%、3%、24%(如图11所示)。泰国、越南、马来西亚是东南亚一次能源生产大国,分别占32%、29%、27%。三个国家化石能源生产总量占中南半岛的68%。

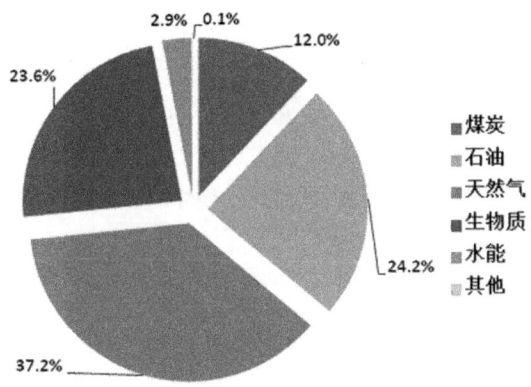

图11 东南亚一次能源供给结构

能源消费集中在南部。2014年一次能源消费总量4.6亿吨标准煤,占世界总量2.3%。煤炭、石油、天然气、水能、生物质占比分别为15%、37%、26%、3%、18%(如图12所示)。化石能源占能源消费的主导地位。东南亚一次能源消费主要集中在泰国、越南、马来西亚,以石油和天然气为主。柬埔寨、缅甸、老挝等国能源基础设施薄弱,效率低,仍以薪柴等生物质为基础能源。

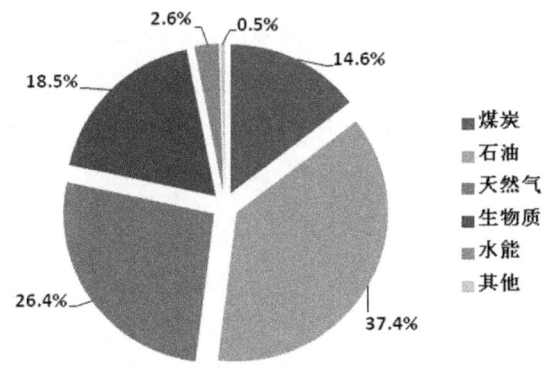

图12 中南半岛一次能源消费结构

化石能源对外依存度高。能源对外依存度为24%，主要进口大量化石能源。泰国与新加坡为主要能源受入国，主要进口石油、天然气及电力。缅甸主要出口天然气，老挝主要向周边国家出口电力。越南和马来西亚基本实现供需平衡。详见图13。

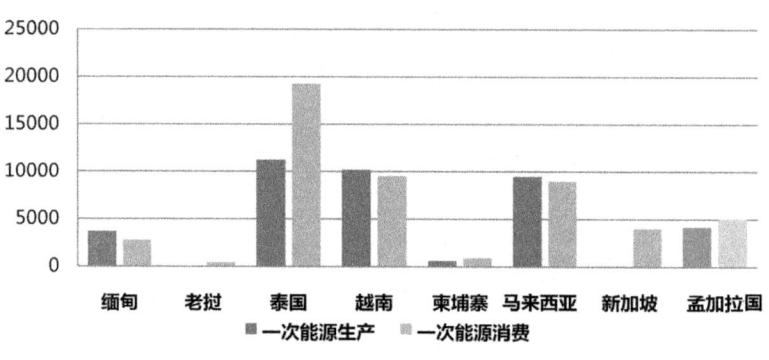

图13 东南亚各国一次能源供需情况（万吨标煤）

2.3 东南亚主要国家（地区）清洁能源发展趋势

随着东南亚经济社会的快速发展，总体能源消费呈现总量大、增长快的特点。2000—2015年，东南亚能源消费从2.4亿吨标准煤增长到4.6亿吨，年均增长4.7%，比全球平均增速高2个百分点[①]。2016年，区域内年人均用能为2.1吨标准煤，仅为世界平均水平的78%。各国按照3%—5%增长率[②]，预计2040年中南半岛能源消费将达到7.7亿吨标准煤，区域内年人均用能2.4吨标准煤。

东南亚水能资源储量丰富，开发潜力巨大。水能资源主要分布在缅甸、老挝、越南境内的伊洛瓦底江、萨尔温江、湄公河等流域，技术可开发潜力超过2.25亿千瓦，流域分布如图14所示。缅甸水能技术可开发潜力超过1亿千瓦，老挝水能技术可开发潜力3000万千瓦。

---

① 数据来源：IEA，https://www.iea.org/。
② Shigeru Kimura *and* Han Phoumin（ERIA）, *Energy Outlook and Energy Saving Potential in East Asia*, No. 2, 2016.

B 23 "一带一路"倡议背景下的中国与东南亚清洁能源合作

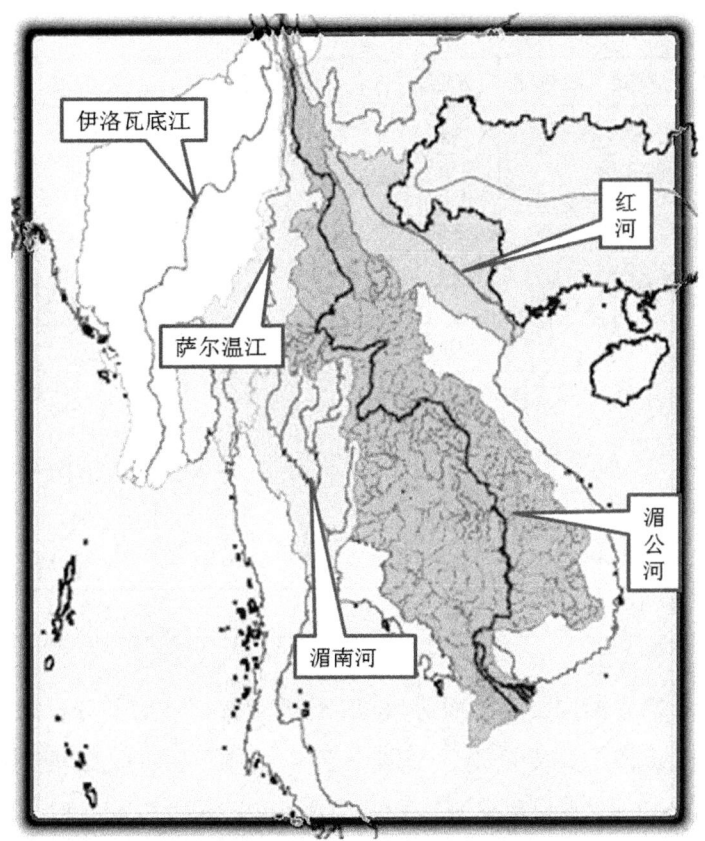

图 14 中南半岛水资源分布图

表 6 东盟可再生能源统计①

区域	生物质能 （吉瓦）	地热能 （吉瓦）	水能 （吉瓦）	太阳能 （千瓦时/平方米/天）	潮汐能 （吉瓦）	风能 （吉瓦）
老挝	1.2	0.05	26	3.6—5.3	—	3—6 米/秒
缅甸	4.2 百万吨/年	—	40.4	5	—	4 吉瓦
泰国	2.5	—	15	5—5.55	—	5.3—6.4 吉瓦
越南	0.56	0.34	35	4—5	0.2	7 吉瓦

① 数据来源：ACE, *ASEAN Power Cooperation Report*, 2017。

续表

区域	生物质能（吉瓦）	地热能（吉瓦）	水能（吉瓦）	太阳能（千瓦时/平方米/天）	潮汐能（吉瓦）	风能（吉瓦）
文莱	56	—	0.07	400—500 瓦/平方米	0.000335	5 米/秒
印度尼西亚	32.6	28.9	75	4.8	49	3—6 米/秒
菲律宾	0.24	4	10.5	5	170	76 吉瓦
马来西亚	0.6	—	29	4.5	0.5—4.6 千米/米	1.2—4.1 米/秒
新加坡	—	—	0	3.15	300—600 吉瓦时/年	0
柬埔寨	—	—	10	5	—	>5 米/秒
东盟	93.7	30.49	240.97	3.15—5.55	219.2	>87 吉瓦

太阳能资源在泰国，马来西亚和印度尼西亚最好。为了分析开发太阳能基地的可能性，选择了四个基地，分别位于印度尼西亚加里曼丹塞姆布鲁赫湖（Danau Sembuluh），泰国帕萨克-克拉西特湖（Pasak Chonlasit），柬埔寨洞里萨湖（Tonle）和缅甸恩莫伊耶克（Nga MoeYeik）水库湖群。它们的平均辐射度为210—240 瓦/平方米。四个基地技术上可行的利用量和装机容量的结果见表7。除柬埔寨洞里萨湖（Tonle）外，其他三个基地的装机容量可超过1 吉瓦。

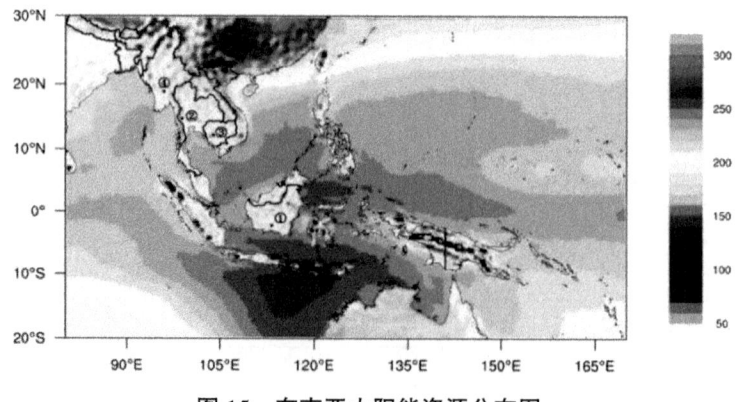

图15 东南亚太阳能资源分布图

表 7 东盟典型太阳能技术利用情况①

序号	名称	国家	面积（104 平方千米）	平均辐射（瓦/平方米）	可利用装机（吉瓦时/年）
1	光伏 1	印度尼西亚	0.035	213	2800
2	光伏 2	泰国	0.01	231	800
3	光伏 3	柬埔寨	0.02	219	1600
4	光伏 4	缅甸	0.1	224	8000

东南亚风能充足，缅甸、泰国、越南及菲律宾适合发展大型风电场。东南亚位于热带地区，周围环绕着大海。陆地上的风力资源量一般适中。东南亚的风速数据如图 16 所示。根据资源条件，近海地区缅甸、泰国、越南和菲律宾的平均风速可达 8—11 米/秒，适合大型风电基地的发展。

表 8 东盟典型风能技术利用情况②

序号	名称	国家	面积（104 平方千米）	70 米平均风速（米/秒）	可利用装机（吉瓦时/年）
1	风电 1	越南	0.24	9—11	15500
2	风电 2	泰国	0.5	8—10	37500
3	风电 3	泰国	0.4	8—10	32700
4	风电 4	缅甸	0.52	8—10	42300
5	风电 5	菲律宾	0.6	8—10	39700
6	风电 6	印度尼西亚	0.5	8—10	38200

---

① 数据来源：ACE, *ASEAN Power Cooperation Report*, 2017。
② 数据来源：ACE, *ASEAN Power Cooperation Report*, 2017。

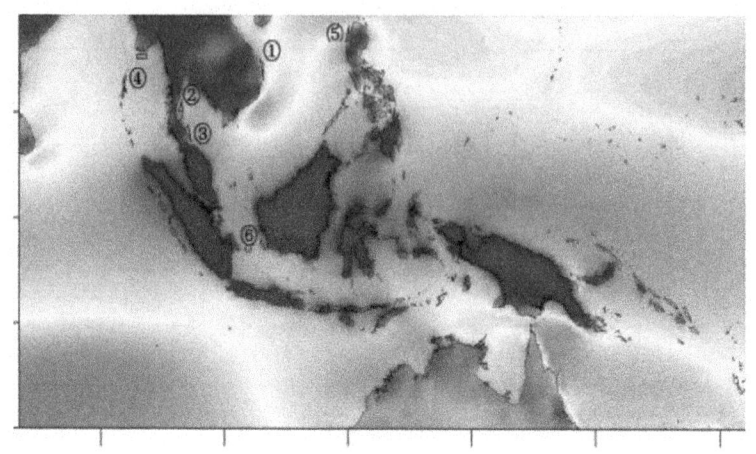

图 16 东南亚风能分布图

地理环境优越，其他清洁能源齐头并进。东南亚在热带环太平洋地区地热资源丰富，特别是印度尼西亚和菲律宾。就绝对储量而言，印度尼西亚的地热资源占世界的 40%，已探明的电力容量潜力约为 28.9 吉瓦，其中苏门答腊约为 14 吉瓦，爪哇和巴厘岛为 9 吉瓦，苏拉威西岛为 2 吉瓦。由于优越的自然环境和漫长的海岸线，东南亚的生物质能及潮汐能也很丰富。

3. 中国东盟清洁能源发展的重点领域

3.1 清洁能源开发

3.1.1 开发思路

东盟清洁能源开发的总体思路是：

一是按照绿色低碳、能源可持续发展的原则，优先开发可再生能源；

二是充分发挥区域电力基础设施互联互通作用，重点开发大型水电基地，满足电力消费需求；

三是适度发展火电和核电，为负荷中心提供支撑，满足调剂水电丰枯对电力电量的影响；

四是结合东盟和各国能源部门发布的电力发展规划，统筹考虑整个流域的环境及社会影响，把握重点区域，确定电源分布、开发规模和开发时序。

3.1.2 开发路径

3.1.2.1 促进清洁能源发电

为了应对能源发展的挑战，迫切需要采取行动来更新传统能源系统，建立稳定、可靠、清洁、经济和高效的现代能源体系对于帮助各国实现可持续发展至关重要。由传统化石能源体系向现代能源体系转型的关键是大规模发展清洁能源，提高能源利用效率，减少温室气体排放。因此，用清洁能源替换当前的一次能源消耗以及电力替换是极为关键的。对于现代能源体系，强大的电网和灵活的发电源必不可少，这可以实现不同能源之间的协调，从而改变能源供应和消费。加速以化石能源为主导的能源体系向低碳清洁的能源体系转变，需要实施如下的"两个替代，一个增加，一个恢复"战略。

"两个替代"指清洁能源替代和电力替代。清洁能源替代意味着用水力发电、风力发电、太阳能等清洁能源取代化石燃料。在能源消耗方面，电力替代意味着取代煤炭、石油和天然气，在最终能源消耗中使用电力，从源头实现能源清洁。

"一个增加"意味着提高电力利用率及其在最终能源消耗中的份额，降低能源强度，同时满足能源需求。电是一种非常经济的二次能源。电力可以分别产生相当于煤和油产量的17.3倍和3.2倍的经济价值。随着电力消耗每增加一个百分点，能源强度将下降3.7%[1]。

"一个恢复"即将化石资源恢复为其基本属性，作为工业原料为经济和社会发展提供更多价值。据统计，世界上70%的原油仅用作燃料，而其中30%被用作原料。然而，当石油用作原料时，石油的经济效益可以完全释放，与使用燃料相比，产生的效益是1.6倍[2]。

3.1.2.2 运输行业由燃油转为电动

大力推动电动汽车产业。清洁能源的关键任务之一是促进替代电能用于运输业中使用的化石燃料。在东南亚，运输是最大的石油消费部门，至少1/4的

---

[1] ACE, *Study on Regional Renewable Energy Cooperation in ASEAN*, 2018.
[2] 数据来源：ACE, *ASEAN Power Cooperation Report*, 2017。

能源消耗由东南亚国家的运输产生。随着经济的发展和电力运输的快速发展，最终能源消耗和电力的比例将加大。与之对应，发展电动汽车是实现可持续交通的途径。研究表明，考虑到电动乘用车的类型和行驶里程，每年的耗电量约为4000千瓦时，假设一千人拥有200至300辆汽车，其中10%至30%由电力驱动，到2050年，如果一千人拥有28—82辆电动乘用车，则耗电量将为88—263千瓦时[①]。

3.2 电力基础设施互联互通

3.2.1 建设目的

以满足东南亚各国经济社会可持续发展的电力需求为目标，加快清洁能源开发利用和电网升级。

统筹清洁能源与电网发展，实现伊洛瓦底江、萨尔温江和湄公河等流域水电有序开发外送。

加快东南亚交流同步电网建设，以及与周边中国等国家的电网互联互通建设，全面提升电网资源配置能力、经济运行效率，满足各国之间电力互济、余缺互补需要，扩大清洁能源消纳范围，推动东南亚绿色低碳发展。

3.2.2 基本原则

以各国能源发展战略为依据。结合既有国际、区域相关机构和各国能源电力部门的电网规划研究成果，以及各国重点联网工程前期工作，远近结合，科学合理地制定规划。

满足经济社会发展的用电需求。近期，通过从中国云南购入电力，快速解决电力短缺问题；中远期考虑缅甸、老挝、柬埔寨、越南等各国经济社会跨越式发展，加快电网建设和持续发展，满足电力需求在较长时期内较快增长的态势。

统筹规划、协调发展。电网与电源的统筹规划，优化电源等级和布局，促进电源集约化发展。统筹送端和受端两个市场，统筹外受电力和本地电源的合

---

① 数据来源：ACE, *ASEAN Power Cooperation Report*, 2017。

理规模，统筹外送规模和近区用电需要，统筹各国电网发展需求与区域联网格局，实现电力"送的出、落的下"。

安全可靠、经济高效。遵循电网发展的客观规律，合理规划电网等级和布局，提升电网的安全稳定运行水平，提高电网对清洁能源的接纳能力，实现电力经济传输和承载转送能力。

3.2.3 建设发展重点

构建东南亚交流同步电网，覆盖东南亚主要大型清洁能源基地和负荷中心。到2030年，推进各国电网升级改造，初步形成覆盖缅甸、老挝、越南和泰国4国的500千伏同步电网；到2040年，全面建成覆盖缅甸、老挝、越南、泰国、柬埔寨、马来西亚（西部）和新加坡7国的同步电网，建成"五横六纵"网架结构；到2050年，形成"三横三纵"的"田"字形特高压同步电网骨干网架。

加强跨区电网互联建设，提高资源优化配置能力，形成"北电南送、丰枯调节、多能互补"的电力交换平台。向北与中国电网互联，建设交直流联网工程，与中国形成更大规模、更加坚强的交直流大电网，扩大水电市场空间，提高电网稳定水平，与中国西南水电和北方电力丰枯互补、余缺互济；向西与南亚电网互联，建设跨区直流工程，将缅甸北部和中国云南电力送往孟加拉国、印度；向南与马来群岛四国电网互联，建设跨国跨区海底电缆，与东南亚印度尼西亚、马来西亚东部、文莱等地区互联，实现东南亚统一电力市场。

建设中国—缅甸—孟加拉国联网工程、缅甸伊江—孟加拉国达卡直流工程、缅甸萨江—仰光—曼谷联网工程、老挝—越南直流工程、中国云南—越南直流工程、缅甸伊江—印度直流工程。

各国希望加强彼此之间的能源合作，解决能源可及性。东南亚各国正处在经济发展的关键阶段，希望各国通过能源合作，合理利用能源资源，提高资源利用效率，解决能源可及性和可负担性的问题，为各国人民带来明确而实际的利益，并能够为东盟国家在其他经济领域的合作打下良好的基础。例如，越南"两廊一圈"战略覆盖越南的北部、中国云南和广西两省，计划在该区域开展与中国的双边贸易、电力合作和基础设施建设；老挝提出"陆联国"和"联水电富国"发展战略，通过开发本国水能资源，与中国、泰国、越南等国家基础设施互联互通，加强国际能源电力合作，带动国内基础设施建设、投资、就业和税收，促进国家发展。

3.3 区域电力贸易

3.3.1 北欧电力市场经验借鉴

北欧与东南亚类似，是一个涵盖众多国家的区域性组织。北欧电力市场是一个由北欧四国（挪威、瑞典、丹麦、芬兰）及波罗的海三国（爱沙尼亚、立陶宛、拉脱维亚）组成的跨国电力市场。北欧电力市场化改革始于挪威，1991年挪威颁布能源法率先进行了电力市场化改革，1992年进行厂网分开，国家电力公司拆分为发电公司和电网公司（Statnett），1993年1月，挪威电力交易所成立，瑞典于1992年进行厂网分开成立瑞典国家电网公司（SvenskaKraftnat）。1996年瑞典加入挪威电力市场，二者联合成立了挪威—瑞典联合电力交易所（Nord Pool），挪威国家电网公司与瑞典国家电网公司各占50%的股份。芬兰于1995年开始建立竞争性的电力市场，1996年成立电力交易所EL-EX，1998年加入北欧电力交易市场。丹麦在1996年实施新的能源法拉开电力改革的序幕，但丹麦西部和东部分属于两个不同的电网公司，二者分别于1999年和2000年加入电力市场。至此，北欧四国全部加入一个共同电力市场之中，最终形成了一个以北欧电力市场为主体的电力市场交易体系。进入21世纪以来，拉脱维亚、立陶宛、爱沙尼亚也加入该电力市场，同时北欧四国与英国、德国、波兰等欧洲周边国家存在交易。

3.3.2 东南亚区域电力贸易

东南亚地区首先应借鉴北欧电力市场经验，以新加坡、中国云南等电网基础设施较为完善的地区为核心，率先进行区域电力市场建设，再逐步引入东南亚其他国家国家参与区域电力市场。

当仅靠东南亚各国内部能源市场无法提供所需的可再生能源水平，因此可能需要国家支持计划来克服这种市场失灵并刺激对可再生能源的投资。可再生能源的支持计划旨在将投资转化为可再生能源能力，这是实现有抱负的区域可再生能源目标的先决条件。由于支持计划通常通过征税或通过税收在全国范围内进行融资，因此支持付款被"封闭"，即仅限于特定国家的地理边界。但是，东盟各国可以选择通过允许外国可再生能源项目（即建在另一个东盟成员国中的项目）获得其国家支持计划来开放（部分）其国内可再生能源支持计划。

4. 中国东盟的清洁能源合作机制

东南亚与中国电网互联，是推动能源结构调整、实现清洁发展的物质基础。东南亚各国经济发展不均衡，整体电力供应水平低，缅甸、老挝、柬埔寨等国家存在大量无电人口。中南半岛能源供给以化石能源为主，是传统化石能源进口区域。缅甸、老挝等国家水能资源丰富，区域电网建设落后，严重制约清洁能源资源开发外送。为解决上述问题，必须加快推进各国的电网互联和跨国能源通道建设，构建区域电网，建立统一电力市场。在良好的人文政治互通基础上，开展区域电网规划研究，既支撑"一带一路"能源基础设施互联互通建设，又加强区域能源电力合作，推动能源结构调整，将能源优势转为经济优势，实现清洁发展。

4.1 政府间合作框架建立

首先，各国应制定中长期清洁能源发展规划，促进清洁能源大规模发展，并将清洁能源发展纳入国家战略层面。政府还将阐明措施，以形成强制性目标，以确保实施，并在各个阶段提出明确的目标。此外，建立统一的规划机制，确保清洁能源发电商、传统能源发电商、电网运营商和消费者之间能够进行有效协商。

在此基础上，促进中国与东南亚电力市场就建立电力市场政策和促进跨境电力贸易的关键机制进行磋商，探索新的电力市场模式，以满足未来跨境交易的需要，尊重东南亚各国的利益并考虑清洁能源大规模参与的电力系统运行条件，科学合理地设计关键交易机制、定价机制和支撑机制，优化区域资源配置，促进清洁能源跨境传播和消费。

4.2 国际组织平台推动

充分发挥国际组织平台灵活性、协调性的特点，促进各国之间的政治、经济、文化方面的交流与合作，促进电网互联、电力市场建设方面的技术研究，调节各国清洁能源发展目标不一致的问题，促进中国与东南亚的清洁能源合作顺利展开。

4.3 企业实际参与

充分利用中国云南的区位优势与特高压输电技术优势，建设跨区域大规模交直流联网。云南与东南亚的多国接壤，电源装机容量大，电网结构坚强，与中南半岛基础设施具有一定互联基础，具备提供中南半岛经济发展所需电力的能力。随着中南半岛水能资源大力开发，水电占电力供应比重逐步增大，清洁能源占主导地位，不可避免造成电网运行的季节性特征。可以充分利用中国云南区位优势，通过建设云南与中南半岛电网互联，在更大区域消纳清洁能源，实现水火互济、季节互补。

增强产业对接，发挥优势互补，实现共赢发展。中国与东南亚各国间电力合作存在明显互补优势。中国电力设备行业是优势产业，在设计、工程建设、设备制造、大件运输、运营、管理、技术、质量、价格、操作与服务方面比欧美国家更有优势，可以在电力工业发展和环境保护等领域对东南亚各国提供支持，实现技术实力与市场资源的全面对接。中国，特别是云南省可以充分利用临壤优势，在技术、工程、资金及人员方面，促进东盟电源发展、电网互联互通和电力贸易。在大湄公河次区域（GMS）、依托主力电源方面，建立基于互联电网的区域间电力贸易平台。中国与东南亚的电力合作在解决了相关国家电力紧缺的同时，也加快了中国电力企业"走出去"的步伐，实现双边共赢。

24 "一带一路"背景下中国与大洋洲国家清洁能源合作

刘喜梅*

摘　要：

  大洋洲国家与中国具备良好的贸易合作基础。在气候变化与能源治理国际化的大背景下，大洋洲国家日益重视环境气候变化和清洁能源转型，这与中国构建环境友好型社会的绿色发展观，实施能源革命战略、促进能源产业转型升级和经济高质量发展行动相互契合。大洋洲国家中的澳大利亚与新西兰在太阳能、水电、地热能等清洁能源政策制定、市场建设、能效管理与技术推广上具有良好运作经验。"一带一路"背景下，积极拓广与大洋洲国家的清洁能源合作，对于构建新型南太平洋地域蓝色伙伴关系，促进我国清洁能源制造与服务的海外市场拓广，清洁能源产业高质量发展，提高技术贸易竞争力有着深远意义。本文基于大洋洲主要国家澳大利亚、新西兰与斐济等国的自然资源环境特点、宏观经济、政治与地缘特点，对其清洁能源结构、政策、市场以及与中国的合作动态进行了描述和分析，刻画了清

---

* 刘喜梅，河南潢川人，经济学博士，毕业于中国社会科学院财经战略研究院。现任华北电力大学副教授，硕士生导师。兼任中国社会科学院研究生院国际能源安全中心特约研究员，华北电力大学能源与电力经济研究所研究员。该文写作时得到华北电力大学经济管理学院付静老师提供的部分中澳光伏合作案例资料支持，特此感谢。

洁能源多边合作前景，并提出相关政策建议。建议与大洋洲主要国家就气候协同治理、清洁能源政策制定、能效管理体系构建常规沟通对话机制；积极推进澳新自由贸易区建设和升级，在清洁能源设备与技术服务贸易进出口加强商务谈判与协作，开辟新型贸易形态，加强多边互惠合作；建设多层级的民间绿色清洁能源文化与教育交流平台和机制，构筑长期稳定的全面清洁能源战略合作关系。

关键词：

"一带一路"　大洋洲　清洁能源国际合作

1. "一带一路"倡议及其大洋洲国家的响应

2013年10月，习近平主席访问东盟国家，倡议共同建设21世纪"海上丝绸之路"。[①] 为中国与沿线国家间交流合作搭建了良好平台。2014年4月，国务院关于落实《政府工作报告》重点工作部门分工的意见中指出"抓紧规划建设丝绸之路经济带、21世纪海上丝绸之路"。"拓展国际经济技术合作新空间，统筹多双边和区域开放合作。积极参与高标准自贸区建设，加快与澳大利亚等自贸区谈判进程"[②]。表明了我国坚持推动贸易和投资自由化便利化，实现与各国互利共赢，形成对外开放与改革发展良性互动新格局的务实态度。2014年11月19日，习近平主席访问新西兰时首次提出南太平洋地区[③]是中国发展海上丝绸之路的自然延伸。2015年3月28日，国家发展和改革委员会、外交部与商务部联合发布《推动共建丝绸之路经济带和21世纪海上丝绸之路的愿景与行动》。2016年4月11日，外交部与联合国亚洲及太平洋经济社会

---

① 《习近平在印度尼西亚国会的演讲（全文）》，中央政府门户网站，http://www.gov.cn/ldhd/2013-10/03/content_2500118.htm。
② 《国务院关于落实〈政府工作报告〉重点工作部门分工的意见》，国发〔2014〕15号，中央政府门户网站，http://www.gov.cn/zhengce/content/2014-04/17/content_8766.htm。
③ 南太平洋国家包括澳大利亚、新西兰和太平洋岛国等16个独立国家，其中太平洋岛国包括萨摩亚、瑙鲁、斐济、巴布亚新几内亚、所罗门群岛、图瓦卢、库克群岛、纽埃、密克罗尼西亚联邦、马绍尔群岛、帕劳、基里巴斯、汤加和瓦努阿图。

委员会签署了《中华人民共和国外交部与联合国亚洲及太平洋经济社会委员会关于推进地区互联互通和"一带一路"倡议的意向书》。至2017年5月,全球100多个国家和国际组织表态积极支持和参与"一带一路"建设,中国已同60多个国家和国际组织共同发出推进"一带一路"贸易畅通合作倡议,同30多个国家开展机制化产能合作①。联合国大会、联合国安理会等重要决议也纳入"一带一路"建设内容。"一带一路"建设已从理念转化为行动,从愿景转变为现实。2017年6月20日,国家发展和改革委员会和国家海洋局联合发布《"一带一路"建设海上合作设想》提出建设中国—大洋洲—南太平洋蓝色经济通道。2014—2016年,中国同"一带一路"沿线国家贸易总额超过3万亿美元。中国对"一带一路"沿线国家投资累计超过500亿美元。中国企业已经在20多个国家建设56个经贸合作区,为有关国家创造近11亿美元税收和18万个就业岗位②。

大洋洲主要国家积极响应"一带一路"倡议。2017年3月22日至29日,李克强总理出访澳大利亚与新西兰两国。中澳双方表示将深入推进"一带一路"倡议与澳"北部大开发"计划以及两国创新战略对接合作,积极拓展能源资源、基础设施、农牧业和科技创新等领域合作。3月27日,中新两国政府总理在新西兰首都惠灵顿签署了《中华人民共和国政府和新西兰政府关于加强"一带一路"倡议合作的安排备忘录》,新西兰成为首个同中国签署此类协议的西方发达国家③。3月28日,新西兰国家党主席等宣布发起成立"大洋洲'一带一路'促进机制",促建政、商、学与社会交流合作公共服务平台④。斐济作为南太平洋岛国中的第二大经济体,地区影响力较大。"一带一路"倡议实施以来表现积极。2014年8月,斐济总统奈拉蒂考访华,同年11月习近平主席访问斐济,两国建立了战略伙伴关系。2017年5月,斐济总理姆拜尼

---

① 《十件大事见证"一带一路"》,人民网,http://world.people.com.cn/n1/2017/0514/c1002-29273598.html。
② 《习近平在"一带一路"国际合作高峰论坛开幕式上的演讲》,新华网,http://www.xinhuanet.com//politics/2017-05/14/c_1120969677.htm。
③ 《深化交流,构建中澳、中新合作新格局》,中央政府网,http://www.gov.cn/xinwen/2017-03/31/content_5182384.htm。
④ 《新西兰政要发起"一带一路"促进机制》,新华网,http://www.xinhuanet.com//world/2017-03/29/c_129520796.htm。

马拉马作为唯一受邀的南太平洋地区岛国出席"一带一路"高峰论坛①。

当前，减少温室气体排放、应对气候变化已成为全球共识，为适应气候变化全球治理形势，国际能源格局正在经历深刻变革和调整，清洁能源发展速度不断加快。其中，水能、风能、太阳能发展迅速，已成为各国清洁能源开发利用的重心。由于大洋洲国家独特的地理自然特点，受气候变暖等因素影响很大，对气候变化尤其关注，在气候治理国际合作与清洁能源开发利用上表现活跃。

新时代背景下，为建设美丽中国与绿色经济发展需要，中国政府目前已制定并正在实施"十三五"能源发展规划，提出要牢固树立和贯彻落实创新、协调、绿色、开放、共享发展理念，遵循能源革命战略思想，着力推动能源生产、消费方式变革，推进能源合作，构建清洁低碳、安全高效、更加开放的现代能源体系②。就能源合作而言，大洋洲国家中的澳、新两国在气候治理与清洁能源开发利用上有着丰富经验，南太平洋岛国也愈加关注气候变化与生态可持续发展，且地缘优势明显，这与中国致力打造的"一带一路"延伸带及南太平洋蓝色经济通道，共走绿色发展之路的海上合作设想高度契合。所以积极开展与大洋洲国家之间的清洁能源国际合作，是中国在追求环境、能源、经济社会进步与能源产业转型升级和高质量发展战略要求下的必然选择，将有着广阔的合作前景。

2. 大洋洲国家自然资源环境、宏观经济与地缘政治外交③

2.1 大洋洲国家自然资源环境

大洋洲（Oceania），包括澳大利亚、新西兰、伊里安岛以及美拉尼西亚、

---

① 《在斐济感受中国》，中国新闻网，http://www.chinanews.com/gn/2017/05 - 16/8225049. shtmlz。

② 《国家发展改革委国家能源局关于印发能源发展"十三五"规划的通知》，发改能源〔2016〕2744 号，中华人民共和国国家发展和改革委员会网站，http://www.ndrc.gov.cn/zcfb/zcfbtz/201701/t20170117_835278.html。

③ 由于篇幅所限，本文主要阐述与澳大利亚、新西兰与斐济的清洁能源合作。

密克罗尼西亚、波利尼西亚三大岛群。位于太平洋中部和中南部的赤道南北广大海域中，处于亚洲和南极洲之间，西邻印度洋，东临太平洋，与美洲大陆隔洋相对①。陆地总面积约852万平方千米，约占世界陆地总面积的6%。2017年大洋洲国家名义国民生产总值1.58万亿美元，人均国民生产总值53400美元②，人口约4100万，人口密度很低，每平方千米仅5人③。

澳大利亚领土面积769.2万平方千米，四面环海，是世界上唯一国土覆盖整个大陆的国家，国土面积世界第六，奉行多元文化。澳为南半球经济最发达国家，全球第十大经济体（2017年），全球第四大农产品出口国，澳能源、矿产与海洋资源丰富，多种矿产出口量全球第一。海底石油天然气近年逐渐被探明开发。初步估计至2018年3月31日澳大利亚居民人数为2489.9万④。澳是亚太经合组织创始国，联合国、20国集团、英联邦、太平洋安全保障条约、经济合作与发展组织及太平洋岛国论坛成员⑤。

新西兰位于太平洋西南部，介于赤道和南极洲之间。领土由南岛、北岛与斯图尔特岛及附近一些小岛组成，南、北岛以库克海峡分隔。面积为27万平方千米，专属经济区120万平方千米，海洋资源丰富。全国人口469.27万人（2016）⑥。新西兰是联合国、英联邦、ANZUS、经济合作与发展组织、东盟附加机制、亚太经济合作和太平洋岛屿论坛的成员，2018经济自由指数位居世界第三。

斐济地处西南太平洋中心地带，是岛国中最发达的经济体之一，也是该地区重要海港和空运枢纽，享有"南太平洋十字路口"美誉。国际机场是该地区最大规模和最先进的国际空港。斐济森林、矿产和鱼类资源丰富，水能、太

---

① 《大洋洲》，360百科网站，https://baike.so.com/doc/1774156-1876186.html。
② "Oceania"，维基百科网站，https://en.wikipedia.org/wiki/Oceania#cite_note-UN_WPP-1。
③ World Population Prospects 2017，联合国网站，https://esa.un.org/unpd/wpp/Publications/Files/WPP2017_DataBooklet.pdf。
④ 澳大利亚统计局，3101.0-Australian Demographic Statistics，March 2018，http://www.abs.gov.au/AUSSTATS/abs@.nsf/mf/3101.0。
⑤ 《澳大利亚》，百度百科，https://baike.baidu.com/item/%E6%BE%B3%E5%A4%A7%E5%88%A9%E4%BA%9A。
⑥ 《新西兰》，360百科，https://baike.so.com/doc/37282-38960.html。

阳能、风能等清洁能源较为丰富。

2.2 宏观经济

澳新经济增长平稳，货币环境较稳定，失业率稳步下降。2017年，澳、新实际GDP分别为4.591万亿美元与6626亿美元，2018年上半年为2.237万亿美元（2010年为基期）与3380亿美元（均以2010年为基期）①。自2012年起至目前，澳经济已实现了26年连续增长的纪录，在G20国家中人均GDP仅次于美国。2018年3月，澳实际GDP增长率与通货膨胀率分别为3.0%与2.2%，新西兰为2.9%和1.7%；澳大利亚失业率自2012年2月达到峰值水平6.28%后不断下降，2018年9月下降为5.3%；新西兰失业率在第二季度有所上升，达到4.5%②。2018年9月，澳央行公布利率水平维持在1.5%（2008年3月为7.25%，至2016年9月阶段性降息至1.5%）。

2.3 地缘政治外交

澳新奉行独立自主外交政策，作为美国盟友，不断强化美澳新联盟关系，重视与亚洲、特别是东亚关系。1951年新西兰加入了澳美参与的《澳新美安全条约》（ANZUS）。新澳之间是同盟国关系，两国领导人保持密切政治联络，有半年定期互访制度，安全与经贸关系密切③。新澳之间贸易自由和旅行自由，居住和工作不受制约。澳新两国与西方的地缘文化联系紧密，近年与美国的安全合作有所增加，地缘经济是中国联系大洋洲各国的纽带。南太平洋岛国受澳新政治经济文化影响较深，得到两国大部分援助，许多岛国人口移居澳新就业。

---

① 《经济合作与发展组织》，https://stats.oecd.org/Index.aspx?DataSetCode=QNA。
② 《新西兰失业率通胀率双飙升！纽元"断崖式"暴跌?》，外汇网，http://forex.cnfol.com/jingjiyaowen/20180809/26742741_2.shtml。
③ 《对外投资合作国别（地区）指南》，澳大利亚（2017年版），中国商务部网站，http://fec.mofcom.gov.cn/article/gbdqzn。

3. 大洋洲国家清洁能源结构、政策与市场

3.1 大洋洲国家清洁能源结构

2015—2016年度，澳清洁能源发电占比为15%，其中水电占比6%，风电为4.7%，太阳能光伏发电占2.7%，生物质能发电占比为1.6%[①]。此外，生物质和热岩地热等清洁能源资源也十分丰富。2016年，澳电池储能系统新建装机容量52兆瓦，是2015年的13倍，目前有一百余座水电站，70余个风力场。根据澳绿色能源市场（Green Energy Markets）最新发布数据，2017年澳新增光伏装机1336兆瓦，比2016年（851兆瓦）增长57%，累计光伏装机总量为7.2千兆瓦，光伏年发电量为10.2太瓦时，占电力消费总量的3.9%。截至2017年底，澳有超过180万户（约占家庭总数的20%）安装了光伏系统，其中16万户为2017年新增户[②]。澳70%光伏组件进口自中国。

新西兰水力资源、地热资源与天然气储量丰富，风能、太阳能、生物质能也很有发展前景。全国可再生能源发电在发电总量中的占比接近90%。2015年，可再生能源主要是地热和水力发电，提供了新西兰40.1%的能源供应，其中地热占比22%。政府目标是到2025年全国可再生能源发电量将占总发电量的90%。新西兰风能协会（NZ Wind Energy Association，NZWEA）期望在2030年风力发电量达到年总发电量的20%，子午线（Meridian）是新西兰最大的电力公司，该公司利用可再生资源发电供应新西兰20万居民和工商企业用户[③]。至2016年6月，新西兰分布式发电（DG）资产装机容量超过900兆瓦，约为装机容量的10%，分布式发电已成为供电系统的重要组成部分。新西兰风

[①] John C. Radcliffe, "The water energy nexus in Austrilia—The outcome of two crises, Water-Energy Nexus," https://www.keaipublishing.com/en/journals/Water-Energy Nexus.

[②] 《澳大利亚光伏市场及最新能源政策》，北极星太阳能光伏网，http://guangfu.bjx.com.cn/news/20180813/920324.shtml。

[③] 《新西兰风力发电概况》，东方风力发电网，http://www.eastwp.net/news/show.php?itemid=43092。

能协会成员风机总容量为 690 兆瓦，其中 315 兆瓦为分布式发电，占比为 45%[①]。

3.2 大洋洲国家清洁能源政策与市场

近年来，澳、新两国均制定相关法规与支持政策，不断提高新能源技术水平，以实现能源多样化和经济社会可持续发展。

澳大利亚政府支持光伏技术创新与商业应用开发。澳可再生能源机构（ARENA）为 20 项研究项目总共授予了 2920 万澳元奖金，研究将提高太阳能光伏电池和组件技术创新和商业应用开发，旨在削减成本和提高光伏技术效率。此项基金支持为可再生能源机构的第三轮研发经费支持。许多项目集中硅材料技术（如有机光伏和钙钛矿）研发，项目总价值约 1.02 亿澳元[②]。清洁能源储能技术成为澳大利亚政策关注焦点。澳各州政府相继推出一系列资金扶持性措施推动储能示范性项目[③]，如可再生能源技术基金提供 7500 万澳元拨款和 7500 万澳元贷款，通过公开竞标召集和建设 100 兆瓦储能项目，支持光热、生物质、氢能和抽水蓄能项目建设。目前澳储能市场以户用与商用储能为主，工业大规模储能发展相对落后，因此政府当前政策制定着力于在规范户用与商用储能市场发展[④]。

新西兰也不断出台清洁能源扶植与激励政策，包括制定清洁能源产品相关标准，建立清洁能源产品和工程质量检测体系，制订地热、太阳能等清洁能源详细规划，出台风能政策和"排放交易计划"，制定清洁能源技术减免税政策

---

① Review of Distributed Generation Pricing Principles Consultation Paper, NZ Wind Energy Association Submission, July 26, 2016, 新西兰风能协会网站，http：//www.windenergy.org.nz/store/doc/NZWEA-Submission-on-DGPP.pdf。

② 《澳洲可再生能源机构奖励 2900 万澳元助推光伏技术发展》，北极星太阳能光伏网，http：//guangfu.bjx.com.cn/news/20171214/867815.shtml。

③ 2016 年 9 月，南澳大利亚州发生大范围停电事故，新能源安全引起广泛关注。抽水蓄能、光伏电池阵列等电网大规模储能技术成为能源技术领域焦点。2017 年澳州政府向联邦政府提出了 13 项政策建议，涉及创造公平竞争环境，消除户用与商用储能市场管理障碍，户用与商用储能价值认可与投资回报以及建立标准及保护用户等。

④ 上海科学技术情报研究所：《澳大利亚储能行业政策》，北极星储能网，http：//chuneng.bjx.com.cn/news/20180720/914617.shtml。

等。以及积极提供资金支持,不仅为技术研发、项目建设提供补贴,还采取产品补贴和用户补助方式扩大清洁能源市场,引导社会资金投向清洁能源。

澳新政府均重视能效管理,且绩效显著。澳新政府联邦层面上负责能效的管理机构为部级能源理事会(MCE)[①] 和设备能效委员会[②];还有专门负责电气设备能效的管理机构,包括维多利亚州能源安全局、南澳技术调节局、新西兰能源效率与节约委员会(EECA)。根据澳统计局的能源账户数据,与 2014—2015 年度相比,2015—2016 年度澳大利亚经济中的能源供应净值为 23244 千万亿焦耳(PJ),增加了 6%,能源净出口增加了 10%(占净能源使用量的 75%),能量强度减少了 2%,人均家庭能源使用率为 141 千兆焦耳,下降了 1%,比十年前(2005—2006 年度)下降了 6%[③]。

澳没有全国统一的清洁能源电力与电价市场;输配电产权与运营方式多元。一些地区的输配电由政府运营,另一些地区则由私营企业来运营;光伏电站并入电网成本较高,调峰成本高;大规模储能目前未能实现经济化;澳洲政府为了鼓励太阳能发展,在财政补贴、退税等方面都给予了一定的支持;澳清洁能源体系正在向智能化转变,电池是其中重要组成部分[④]。碳配额市场制度,碳减排交易机制与绿色证书市场机制运转稳定[⑤]。清洁能源市场建设促进了澳能效提升和碳减排。二氧化碳排放量人均值(公吨)由 2009 年的 18.2 达

---

① 能源理事会由澳大利亚政府理事会(COAG)于 2001 年成立,是澳能源市场的国家政策和管理机构,主要负责器具和设备能源标签和最低能源性能标准(MEPS)计划的发展。理事会由来自澳大利亚政府、各州和地区负责能源事务的部长组成。根据跨塔斯曼互认协议,新西兰能源部也是能源理事会的成员,拥有投票权。

② 设备能效委员会(简称 E3 委员会)根据指南对器具设备能效进行管理,E3 委员会向能源理事会和能源理事会下属能源效率工作组(EEWG)提交相关设备能效实施报告,并受部级能源理事会的直接管理。E3 委员会由各州和地区以及新西兰负责能效标签和性能标准立法的管理机构组成。各州和地区的管理机构立法时应与其他机构达成一致意见。目前 E3 委员会的成员包括澳大利亚各州和地区的能源管理机构以及新西兰能源效率与节约委员会(EECA)。

③ 澳大利亚统计局网站,http://www.abs.gov.au/ausstats/abs@.nsf/0/5E025753112D1A80CA2578800019C952?Opendocument。

④ 《澳大利亚光伏市场挑战与机遇并存》,北极星太阳能光伏网,http://guangfu.bjx.com.cn/。

⑤ 2013 年 7 月 16 日,澳大利亚宣布自 2014 年 7 月 1 日开始进入排放交易阶段,比原定计划提前一年。澳大利亚排放交易(碳税)机制原计划 2015 年 7 月 1 日转向全面的排放交易阶段。自 2015 年 7 月 1 日开始,碳排放交易机制实现临时链接,允许澳大利亚企业使用欧盟"减排单位"履行义务;不迟于 2018 年 7 月 1 日前实现双向链接,企业可以使用来自双方排放交易机制之下的"碳单位"在其中任何一个机制下履行义务。为此,澳大利亚修改了其排放交易(碳税)机制的设计。

到峰值，2014 年下降为 15.37①。

4. 大洋洲国家与中国清洁能源合作现状

中澳清洁能源合作较为深入广泛。作为全球光照资源最为丰富的国家（90%以上的地面光照强度超过 1950 千瓦时/平方米），随着光伏组件价格下降和能源结构转型加快，中澳近年光伏国际合作日益增多，发展潜力巨大。主要表现为：一是双方政府推动清洁能源交流合作。2018 年 5 月 17 日，中国工信部电子司、光伏协会和龙头企业出席在维多利亚州议会举行的"中国—澳大利亚合作论坛"，双边积极推动光伏产业合作；二是企业间合作深度提升，合作方式不断多元化。2010 年正泰太阳能与澳 Solco 公司达成独家代理合作，由其在澳市场代理正泰太阳能多种光伏产品②。2016 年 3 月 17 日，堪培拉南部的马加莱恩（Mugga Lane）太阳能发电站奠基，该项目由中航国际与澳茂能集团联合开发，成功在 2016 年 11 月 16 日完成并网发电。电站每年将可产生 6 亿千瓦时的绿色能源，节省二氧化碳排放 69 万吨，为 3000 户当地居民提供电力③；2018 年 3 月 27 日，中来携手 Golden Invest 为澳能源项目提供双面高效光伏组件④；澳 200 兆瓦 Solar River 光伏项目于 2018 年 6 月获得开发批准，将配备 120 兆瓦时的储能电池，中方储能电池将位于其列，项目价值将达到 4.5 亿美元，将为南澳提供 350 多个区域工作岗位⑤。三是在政府与协会扶持下，企业与科研机构合作更加密切。如乐叶光伏与新南威尔士大学于 2015 年 11 月

---

① 澳大利亚世行统计数据，世界银行网站，https://data.worldbank.org.cn/country/australia?view=chart。
② 《正泰太阳能宣布与澳大利亚 Solco 公司达成独家代理合作》，正泰集团股份有限公司网站，http://www.dq123.com/index.php?file=news&homepage=240085&itemid=7721。
③ 《新能源交付 Mugga Lane 光伏电站项目》，中航国际网站，https://www.avic-intl.cn/html/news/4106.html。
④ 《中来携手 Golden Invest 开发澳大利亚太阳能项目》，美通社，2018 年 3 月 27 日，https://www.prnasia.com/story/205885-1.shtml。
⑤ 刘鑫：《澳大利亚 200MW Solar River 光伏项目获得了开发批准》，国际能源网，能源资讯频道，2018 年 6 月 28 日，http://www.in-en.com/about/service.html。

27 日达成战略合作，双方就技术研发与产业化、人员培训等方面达成战略合作关系①。四是中资企业获澳方清洁能源融资支持。如中企阿特斯阳光电力集团公司位于澳大利亚昆士兰州的 70 兆瓦 "傲气 2 号" 太阳能光伏电站，与澳方清洁能源金融公司达成 5500 万澳元（约合人民币 2.79 亿元）融资协议。该电站将于 2018 年 11 月投入商业运营，每年为昆士兰州当地居民提供 1.388 亿千瓦时清洁电力②。

与新西兰的清洁能源合作尚处于起步阶段，光伏项目还有合作空间。2014 年 11 月，中国远景能源公司与新西兰基础设施行业 Infratil 公司以及投资基金 Morrison 签署了基督城的"智慧城市"战略合作框架协议，作为"智慧城市"项目的总系统集成商，为其提供智慧城市整体解决方案③。2015 年初，苏州弘鹏新能源公司正式授权新西兰 Taspac 公司作为在新西兰的特约经销商④。2016 年 1 月，国电电力与中航国际新能源公司合作开发新西兰 Kaimai 风电项目⑤。

"一带一路"框架下中斐清洁能源合作不断扩展，特别是水电工程建设。2015 年，中国援建斐济索摩小型水电站正式启用；2016 年成都华川集团正式签订斐济北岛的水电站投资建设项目合同，以电力开发带动当地务工和农业灌溉、供水设施建设等，推动斐济北岛"水生态"经济发展⑥。与斐济的清洁能源合作有利于带动其生态持续发展。

---

① 《乐叶光伏与新南威尔士大学达成战略合作》，世纪新能源网，http://www.ne21.com/news/show-71773.html，2015 年 11 月 29 日。
② 《中澳光伏产业合作阳光正好》，国际商报，太阳能光伏网，http://pv.china-nengyuan.com，2018 年 1 月 8 日。
③ 《习近平总书记见证远景能源签署新西兰"智慧城市"战略合作协议》，航睿公司网站，http://www.ahhero.com/news/show-221.html，2015 年 11 月 28 日。
④ 《弘鹏成功进入新西兰光伏市场》，弘鹏新能源公司网站，http://www.hosola.com.cn/2015/news_0123/184.html，2015 年 1 月 23 日。
⑤ 《新能源公司与国电电力发展公司签署新西兰 Kaimai 项目框架合作协议》，中航国际网站，http://www.avic-energy.com/news/dt-7908358644750.html，2016 年 1 月 29 日。
⑥ 尹婷婷：《成都企业将首在斐济建立水电站》，《成都日报》2016 年 9 月 22 日，时政版。

5. 政策建议与前景展望

5.1 政策建议

一是继续加强高层政治互信与气候外交合作，提高中国能源绿色发展国际影响力。

充分利用高层互访与外交平台，树立良好气候外交①关系和清洁能源大国形象。从道德层面与务实精神上倡导更广泛层面意义上的气候外交。在南太平洋地区与美国、澳大利亚等传统势力与德国新兴的博弈力量形成微妙平衡，联合大洋洲国家进行潮汐能、海洋能等清洁能源科研合作与海洋能源经济科学考察，提升南太地区战略通道价值与能源安全系数和协作发展机会。在南太平洋岛国中，应充分利用太平洋岛国论坛②等地区范围的对话机制，建立更有针对性的双边对话机制，将助力清洁能源国际合作，提升能源外交影响力。

二是推进澳新自由贸易区建设升级，降低清洁能源贸易摩擦可能性。

稳步推进中澳自由贸易区建设，推进中新自由贸易区升级，积极拓展清洁能源贸易。未来中澳双方应进一步深入推进中方"一带一路"倡议与澳"北部大开发"计划以及两国创新战略对接合作，积极拓展清洁能源与资源开发、基础设施建设、农牧业和科技创新领域的渗透和对接，提高清洁能源利用范围。未来中新自由贸易区升级谈判可着力扩大清洁能源合作广度深度，如光伏储能与新能源交通基础设施、碳金融服务等。继续深化经贸合作，避免能源贸

---

① 气候外交可以从狭义与广义角度看。前者仅指参与《联合国气候变化框架公约》谈判进程与相关活动。广义来看，则是将气候变化与对外战略、对外行为相结合，不仅包括双边和多边场合下通过政治、外交手段与一些国家进行气候领域内的对话与谈判，也包括对外援助、合作发展。即"气候对外政策"。本文认为需要全方面推进气候外交，应从宏观角度认识气候外交。

② 早期被称作"南太平洋论坛"。1971 年 8 月 5—7 日，斐济、萨摩亚、汤加、瑞鲁、库克群岛和澳大利亚在新西兰首都惠灵顿召开南太平洋七方会议，正式成立"南太平洋论坛"，每年召开一次会议。2000 年 10 月正式改称"太平洋岛国论坛"。360 百科，https://baike.so.com/doc/6168474-6381707.html。

易摩擦。企业投资要注重大洋洲国家政治经济文化环境，对清洁能源投资规则、贸易细则、社会责任、生态保护、环境成本，尤其当地土著文化，生活习惯等均要认真细致调研，避免投资贸易摩擦。

三是促进政府部门间清洁能源治理双边与多边合作，全面提升能源政策绩效。

我国的发展和改革委员会，国家能源局，商务部、财政部以及绿色金融机构、贸促会等与清洁能源产业发展、国际合作有关政府部门应通力合作，加强与澳大利亚外交事务与贸易部①（Department of Foreign Affairs and Trade）、环境部、农业与水利资源部、可再生能源委员会、清洁能源金融公司，新西兰能源监管委员会以及其他南太平洋岛国的双边与多边合作，可以就清洁能源综合应用政策、碳配额交易市场制度、碳金融服务贸易政策、储能市场建设、电价政策与市场监管等与澳新两国展开全方位的交流合作，就清洁能源效率提升与能源政策制定、监管手段、方法等开展深度交流学习，建立相关领域的国际智库建设，全面提升清洁能源合作治理绩效。

四是深化清洁能源市场化合作机制，因地制宜创新多元化商业模式。

首先，中国可以积极参与大洋洲国家智慧绿色城市建设，可采取 PPP 公私合作商业运营模式，在交通建筑等基础设施采购与建设中积极介入。可供应地铁轨道公共照明光伏系统与住宅光伏建筑材料并参与建设；其次，积极推动太阳能光伏、风电企业进入澳新市场，并加大对分散式风电与分布式光伏的直接投资；再次，扩大国际信贷、保险、基金业务，与当地金融业合作，加大绿色金融国际合作，提高绿色金融服务水平，为清洁能源国际市场开拓提供更低成本高效的资金支持；最后，积极引进和借鉴大洋洲国家地热能开发经验，综合能效管理服务、技术和市场营销经验，提升清洁能源国际综合竞争力。此外，可以通过市场代理、投资参股、兼并合并等多种模式开展国际合作。如与澳、新在碳排放交易技术等领域进行科研交流与市场合作建设。

五是促进非政府组织与企业科研深度合作，助力清洁能源贸易投资与国际

---

① 澳大利亚外交事务与贸易部是其对外贸易事务主管部门，负责制定贸易政策、向政府提供贸易建议、参与国际谈判和拓展澳大利亚经济发展贸易空间。

援助。

南太平洋岛国均属于发展中国家，个别属于最不发达国家。气候变化将进一步加剧国内贫困程度。应加强在南太平洋岛国区域的非政府组织合作，利用中国国内光伏扶贫经验，开展分布式光伏援助，改善当地贫困人口生活、促进其生态经济可持续发展、实施人道主义、灾难应急和有效治理等，在大洋洲区域树立负责任的清洁能源大国形象，提高国际美誉度，为将来的商业化或深度合作奠定基础。这不仅是基于人类命运共同体的国际道义援助和市场化机制下经济环境可持续发展需要，也是削减"台湾邦交"负面效应，提高中国影响力的外交战略诉求。

六是积极参与和建设清洁能源文化交流合作平台，共建绿色低碳城市社区。

积极参与大洋洲国家举办的各类清洁能源展会，主动搭建各类清洁能源交流文化合作平台。澳新两国在2018年人类发展指数上均名列前茅[①]，国民文化素质很高，环保参与意识非常强，社区文化和日常生活中，多数国民都坚定持有生态可持续发展观与坚持低碳生活，"低碳绿色社区"非常流行。建议建立和深化"低碳城市""低碳社区"与"低碳乡村"等各层级清洁能源国际文化交流合作关系。

5.2 前景展望

目前亚太经合组织成员国人口超过27亿，GDP占全球50%以上，与亚太贸易额占澳大利亚商品和服务贸易总额就达70%以上。对于安全威胁甚小的大洋洲国家而言，地缘政治和经济文化上提升亚洲融入度，将会为其打造更为广阔的发展空间。中国是亚洲最大的新兴国家，与中国的合作前景更是决定大洋洲未来经济增长的关键，清洁能源合作亦如此。

展望未来，国际清洁能源多边合作对于解决气候问题与能源结构转型的生

---

① 《联合国：人类发展水平总体提升但仍存不均》，新华网，http://www.xinhuanet.com/2018-09/15/c_1123434960.htm。人类发展指数用来衡量健康、教育和收入水平状况，由联合国开发计划署每年公开发布。2018年9月14日发布的《2018数据更新：人类发展指数和指标》报告覆盖了189个国家和地区的统计数据，全球范围内人类发展水平向好趋势明显。1990—2017年，在全球范围内平均提升22%，在最不发达国家和地区提升51%。其中，有59个国家和地区属于人类发展指数"非常高水平"组别，38个国家和地区属于"低水平"组别。澳、新两国均为"非常高水平"。

态社会可持续发展环境挑战至关重要。开放、基于规则的多边贸易体系下的全球经济一体化提高了居民生活水平和社会福利,国际清洁能源合作则有助于提高能源政策绩效与能效水平,创新商业模式和经济驱动力。中国与大洋洲各国应共同努力,进一步降低清洁能源贸易投资成本,强化清洁能源监管改革与共同气候治理,加强财税金融政策与经验的相互学习,促进民间绿色发展文化的多层面多方式沟通,避免能源经济环境失衡,更加有效地减轻和应对气候变化,进一步提升人类生态福利。

第四篇

特别报告

25

没有改革开放就没有三峡工程

袁国林 陶景良*

摘　要：

三峡工程是治理和开发长江的关键性骨干工程，中华民族的百年梦想，我国治水史上的创举。这是在党中央、国务院坚强领导下，中

---

* 袁国林，国际清洁能源论坛（澳门）大会副主席，中国长江三峡集团有限公司原副总经理、教授高级工程师、享受国务院特殊津贴水利水电资深专家，现任《三峡工程史料选编》总编辑。陶景良，原国务院三峡工程建设委员会办公室巡视员、教授高级工程师、享受国务院特殊津贴水利水电资深专家，现任《三峡工程史料选编·百年综述卷》主编。

国人自行设计、自行建设的。其巨大的综合效益，成为加快我国现代化建设的强大动力。改革开放推动了三峡工程建设，三峡工程建设又成为改革开放的实验场。功在当代，利及千秋。

2018年4月24日，习近平总书记考察三峡工程，亲临正在通航的五级船闸、垂直升船机，正在发电的左岸电厂实地调研。习近平总书记深情地对大家说，三峡工程是国之重器，是靠劳动者的辛勤劳动、自力更生创造出来的。看了以后非常振奋。三峡工程的成功建成和运转，使多少代中国人治理长江和利用长江水力资源的梦想变为现实，成为改革开放以来我国发展的重要标志。习近平总书记对三峡工程的高度评价，充分肯定了三峡工程的历史意义和现实意义。

关键词：

三峡工程　改革开放　水利枢纽　水电　长江流域

三峡工程，举世瞩目。中华民族百年梦想成真，建成了世界领先水平的三峡工程，综合效益巨大，成为加快我国现代化建设强大动力，复兴中华的里程碑。是改革开放推动了三峡工程建设，而三峡工程建设又成为改革开放的实验场和推动力。功在当代，利及千秋，意义重大，影响深远。

2018年4月24日，习近平总书记考察三峡工程，详细了解三峡工程建设、防洪、发电、航运、水资源利用、生态环境保护等方面情况；亲临正在通航的五级船闸、垂直升船机和正在发电的左岸电厂实地调研。习近平深情地对大家说，三峡工程是国之重器，是靠劳动者的辛勤劳动、自力更生创造出来的，看了以后非常振奋。三峡工程的成功建成和运转，使多少代中国人开发和利用三峡资源的梦想变为现实，成为改革开放以来我国发展的重要标志。习近平总书记对三峡工程的高度评价，充分肯定了三峡工程的历史意义和现实意义，说到了我们三峡工程建设者的心坎里。只有在中国共产党坚强领导下，坚持改革开放，才有了"国之重器"的三峡工程。

习近平总书记考察三峡工程，正值孙中山先生提出兴建三峡工程设想100周年，中共中央通过《关于三峡水利枢纽和长江流域规划的意见》和毛泽东主席考察三峡工程坝址60周年，我国改革开放40周年，三峡工程试验性蓄水至正常蓄水位175米10周年。在这一重要历史时刻，不禁使我们心潮澎湃、浮想联翩，百年来三峡工程艰苦而又辉煌的历程浮现在我们面前。

一、新中国为兴建三峡工程作了实战准备

早在1919年，孙中山先生用英文发表的《实业计划》中，就提出了兴建三峡工程的设想；1924年，孙中山先生在广州高等师范学校作《民生主义》演讲时，进一步阐述了长江三峡水力资源的丰富，开发三峡水电的重要意义。1932—1943年，国民政府对三峡工程断断续续做了少量勘测设计工作。面对1931年、1935年长江中下游遭遇的两次大洪水（均死亡14万多人），国民政府只能望江兴叹，束手无策。1944年，美国大坝专家萨凡奇实地考察三峡后，提出了轰动世界的《扬子江三峡计划初步报告》，促成中美联合设计三峡工程。由于当时国民党一心打内战，经济面临崩溃，1947年5月，国民政府明令中止了三峡工程计划。在积贫积弱的旧中国，兴建规模和效益巨大的三峡工程，只能是"梦想"。

1949年，苦难的中国在中国共产党领导下开始了新纪元。1949年7月，毛泽东主席在北平香山接见原国民政府资源委员会主任钱昌照，当谈到三峡工程时，毛主席说，将来这件事还是要办的。国民党政府的注意力放在内战上，放在营私舞弊上，对扬子江水利开发计划的意义不可能理解，也不可能予以支持。当年，长江中下游地区相继解放。同年汛期，长江流域发生大洪水，中下游堤防多处溃决成灾，引起了从中央到地方各级人民政府的高度重视。中央命令正在途中南下广西任职的林一山留武汉担任中南水利部部长，并兼任其负责筹建的长江水利委员会主任，研究并实施长江防洪及干支流治理和开发。

中央人民政府政务院于1952年初发布了《关于荆江分洪工程的决定》。同年4月5日，荆江分洪工程破土动工，30万军民奋战75天，以神奇的速度提前25天建成全部主体工程，创造了我国水利工程建设史上的奇迹。

毛泽东于1953年2月在从武汉起航顺江而下的"长江舰"上接见了林一山。他在了解了长江洪水的成因和分三阶段治江方案后问道，在支流上修这许

多水库，能不能抵上三峡一个水库呢？林一山说，支流上不论修多少水库，这些水库下游至三峡出口，仍有 30 万平方公里的暴雨区不能控制，仍可酿成大灾。毛泽东指向地图上的三峡出口处说："费了那么大力量修支流水库，还达不到控制洪水的目的，为什么不在这个总口子上卡起来，毕其功于一役？"

1954 年汛期，长江流域发生了 20 世纪以来的最大洪水，百万军民大力防守，三次运用荆江分洪工程，武汉市仍被洪水围困百日之久，京广铁路一百天不能正常通车，因灾死亡 3.3 万人，江汉平原、洞庭湖区损失惨重。党中央、国务院决定加快编制长江流域规划和开展三峡工程研究，并决定请苏联派专家来华协助。研究和准备兴建三峡工程，开始列入党和国家的议事日程。

1955—1957 年，长江水利委员会［后改建为长江流域规划办公室（以下简称长办）］在 30 多个部门和单位的大力参与下，在苏联专家协助下，全面开展了长江流域规划和三峡工程勘测、科研与设计工作。

毛泽东于 1956 年夏在武汉横渡长江后，写下了《水调歌头·游泳》的豪迈诗句。描绘出"更立西江石壁，截断巫山云雨，高峡出平湖，神女应无恙，当惊世界殊"的壮丽蓝图。

1958 年 1 月，中共中央南宁会议期间，毛泽东听取了林一山和李锐对兴建三峡工程的不同意见，提出了"积极准备，充分可靠"的方针；还委托周恩来亲自抓长江流域规划和三峡工程建设这件大事，"一年抓四次"。

中共中央成都会议于 1958 年 3 月 25 日通过了《中共中央关于三峡水利枢纽和长江流域规划的意见》。这是中共中央下发的关于三峡工程的第一个重要文件。《意见》中关于三峡工程的主要内容是："从国家长远的经济发展和技术条件两个方面考虑，三峡水利枢纽是需要修建而且可能修建的""现在应当采取积极准备和充分可靠的方针，进行各项有关工作"。

毛泽东于 1958 年 3 月 30 日乘"江峡轮"考察了三峡工程坝址。在周恩来主持下，大规模的三峡工程科技攻关在全国展开。长办于 1959 年初相继完成《长江流域综合利用规划要点报告》和《长江三峡水利枢纽初步设计要点报告》。随后，成立了三峡防空炸科研领导小组，在核试验基地进行了核爆模拟试验，取得了宝贵的防空炸资料。三年国家经济困难时期，确定了"雄心不变，加强科研，加强人防"的方针。

水电部和湖北省于 1968 年 4 月联名报送了《关于修建三峡水利枢纽的设想》。次年，毛泽东视察湖北时指出，在目前备战时期，不宜作此想。

为了缓解华中地区工业用电十分紧缺的局面，中央批准兴建葛洲坝工程，并指出："这是有计划、有步骤地为建设三峡工程作实战准备。"葛洲坝工程开工不久，出现了严重的质量问题。周恩来总理力挽狂澜，决定成立葛洲坝工程技术委员会，由长办承担设计任务，成立三三零工程局（后改名为葛洲坝工程局）。葛洲坝工程在经历了开工、停工、复工之后，终于在 1989 年 8 月全部建成，在科学技术方面取得了巨大成就，受到国内外广泛赞誉。同时，还培养锻炼了一支具有高水平建设巨型水利水电工程的勘测、规划、科研、设计、施工、运行队伍，为建设三峡工程积累了宝贵经验。

二、改革开放推动了三峡工程的论证和决策

邓小平于 1980 年 7 月考察了三峡库区、三峡坝址和葛洲坝工程之后，兴建三峡工程再次列入党和国家的议事日程。

国务院于 1984 年 4 月下发《国务院关于长江三峡工程可行性研究报告的批复》，原则上批准了正常蓄水位 150 米方案。中共重庆市委、市人民政府于 1984 年 10 月向中央领导同志和国务院上报了《对长江三峡工程的一些看法和意见》，为了能使万吨级船队从上海直达重庆，建议采用正常蓄水位 180 米方案。

1985 年 1 月 19 日，是三峡工程建设史上重要的一天。邓小平在听取李鹏汇报重庆市提出的正常蓄水位 180 米方案，即中坝方案后说："三峡是特大的工程项目，要考虑长远利益，我们应当为子孙后代留下一些好的东西。""低坝方案不好，中坝方案是好方案，从现在即可着手准备。""现在的开发性移民方针对头了。"为了做好移民工作，"可以考虑把四川省分为两个省，一个以重庆为中心，一个以成都为中心"。我国改革开放的总设计师邓小平肯定了三峡工程，肯定了中坝方案，肯定了开发性移民方针，对兴建三峡工程做出了重大决策。

在低坝与中坝方案尚待抉择的同时，一些社会人士对兴建三峡工程也提出

了若干不同意见。关于三峡工程的争论达到高潮。

为了使决策民主化、科学化，本专业的专家对本专业的问题发表真知灼见，使重新提出的三峡工程可行性研究报告更加细致、精确和稳妥，1986年6月2日，中共中央、国务院下发《中共中央、国务院关于长江三峡工程论证有关问题的通知》，这是中共中央关于三峡工程的第二个重要文件。

水利电力部聘请了既具有很高权威性，又具有广泛代表性的412位专家参加论证，组成了14个论证专家组，历时2年8个月，涉及了三峡工程方方面面的问题，提出了科学的、具有针对性的解决方案或对策。论证总的结论是："三峡工程对四化建设是必要的，技术上是可行的，经济上是合理的，建比不建好，早建比晚建有利。"推荐的建设方案是，"一级开发，一次建成，分期蓄水，连续移民"。1989年5月，长办根据论证成果，重新编制了《长江三峡水利枢纽可行性研究报告》（正常蓄水位175米方案）。

得益于改革开放，才能在国内论证的同时，中国水利电力部和加拿大国际开发署共同聘用加拿大国际工程扬子联营公司，与国内平行进行三峡工程可行性研究，提出了按照国际通用标准编制的《三峡水利枢纽工程可行性研究报告》。其主要结论是：三峡工程设计所依据的基本资料，包括水文、泥沙、地质等资料是充分和可靠的，质量符合国际标准；选择三斗坪坝址是适当的；工程不会使环境遭受大的危害。加方推荐坝顶高程185米，正常蓄水位160米。总的结论是：三峡工程效益巨大，在技术、经济和财务方面都是可行的，建议早日兴建。这是改革开放后，我国重大工程首先采用的第三方国际评估，有指标性意义。

重新提出的《长江三峡水利枢纽可行性研究报告》，通过了国务院三峡工程审查委员会及其10个专家组的严格审查。最终，1992年4月3日，第七届全国人大五次会议庄严通过了《关于兴建长江三峡工程的决议》。在改革开放的春风里，长达近40年的三峡工程规划、科研、论证工作结出丰硕成果。三峡工程的建设必将进一步展示我国人民艰苦创业、自强不息的伟大精神和具有中国特色社会主义的强大生命力。

三、改革开放保障了三峡工程的成功建设

1993年，是三峡工程建设史上不平凡的一年。数万人齐聚三峡工程坝址三斗坪，开始了三峡枢纽工程施工前的各项准备工程；百万移民经过8年开发性移民试点，开始大规模搬迁与安置。这一年，中华民族迈出了三峡工程由梦想变成现实的第一步；这一年，吹响了三峡工程改革开放时代的号角。国务院成立了国务院三峡工程建设委员会，是三峡工程高层次决策机构，推行了一系列改革和创新。

三峡工程建设管理体制，国务院决定要按照社会主义市场经济原则和现代企业制度进行三峡工程建设，项目法人全面负责三峡工程的资金筹措、建设实施、生产经营、债务偿还及资产保值增值等，充分发挥项目法人的积极性和能动性，促使其从一开始就注重控制成本，保证质量，既要建好工程又要经营好工程。这种责权利相统一的"法人治理结构"，为三峡工程高效率建设、科学化管理、市场化运营打下坚实基础。成立中国三峡工程开发总公司和中国电网建设总公司（后并入国家电网公司），分别作为三峡枢纽工程和输变电工程的业主。实行国际上通行的以项目法人责任制、招标承包制、合同管理制、项目监理制的工程建设管理体制，以确保质量、控制进度和投资。承担三峡枢纽工程和移民工程的设计的长江水利委员会设计院和承担三峡输变电工程设计的各个设计院，均要对项目法人负责，实行有偿设计。

三峡工程投资控制管理改革，摒弃了基本建设工程每隔若干年调整一次概算的管理模式。三峡枢纽工程、移民工程和输变电工程都实行了"静态控制、动态管理"的投资管理模式，建立了责任清晰、风险分担、科学合理的投资管理体系。有利于对项目法人的考核，有利于保障移民和承包企业的合法权益。为三峡枢纽工程、移民工程、输变电工程总投资均控制在概算范围以内做出了重要贡献。还标志着我国基本建设工程的投资管理，走上了与市场经济接轨、与国际接轨的路子。

三峡工程是中华民族的千秋大业，质量是三峡工程的生命，质量责任重于泰山。中国三峡集团和国家电网公司制定了严格的三峡工程质量标准，源于国

家标准又高于国家标准，有些标准和条文已经被我国有关行业标准所采纳。

三峡枢纽工程是世界上综合功能最全，规模最大的水利枢纽工程，面临着一系列国内外前所未有的难题，17年建设过程中，依靠改革和创新实现了诸如60米水深大江截流、二期围堰及其两道混凝土防渗墙、大坝低温混凝土快速连续浇筑技术（连续三年创造了混凝土浇筑强度的世界纪录）、双线五级船闸175米高边坡开挖、超大规模人字门制造安装、工程信息自动化建设等几十项技术突破。

三峡输变电工程在交直流线路架设、交直流换流站建设、50万伏直流输电技术方面实行了一系列改革和创新，其技术、设备和运行水平均达到国际先进水平。并在此基础上进一步自主创新，攻克了80万伏直流和100万伏交流的特高压输电工程关键技术，显著提升了我国的国际竞争力和综合国力。

三峡枢纽工程和输变电工程的重大机电装备制造，实现了自主创新和国产化，跨越了与国外30年的技术差距，在重大机电装备引进消化吸收再创新方面，创造了"三峡模式"，必将在中华民族伟大复兴的进程中，结出更加丰硕的果实。

百万移民是三峡工程成败的关键。在大规模移民搬迁安置过程中，进行了一系列改革和创新，保证了百万移民"搬得出，稳得住，逐步能致富"。国务院发布了《长江三峡工程建设移民条例》，使移民工作走上了法制化轨道。确立了开发性移民方针，在搬迁过程中解放和发展生产力。三峡移民工程实行"统一领导，分省（直辖市）负责，以县为基础"的管理体制；实行移民任务与资金"双包干"政策。实践证明，这是一个科学的、符合我国国情和三峡库区实际的管理体制。调整了农村移民安置政策，鼓励和引导更多的农村移民外迁安置。调整了受淹工矿企业迁建政策，鼓励和引导资不抵债、污染环境的搬迁企业依法破产关闭。号召全国19个省、自治区、直辖市，10个大中城市，中央40个部委局，对口支援三峡库区移民。制定了移民安置规划大纲，编制了分县、分大类的移民安置规划。建立了移民稽查、审计、工程质量检查、综合监理等监督体系。建立了移民资金监督网，保证了移民资金使用效能和安全。

改革开放的三峡工程，是在国家最严格的监督下进行的，国务院三峡建设委员会定期派出质量检查组，监督组和阶段性验收组等审计，确保了工程健康有序进行，整体竣工验收证明三峡工程是人民放心的工程。

四、三峡工程巨大的综合效益彰显着改革开放的伟大成就

三峡工程于 2008 年汛后开始试验性蓄水，2009 年如期完成初步设计规定的任务（国家批准缓建的垂直升船机除外），2010 年汛后至 2017 年汛后，已连续 8 年蓄水至正常蓄水位 175 米。改革开放铸就的三峡工程这一牵涉国脉国运的"国之重器"，巨大而显著的综合效益对于长江中下游的安澜、长江经济带的快速发展、综合国力的显著增强做出了重要贡献。

三峡工程是治理和开发长江的关键性骨干工程，防洪效益十分显著。当上游洪水达到百年一遇时，经过三峡水库调蓄，可以不动用中下游的分蓄洪区，使洪水平稳下泄；当上游洪水达到千年一遇时，经过三峡水库调蓄，动用中下游的分蓄洪区，可避免中下游发生毁灭性灾害。2010 年 7 月 20 日，三峡工程遭遇运行后的最大洪峰 70000 立方米每秒，这场比 1998 年洪峰峰值还高的大洪水，经过三峡工程科学调度，使荆江河段、江汉平原和洞庭湖区安然无恙，避免了百万军民上大堤"严防死守"。2012 年 7 月 24 日，三峡工程又遭遇 71200 立方米每秒洪峰，再一次使荆江河段、江汉平原和洞庭湖区安然无恙。2017 年汛期，湖南湘资沅澧四水、洞庭湖区、江汉平原防洪形势严峻。三峡水库入库流量 28000 立方米每秒，下泄流量削减至 8000 立方米每秒，拦蓄洪水 32 亿立方米，宜昌站水位降幅近 6 米，有力支援了湖南、湖北人民抗洪抢险，有效缓解了长沙、武汉等地的防洪压力。三峡工程显著的防洪效益得到初步发挥。

三峡电站装机总容量 2250 万千瓦，是当今世界规模最大的水电站，设计年发电量 882 亿千瓦时，2003 年开始发电以来，一直安全稳定运行，其发电效益远超出预期。2012 年，三峡电站全年发电量达到 981 亿千瓦时。2014 年，全年发电 988 亿千瓦时，刷新了巴西伊泰普水电站年发电量 984 亿千瓦时的世界纪录。2017 年 3 月 1 日，三峡电站自 2003 年 7 月首批机组发电以来，已累

计发电 1 万亿千瓦时,按照每千瓦时电量产生 10 元 GDP 计算,可以支撑我国 10 万亿 GDP。三峡电站成为我国第一座发电量突破一万亿千瓦时的水电站。三峡电站还促进了"全国联网,西电东送,南北互供",获得了可观的地区之间错峰效益和水电站群补偿调节效益,以及水火电厂容量交换效益。

2008 年试验性蓄水后,流急、道弯、水浅、滩险多的航道成为高峡平湖,"自古川江不夜航"成为历史,使长江成为名副其实的"黄金水道",开启了长江航运新篇章。至 2017 年,三峡双线五级船闸已安全高效运行 14 年。过闸货物量由 2004 年的 3430 万吨,增长至 2011 年的 10033 万吨,提前 19 年达到船闸设计水平年 2030 年的规划货运量[1];2012 至 2017 年,每年货物通过量均超过 1 亿吨[2]。三峡工程实际发挥的航运效益远远大于预期。三峡工程运行后,增加了宜昌至武汉枯水期航道水深,万吨级船队或 5000 吨级单船可由上海直达重庆。还大幅降低了运输成本,水路运输廉价、安全、绿色、低碳的优势十分明显。库区船舶航行的安全性得到大幅提高,重大交通事故是蓄水前的十七分之一。从长江黄金水道到长江经济带,一个充满活力的长江新时代已经开启。

三峡水库蓄水至 175 米后,具有兴利调节库容 165 亿立方米,成为我国最大的淡水资源储备库,水资源利用效率更加得到显著发挥。每年枯水期给长江中下游生活生产供水,有效缓解了工农业生产和沿江城镇生活用水紧张局面。为长江中下游抗旱补水,对缓解长江中下游旱情发挥了重要作用。为长江中游航道浅滩水深不足补水,保证了每年枯水期浅滩碍航现象不再发生。为有效保护中下游渔业资源,人工创造适合四大家鱼繁殖所需洪峰过程,促使四大家鱼产卵繁殖。为上海遭遇大潮而压咸补水,效果明显,保障了上海生活生产用水安全。

三峡工程可有效避免洪水泛滥造成大量人口伤亡和对灾区生态环境的严重破坏。曾经被 1998 年大洪水冲毁家园的村民们感慨地说:三峡工程真是功德

---

[1] 《11 年间累计过闸货运量超 7 亿吨 三峡工程航运效益凸显》,2014 年 11 月 3 日,来源:中国经济网,凤凰财经网,http://finance.ifeng.com/a/20141103/13242394_0.shtml。

[2] 《湘江长沙综合枢纽 2016 年货运量紧追三峡大坝 为何喜忧参半》,2017 年 1 月 9 日,湖南在线—华声在线网,http://hunan.voc.com.cn/article/201701/201701090626343413.html。

无量啊。还可避免洪灾带来的饥荒、救灾、灾民安置等一系列社会问题；可有效减少分流入洞庭湖水沙，既减轻洪水威胁，又延缓泥沙淤积，改善湖泊生态。可有效减少钉螺蔓延与血吸虫病传播，有利于中下游血吸虫病的防治。大量减少碳排放，对减缓温室效应做出重大贡献。2017年3月1日，三峡电站已累计发电1万亿千瓦时，相当于节约标准煤3.19亿吨，减排二氧化碳8.58亿吨、二氧化硫899万吨、氮氧化物257万吨。[③]

三峡工程从初期蓄水到试验性蓄水已经十几年了，实践证明，412位专家对三峡可行性研究的论断是正确的，"三峡工程有利有弊，但利大于弊""三峡工程应该上，早上比晚上好"。虽然当前社会上对三峡工程还有一些疑虑，但随着改革开放的继续深化，三峡工程的综合效益还会更大的发挥和调整，长江大保护深入党心、民心，三峡工程对生态环境中产生的一些不利因素，只要我们认真对待，采取得力措施，可将不利影响降低到最低程度。

三峡工程的成功建设，推动了我国基建战线和重大机电装备科技水平的大幅提升，使我国由水电大国跃升为水电强国，"三峡品牌"已享誉世界。依靠自力更生、自主创新获取的重大科技创新成果，依靠拼搏奋斗获取的核心技术、关键技术，已经牢牢掌握在自己手上。

巍然屹立的三峡工程，是在中国共产党领导下建成的民族工程、圆梦工程，是改革开放铸就的大国重器，更是中华民族自强不息伟大精神铸就的丰碑。在习近平新时代中国特色社会主义思想指引下，在实现"两个一百年"奋斗目标、实现中华民族伟大复兴的征程中，必将做出更大的贡献。

---

③《三峡电站累计发电突破1万亿度》，2017年3月2日，来源：中国经济时报，东方财富网，http://finance.eastmoney.com/news/1355,20170302716403519.html。

B.26 结语：清洁能源　优先发展

国际清洁能源论坛（澳门）主编的清洁能源蓝皮书《国际清洁能源产业发展报告（2018）》将于今年12月11日至13日在澳门举行的第七届国际清洁能源论坛上正式发布。这是一部对中国与世界清洁能源领域发展状况和热点问题观察和研究的年度报告，报告聚焦清洁能源产业发展的宏观政策背景和政策环境、产业发展态势、新模式新业态、投资和技术发展趋势，并结合典型能源企业案例进行研究，从全球视角审视清洁能源产业发展状况，关注"一带一路"清洁能源国际合作进展。蓝皮书以切实加强自主创新能力、拓展能源新领域为目标，旨在为我国政府决策部门制定能源产业政策提供前瞻性建议，以及制定合理的清洁能源产业政策提供参考依据。蓝皮书由24篇独立研究报告和1篇特别报告组成，包括综合篇、产业篇、国际篇和特别报告四部分内容。

随着世界经济持续增长和全球气候变化的加剧，传统化石能源的负面效应逐渐凸显，世界各国争相寻求能源转型道路。清洁能源以其环保、温室气体排放量少、污染程度低的特点获得各个国家的青睐，以清洁低碳为特征的新一轮能源变革蓬勃兴起，清洁能源取代传统化石能源已成为大势所趋。我国是世界最大的能源消费国，高比例的化石能源消耗会给我国以至全球的环境造成不利影响，以牺牲环境为代价的传统经济发展模式亟待向注重可持续性的高质量发展方式转变。《能源发展"十三五规划"》中提出我国到2020年和2030年非化石能源消费占一次能源比重15%、20%的战略目标。到2035年，我国能源需求的增量全部可由清洁能源提供，可再生能源发展进入增量替代阶段。到2050年，清洁能源在一次能源消费中的比重达到60%，在电力消费中的比重达到80%，成为能源供应的主导力量。清洁能源将在我国能源供应与消费中占据越来越重要的地位。发展清洁能源已经成为当今世界各国发展的必然趋势。

综合篇聚焦我国清洁能源产业政策与发展前景，从创新、协调、绿色、开放、共享的新发展理念和推进能源生产与消费革命的角度分析我国壮大清洁能源产业的宏观背景和政策背景，并对我国清洁能源产业的未来进行展望。我国"十二五"以来，清洁能源一直保持高速增长，技术发展和产业模式创新不断加快。"十三五"时期，我国清洁能源产业制定了更高的目标部署，清洁能源已成为我国可持续发展的重要方向。根据对我国未来发展需求的预测，我国能源消耗将在一定时期内继续增长，生态环境情况要求我国在对能源开发利用的同时重视绿色、低碳化发展。在这种形势下，我国应持续推动能源结构的调整和优化，看到清洁能源在未来的发展潜力，更加坚定的深入实施既定战略，设立更加积极的清洁能源产业发展目标，完善清洁能源产业政策，引导我国清洁能源产业规模化、成熟化发展。

产业篇阐述我国不同清洁能源行业的发展情况。该篇章由来自新能源领域研究机构、新能源企业的多位学者与企业家对不同清洁能源行业的发展现状与趋势进行分析，分别对我国水电、光伏发电、太阳能薄膜发电、风电、核电、生物质能、地热能、天然气、氢能、甲醇替代能源等主要清洁能源行业的发展现状、投资与技术进展、发展方向进行具体分析。该篇章是对我国不同清洁能源行业的针对性研究，立足于不同清洁能源行业的发展特点与发展潜力，可为不同清洁能源行业的发展和政府政策的制定提供参考和依据。

国际篇将视角放眼于全球，分析全球清洁能源产业的发展现状及趋势。在气候变化、资源约束、技术进步等多重因素叠加推动下，全球能源转型加快，清洁能源成为世界各国未来发展的必然选择。该篇章分析了全球清洁能源产业发展现状及走势，清洁能源利用关键技术及其对行业发展的影响，指出了清洁能源产业发展面临的机遇与挑战。该篇章对美国、欧盟、日本的可再生能源政策与市场发展进行专题研究，梳理世界上典型国家清洁能源产业的发展情况与政策措施。法国核电政策专家麦克·施耐德（Mycle Schneider）则撰写了2018年度世界核能产业发展现状研究报告。该篇章通过对世界上典型国家清洁能源产业发展政策的研究分析，为我国清洁能源产业的发展与相关政策的制定提供借鉴。

"一带一路"战略是与沿线国家建立经济合作伙伴关系，共同打造人类命运共同体的重要战略。能源合作在"一带一路"战略中占有重要地位，能够促进我国与沿线国家互联互通、实现利益交融，体现了"共商、共建、共享"的理念。"一带一路"建设以来，我国与沿线国家的清洁能源合作已有五年时间，该部分的研究报告回顾和总结了我国与沿线国家开展清洁能源合作的进展和成就，对我国与非洲、东南亚、大洋洲的清洁能源合作进行专题研究，分析合作中存在的问题，构建我国"一带一路"清洁能源国际合作框架，推动我国"一带一路"战略的发展。

蓝皮书由国内外能源领域著名专家、学者和企业家所组成的清洁能源产业课题组共同编写。参加课题组的成员来自：中国广核集团有限公司、中国南方电网有限责任公司、中国长江三峡集团有限公司、隆基绿能科技股份有限公司、国家电力投资集团有限公司、北控清洁能源集团有限公司、汉能碳资产管理（北京）股份有限公司、国家发展和改革委员会能源研究所、国家可再生能源中心、中国科学院地理研究所、中国社会科学院、中国环境科学研究院、中国矿业大学（北京）、华北电力大学、北京大学世界新能源战略研究中心、中国风能协会、中国核能行业协会、全球能源互联网发展合作组织以及山东气库电子信息科技有限公司等单位。在此，我要感谢上述单位和专家学者贡献的智慧。蓝皮书出版得到了澳门基金会的大力支持和资助，特此鸣谢。

国际清洁能源论坛（澳门）理事长

苏树辉

2018年11月吉日

Contents

1. Policy Studies on Growing Clean Energy Industry in China
Wang Zhongying , Zhao Yongqiang / 001

Abstract: China has been promoting energy restructuring and clean energy development for a long time. The core of energy development strategies has shifted from ensuring supply security to developing clean and low carbon energy. Renewable energy has become the main trend of clean and low carbon development. This study analyzes the 2050 economic eco-energy scenario by considering the "established policy scenario" and the "below 2℃ scenario". This is in accordance with the requirements of the "Beautiful China" objective, which is leading energy transformation strategies. Research shows that by 2050 a high proportion of renewable energy will have become the core of the energy system, and the final and primary energy consumption structure will have been fundamentally reversed. This will drive the formation of a green, modern, economic system. China still needs to be more determined, in order to fully implement the established strategy, to set more active renewable energy and non-fossil energy development goals, and to innovate new-energy electricity pricing mechanisms. China also needs to improve clean energy taxation and fossil energy carbon pricing policies, to establish a competitive electricity market and flexible power system, and to increase green financial support.

Key words: Clean Energy; Renewable Energy; Scenarios; Policy

2. Policy Innovation and Market Development of the Main Clean Energy Industries in Model Countries
Song Mei , Zhang Wen / 027

Abstract: With the increasingly severe problems of global climate change and the shortage of fossil energy, countries around the world are paying more attention to the development of clean energy industries. China is rich in clean energy resources and has the potential for developing and utilizing them on a large scale. In recent years, clean energy industries have developed rapidly in China, such as wind power, photovoltaic power, nuclear power and biomass energy. Additionally, the proportion of clean energy is increasing in both the energy production structure and energy consumption structure. However, there is still a long way to go to reach the emission reduction target for 2020 and there are still many difficulties in developing clean energy industries. Based on this, this paper focuses on the policy innovation and industrial development of clean energy industries in foreign countries, including wind power, photovoltaic power, nuclear power and biomass energy in Denmark, Germany, France and Brazil. These countries' policies are analyzed and compared with those of China. Denmark has promoted the rapid development of the wind power industry through subsidies and taxes, Germany has dynamically adjusted the subsidy policy at different development stages of the photovoltaic power industry, and France has developed a full legal system for the nuclear energy industry and nuclear waste management, to make the nuclear power industry the leading energy industry in the country. Similarly, Brazil has chosen fuel ethanol as a priority development industry based on its national conditions, and enacted laws to develop and use the biomass energy on a large scale. The policy innovation and inspirations of clean energy industries in foreign model countries provide important reference for the healthy development of clean energy industries in China.

Key words: Clean Energy; Wind Power; Photovoltaic Power; Nuclear Power; Biomass Energy; Policy Comparison

B.3. China Renewable Energy Development Status and Outlook

Zheng Yanan, Guo Zheyu, Wang Xinnan, Hu Zhaoguang / 060

Abstract: To take on the responsibility of global climate change and meet the requirements of domestic economic development, China is establishing a clean, low-carbon, safe and efficient modern energy system, for which the development of renewable resources has become the key. Since the 12th Five-Year period, renewable energy has maintained rapid growth in China. The technological roadmap and industrial model are continuously evolving. The capacity and generation of wind and solar power have continuously increased to higher levels, promoting the adjustment and optimization of the energy structure. However, electricity limits remain a challenge. Wind, solar and other renewable energy sources still have much growth potential, but face uncertainties regarding demand, technology and policy. It is necessary to perform a systematic analysis before summarizing the status quo and predicting the future developments of China's renewable resources. This paper first summarizes the current situation of China's renewable energy, and then focuses on the renewable energy sector, studying major causes for the uncertainty in its development. Finally, the paper uses an uncertainty analysis model for integrated resource strategic planning to conduct a quantitative study using a large amount of data on the future development trend of China's wind, solar and biomass power and the influence of subsidy reduction for wind and solar power.

Key words: Renewable Energy; Integrated Resource Strategic Planning; Uncertainty Analysis for Complex Models; Subsidy Phasing out

4. Forecasting of China's Per Unit Energy Consumption and Per Capita Electricity Consumption in the Long Term   *Chen Hui* / 081

Abstract: The growth potential of clean energy in China relies on the development of the energy system. As the core indicators of an energy system, per unit GDP energy consumption and per capita electricity consumption determine the upper limit of the clean energy scale, and assist in forming energy plans and development strategies. In this paper, to improve the traditional benchmarking method, a progressive cluster analysis method is employed for studying all countries and regions, from which key influence factors and development trends of per unit

GDP energy consumption as well as per capita electricity consumption are revealed. This paper explains that China's development trend will be similar to that of Germany, in that China's per unit GDP energy consumption will drop to 4 MJ/ $ 2011 PPP GDP, nearly sixty percent of its level in 2015. Additionally, China's per capita electricity consumption will be saturated with the value between 7000 and 8000 kWh. Based on these results, the energy self-sufficiency rate of five southern provinces is predicted to be between 40% and 43% in the long term, when a significant electricity shortage will need to be supplemented through local thermal power or purchased electricity.

Key words: China; Per Capita Electricity Consumption; Per Capita Saturation Value; Five Southern Provinces; Energy Self-Sufficiency Rate

5. Comprehensive Assessment of the Ecological and Environmental Impact of China's Energy Exploitation and Consumption

Luo Hong, Zhou Wei, Xie Xuesong / 099

Abstract: There are significant conflicts between China's unsatisfactory energy production and consumption structure and its national development strategy of achieving ecological and environmental protection. Ecological and environmental issues have become significant factors constraining energy development in China. This article offers suggestions on how to optimize China's energy development and use from the perspective of protecting its national ecology and environment. These proposals are based on analysis of the foundation of ecological and environmental constraints facing China's energy development, implementation of the Pressure-State-Response Model to create a comprehensive assessment index system for the ecological and environmental impact of energy use, and evaluation of the ecological and environmental status of energy in China from 2013 to 2016. This study shows that the ecological and environmental impact of energy development and use is decreasing, and the contradiction is becoming less stark. However, some of the response measures to optimize energy use are poorly implemented. It is suggested that the authorities concerned coordinate energy use and the building of ecological civilization, strengthen the development of green low-carbon energy mechanisms, and improve economic incentive policies to promote green low-carbon development in the energy industry. Moreover, they could implement highly stringent protection systems for water resources in key energy development areas, conscientiously implement relevant planning and environmental impact assessment systems, improve ecological and environmental protection regarding fossil fuel energy production and use, and guard against the accumulated ecological and environmental risks surrounding hydroelectric power generation.

Key words: Ecological and Environmental Impacts of Energy; Indicator System; Pressure-State-Response Model

6. Developments Status and Prospects of Photovoltaic Industry in China
Li Li / 115

Abstract: 2017 marks China's 5th consecutive year of being ranked first in the world for PV installations in terms of annual additions, and its 3rd year in a row being ranked first for cumulative PV installations. Correspondingly, the decisive role of Chinese PV manufacturing along the entire industry remains unchanged. Over the past 10 years, the LCOE of PV power has reduced by 90% globally; Chinese players appear to be the key promoter and contributor leading to PV's growth, with this energy type now being the most economically improved and seeing the fastest technological progress.

However, certain challenges still exist: the PV industry's is still highly dependent on policy, which makes it subject to considerable volatility following any policy adjustment; international trade disagreements are becoming more widespread and more severe; Chinese renewable energy development targets are lower than those of more developed regions; and a production surplus still exists.

However, PV energy technology is constantly evolving and is making rapid progress. There is already global consensus to develop renewable PV energy as a key energy source. Looking to the future, the PV industry is set to continue developing at a rapid rate and technology will continue to make fast progress. The cost of PV energy production will be comparable to traditional energy sources, making it one of the most economic.

Key words: China; PV; Renewable; Progress; Cost Reduction; Growth

7. The Current Status and Future Application Prospects of Thin Film Solar Photovoltaic Power Generation in China *Gao Pengyi* / 139

Abstract: As of October 2018, there are about four commercially available thin-film solar photovoltaic cell technologies in China, namely: 1. amorphous silicon (a-Si) substrate cell; 2. copper indium gallium selenium (CIGS) membrane cell; 3. cadmium telluride (CdTe) membrane cell; 4. gallium arsenide (GaAs) membrane cell. They all have their own strengths and weaknesses.

The common advantages of thin-film solar cells are as follows: 1. The thin-film thickness which can generate voltage is only a few microns, and can be made of low-cost glass, ceramics, graphite, sheet metal, engineering plastics and other substrate materials; 2. The thin-film solar cells have the flexibility to be fabricated into non-planar structures, expanding their application scope. 3. Thin-film solar cells combine with buildings and become part of buildings to make them more widely used; 4. The continuity of film-forming technology makes it possible to fully automate production, and can greatly reduce the cost of components. These advantages provide unlimited possibilities for the future of photovoltaic power generation in China.

Based on a series of materials, through the analysis of the technical characteristics and industrialization process of the leading enterprises of thin film solar cells in China, and through considering the current global competition regarding thin film solar cells, this paper shows the development status of the thin film solar cells industry in China. Through the analysis of the application scenarios of thin film solar power generation, this paper outlines future application prospects. We hope to draw useful conclusions about the current situation and future application of thin film solar photovoltaic power generation in China.

Key words: Thin Film Solar Cells; Amorphous Silicon (a-Si); CIGS; CdTe; GaAs; Development Status; Competition Situation

B 8. Status and Prospects for Wind Power Industry Development in China
Shi Pengfei / 169

Abstract: In addition to hydropower within the context of renewable energy power generation, wind power is the one has the most advanced technology, the least environmental impact and the lowest cost per kilowatt-hour. It has developed into the third largest power source after thermal power and hydropower in China. This paper briefly introduces the main characteristics of wind power; the reserves and distribution of China's wind energy resources; the course of its rapid development on an industrial scale and the effect of relevant incentive policies; market share statistics of major wind power equipment manufacturers and wind power plant developers. Wind power is being transferred from large-scale centralized development in northern China, to distributed development near power load centers in central, eastern and southern China. Offshore wind power projects are being launched, the best construction plans for different sea areas are being explored, practical experience is being accumulated and the foundations for large-scale development in the future are being laid; Chinese enterprises in the overseas wind power market are also being developed. This paper also discusses the institutional obstacles encountered in the development of wind power, considers policy measures and outlines the potential trend of the future development of wind power technology and high-quality industrial development, as well as near-term and long-term prospects.

Key words: Wind Power; Wind Energy Resources; Wind Turbine Generator;

Offshore Wind Power; Curtailment of Wind Power; Related Policies

9. Development Status and Prospect of Biomass Energy Industry in China

Dou Kejun, Zhao Yongqiang / 207

Abstract: By the end of 2017, China's biomass energy utilization totaled about 41 million tons of standard coal, accounting for about 71% of the 13th Five-Year Plan for biomass energy development. From the analysis of different fields of biomass energy, the installed capacity of biomass power generation increased from 10.31 million kilowatts at the end of 2015 to 14.88 million kilowatts at the end of 2017, which is close to the 13th Five-Year Plan goal. This means that the 13th Five-Year Plan goal of biomass power generation has been achieved three years ahead of schedule. In comparison, the development of bio-natural gas and densified biofuel is lagging behind. These are different from biomass power generation; there is no policy support for effective and stable financial incentives, it is difficult to develop across sectors and the industry lacks effective channels for data and statistics. Among bio-liquid fuels, the actual production capacity of biofuel ethanol has exceeded 3 million tons. With the introduction of the new policy, in line with the promotion of ethanol gasoline for vehicles in China in 2020, the ethanol fuel production capacity is expected to double. This could reach or exceed "the 13th Five-Year" fuel ethanol development target. The application of biodiesel in the domestic transportation fuel market still lacks strong policy support and the growth trend is unclear. Over the next two years, the development of biomass energy industry still needs stable policy support. Achieving the 2020 development goals will depend mainly on policy strength.

Key words: Biomass Energy; Industry; Policy

10. Development Status and Prospect of China's Geothermal Energy Industry
Wei Kai, Yang Yaoting / 219

Abstract: China is rich in geothermal resources and its resource potential is among the highest in the world. Geothermal resources are widely distributed in China. The southwestern region and the southeastern coastal region have medium and high-temperature geothermal resources, with other areas having medium and low temperature geothermal resources. As a stable and efficient clean energy source with huge resource potential, geothermal energy is playing an increasingly important role in China's energy transformation and low-carbon economic development, against the background of global climate and environmental requirements and the transformation of energy strategies. Although the global development and utilization of the geothermal energy industry has decades of history, China is still in the early stages of development. However, in recent years, as the country has introduced geothermal development policies, increased exploration of geothermal resources, and developed technologies for such exploration and exploitation, the geothermal energy industry in China is gaining ground. The development and utilization of geothermal energy will take on an important role both in improving the energy structure and protecting the environment in the future.

Key words: Geothermal Resources; Geothermal Development Policies; Exploration, Development and Utilization Technology; Geothermal Energy Industry

11. Developments Status and Prospects of Hydropower in China
Sun Zhiyu, Hu Lianxing / 241

Abstract: Hydropower is a clean, low-carbon renewable energy source with mature technology and flexible operation. It has comprehensive utilization functions such as flood control, water supply, shipping and irrigation, and has remarkable economic, social and ecological benefits. According to the 2018 Hydropower Status

Report published by the International Hydropower Association (IHA), renewable energy accounted for 24.5% of global power generation in 2017, of which hydropower accounted for 16.8%. According to the latest statistics, China's hydraulic resources can develop about 660 million kW installed capacity and annual power generation of about 3 trillion kWh. Calculated as use for 100 years, it is equivalent to 100 billion tons of standard coal; in conventional energy it is second only to coal. Since the founding of New China, China's hydropower has developed rapidly on the basis of its backwardness in all aspects. In particular, since the reform and opening up, it has achieved brilliant achievements that have attracted worldwide attention and played an important role in the development of the country's economy, society and the environment. In order to adjust the energy structure, achieve low-carbon energy development, and provide guarantees for achieving sustainable development and responding to global climate change, China needs to vigorously develop hydropower in the future and enhance the international influence and competitiveness of its hydropower industry.

Key words: Hydraulic Resources; Hydropower Development; Situation; Prospect

12. Development Status and Future Prospects of China's Natural Gas Market *Huang Qing / 252*

Abstract: As a clean energy, natural gas will play a decisive role in the next 5 to 10 years. China's natural gas consumption will show a rapid growth trend and become an important part of China's primary energy sources. The supply of natural gas is a double-edged sword, which restricts its development. The growth of natural gas consumption in China not only provides a favorable environment for China, but also for the world. China's consumption will grow fastest in Asia, and China will have the opportunity to become Asia's pricing center for natural gas. In recent years, the Chinese government has issued policies to support the development of China's natural gas industry. From the end of the 13th Five-Year Plan to the beginning of the 14th Five-Year Plan, China's natural gas market will have significant investment and development opportunities for, amongst others, production, supply, storage and transportation.

Key words: Natural Gas; LNG; China; Demand; Supply; Policy; Investment

13. Development Status and Prospects of the Hydrogen Energy Industry in China   *Zhang Yinguang, Chen Ying, Zhou Shan, Wang Suli / 265*

Abstract: Hydrogen energy has been internationally recognized as the ultimate energy for the 21st century. The development of hydrogen energy fully conforms to the requirements of energy structure adjustment in China. In recent years, with the development of all sectors of society, China's hydrogen energy industry has witnessed an important strategic period. China has gradually increased policy support and the enthusiasm of local governments for developing hydrogen energy industry has increased. Many enterprises and investors have entered and are accelerating the market. The foundations for the industrial chain of hydrogen energy have been formed. However, the hydrogen energy industry in China is still at an early stage and there are still some weak links that need to be strengthened.

This paper conducts an in-depth study on the technological level of the industrial chain, the state of industrial development and relevant policy support of China's hydrogen energy industry. Combined with the development situation and trend, this paper also outlines the development prospects of the hydrogen energy industry in China and analyzed future industrial development stages. In addition, this paper considers the far-reaching reform that the development of hydrogen energy will bring to the energy structure, equipment manufacturing and final applications in the future. Lastly, suggestions on how to promote the development of the hydrogen energy industry in China are also proposed.

Key words: China; Hydrogen Energy; Fuel Cell; Energy; Development

B.14. The Present Situation and Future Development of Methanol Alternative Energy *Zhao Kai，Cui Dapeng* / 283

Abstract： Methanol is a commodity in the chemical industry. As production technology develops, the capability of Chinese methanol production is improving, with China ranking first in terms of methanol capability, production and consumption. Methanol is simple molecule containing oxygen, it can be used with clean emissions and is increasingly moving from chemical feedstock to energy resource. As for automobile applications, the Chinese Ministry of Industry and Information Technology is conducting its Methanol Vehicle Pilot, including testing the effects on human health, energy conservation and environmental protection. This is seeing rapid development in terms of application scale. Methanol is also being developed as a fuel for boilers and cooking stoves; it can replace coal and natural gas economically. Methanol can be produced from various low carbon and renewable methods, making it a future-proof fuel. Methanol energy fits well with the current energy situation in China. From production to its various applications, it fulfils all the requirements of safety, economy, high efficiency and environmental protection. It has a broad scope for future development, especially as a carrier of hydrogen.

Key words： Methanol; Energy; Fuel; Clean; Alternative

B.15. Status and Future Developments of Nuclear Power Industry in China
Xu Yuming / 300

Abstract： As of 21st September 2018, the number of nuclear power units put into commercial operation in mainland China reached 40, with a total installed capacity of 36,219 MWe. Three of these units were newly put into operation in 2018. The total number of units, installed capacity and power generation put into commercial operation reached a record high. In the same period, 17 nuclear power units have been under construction, with a total installed capacity of about 18000

MWe. The number of units under construction has remained number one in the world over consecutive years.

From January to December 2017, the total power generation of China's nuclear power plants reached 247.5 TWh, an increase of 17.55% over the same period in 2016. Nuclear power generation ranked third in the world, accounting for 3.94% of the country's total power generation.

In 2018, China's nuclear power unit construction achieved a milestone breakthrough. At the end of June, the world's first EPR and the world's first AP1000 were connected to the grid in Guangdong Taishan and Zhejiang Sanmen respectively. On September 21, the Sanmen Unit 1 was ready for commercial operation, which ended the 113-month construction of AP1000. The construction of the third-generation nuclear power unit "Hualong I", independently developed by China, is progressing well and various sub-engineering tasks are progressing smoothly as planned. A number of new nuclear power projects are expected to start by 2020. In 2035, China's nuclear power installed capacity is expected to exceed 150GWe, and China is well on the road to becoming a world leader in the realm of nuclear power.

Key words: China; Nuclear Power; Third Generation; Opportunity; Challenge

16. The Status and Outlook of Global Renewable Energy
Li Yong, Wang Can / 319

Abstract: The world has reached a crossroads in terms of energy transformation. Driven by the combination of multiple factors, such as climate change, resource constraints and technological progress, global energy transformation is accelerating. The rapid development of green, low-carbon, intelligent and efficient energy is an inevitable trend. However, in recent years, as the foundation of global energy transformation, renewable energy has been confronted with several major challenges. These include low-cost fossil energy, policy uncertainties and slower investment growth. How to promote the high-quality, sustainable development of renewable energy and achieve 2℃, or even 1.5℃, climate targets has become a challenge for the international community. This paper describes the current status of global renewable energy in the power, heating and cooling, and transportation sectors. It considers the development status and trends of global renewable energy policies, analyzes the key technologies and its impacts, and lastly points out its opportunities and challenges. Based on the above research, relevant recommendations are made on the development of the global renewable energy industry.

Key words: Energy Transformation; Renewable Energy; Green and Low-Carbon; Opportunities and Challenges

17. The World Nuclear Industry Status Report 2018 *Mycle Schneider* / 340

Abstract: The World Nuclear Industry Status Report (WNISR) annually provides a comprehensive overview on the planning, investment, construction and operation of nuclear power globally. China has dominated nuclear construction for the past decade. 2017 is the third in a row in which a modest global increase (+1 percent) in nuclear electricity generation is entirely due to the significant increase in China (+25 percent). In other words, without China's contribution nuclear power production would have declined for the third consecutive year. Globally, four units were connected to the grid in 2017, three in China and one in Pakistan (built by Chinese companies). The combined added generating capacity was 3.3 GW, which can be compared to about 53 GW of added solar capacity in China the same year. Wind power continues to generate more power in China than the five nuclear reactors—two in India, and one each in Bangladesh, South Korea and China—that have officially started being constructed. The unit that has been developed in China is the CFR-600, a demonstration fast reactor. The most recent construction project of a commercial nuclear plant in China started in December 2016. The OECD's International Energy Agency (IEA) confirms the slow-down in global nuclear projects in its latest World Energy Investment report. Investments into new construction projects plunged by 70 percent to US $ 17 billion, of which US $ 8 billion was in the Americas and US $ 8 billion in China. This compares with an almost US $ 300 billion worldwide investment in renewables, of which one third is in China alone.

Key words: Nuclear Power; Renewable Energy; Nuclear Reactor; Installed Capacity; Reactor Year

18. Policy Innovation and Market Development of Renewable Energy in the USA *Chen Mingzhuo, Zhang Chunyu* / 359

Abstract: In order to promote the development of the renewable energy industry, the US government has implemented a series of policies and measures. These mainly consist of, amongst others, tax deductions, direct subsidies or grants, bonds and loan guarantees, renewable portfolio standards, and net metering. The government has also used federal and state-level programs to support the manufacturing of renewable energy equipment. After President Trump came into power in January 2017, he put forward the energy security policy, based on the development and utilization of fossil energy, and announced the withdrawal from the Paris Agreement, which caused worldwide controversy. At the same time, state governments have nonetheless expressed their support for the development of clean energy. This article gives a brief overview of renewable energy development policies at the federal and state levels in the USA, and then summarizes the USA's current renewable energy industry development, in order to find the policy factors for the rapid development of renewable energy in the USA.

Key words: USA; Renewable Energy; Incentives Policy; Bill

19. Renewable Energy Development in European Union and Its Impact on China *Cao Hui* / 376

Abstract: The European Union's (EU) renewable energy industry has, on the one hand, encountered insufficient investment and a de-subsidization trend hit by the debt crisis and state aid regulation. On the other hand, the EU has increased the speed of law-making processes, which point to a clean energy transition. The paper argues that the reason behind the trend is that, firstly, the member states are facing increasing fiscal burdens for subsidizing the renewable energy industry. Secondly, the EU is trying to enhance competitiveness through encouraging renewable energy industry bidding at the market price. Thirdly, renewable energy has become the battlefield of domestic politics in the EU. The EU's policy change sets alarm bells ringing for China's decision-makers and investors, who shall evaluate renewable energy policies and projects.

Key words: European Union; Renewable Energy; De-subsidization; Competitiveness

20. Japan's Renewable Energy Policy Innovation and Market Development
Zhou Jie / 386

Abstract: The "5th Energy Basic Plan" recently announced by the Japanese government has, for the first time, identified renewable energy as the "main power source" to achieve economic independent de-carbonization by 2050.

However, the current development of renewable energy in Japan still faces four major bottlenecks: high power generation costs, poor market environment, limited grid-connecting capacity, and insufficient power regulation capacity. To this end, the newly revised Energy Basic Plan decided to adopt measures to reduce power generation costs, improve the market environment, optimize grid operation, and improve regulation capabilities to solve the above four major problems, with a view to achieving renewable energy as the main power source in the future.

Key words: Renewable Energy; Fixed Grid Price; Policy Innovation; Main Power Source; Power Market

21. Progress in Clean Energy Cooperation Within the Context of the Belt and Road Initiative *Han Wenke* / 408

Abstract: In 2013, Chinese leaders proposed the "Belt and Road" initiative. New ideas and proposals to improve the global governance system include building the "Belt and Road" together with the other countries along the proposed route, complying with the requirements within the transformed global governance system, and showing a sense of shared destiny for all humans through sharing power and responsibility. Building energy infrastructure and supply capability, as well as deepening international cooperation in the energy sector, are the common demands of many countries along the Belt. These are key components of the "Belt and Road" initiative. China would like to establish green development initiatives with the countries along the route in order to build a green silk road. Therefore, the clean energy cooperation of the "One Belt and One Road" initiative is the focus and the future direction of energy cooperation. The purpose of this paper is to review and summarize the progress and achievements of the clean energy cooperation between China and the countries along the route in the past five years. Additionally, this paper analyzes the existing problems and puts forward suggestions for expanding and deepening energy cooperation.

Key words: The Belt and Road Initiative; International Energy Cooperation; Clean Energy

22. China-Africa Clean Energy Cooperation in the Background of the Belt and Road Initiative *Yang Baorong* / 417

Abstract: Energy shortage is a common problem for African countries. Energy shortage was a major obstacle to the realization of the UN's 2030 Agenda of Sustainable Development, thus severely constraining Africa's economic growth. Strengthening energy construction is a vital task for African countries and an important part of international cooperation with African countries. The power structure in Africa is still dominated by fossil fuel power generation, but African countries have a clear focus on clean energy development in the context of international emphasis on carbon emissions and Africa's own ecological fragility. The Sino-Africa energy cooperation is not only a significant manifestation of China's interest in Africa's development, but also a reflection of its concern for promoting Africa's ability to develop independently. Moreover, energy cooperation has been playing a key role in the construction of the Sino-Africa community, which strives for a shared future. China has become an important participator in Africa's energy construction under the Sino-Africa Cooperation Forum and the Belt and Road Initiative. Africa has unique advantages in terms of clean energy development, such as solar energy and hydropower. Therefore, based on Africa's resource endowment, strengthening cooperation in the field of clean energy will be important for the direction of Sino-African energy cooperation.

Key words: China; Africa; The Belt and Road Initiative; Clean Energy; China-Africa Community with a Shared Future

23. China-Southeast Asia Clean Energy Cooperation in the Background of the Belt and Road Initiative *Cong Wei, Sun Chuyu* / 432

Abstract: Located at the junction of Asia and Oceania, and of the Pacific Ocean and the Indian Ocean, Southeast Asia is a key zone that links the Indian Ocean and the Pacific Ocean. Having both maritime and continental features, this area holds an important strategic position in "Belt and Road" energy cooperation efforts. China and Southeast Asia are neighbours and have a deep-rooted historical relationship, with Yunnan province acting as a "gateway" to the region. China is strengthening cooperation with Southeast Asian countries in the field of energy and power, is striving for joint prosperity along the Belt and Road, and is aiming to develop the bilateral relationship with this region.

Sustainable development is the trend of global energy development. In recent years, following the rapid economic development of some Southeast Asian countries, such as Indonesia, Vietnam, Laos, and Cambodia, problems have increasingly arisen. These include the fact that the construction of regional energy grids has lagged behind, electric power supply has been insufficient, and there has been high dependence on foreign energy. These issues seriously impede regional energy cooperation efforts and economic progress. Nowadays, Southeast Asian countries have successively placed sustainable development on the national agenda, are strengthening regional power cooperation and striving to link up regional power grids. As for the natural resources of Southeast Asia and neighbouring nations, and the construction of electric grids, clean energy sources and demand have produced typical reverse distribution characteristics and have determined the interconnection of power grids in these areas. This is the only way to promote energy transformation and achieve clean development. By carrying out clean energy development in Southeast Asia, linking power grids between Southeast Asia and China, and promoting regional power trade, this will accelerate the achievement of Southeast Asian countries' sustainable development goals and will spur on energy transformation. Through clean energy development and China's power transmission, Southeast Asia's capacity to guarantee power will be greatly improved; it will ensure that everyone has access to sustainable energy, will reduce the number of people without electricity, and will increase the level of energy use.

By integrating research results from Southeast Asian regional energy and power organizations, nations in Indochina, and existing international programs, this research report fully considers each nation's development needs. Based on the "Belt and Road" sustainable development concept, thorough research was carried out on clean energy cooperation between Southeast Asia and China. This report proposes a path for clean energy development in Southeast Asia, a method for constructing and interconnecting transnational power infrastructure, and analyses Southeast Asian regional power trade. Building a clean energy cooperation framework between the governments of Southeast Asia and China, promoting the role of international organization platforms and encouraging actual participation of enterprises will lay a solid foundation for the construction of the "Belt and Road".

Key words: The Belt and Road Initiative; Energy Transformation; Sustainable Development; Energy Cooperation; Southeast Asia

24. Clean Energy Cooperation Between China and Oceania Within the Context of the Belt and Road Initiative *Liu Ximei / 461*

Abstract: China and the countries of Oceania have a good basis for trade cooperation. Against the background of the internationalization of climate change and energy governance, countries in Oceania are attaching increasing importance to environmental climate change and clean energy transformation. This corresponds with China's green development concept of building an environment-friendly society, implementing energy revolution strategies, promoting transformation and upgrading of the energy industry and economic high-quality development plans. Australia and New Zealand have good operational experience in formulating clean energy policies, market construction, energy efficiency management and technology promotion for solar energy, hydropower and geothermal power. Within the "Belt and Road" context, the active expansion and clean energy cooperation of countries in Oceania have far-reaching significance regarding building a new South Pacific regional Blue partnership for promoting the overseas market of clean energy manufacturing and services. They also have great importance for the development of a high-quality clean energy industry and for improving the competitiveness of the technology trade in China. Based on the characteristics of the natural resource environment, the macro-economics, politics and geo-characteristics of Australia, New Zealand and Fiji, this paper describes and analyses their clean energy structure, policies, market and cooperation with China. This paper also outlines the prospects of multilateral cooperation for clean energy and puts forward policy suggestions. It proposes the establishment of a regular communication and dialogue mechanism with major countries in Oceania on climate synergy, clean energy policy formulation and energy efficiency management systems, and actively promotes the construction and upgrading of a free trade zone, the strengthening of business negotiations and cooperation in the import and export of clean energy equipment and technical services and the opening up of new trade forms. Additionally, it advocates the strengthening of multilateral reciprocal cooperation and the construction of a multi-level civil green clean energy culture and educational exchange platform, to build long-term and stable relations for clean energy cooperation.

Key words: The Belt and Road Initiative; Oceania; Clean Energy; International Cooperation

25. No Reform and Opening Up, No Three Gorges Project

Yuan Guolin, Tao Jingliang / 477

Abstract: The Three Gorges Project is a key backbone project for harnessing and developing the Yangtze River. It is a long-term dream of the Chinese nation and a pioneering project in the history of water control in China. Under the strong leadership of the CPC Central Committee and the State Council, the Chinese people designed and built it on their own. Its huge benefits have become a powerful driving force for accelerating China's modernization drive. Reform and opening up has promoted the construction of the Three Gorges project, and this has also become an experimental arena for reform and opening up. The achievements made in the present day will bring great benefits for the future.

On 24 April 2018, General Secretary Xi Jinping inspected the Three Gorges Project, visited the vertical ship lift and the five-level navigable ship locks. General Secretary Xi Jinping said affectionately that the Three Gorges Project is an important pillar for the country and was created through hard work and self-reliance. I was very excited watching this. The successful completion and operation of the Three Gorges Project has turned the dreams of many generations of Chinese people into a reality, namely to harness the Yangtze River's power and to make use of its water resources. This has become an important symbol of China's development since the reform and opening up era. General Secretary Xi Jinping's high appraisal of the Three Gorges Project fully affirmed its historical and practical significance.

Key words: Three Gorges Project; Reform and Opening Up; Hydro-Junction; Hydropower; Yangtze River Basin